基督教文化研究丛书

主编 何光沪 高师宁

五编 第 **4** 册

儒耶价值教育比较研究
——以香港为语境

郭 世 聪 著

花木兰文化事业有限公司

国家图书馆出版品预行编目资料

儒耶价值教育比较研究——以香港为语境／郭世聪 著 -- 初

版 -- 新北市：花木兰文化事业有限公司，2019〔民108〕

目 4+302 面；19×26 公分

（基督教文化研究丛书　五编　第 4 册）

ISBN 978-986-485-803-3（精装）

1. 儒学　2. 基督教　3. 比较研究

240.8　　　　　　　　　　　　　　　　　108011503

ISBN-978-986-485-803-3

9 789864 858033

基督教文化研究丛书

五编　第四册　　　　　　ISBN：978-986-485-803-3

儒耶价值教育比较研究
——以香港为语境

作　　者　郭世聪

主　　编　何光沪　高师宁

执行主编　张　欣

企　　划　北京师范大学基督教文艺研究中心

总 编 辑　杜洁祥

副总编辑　杨嘉乐

编　　辑　许郁翎、王筑、张雅淋　美术编辑　陈逸婷

出　　版　花木兰文化事业有限公司

发 行 人　高小娟

联络地址　台湾 235 新北市中和区中安街七二号十三楼

　　　　　电话：02-2923-1455／传真：02-2923-1452

网　　址　http://www.huamulan.tw　信箱　hml810518@gmail.com

印　　刷　普罗文化出版广告事业

初　　版　2019 年 9 月

全书字数　277438 字

定　　价　五编 9 册（精装）台币 20,000 元

作者简介

郭世聪博士，学者，生于香港，长于香港，学历如下：华中师范大学哲学博士、香港大学精神医学硕士、香港城市大学文学硕士、香港城市大学荣誉文学士、台湾文学士、香港中文大学圣经研究文凭、英国爱丁堡大学医学伦理与法律证书、香港教育大学教育证书和香港警察学院警政课程。

除了热爱作跨学科（哲学、医学、文学、历史学、神学、教育学、法律学、心理学、艺术学）的学术研究外，也好医学研究与文学创作。

曾获取的奖项略计有：国家港澳台华侨博士研究奖学金、香港教育局卓越表现教学奖（多届）、香港大学与香港中文大学青年文学奖、香港城市大学文学创作奖和香港电台文学创作奖。

提　　要

儒家思想和基督教思想都是中西方宗教或哲学思想的佼佼者，双方份量不但旗鼓相当，而且具可比性。惟很多人或会认为无神论的儒学根本不是宗教，和西方的基督教是不可比较的，但由于本文只是志在从双方的"价值教育思想"作研究，不涉及教义，故对本研究而言，两个主体的性质定位为：基督教思想和儒家思想。过往的学者只站在"宗教学"的立场来探讨"儒耶比较和对话"；而本人则尝试另择途径：从香港出发，以"教育哲学"中"价值教育"的视角来为"儒耶比较和对话"作学术研究，故本文是具有创新性的。还有，本研究是跨学科性的，具备众多广而深的理论支持，例如教育学、神学、宗教学、儒学、社会学和伦理学等等。研究时用了公正、客观、可比和效用这四个原则，并以儒耶的"可共量性"来作比较，证明了儒耶都是同属"价值中心"的"思想体系"，能比较、能对话、且能和合。当它们对话时就正正是在进行价值教育，而相互学习到的内容则好比一个隐蔽式的课程。这对香港社会而言，具有正向的教育价值。因为除了可让香港社会上的个体获益之外，更可以扩大香港这个属于多元文化社会中的和平氛围，起了稳定香港社会的作用，继而间接贡献国家。

儒耶价值教育比较研究
——以香港为语境

郭世聪　著

"基督教文化研究丛书"总序

何光沪 高师宁

　　基督教产生两千年来，对西方文化以至世界文化产生了广泛深远的影响——包括政治、社会、家庭在内的人生所有方面，包括文学、史学、哲学在内的所有人文学科，包括人类学、社会学、经济学在内的所有社会科学，包括音乐、美术、建筑在内的所有艺术门类……最宽广意义上的"文化"的一切领域，概莫能外。

　　一般公认，从基督教成为国教或从加洛林文艺复兴开始，直到启蒙运动或工业革命为止，欧洲的文化是彻头彻尾、彻里彻外地基督教化的，所以它被称为"基督教文化"，正如中东、南亚和东亚的文化被分别称为"伊斯兰文化"、"印度教文化"和"儒教文化"一样——当然，这些说法细究之下也有问题，例如这些文化的兴衰期限、外来因素和内部多元性等等，或许需要重估。但是，现代学者更应注意到的是，欧洲之外所有人类的生活方式，即文化，都与基督教的传入和影响，发生了或多或少、或深或浅、或直接或间接，或片面或全面的关系或联系，甚至因它而或急或缓、或大或小、或表面或深刻地发生了转变或转型。

　　考虑到这些，现代学术的所谓"基督教文化"研究，就不会限于对"基督教化的"或"基督教性质的"文化的研究，而还要研究全世界各时期各种文化或文化形式与基督教的关系了。这当然是一个多姿多彩的、引人入胜的、万花筒似的研究领域。而且，它也必然需要多种多样的角度和多学科的方法。

　　在中国，远自唐初景教传入，便有了文辞古奥的"大秦景教流行中国碑颂并序"，以及值得研究的"敦煌景教文献"；元朝的"也里可温"问题，催生了民国初期陈垣等人的史学杰作；明末清初的耶稣会士与儒生的交往对话，带来了中西文化交流的丰硕成果；十九世纪初开始的新教传教和文化活动，更造成了中国社会、政治、文化、教育诸方面、全方位、至今不息的千古巨变……所有这些，为中国（和外国）学者进行上述意义的"基督教文化研究"提供了极其丰富、取之不竭的主题和材料。而这种研究，又必定会对中国在各方面的发展，提供重大的参考价值。

就中国大陆而言，这种研究自 1949 年基本中断，至 1980 年代开始复苏。也许因为积压愈久，爆发愈烈，封闭越久，兴致越高，所以到 1990 年代，以其学者在学术界所占比重之小，资源之匮乏、条件之艰难而言，这一研究的成长之快、成果之多、影响之大、领域之广，堪称奇迹。

然而，作为所谓条件艰难之一例，但却是关键的一例，即发表和出版不易的结果，大量的研究成果，经作者辛苦劳作完成之后，却被束之高阁，与读者不得相见。这是令作者抱恨终天、令读者扼腕叹息的事情，当然也是汉语学界以及中国和华语世界的巨大损失！再举一个意义不小的例子来说，由于出版限制而成果难见天日，一些博士研究生由于在答辩前无法满足学校要求出版的规定而毕业受阻，一些年轻教师由于同样原因而晋升无路，最后的结果是有关学术界因为这些新生力量的改行转业，后继乏人而蒙受损失！

因此，借着花木兰出版社甘为学术奉献的牺牲精神，我们现在推出这套采用多学科方法研究此一主题的"基督教文化研究丛书"，不但是要尽力把这个世界最大宗教对人类文化的巨大影响以及二者关联的方方面面呈现给读者，把中国学者在这些方面研究成果的参考价值贡献给读者，更是要尽力把世纪之交几十年中淹没无闻的学者著作，尤其是年轻世代的学者著作对汉语学术此一领域的贡献展现出来，让世人从这些被发掘出来的矿石之中，得以欣赏它们放射的多彩光辉！

2015 年 2 月 25 日
于香港道风山

目次

第一章　绪　论

第一节　研究背景与选题意义

一、选题的三大原则及意义

（一）论题价值性

1. 从价值哲学中的"价值兴趣论"来看

要从事博士研究，是一件费心与考验魄力的事情，所以论题如果是研究者的兴趣[1]所在，应会让研究的过程添多点乐趣，就算在研究的时候碰壁，也可以凭着兴趣克服艰辛。若从价值哲学中的"价值兴趣论"来佐证，对研究者感兴趣的研究范围，就是有研究价值的范围。美国价值哲学家培里（Ralph Barton Perry）对"价值"的界定是"主体任何兴趣与任何对象之间的关系。"[2]培里在定量评价理论中说到"包容"，"包容"是指："一种兴趣包容了对更多对象的兴趣。"[3]他所奠定的"包容"概念，正能对应本人的论题（参看下表1-1）。

当然，本人所指的"价值"是"广义"的，不可以只是"一个人认为有价值性的价值"，而对"大多数来说则是无价值性的价值"。

1　按美国哲学家培里在《现代哲学倾向》中对"兴趣"的阐释："正是这种以情感为动力的生活的这种到处渗透的特征，这种喜欢或不喜欢的状态、行为、态度或性情，我们叫做'兴趣'。"

2　李江凌. 价值与兴趣——培里价值本质论研究〔M〕. 北京：中国社会科学院出版社，2004，2.

3　李江凌. 价值与兴趣——培里价值本质论研究〔M〕. 北京：中国社会科学院出版社，2004，2.

表1-1 培里的"包容"与本论题的对应

培里的"包容"：	本人的论题：
一种兴趣包容了对更多对象的兴趣	儒耶价值教育比较研究——以香港为语境
一种兴趣	价值教育在香港
更多对象的兴趣	儒家价值教育在香港 基督教价值教育在香港
包容了	比较研究

2. 从价值哲学、教育哲学和逻辑的角度来看

本人选择博士论文题目的最先原则是论题要有广义的价值性，因本文是一篇"教育哲学"的论文，故从价值哲学的角度来看一定要与教育相关和具教化价值的。

（1）按王坤庆教授对教育价值的分类[4]来看，本文有八大价值，参看表 1-2[5]。

表1-2 教育价值与本文的关系

教育价值的层次	教育价值的基本类型（本研究的价值）	主要表现形式
宏观层次	教育与社会之间的价值关系 （本研究能起道德教化的作用，使社会有健康的经济发展，迈向小康，甚至大同。）	政经价值 伦理道德价值
	教育与人的发展之间的关系 （本研究能使人的生存更有意义，有发展和进化的动力。）	生存价值 发展价值
微观层次	教育者之间（人—人）的价值关系 （本研究能使儒耶两者以教育的角度互相对话，互为榜样）	榜样价值 理想价值
	教育者与教育内容之间的价值关系 （本研究能带出儒耶两个主体的主体间性或视域交融——"共同价值"）	知识价值 活动价值

---

4 王坤庆. 教育哲学——一种哲学价值论视角的研究〔M〕. 武汉：华中师范大学出版社，2006，206.

5 改编自王坤庆教授在《教育哲学——一种哲学价值论视角的研究》中的"教育价值分类表"。

（2）从逻辑的角度来看，因为逻辑上"分析述句"（Analytic statement）[6]："所有价值教育上的项目都是好的"是一句"逻辑真句"（Logical truth），所以证明研究和推广价值教育的各个项目，对社会发展是有正面价值的，都是好的。

3. 选择高级宗教（儒耶）及其学说进行研究和比较

要把两种"东西"进行比较，先决条件就是那两种"东西"要有同等的份量和相似的性质，即是"量"与"质"都不相伯仲的。而基督教思想和儒家思想都是中西方的宗教或哲学思想的佼佼者。惟很多人或会认为无神论的儒学根本不是宗教，和西方的基督教是不可比较的，但由于本文志在从双方的"价值教育思想"出发作研究，不涉及教义，故对本研究而言，两个主体的性质定位为：基督教思想和儒家思想。但不能否认，儒家是具有"宗教性"的，这与基督教是相同的，至于何为"宗教性"？和"宗教"有甚么分别？下文会再作解释。总而言之，儒耶在质量两方面都是可比较的。参见表1-3。

表1-3 儒家与基督教的质量可比性

量（度） 质	大（强）	中（中）	小（弱）
宗教	耶		儒
宗教性	耶	儒[7]	
哲理性	儒、耶		
伦理性	儒、耶		
教育性	儒、耶		
历史性	儒、耶		
代表性（中西方）	儒、耶		

---

6 所谓分析述句就是那些"其为真"可以由出现其中的字词之意义加以推衍出来的述句。

7 本人把儒家的"宗教性"判于"中度"，是综合"先秦儒学"、"宋明理学"与"近现代新儒学"（例如唐君毅先生与牟宗三先生）的宗教性所得。

其实，广义一点来说，任何一种超卓的文化传统，都是一种具有"宗教性"的价值体系。

德国思想家席美尔（G.Simmel）认为："宗教存在乃是整个生机勃勃的生命本身的一种形式，是生命磅礴的一种形式，也是命运得济的一种形式。"所以，从此看到每个人的存在也都是一种"宗教性"的存在。

西美尔区分 "宗教"和"宗教性"两个概念的意涵为："宗教"则是一些教义和机构，一些制度化的外在形式的建制，而"宗教性"则是一种生存质量，一种在世关系和感情所向，一种内在的生命形式和一种形而上学的价值规定。

如"宗教性"被"宗教"支配和垄断，则生命就会被教义捆绑。"宗教性"概念意指文化系统中的信念根基、合法性依据以及由此形成的文化传统的凝聚力。又指生存于其中的个体生命对超越自身之上的意义整体的指向与归属。

各种不同的宗教（高级宗教）中，伦理道德是可作为互相沟通的"观念"。

宗教伦理存在的超越之维指向一种终极性的"信念伦理"，以超验的信念为地基来支持经验的世界。这种信念伦理既包括神圣的神本主义伦理文化，也包括世俗的人本主义伦理文化。而本文的研究取向是"世俗的人本主义伦理文化"。本人认为公共的伦理秩序要有某种"意义共契"作为基础；否则，社会伦理秩序将失去内在的灵魂和凝聚力。

德国宗教思想家舍勒（M.Scheler）曾认为将"形而上学－宗教性"视为人（个体）的一种本质规定性，追求"绝对之域"是有限个体的本质意向。而绝对之域就是存在和价值的"未知性目标"。

存在主义哲学家海德格尔（Heidegger）对"人的道德存在"的语言学溯源及其深刻反思，可以给我们一种启发。他指出，在古希腊文中，道德（或伦理）--"ethos"的基本含义是指：人近神而居的居所。这与中国最初的"道德"二字之源始即是"顺应天命"之意，也与儒家对伦理的解释也相像，虽然儒家不信鬼神，但敬天爱祖，与远祖和上天是有连系的，人与上天及远祖像在一"共同圈"内，参见图1-1。这与远古希腊文的"伦理"的解释何其相似。还有，从此也可看出两者的伦理都同样具有"宗教性"。

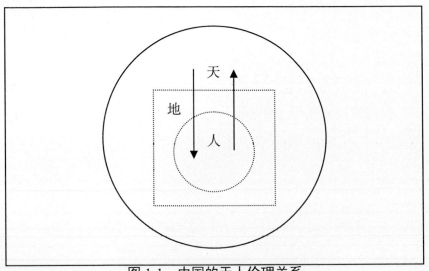

图 1-1　中国的天人伦理关系

4. 比较主体的背景资历较平衡，文化较源远流长

借用哈贝马斯的方法来说：交往的双方要有相称的"交往资质（competence）"，他说："以相互理解为指向的言说者把完美构成的语句运用于现实之中，并使二者相吻合的能力。"[8]固然，"资质"好像给人一种先天或先决的感觉，但"交往资质"除了是两个主体的先天条件之外，"交往资质"更可在双方交互活动时不断发展。而哈贝马斯更认为"交往资质"可包含交往双方的道德意识，即是要有道德意识才能相互对谈。他对"道德意识"所下的定义是："'道德意识'意味着运用交互性活动的资质去自觉处理与道德相关的行为冲突的能力。"[9]而儒耶之士是有识之士，双方都有一定的认知能力和语言能力，对谈和交往的过程中应没甚障碍，而理解对谈的内容，更不成问题，或许会有一些"概念性的词汇"可能在翻译上未必太准确，但这并不会造成大影响。还有，儒耶双方都含相当的道德意识，也是有利交往的。另外，怀特对"交往资质"的内涵理解是：认知性资质、话语资质、交互活动资质（角色资质）。怀特所说的，儒耶双方都具备。况且，儒耶双方都有数千

8　龚群. 道德乌托邦的重构——哈贝马斯交往伦理思想研究〔M〕. 北京：商务印书馆，2003，156.

9　龚群. 道德乌托邦的重构——哈贝马斯交往伦理思想研究〔M〕. 北京：商务印书馆，2003，183.

年的历史，文化久远，直到现在仍没有退下去，一定有其社会价值的。

（二）论题创新性

一篇达博士程度的论文必须要有创新性，本文尝试在以下几个方面进行创新研究。

1. 比较儒耶对香港社会的价值教育情况

论文除了会个别论述儒家和基督教的价值教育思想外，也会以儒耶价值教育中的道德教育、心灵教育、生命教育和公民教育四个范围进行比较（从"异同比较"、"对话"、"和合"三个角度作研究），由于以往的学者只会从宗教角度比较儒耶双方的思想，未曾试过从香港出发，以"价值教育"的视角来作比较和研究，故本文是具有创新性的。有幸教育学家王坤庆教授在内地早有研究和推广"价值教育"的建树，使更多后学和本人能循此路径再开辟更多的研究范畴。

而本人这篇论文以香港为语境为主的原因共有十四点，分别是：（1）香港是祖国的一部份，对中华民族之情是不言而喻的，始终未能忘却传统的儒家文化；（2）香港曾是英国的殖民地，而基督教是英国的国教，对香港有特殊的影响；（3）香港是国际金融中心和华洋杂处之地，中外人士在此穿梭往来或定居者不计其数，故此可算是一个"多元文化之地"，而宗教信仰也是多元、共融和自由的；（4）香港占地利之便，因其背靠祖国，面向世界。儒耶两方的价值教育在此教化社会，能让香港社会在紧守中央的带领和遵守基本法下安定繁荣；（5）香港〈基本法〉第149条规定："香港特区的教育……社会工作等方面的民间团体和宗教组织可同世界各国、各地区及国际的有关团体和组织保持和发展关系。"这条文清楚地说出香港的宗教组织可与世界各国的有关团体发展关系，并以保护香港的宗教自由为着眼点；（6）香港有很多基督教会早已在此植根，并办了很多学校（中、小学）和福利机构（医院、小区服务中心）；（7）香港的大学有教会背景，例如中文大学崇基学院和浸会大学；（8）香港的大学和大专也有儒家思想甚或新儒家思想的背景，例如中文大学新亚书院、新亚研究所、新亚文商书院、志莲夜书院、华夏书院、法住文化书院……；（9）香港有十数所神学院举办神学课程；（10）香港的中小学从小已向学童作儒家思想教育，像是道德标准；（11）香港曾是"新儒家"作教育之地，例如钱穆、牟宗三、唐君毅、徐复观等先生。他们对新儒学的推广起了很大的作用，而香港或国际很多知名的学者都曾是他们的学生，例如：刘国强（香港中文大学教育学院教授）、余英时（美国普林斯顿大学讲座教授）、梁瑞明（新亚文商书院院长/志莲夜书院院长）、霍韬晦（法住文化书院院长）、列航飞（华夏书院院长）……；（12）香港孔教学院在香港推广儒家教育不遗余力；（13）香港特首曾荫权先生是天主教徒，足以证明香港基督宗教教育影响深远，而中央也对香港爱护有加，绝对落实香港有宗教教育的自由，委任特首也不论其宗教背景，只要爱党爱国便行了；（14）香港最多学生选择的十五位古今中外领袖及英雄（参考《国民身份认同与世界公民教育》），前四位都是我国举足轻重的人物，而我们也能从这前四位的排名反映出学生的内心思想和对"自我和国家身份认同"的感情：孙中山，排名第一，这反映学生有中西夹杂的思想；岳飞，排名第二，这反映学生有民族感情；毛泽东，排名第三，这反映学生有爱新中国的情感；邓小平，排名第四，这反映学生赞赏一国两制的构思。以上十四点原因都足以证明本文以香港为语境是可取的。

2. 儒耶之间的对话是双方在进行价值教育

以往，早已有学者研究和提倡"儒耶对话"，尤其是香港和台湾的宗教学者。而这十多年间，内地实行改革开放后，亦有颇多学者开始对"儒耶对话"感兴趣，他们或许不是基督教信徒或儒学的倾慕者，但都有从宗教学或历史学的角度作研究。他们可能是宗教学家，可能是历史学家，也可能是中国文化学家，但就未曾有教育家，试从教育学的视角，特别是从"价值教育理论"和"对话教育理论"去阐释儒耶两个主体的对话，是在"互相进行价值教育"，而对话的成果，对社会能起教育的作用，特别是在"道德教化"方面。

杜威在探讨"教育和沟通"时也说过："社会在传递中，在沟通中生存"；"社会生活不仅和沟通完全相同，而且一切沟通都具有教育性"。

而属于交往行为范式的教育，所追求的是一种"大写的人"，所谓大写的人："并不是单子式的主体，而是能与他人共生的主体，这种大写的人也就是具备主体间性的人。"[10] 所以，本人希望香港公民能成为"大写的人"。

3. 研究进程的跨学科性

由于本研究需要众多广而深的理论支持，而且是跨学科性的，所以颇为

---

10 岳伟，王坤庆. 主体间性：当代主体教育的价值追求〔J〕. 华东师范大学学报（教育科学版），2004，（2）.

挑战个人的魄力。例如教育学、神学、宗教学、儒学、社会学、伦理学……预计涉及的学者和理论也很多，例如：哈贝马斯、马丁布伯、麦金太尔、布尔迪厄、伽达默尔、孔汉思、马克思、罗伯森、韦伯、詹姆士、席美尔、舍勒、卓新平、杜威、恩格斯、王坤庆、钱穆、章开沅、温伟耀、陈佐人、笛卡儿、克尔凯戈尔、阿奎那、奥古斯丁、保罗尼特、伊拉斯谟、穆尔特曼、柏拉图、亚里士多德、马利坦、苏格拉底、康德、胡塞尔、海德格尔、巴赫金、万俊人、巴哈依、特雷西、唐君毅、涂尔干、阿伦特、弗莱雷、爱尔维修、赫尔巴特、陶行知、狄尔泰、孔子、耶稣、朱熹、戴维霍尔、罗杰艾米斯、蒂利希、约翰希克、维特根斯坦、侯活士、莱茵霍尔德尼布尔、鲁索、普特南、鲍尔文、劳斯、白乃德、休姆、孔德、黑格尔、牟宗三……

（三）论题实现性及可持续发展性

选择研究的论题不能只是空谈，一定要在理论的承托下在社会中实践，这才有价值。故本研究是朝这方向前进的。

另外，做学术研究不只是一个人的工夫，也不是完成一篇学术论文后，研究的范畴便已有了答案和成果；因这只是"研究的开端"，研究是要"接续"的，开了头的研究必须要有后浪作推动、增润或修正。而本文的论题能让后进有这个持续发展的机会。

1. 国家（内地）改革开放及加入世贸后的可实现性

香港早于殖民地时代已对外开放，故"价值教育"在香港进行深化和持续是可行的。而我国（内地）的改革开放和正式加入世贸，在经济上的收获无容致疑，直到撰写本文这一刻，可堪称为世界经济强国之一。而我国 2008 年更举办了奥林匹克运动会，在场馆建设和开幕式的设计方面，都使人民和别国眼前一亮，我深信在这次"人文奥运"之后，我国的软硬件方面已具相当实力能和别国匹敌，藉着香港的特殊语境和配合，中西文化的交流（包括宗教和教育方面）应会更紧密，使经济和社会民生更繁荣安定，这正是本研究可实现的要素。

2. 全球化的契机

最近十年，各国都好像在迎接全球化的来临，本人希望全球化不是世界一体化，不是各自的独特文化消失掉，甚至强国在政治上或经济上吞并其它弱国；而是能透过"对话教育"，相互公平对等地进行交流，特别是基督教和儒家两方面，这两种较和平的"宗教性思想"，就像代表着中西两方面的世界，两个主体在视域交融后的全球化是最浑然的。

3. 香港六宗教交谈的经验和十点共识

以香港为例，2005 年国家副主席曾庆红访港时重申："香港社会的共识是求稳定、求和谐、求发展。"及"包容共济，促进和谐"。[11]2005 年广东省民族宗教事务委员会温兰子主任便邀请了香港领袖座谈会全体成员访问广东的宗教界。温主任更说："香港宗教界有许多好的工作经验和做法值得我们学习借鉴。我们期待两地宗教界增加交往，相互学习，相互促进，为粤港两地的经济繁荣和社会和谐，文明进步而共同努力。"[12]六大宗教（基督教、天主教、伊斯兰教、佛教、儒教、道教）在香港早在七十年代已有从宗教学角度对谈的经验，内地可作为借镜，知道"教育性的对谈"是可能的。香港六大宗教已有的十点共识为：[13]共同以维护与追求"真、善、美、圣"为目的；发扬"自由、平等、博爱"的宽容精神；大家要有坦诚、开放和豁达的胸襟；态度上保持谦卑、明智、慎思的智慧；互相爱慕和尊重，互让和互谅；互相欣赏和接纳，信任和保密；在思想和行为上不怕有净化、改进和革新；不排斥异己者（包括人与思想），尽在异中求同；彼此交换经验和学习，好能互相贡献和补充；同心维护社会的和谐、民主与繁荣。

4. 儒耶价值教育和对话的可持续发展

儒耶的价值教育早已在香港各层面推行，因此，"各自地"持续发展是必然的。而追溯我国早已有传教士实践"摄儒入耶"的概念，表现主动，为何我们不以我国的文化之根—儒家思想作主动，与基督教进行含教育性的对话（价值教育对话）？这种"教育性对话"的结果—以"共同价值"教化社会，是一种从归纳法论证出的价值性的结果，不是"必然真"，不是科学性的数学定论（全真），只是接近真，故仍有持续的时间和空间继续发展和讨论这论题。本论文只是给后人持续研究的踏脚石。

5. 杜威的"道德即生活"论

杜威表示"道德即生活，生活无时无刻不在变，道德亦应经常不断改变。"

---

11 周景勋. 宗教交谈——建树和谐社会的模式〔J〕. 哲学与文化月刊, 2007,（4）, 154.

12 周景勋. 宗教交谈——建树和谐社会的模式〔J〕. 哲学与文化月刊, 2007,（4）, 155.

13 周景勋. 宗教交谈——建树和谐社会的模式〔J〕. 哲学与文化月刊, 2007,（4）, 143.

所以生活包括社会环境，道德与社会的关系非常密切，道德的改造必须和社会的改造互相配合。因此，本人认为道德标准会因时、因地而改变，但追求"至善"的高尚情操是永恒的，而道德教育是价值教育其中一环，社会中的人民如能接受好的道德教育，情操理应高尚，这样，就能过安稳的生活。所以，本论文的议题是值得持续发展和探讨的。

二、社会转型中的道德失范

香港和内地同是处于"社会转型"中，例如香港自从 1997 年回归祖国前后，某些港人产生出"不恰当的惶恐"，例如香港大学社会学系教授吕大乐认为："九七前有所谓'九七大限'的论点……而并非完完全全的理性分析，不过它却不自觉地凸显了一九九七年本身的关键性。事实上，殖民地管治的终结确实有十分重大的影响。问题倒不在于港人治港力有不逮，又或者中国因素的介入以致香港不再是香港，而是殖民地管治的结束有如一部机器给抽掉了其中一支轴，虽然这部机器并未至于因此而倒下来，但机器每转动一次便造成内部的摩擦与摩损，而不协调的问题也就越来越明显了。"[14]让社会伦理有点失衡；而内地自从实行"市场经济"后，社会也出现了"向钱看"的道德失范事件。因此，香港与内地人民的价值观都有值得完善之处。

（一）道德释义

西方伦理学家麦金太尔追溯了"道德"的希腊词源（moralis），最根本的意义是"内在的品格"，而不是外在的行为规范。[15]

"道德"可从广义和狭义两方面作解释。从广义来说，"道德"是"依靠社会舆论和人的内心信念来维持的，人们相互关系的行为规范的总和。"[16]而狭义的"道德"就是指"某人能自觉到道德义务并恪守行为规范。"[17]

而"道德"并不是形而上的，不是遥不可及的，它有其现实性，正如恩格斯曾说："人们自觉地或不自觉地，归根到底总是从他们阶段地位所依据的

---

14 吕大乐. 思想"九七前"与"后九七"香港〔A〕. 谢均才编. 我们的地方，我们的时间——香港社会新编〔C〕. 香港：牛津大学出版社，2002，469-470.

15 金生鈜. 德性与教化——从苏格拉底到尼采：西方道德教育哲学思想研究〔M〕. 长沙：湖南大学出版社，2003，31.

16 任建东. 道德信仰论〔M〕. 北京：宗教文化出版社，2004，26.

17 任建东. 道德信仰论〔M〕. 北京：宗教文化出版社，2004，27.

实际关系中—从他们进行生产和交换的经济关系中，吸取自己的道德观念。"亦可从这句话中，了解到道德与经济是有其关系的。道德和经济是互相影响的。

（二）个人与社会道德

踏入 21 世纪，不只是中国，甚至是其它发达的国家，人民都普遍地崇尚个人的享乐主义，特别着重感官性的快乐，错误地认为这就是"幸福"，不明白这只是表层的肉欲享受，且有扩展成"社会化"的危机，因为"享乐"一旦社会化的话，腐败的行为和结果便会接连发生，社会不单不会进步，更会呈现倒退的现象。因此，需要强调个人的道德和社会的伦理；要不然，后果真的不堪设想。而现在我国在市场经济下的社会景况，也实在有点替它担心，能坚持遵守国家的思想政治教育，有儒者精神，道德高尚的人民固然不少，但也有些是走偏差的害群之马。西方的资本主义国家，若不看重基督教的伦理精神，也只会道德沦亡，社会日走下坡。马克斯·韦伯便曾说："当新教伦理被资产阶级抛弃之后，剩下的便只是享乐主义了。"[18]

基督教哲学家兼伦理学家尼布尔认为："从社会的角度看，最高的道德理想是公正；从个人的角度看，最高的道德理想则是无私。"[19]人类的道德问题有两方面：第一是自我存在和行为的价值意义，即所谓存在和行为的道德方式，这方面关乎人之心性善恶和行为善恶；第二就是人之社会存在和社会行为的道德方式，这方面关乎人际伦理和社会伦理。人类道德的这两个方面并不是相互独立的，相反，它们之间有着非常密切的关联。所以个体的道德失守，有影响群体的道德失范的能力。而只独善其身，不以个人的道德操守来影响整个社会有健康的伦常关系也是不妥当的。

华中师范大学前校长暨历史学家章开沅认为："个人利益的追求是没有止境的，如果没有合理的制度给以规范，没有健全的机制给以调节，没有正确的道德风尚给以导向，则建立在贫富悬殊基础上的社会不平等现象势必愈演愈烈，而所谓社会稳定也就缺乏起码的保障。"[20]他这番见解足以点明现今社

---

18 任建东. 道德信仰论〔M〕. 北京：宗教文化出版社，2004，3.

19 莱茵霍尔德·尼布尔. 道德的人与不道德的社会〔M〕. 贵阳：贵州人民出版社，1998，257.

20 章开沅. 传播与植根——基督教与中西文化交流论集〔M〕. 广州：广东人民出版社，2005，12.

会多以金钱挂帅，且缺道德风尚。

华东师范大学的许纪霖教授以题为〈世俗社会中中国人的精神信仰和文化生活〉发表演讲，指出中国人的精神和文化生活在公德上的缺失、价值多元化的背景下，覆盖个人精神品格及公共领域之气质的整体世界观尚未重新形成，并且公共文化的核心价值的断裂，价值相对化和实用化带来的是普遍的价值和伦理标准的失落。[21]

总括而言，社会共同体的利益应高于个人利益。哲学家爱尔维修便把利益分为三类：个人利益、小集团利益和公共利益。[22]爱尔维修虽然认为追求个人利益是正常的，但他是反对贪婪和无限制地追求个人利益，特别是对公共利益有损的行为和做法。

（三）国家道德

上文已曾提及 "经济与道德" 是有密切的关系，而我国的《管子·牧民》便记载了："仓廪实则知礼节、衣食足则知荣辱。"[23]国家经济有良好的发展，有可能道德都有进步，但这不是绝对的，因也有可能致使道德的退步，本人认为约分为九个可能性，参看表1-4：

表1-4　经济与道德的相互关系

---

21 第一届年青学人汉语神学工作坊，于二〇〇七年七月九至十三日于香港道风山举行。主题为 "神学与当代汉语学术语境"，广邀中国大陆、香港、台湾及海外华人神学工作者参与，与会学者凡五十多人，包括八十年代与年青一代的学者共同探讨汉语神学的种种问题，而许纪霖教授是其中一名发表演讲的学者。

22 金生鈜. 德性与教化——从苏格拉底到尼采：西方道德教育哲学思想研究〔M〕. 长沙：湖南大学出版社，2003，161.

23 任建东. 道德信仰论〔M〕. 北京：宗教文化出版社，2004，210.

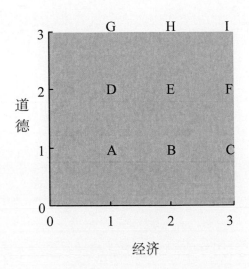

X1 = 经济低迷；X2 = 经济平稳；X3 = 经济强盛

Y1 = 道德腐败；Y2 = 道德一般；Y3 = 道德高尚

九大可能性：

A = 经济低迷时，道德腐败

B = 经济平稳时，道德腐败

C = 经济强盛时，道德腐败　（现在香港和内地的情况）

D = 经济低迷时，道德一般

E = 经济平稳时，道德一般

F = 经济强盛时，道德一般

G = 经济低迷时，道德高尚

H = 经济平稳时，道德高尚

I = 经济强盛时，道德高尚　（将来香港和内地的理想景况）

虽然国家的社会转型，市场经济政策具有物质利益性、自主性、平等性、竞争性、开放性等属性特征，并给人民享受平等，公平交换的权利，但却存在大量"事实上的不平等"，例如官商勾结、行贿受贿等……导致市场群体成员经济利益上的差别，使有些人会不按部就班地赚取金钱，甚至可以说是用不正当的手段谋求利益，这情况不只出现在私型企业中，公职人员也可能犯上。一些丑恶的社会现象，例如走私贩毒、造假、卖淫、设赌，各式各样的种骗局和各种暴力犯罪，也在我国开始滋生。道德需未真正完全失范，但也是一个忧虑，因此我们应及早想办法，扶正不能把持的人民的精神和道德。而本研究最终的目的就是希望在这转型期的社会中达到"道德教化"的作用。美国思想家詹姆士（William James）在批评美国时曾说过："我们的道德软弱，造成了只崇拜成功这个邪痞女神的现象。而只以金钱来解释成功，乃是我们的国家之病。"所以我国绝不能步美国后尘；反之，希望日后我国"道德教化"的成功能成为美国的学习对象。

我们肯定的是"精神的幸福"较"物质的快乐"更重要，例如 19 世纪英国哲学家约翰·斯图亚特·密尔便提醒如果人性仅仅追求物质的欲求满足之后的快乐，道德行动便不能产生利他性，人也将丧失对能够为人类的个人和社会带来普遍利益的道德行为的追求，结果是人对美德、普遍的善不再感到快乐，不再对精神的愉悦感到兴趣，这反而使道德行动的功利不能实现。[24]可想而知，在经济客体化时，是在奴役人的精神。当精神投向物质，只会造成不仁不义的悲剧。

倡导普世伦理的伦理学家孔汉思（汉斯·昆）便说："同时伦理对于经济和政治具有首要性：不论经济和政治如何基本，它们依然是人包罗万象的生活世界中某些单个的层面，它们必须置于以人为本的人道的伦理规范之下……"[25]

（四）经济发展与教育及文化资本

英国经济学家舒马赫认为："最大的资源是教育。"[26]他这句话说出了经济的发展关键是有良好的教育。无可否认，经济除了与道德有关联外，与教育也是有关连的，而道德与教育的关系就更密切了。若以"三角关系"来作比喻，顶点是"经济"，而道德与教育肯定是三角中的"底边"（底座），不稳固，不够宽的话，建成的三角塔，必然会有倒塌的一天，参看图 1-2，而图 1-3 就是恰当的三角关系，这样，社会才有建康的发展和坚实的持久力：

---

24 金生鈜. 德性与教化——从苏格拉底到尼采：西方道德教育哲学思想研究〔M〕. 长沙：湖南大学出版社，2003，241.

25 汉斯·昆. 世界伦理新探——为世界政治和世界经济的世界伦理〔M〕. 香港：道风书社，2001，341.

26 任建东. 道德信仰论〔M〕. 北京：宗教文化出版社，2004，246.

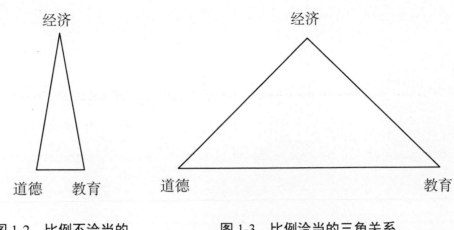

图 1-2　比例不洽当的
　　　　三角关系

图 1-3　比例洽当的三角关系

布尔迪厄认为"符号资本"（象征资本）是很重要的："经济学可界定为赤裸裸自我利益和自私计算的原则，在经济资本尚未被承认时，象征资本是除了宗教资本之外受到承认并成为可累积的一种资本形式。"[27]而"文化资本"可算是一种"符号资本"。建立"符号资本"的基础在联合（union），例如结盟和友谊。[28]而结盟和友谊便是一种伦常的表现。布尔迪厄更认为"文化资本"在社会中是很重要的，因文化资本可世代相传，如只从经济学的角度来看社会的发展，可能会遗漏最隐蔽的、最具社会决定性的教育投资（文化资本）。

（五）信息发达与科学发展

华中师范大学前校长章开沅教授在〈文化危机与人性复苏浅议〉一文中认为："本世纪科学技术的迅猛发展，诚然创造了灿烂辉煌的现代物质文明，并且或多或少提高了许多人的生活水平；但就精神文明与伦理道德而言，人类付出的代价也是极为惨重的。"[29]而章教授也赞成英国历史学家汤因比的观点："汤因比痛感西方人长期片面追求以科技为主导的现代化，酿成自我中心，

---

27 周新富. 布尔迪厄论学校教育与文化再制〔M〕. 台北：心理出版社股份有限公司，2005，47.

28 周新富. 布尔迪厄论学校教育与文化再制〔M〕. 台北：心理出版社股份有限公司，2005，49.

29 赖品超，李景雄编. 儒耶对话新里程〔M〕. 香港：香港中文大学崇基学院宗教与中国社会研究中心，2001，32.

物欲横流与精神堕落的恶果，所以他希望于东亚精神文明的复兴，借以弥补现代人类文明的缺失。"[30] 从现在我国对"科学"的过度迷信和追捧，而对道德伦理的忽略来看，如汤因比仍在世的话，真恐怕会使他失望。另外，现在我国十分开明，不像改革前会严格查验社会上的信息。基本上，各式各样的信息都可透过不同的媒介或渠道流通，例如"互联网"便是其中一个很畅通和逐渐平民化的传播媒介。当然，互联网的出现，对社会或个体是有其好处的，但凡事都要从两面来看，使人忧虑的就是，很多不健康的信息，反道德或违法乱纪的活动，很可能会由这种那么便捷的途径广泛散播，危害人民，危害社会，最终更危害国家。"网络警察"在互联网进行戒备只是治标不治本的对策，更需要的是道德教化能深入每一位人民的心里去。

（六）社会世俗化

社会日趋世俗化。现今的社会有一个观念：凡事普遍化或世俗化。因人民可能会觉得"曲高和寡"，即是道德高尚反会远离平民和群众，会被他人疏离，不敢靠近，所以尽量使自己世俗化，甚至庸俗化。但他们其实是弄错了，把普遍化（世俗化）等同庸俗化。庸俗化就是低俗化，道德是有低落之嫌的。因此，一个受人向往和推崇的社会，应是"有文化"的，绝不低俗，不应低俗化。而"有文化"的社会多是"有道德"的，或趋向富道德感的。

（七）现代人的虚无与荒谬

从哲学性强一点的角度来分析，现代人的道德迷惘和德性匮乏的发生，是"虚无感"和"荒谬感"作祟。形而上的问题："我是谁？"和"我为甚么存在？"都使生命好像无法确定。因此，现代生活总体上体现为虚无与荒谬。人对生活的渴望是"精神的超越和肉体的统一"[31]但社会道德的缺失，使这渴望变得遥远，捉拿不住，使现代人的生命悲剧持续上演。现代人无法把握自己生活的真实感和自我的本真感，致使自己与他者的关系没连结，对不道德的现象感到麻木，对自我、自然、他人失去兴趣，没希望似的。这种"否定"，是一种间接和潜藏的邪恶。

---

30 赖品超，李景雄编. 儒耶对话新里程〔M〕. 香港：香港中文大学崇基学院宗教与中国社会研究中心，2001，32.

31 金生鈜. 德性与教化——从苏格拉底到尼采：西方道德教育哲学思想研究〔M〕. 长沙：湖南大学出版社，2003，21.

我们也可以这样说："现代人有主体性的迷失。"其实，只有主体才有内在生存，而"我"有内在生存，"你"和"我们"也有内在生存。"我"的虚无化，导致没有了内在生存，没有了实在性。俄国哲学家尼古拉·别尔嘉耶夫认为："主体的积极性在多大程度上构造'存在'，此后这个'存在'才呈现为第一性的。"[32]

固此，我们要培育道德的精神性，即精神主体化；并不是制度性，即精神客体化，因这只是一些道德规条的符号。

三、中西交流紧密与全球化

（一）中西交流

香港因曾是英国的殖民地，所以与西方的交流是不少的，而内地自改革开放以来，和其它国家的交往也日渐增多，中西双方已不是维持对垒的状态，无论在经济上、文化上、教育上、体育上、宗教上……都有不同程度和数量的交流甚至互助。那种斗个你死我活的年代已成过去，对抗的心理已成为历史。

"交流"即是"交往"。按王坤庆教授与岳伟先生所说："交往是主体以语言、符号为媒介，通过对话而进行知识、情感、观念、信息的交流，以形成相互'理解'与'共识'的行为。交往本身就蕴涵主体间的自由、民主、平等精神。"[33]

从以下各位国家领导人所发表的演讲，可以清楚了解国家对外交流的方针：

2003年12月10日国家总理温家宝先生在美国哈佛大学的演讲中便提到"和而不同"是中国传统文化中的宝贵特质，他说："和而不同是中国古代思想家提出的一个伟大的思想，和谐而不千篇一律，不同而又不彼此冲突，和谐以共生共长，不同以相辅相成，用和而不同的观点观察处理问题，不仅有利于我们善待友邦，也有利于国际社会化解矛盾。"[34]

国家主席胡锦涛先生也曾在《在省部给级主要领导干部提高构建社会主义和谐社会能力专题研讨班上的讲话》中，提出了构建社会主义和谐社会的

---

32 尼古拉·别尔嘉耶夫. 精神与实在〔M〕. 北京：中国城市出版社，2002，3.

33 岳伟，王坤庆. 主体间性：当代主体教育的价值追求〔J〕. 华东师范大学学报（教育科学版），2004，（2）.

34 吴梓明. 宗教与和谐社会——理念与个案的反思〔A〕. 卓新平，许志伟编. 基督宗教研究〔C〕. 北京：宗教文化出版社，2007，15.

重大意义，为要达成社会主义物质文明、政治文明、精神文明建设与和谐社会建设的全面发展。他更指出了：和谐社会的建构，不仅是为在经济方面拉近贫富悬殊带来的社会问题，也更是为社会中的人际关系，尤其是关乎不同观点、信念人士的融洽相处的问题。[35]2007 年 10 月，胡主席在“十七大”的报告中，提及要壮大爱国统一战线，团结一切可以团结的力量，其中强调“全面贯彻党的宗教工作基本方针，发挥宗教人士和信教群众在促进经济社会发展中的积极作用”。

国家宗教事务局局长叶小文在 2007 年召开的全国宗教工作会议上指出：正确认识和处理信教群众和不信教群众、信仰不同宗教群众之间的关系，是构建和谐社会的重要工作。包括：“应鼓励宗教界深入发掘宗教教义教规中的和谐思想，发挥宗教的积极因素”；“宗教在中国的影响正在增强，但境外利用宗教对中国的渗透亦不断加剧，因此更须使宗教成为社会和谐的因素”；“及早化解宗教方面的矛盾”。[36]

（二）全球化

英语中“全球化”（Globalization）这个词最早在 1944 年出现，但直到 80 年代才广泛地应用，例如莱维特（Theodre Levitt）于 1985 年在其《市场的全球化》一文中便有出现。[37]其后，国际的社会科学界使用这个词和它的概念的频率高了很多。

虽然，在很多人或经济学家的眼中，“全球化”就是“经济全球化”或“经济一体化”。但这只是从某一角度来看，其实，从不同的角度去阐释，“全球化”是有另外一些解释的。正如哈佛大学商学院的教授乔治·洛奇（George C. Lodge）所说：“全球化的概念是如此广泛、深奥、模糊而神秘，以至像我这样的学术界人士往往会通过现有的经济学、政治学或社会学等专业来分别探讨它所涵盖的内容。”[38]全球化也可算是一次社会转型，前两次分别是“原始

---

35 吴梓明. 宗教与和谐社会——理念与个案的反思〔A〕. 卓新平，许志伟编. 基督宗教研究〔C〕. 北京：宗教文化出版社，2007，16.

36 邢福增. 宗教与和谐社会构建的迷思〔J〕. 香港中文大学基督教研究中心暨基督教中国宗教文化研究社通讯，2007（2）：2.

37 文军. 承传与创新：现代性、全球化与社会学理论的变革〔M〕. 上海：华东师范大学出版社，2003，63.

38 文军. 承传与创新：现代性、全球化与社会学理论的变革〔M〕. 上海：华东师范大学出版社，2003，64.

采猎社会向农业社会转型"和"农业社会向工业社会转型",而现在则是"工业社会向知识社会转型",而表 1-5 [39]就是社会第三次转型的特征。

表1-5　第三次社会转型的特征

特　征 ＼ 社会转型	工业社会向知识社会转型
整体	全球化
政治	国际化
经济	知识化
社会	网络化
文化	多元化
教育	互动化

从多学科都探讨"全球化"这概念来看,肯定有一些共通的定义是可贯穿各学科和被各学科所互认的,那应该是"全球化中的人际关系",有了这"基点",才能使全球各国有互相接触和往来的机会,这样才陆续有"全球化的经济学","全球化的政治学","全球化的社会学"……的出现。可想而知,"人际关系"的和谐与融洽是很重要的,而"道德"和"伦理"便是和治人际关系的要素,因此,本文的研究对全球化是有帮助的。有学者就说:"全球化就是人类不断地跨越空间障碍和制度、文化等社会障碍在全球范围内实现充分沟通(物质和信息的)和达成更多共识与共同行动的过程。"[40]本人相信,"全球化"是有其历史性和哲学底蕴的,例如碰巧西方的学者早认为基督教的出现是全球化的根,而我国的儒家思想早就重视社会中的人伦关系,双方都早具备了"全球化的历史性和哲学底蕴"。而本文的研究—有关双方的对话沟通,是对准了榫头的。

美国匹兹堡大学社会学教授罗伯森(Robertson·R)是从社会学中的文化视角来理解全球化这问题。基于此,便提出了"全球化文化系统论"。他认为全球化不单是政治上、经济上和社会上的问题,更是一个文化上的问题。文化多元是构成当代全球状况的特征,绝不是一种文化的独大。罗伯森使用

39 改编自文军的《承传与创新:现代性、全球化与社会学理论的变革》中第 179 页的图表〈三次社会转型的核心特点比较〉.

40 颜炳罡. 全球化与儒家伦理〔A〕. 陈启智,张树骅编. 儒家传统与人权·民主思想〔C〕. 济南:齐鲁书社,2004,55.

"全球场域"（global field）来代替"全球体系"（global system）。而全球场域是由四个参照点组成，包括民族国家社会、诸社会组成的世界体系、个体自我和全人类。[41]罗伯森觉得全球化不只是整体化，更是多样化。各人（生命形式）进行互动，去认识世界，去确认自己。宗教相遇算是一种思想文化的相遇，而从文化的视角来看全球化，便会发觉现在越来越多这类"宗教思想文化的相遇"。德国波恩大学教授瓦尔登菲尔斯（Hans Waldenfels）在〈文化相遇的诠释——基督宗教与中国思想：个案研究〉一文中便说"近年来中国学者也已发现了宗教乃是文化的一个方面和文化的一种因素——这意味着对经典马克思主义的发展，宗教不仅仅是一种上层建筑和社会经济状况的反映。"[42]

当说到"全球化"，很多人便有误解，以为是自身文化的消失，全世界的国家可能会在不知不觉中，融入"最强的大国"中，例如或会变成"美国化"，其实这样理解全球化是大错特错的，全球化不等同弱国屈服于强国，更不是"美国化"，因为全球化的来临，能简接地让人民加强本土和民族意识（例如我国），渴望寻根（儒家思想或中国哲学思想），并同步开拓视野，放眼世界。绝不是完全融化进他国之中，也不是吞并他国的文化，使全世界整合为一个只有中国文化的"世界国"。中华民族绝不是自私的民族。

哈佛大学的中国儒学家杜维明说："从观念上看，全球化并不是一个同质化的过程，至少对现在来说，那种认为非西方世界最终将因循一个单一发展模式的合流观念是过于简单化的……世界的彼此依存和相互依存从未达到今天这样的程度。然而，正在出现的地球村远未整合为统一整体，更不要说因循着一个铁板一块的单一模式。"[43]

当代新儒家兼史学家钱穆很具前瞻性，早于数十年前已说："究竟此统一性、大同性的世界文化将在何时出现？此问题谁也不能答。或者我们可以说，这一种世界文化，在今天，已在酝酿开始了。但何时能成熟确立，此尚有待。在我认为世界文化之创兴，首在现有各地区各体系之各别文化能相互承认各

---

41 文军. 承传与创新：现代性、全球化与社会学理论的变革〔M〕. 上海：华东师范大学出版社，2003，208.

42 瓦尔登菲尔斯. 文化相遇的诠释——基督宗教与中国思想：个案研究〔A〕. 卓新平编. 宗教比较与对话（第一辑）〔C〕. 北京：社会科学文献出版社，2000，29.

43 高瑞泉. 序一〔A〕. 高瑞泉，颜海平编. 全球化与人文学术的发展〔C〕. 上海：上海古籍出版社，2006，8.

自之地位，先把此人类历史上多采多姿各别创造的文化传统，平等地各自尊重其存在，然后能异中求同，同中求异，又能集异见同，采纳现世界各民族相异文化优点来会通混合建造出一理想的世界文化，此该是一正路。若定要标举某一文化体系奉为共同圭臬，硬说惟此是最优秀者，而强人必从，窃恐此路难通。文化自大，固是一种病；文化自卑，亦非正常心理。我们能发扬自己的文化传统，正可对将来世界文化作贡献。我能堂堂地做一个中国人，纔有资格参加做世界人。毁灭了各民族，何来有世界人？毁灭了各民族文化传统，又何来有世界文化？"[44]

本人非常赞同钱穆这个见解，他所说的世界文化，可诠释为现今的"全球化"。若以我国、美国、欧洲（含英国）、印度为文化代表，"全球化"应要像图 1-4 所示，即是四大文化除了个别的文化之外，它们也应融合相互的文化，以产出"世界文化"，此乃"全球化"。

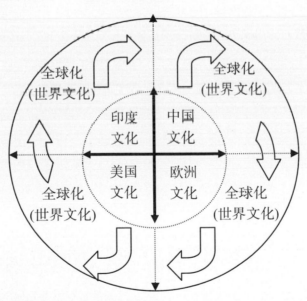

图 1-4 各国文化与全球化（世界文化）的关系

第二节 研究的主要问题

一、儒耶价值教育之异同比较、对话与和合

---

44 钱穆. 中国历史研究法〔M〕. 香港：新民书局，出版年份不详，123.

本论文除了会个别论述儒家与基督教的价值教育思想外，更会研究儒耶价值教育（道德教育、心灵教育、生命教育和公民教育）的异同比较、对话与和合。而双方的道德教育会占更大的比重，因"道德"是双方的"主体间性"。

下表略为交代了一些要研究的问题：

表 1-6　儒耶价值教育思想、典范人物和教育场域之异同比较（略表）

儒家教育思想、典范人物和教育场域	基督教教育思想、典范人物和教育场域
群己关系	团契
天人合一（德行、天人合德）	神人交通（灵修、属灵、密契）
现世（社会）	永生（天堂）
仪式（祭天）	仪式（崇拜）
成圣（内圣）观	成圣（封圣）观
新儒家创办的大专院校、 大学中的哲学系、宗教学系和中国文学系、 大部分中小学、社会（教育场域）	各基督教宗派的神学院、 大学中的哲学系、宗教学系和外国文学系、 教会办的中小学、教会（教育场域）
经典文本—《论语》 （儒家价值及教育文本）	经典文本—《圣经》 （基督教价值及教育文本）
经典人物—孔子（师徒制教学）	经典人物—耶稣（师徒制教学）
教育价值观以德育为核心	教育价值观以灵育为核心
放射性教育（要影响别人，不只是个人修炼）	放射性教育（要影响别人，不只是个人修炼）
论语成一般人的哲学教育（随时引例），可说是社会性儒家	圣经成一般人的哲学教育（随时引例）、可说是社会性基督教
提倡仁与和合	提倡爱与宽容
代表在香港六宗教座谈会中达成和议的主题： 1980—"教育" 2001—"香港六宗教对教育的期望"	代表在香港六宗教座谈会中达成和议的主题： 1980—"教育" 2001—"香港六宗教对教育的期望"
培育中华民族情感 （追溯炎黄）（炎黄子孙）	培育天国子民情感 （追溯上帝）（上帝儿女）

（一）儒耶双主体的主体间性及其共同价值

儒耶除了各自对香港社会进行价值教育外，儒耶双方的对话也是在互相进行价值教育。

1. 主客关系与主主关系

站在"教育学"的立场来说，以往，"教师"与"学生"的关系是"主客关系"；而站在"人类学"的立场来说，以往，"我"与"你"或"其它人"的关系是"主客关系"。不过，这种界说在近现代是说服力不足的，因双方的芥蒂可能仍会存在，身段未能放下。所以，"主主关系"便应运而生。

2. 主体与内在生存

"主体"不只是一种肉体上的主体，且是"精神上的主体"，主体与主体的接触不只是肉体上的交往，更不是死物与死物的交往。"主体"是有"活的内存性"和"活的外延性"[45]的。俄国哲学家尼古拉·别尔嘉耶夫认为："任何客观的，成为客体的东西都没有内在的生存。只有主体具有内在的生存，'我'有内在生存，'你'也有内在生存，'我们'也有内在生存。"[46]一个"真实"的人，一个"真实"的主体应该是"精神与物质"俱备的，这样，双方才可交往，或可称为"真实的交往"。尼古拉·别尔嘉耶夫并说过："只有主体和个性才固有自由，创造的积极性，完整性，在爱中与上帝以及与人们的交往。"[47]从此，可知道"主体"不代表只具"绝对的主观精神"，也不是封闭的唯我的个体，是有内存和外延性的，不只可与别人交往（别人也是主体），更可与上帝[48]交往。儒耶的对话是主体与主体的对话，无分谁是主，谁是客，有其"主体间性"。

3. 儒耶的主体间性与"共在"及"共同价值"的关系

"存在"是和"共在"是密切相关的，主体的独立存在是没有意义的，因人是社会性的产物，是要与"他人"共同生存和交往的。因此，有意义存

---

45 "活的内存性"和"活的外延性"乃本人拟的术语，意念源自哲学上的"内在与超越"。

46 尼古拉·别尔嘉耶夫. 精神与实在〔M〕. 北京：中国城市出版社，2002，46.

47 尼古拉·别尔嘉耶夫. 精神与实在〔M〕. 北京：中国城市出版社，2002，46.

48 尼古拉·别尔嘉耶夫所说的"上帝"是基督宗教的造物主；但我们也不一定只作这样的理解，本人就认为这句话中的"上帝"可诠释为一种"宗教性的象征"，即是说，当"主体"与"主体"相交往时，可做到一种"特殊的超越"，是一种"蕴含宗教性的交往"。

在就是"共在"。存在和共在都是一种时间中的在场方式。海德格尔在《存在与时间》中便探究了"共在"的涵意："共在是他人的此在与我的此在一同在此。[49]"而"共在"绝不是完全与他人融合和完全失去个性的，因"共在者作为个人本身，一样有自己的意识生命。他一方面以自己的生命意识向精神生命而去，另一方面又在与他人的共在中生成，调整自己的生命意识……对于共在者全体言，共在是精神生命丰满的历程。"[50]由此推出，社会上任何一个"主体"都预设了与任何一个"主体"是同时共在的，他们的接触与交流是"共时的"，准确些来说，是共在与"社会时间"和"普遍时间"当中。相对来看，"社会时间"是有限的；而"普遍时间"则是无限地延伸的。狭义上的"个人化主体"[51]与"个人化主体"的共在，只是一种"社会时间中的共在"，是会受肉体生存时间所限而消亡的；而广义上的"概念化主体"[52]与"概念化主体"的共在，他们不单是"社会时间中的共在"，更是"普遍时间中的共在"，是精神性的，不受肉体生存时间所限而消逝的。例如"儒家思想系统"与"基督教思想系统"，不只是单位数的主体，他们的对话，也不是单位数主体间的对话，可称得上是"概念化主体"与"概念化主体"的共在与对话，而且是普遍时间性共在的，双方的对话是可连绵下去的。

当然，时间是向前的，但"主体"与"主体"的对话，除了是于"社会时间"中和"普遍时间"中共在与展开之外，也可于"心理时间"[53]中共在与展开。例如：儒耶对话不一定是两个实体同场进行对话，也可以是其中一方在脑内的心理时间中与另外一方作"心理时间共在"进行对谈。"心理时间中

---

49 查常平. 历史与逻辑——作为逻辑历史学的宗教哲学〔M〕. 成都：巴蜀书社，2007，103.

50 查常平. 历史与逻辑——作为逻辑历史学的宗教哲学〔M〕. 成都：巴蜀书社，2007，104.

51 "个人化主体"这术语由本人所拟，即是受社会时间限制共在的"人"，例如："陈小明"与"李小军"的共在，狭义来看，是共在于社会时间之内，假设他们都有八十岁的寿命，他们便在社会中共在八十年，当然，他们可能因际遇的问题，两人根本互不认识，但他们确实"共在于社会之中"，。

52 "概念化主体"这术语由本人所拟，即是不受社会时间限制共在的"思想"或"系统"，"概念化主体"与"概念化主体"是于普遍时间中共在的，可不间断的，或随时再续的。

53 "心理时间"是指主体甲远离主体乙后，主体甲的心理时间能记起主体乙，可算是"心理时间中的共在"。

的对象"好像只是回溯性的记忆，其实并不是。因主体甲与脑中的心理时间共在者—主体乙对谈，是有进展性和前瞻性的，换句话说，是能得出进步的结果的。

以下的表可作为对上述的参考（符号〇代表"是"；符号×代表"非"）：

表 1-7　"存在"、"共在"、"个人化主体"、"概念化主体"的阐释

	社会中某人 （例如陈小明、李小军）	儒耶对话中的 儒家思想与基督教思想
存在	〇	〇
共在	〇	〇
个人化主体	〇	×
概念化主体	×	〇
有"社会时间"性	〇	〇
有"普遍时间"性	〇	〇
有"心理时间"性	〇	〇

"人"的本质和特性就是他的"社会性"，而"社会性"与"共在性"是相互的。社会中的"我"与"他"的共在，就是彼此往来、建立关系和分享。能够交互往还就必然有其主体间性。

"人"是世界上其中一种生物，在生物学的研究范畴内，"人"和其它生物固然有所不同，但很多生理上的本质却未必胜于其它生物，但从精神上来看，则绝对是其它生物所不及的，例如"道德与伦理"或"信仰上的追寻"。而在人类的共在的主体[54]间，一定认同某些"价值观"（例如道德和伦理）在社会中的重要地位。故此，"某些价值观"实在是"主体"与"主体"的"主体间性"，是相互沟通的桥梁。本人称之为"共同价值"。

（二）儒耶对话与价值教育

1. 独白及对话与教育的关系

严格来说，一个人的独白，不尽是"独白"，他是在"自我对话"。至于有建设性的自我对话，根本是有着教育的作用，要不然，那些自我对话便像

---

54 这儿所谓的"主体"是不计算以下的类别（不涉歧视）：婴孩、精神错乱者、心理变态者、蓄意反社会者

是一种精神分裂，是一种病态。有建设性的自我对话，就是具备教育性的自问自答，例如问题的自我发现和源起，可能是为了解决一些疑难，而自我寻求答案的过程，则尤如进行"自我教育"。

因此，两人（双方）的对话，如果是有愿景的，有目标的，互动的，互补的和互惠的，这不只算是一种普通的对话，更是富教育性的，他们都是互相在进行教育，是一种"对话教育"。本研究的其中一个范围是有关"儒耶价值教育对话"的，而以往，未曾有学者试从教育的视角来看双方的"对话"，故本研究便希望弥补这个空缺。

2. 儒耶对话与"隐昵的价值教育"及"隐昵课程"的关系

基督教源远流长，地位崇高，是西方世界的其中一个思想代表，宗教性强固；而我国的儒家思想也是其中一个思想代表，宗教性也浓。宗教学家希克（John Hick）认为中国的儒家思想虽然和西方的基督教不同，但"其思想中心在于如何获取个人的安身立命以及心灵上的解脱与自由，则并无二致"。[55] 故此，儒耶双方是有共通的地方，是可对话的。当代的新儒家都很认真地对待基督教，愿意与之开展对话，但却含有批判的意味。他们的对话理由有："新儒家清楚认识到从文化史的角度看，基督教实为西方文化生命底本根之一，故在中西文化的摩荡交流中乃是绝对不能轻视者；另外，自清末以降，传教士为着传教的动机，往往以基督教教义牵合中国学术思想中的某些面向，由之形成一种对中国文化片面与不恰当的理解。而这种研究中国文化的态度与进路自然不是新儒家所可接受。"[56] 由此可见，某些对话的起始点，可能带有批判意味的，站在新儒家的立场来说，总觉得基督教不及儒家。当代新儒家的佼佼者便曾在〈从儒家的当前使命说中国文化的现代意义〉一文说："我个人并不反对基督教，亦不反对信仰自由，然而，现在每一个中国人在面临这个问题时，都应该有双重身分、双重的责任。首先，得了解儒家是中国文化的主流，这个主流是不能放弃的。若是基督教能使你的生活得到安宁，当然很好，我也不反对你信仰基督教，但是在信仰的同时，身为中国的基督徒亦

---

55 陈特. 天国与人间的紧张关系：比较基督教与儒家的处理方法〔A〕. 赖品超，李景雄编. 儒耶对话新里程〔C〕. 香港：香港中文大学崇基学院宗教与中国社会研究中心，2001，282.

56 郑宗义. 批判与会通：论当代新儒家与基督教的对话〔A〕. 赖品超，李景雄编. 儒耶对话新里程〔C〕. 香港：香港中文大学崇基学院宗教与中国社会研究中心，2001，324.

当自觉到自己有相重的责任，虽然是信仰基督教但也绝不反对中国文化的主流是儒家。我不反对基督教、天主教，可是我坚决反对他们拿着基督教、天主教来篡夺、改纂中国的文化……"[57]牟宗三这番话是冲着基督教而来的。从此可以得知，儒耶双方的对话起始点未必是"互相教育"，因双方都未必想对方教育自己。儒耶双方的"对话教育"不是一种"明言的起始点、过程和目的"，反而是一种"隐昵的价值教育起点"和"隐昵的课程"。

3. 儒耶对话与"同情"及"启发"的关系

为了打消双方的鸿沟，双方可试从鲁索的"同情论"展开对话，鲁索认为"同情"是人类道德的共通性，这种原始的感情，就可作为儒耶对话的起始点并作交互主体性的交往与对话。敌意减去了，才能进入"对话教育"的阶段，开展"隐昵的课程"。

以"同情"这共同点来作对话切入，只需点到即止，因"情感语言"[58]是有所不足的，可能会较玄，所以，儒耶双方的对话，应以"启发语言（Heuristic language）"[59]为主。"启发语言"是理性的，但又不至于是研究科学和数学的"科学语言"。因此，研究有关道德或宗教的问题，应以"启发语言"为沟通工具。由此观之，"启发语言"如同"教育语言"，因"启发"[60]含有"教育"的意思，是问答的往来，是有长进的。美国芝加哥大学神学教授特雷西（D. Tracy）也说："对话中的运动即是询问。"[61]而"问"就是学习的途径；"答"则是教的路灯。从而证明，有效和富建设性的儒耶对话（内容围绕"共同价值"和"教化社会"），是在进行"对话教育"。

4. 儒耶对话与"进步"的关系

宗教本身是可进步的，而教育是进步的其中一个手段，而儒耶对话时的

---

57 郑宗义. 批判与会通：论当代新儒家与基督教的对话〔A〕. 赖品超，李景雄编. 儒耶对话新里程〔C〕. 香港：香港中文大学崇基学院宗教与中国社会研究中心，2001，324-325.

58 逻辑实证论认为语言可分为"科学语言"与"情感语言"。形而上学的对话就运用了情感语言。

59 "启发语言"这个概念由唐君毅提出。他认为可三分语言，除了"科学语言"和"情感语言"之外，应加上"启发语言"。而"启发语言"能补科学语言和情感语言的不足。

60 查《商务新词典》释"启发"一词的其中一义为："指点别人使有所领悟"。

61 特雷西. 诠释学·宗教·希望——多元性与含混性〔M〕. 上海：上海三联书店，1998，29.

教育性对话便能使双方进步。正因为宗教对社会是很有影响的，所以，由此推出，社会也会进步。根据巴哈依的"宗教进步论"所说，所有宗教都体现出极为相同的社会美德。[62]因此，儒耶如要进步必需在互相作对话教育时抽出共同价值和特质。

（三）宗教对话的同一性与和合

儒家思想与基督教思想是含有"宗教性"的思想，他们之间的对话是有其同一性的。德国杜宾根大学卡斯培（WalterKasper）教授认为："然而，当各种宗教不试图以帝国主义方式相互压迫或彼此消灭，而是彼此对话和交流时，而且只有那时宗教才会适当地超越自我。通过这种方式所达到的既不是不同宗教的融汇和合并，也不是不同宗教简单的相加和外表的混合。如同人与人之间的谈话一样，不同宗教也可以由此向寻求同一性的方向法展，所有参与对话的各方特别因其多样性都能丰富对方。"[63]中国人素来以"和"为贵，故在中国思想的角度来看，对话是求和合，是"融洽地调和"。

宗教阐释活动中，有化简倾向（reductionism）[64]。故宗教性思想间的对话亦应以此为其中一个原则，不应为所有课题作出对谈，最好寻求相似性的部分才对谈。

宗教学家戴维·特雷西说："宗教与宗教之间存在着家族相似（family resemblances）。"[65]依哲学家维特根斯坦所认为，"家族相似"不是一种完全相似，但可在双方某点上找到相似之处。因此，这就足以构成"对话点"。

当遇到对话有困难时，戴维·特雷西有一个特别的对话理论："有一种策略可用于这种困难的对话。我曾将这种策略称为'模拟想象'（analogical imagination）。作为一种启发式的多元论策略，它对宗教之间的对话或许也是有用的。'模拟想象'这一短语可以提醒对话者：差异性和它性一旦被解释成'不同的'和'另外的'，它们也就被承认为在某种方式上是可能的，并因而

---

62 斯托克曼. 巴哈伊的宗教进步本质观〔A〕. 卓新平编. 宗教比较与对话（第一辑）〔C〕. 北京：社会科学文献出版社，2000，202.

63 卡斯培. 从基督宗教的角度看宗教和文化的同一性与多元性〔A〕. 卓新平编. 宗教比较与对话（第一辑）〔C〕. 北京：社会科学文献出版社，2000，81.

64 宗教学家戴维·特雷西曾提及这个建议。

65 特雷西. 诠释学·宗教·希望—多元性与含混性〔M〕. 上海：上海三联书店，1998，146.

在最终是类似的。"[66]

二、儒耶价值教育对稳定香港社会的作用

儒耶价值教育虽然包涵了道德教育、心灵教育、生命教育和公民教育，但以"道德教育"和"公民教育"最为接近双方"互为妥协"[67]的价值，且最能起稳定香港社会的作用。

（一）道德教化与社会秩序

"人性"与"兽性"不同的地方，就是"人性"是包含"德性"在内的，而"兽性"则没有"德性"的。基于所有人都有"人性"的关系，即等同含有"德性"，这点是其中的同一性，所以所有人都是可接受教育的和教化的。正如涂尔干所说："不论何时，无论何地，人性都是同一的。本质上来说，人性不会随着所处时代和环境的变化而变化。如何思考世界，如何在这个世界上行事，对于这些问题只有一种正确的答案，普遍适用于整个的人类。"[68]

道德与教化在社会上的重要性是不容怀疑的，因人的道德与伦理观念正确的话，社会便有秩序。这是社会的根本。如要"人民"有德性与重视伦理关系，教化就显得重要了。自从我国在改革开放后，市场经济在社会中打得火热，惟某些人民却太看重金钱利益，可能会犯下"道德的错失"，有伦理失范的趋势，例如"毒奶（三聚氰胺）"事件，便是一例。故道德教化应能让社会风气更良好。

香港虽然是一个以法治和廉洁见称的社会，惟始终以资本主义为根本的意识形态，故某些人可能会受不住金钱的诱惑而铤而走险，也有一些人不好好享用自由的权利，做出越界的事情（犯罪）来。例如自七十年代的经济起飞后踏进八十年代，香港的青年人演化出一种"功利个人主义"（Utilitarianistic individualism）或"利己个人主义"（Egoistic individualism）的取向，香港的政治学学者刘兆基与关信基指出香港的年青人把纯道德的考虑置放于功利计算之下[69]，换句话说，香港的年青人是物质导向的。而根据《皇家香港警察年报》、

---

66 特雷西. 诠释学·宗教·希望——多元性与含混性〔M〕. 上海：上海三联书店，1998，150.

67 "互为妥协"此术语为本人所撰，即儒耶双方对话时都能认同对方的道德教育与公民教育价值观。

68 爱弥尔·涂尔干. 教育思想的演进〔M〕. 上海：上海人民出版社，2003，448.

69 谷淑美. 文化、身份与政治〔A〕. 谢均才编. 我们的地方，我们的时间——香港社

《香港警察年报》及《香港年报》的香港罪案率统计（1970-2000），香港的罪案率真的在八十年代开始骤升，而且 1981 年至 1985 年是罪案数字最高的几年[70]，或许与香港青年爱功利不无关系。因此，社会教化的延续和加强是必须的。

而站在全国的角度来看，我国自改革开放后，对宗教或具"宗教性"的思想都持友好的态度，当然，危害国家安全的"邪教"便不计算在内。我国社会中的儒家思想、佛家思想和基督教思想的信仰者众多，而他们未必是"宗教上的信奉"和"严守宗教教义"，因很多人民是感受到其宗教性，对这些"宗教性的思想"有好感，觉得能"导人向善"，如作为兴趣去了解也无妨。而这三大"宗教性思想"，最具我国民族性的，要算是儒家思想了，而佛家是起源于印度，是外来的思想，当中也含有儒道的哲理，但说到代表性，当然不及儒家。而基督教思想是完全的外来"宗教性思想"，实是与儒家思想对谈的好对象。儒耶对谈，就是"和平"的预设，是"交流"的实践，他们本身的活动已能让社会安定，不会因从没对谈，互不了解致生误会而相对垒。另外，儒耶对谈是一种教育性的对谈，是在互相教育，而教育是正面的，是有建设性的，是有价值的。还有，当儒耶双方以理性商谈，得出一种"共同价值"后，也能在社会推广，扶助社会风气迈向良好，这不单能使香港这个国际化都市更稳定繁荣，更能造就全国成为小康社会的其中一项条件。更理想的或许会出现迈向大同社会的愿景。

（二）道德教化与道德信仰

道德教化有修正人心和安定社会的功能，如能使更多人相信其功能性的作用，在坚持有中国特色的社会主义下，进入"道德信仰"的阶层便更完善。这里所说的"信仰"不是"宗教信仰"，是"感性与理性的统一体，是人类依托现实、憧憬未来的坚定信心。它关乎人的认识、情感和意志，是对世界和人生作出的一种系统的精神追求，它表达了人们在精神需求中不容置疑的确信，是信念在精神层面的坚定与执着。道德信仰是道德活动的前提，道德活动内在地要求必须以对道德的信仰为基础，以对善的终极追求为目标，由此实现人之为人的价值追求。它因此区别于宗教信仰、政治信仰、科学信仰等。"

会新编〔C〕. 香港：牛津大学出版社，2002，346.

70 张越华、朱耀光、郑慧婷. 犯罪与越轨〔A〕. 谢均才编. 我们的地方，我们的时间—香港社会新编〔C〕. 香港：牛津大学出版社，2002，414.

[71]还有，"道德信仰"要理性的，不可狂热与极端，追求与理性是循环性的。个人与社会才能健康地发展下去。本人再重申，道德信仰不是如同"道德宗教"。道德信仰是有"终极性"的，可作为"终极信仰"。如从逻辑历史学的角度来解释，"终极信仰"是："自在永在地呈现着。终极信仰在相对时段内的呈现，在逻辑上是无限时段内的在。"[72]

（三）德性与个人幸福及乌托邦的关系

道德或道德教化是否真的能够使人幸福，即"德福一致"的是与非，是一个值得不断探讨的哲学问题。在众多哲人当中，有主张"德福一致"的，当中以亚里士多德为主；也有赞成"德福未必一致的"，其中以康德为代表。但肯定的是德福不是相背驰的。

亚里士多德认为，人的德性是通向幸福的根本途径，而人的幸福是生活的终极目标。但康德的分析更为详细，他认同追求幸福是人在社会上生存的动力，但幸福不绝对由德性衍生，因德性是无条件的"善"，是不可衡量的，所以不可绝对等同幸福和绝对地达致幸福。康德且认为"行善"是应超越任何意图和经验的。个人善良不一定会有个人幸福，但个人善良是人的必须责任："人类行为在道德上的善良，并不因为出于直接爱好，更不是出于利己之心，而是因为出于责任。"[73]

退一步来看，如个人的德福不能一致也不要紧，因当社会中大多数人都以"善"为己任的话，"整体性的社会幸福"仍是可见的。构想中的"乌托邦"[74]是会出现的。理想的道德乌托邦的憧憬，不但能启发国民的道德判断能力，更能增进国民吸收知识的能力，就如苏格拉底谓"知识即道德"，人之所以为恶，是由于无知。道德的判断须依有系统的知识为基础，学习道德的法则原理，增加各重情境的判断力。

---

71 任建东. 道德信仰论〔M〕. 北京：宗教文化出版社，2004，2.

72 查常平. 历史与逻辑——作为逻辑历史学的宗教哲学〔M〕. 成都：巴蜀书社，2007，53.

73 伊曼努尔·康德. 道德形而上学原理〔M〕. 上海：上海世纪出版集团，2005，99.

74 "乌托邦"（Utopia）这个词来源于希腊语的"无"（ou）和"场所"（topos），意指"乌有之乡"。是一种未来的可能性投射，是理想社会的代名词。

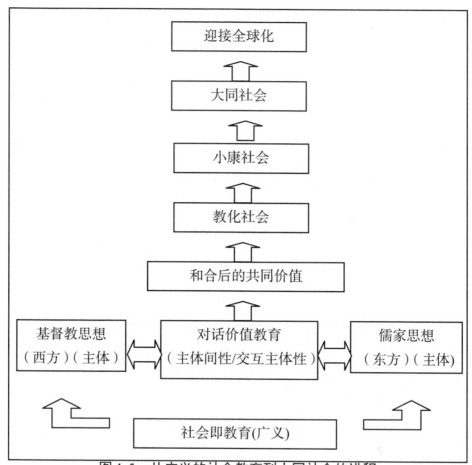

图 1-5　从广义的社会教育到大同社会的进程

（四）儒耶的共同公民教育观

"公民"的概念本源于西方的希腊，是一种人的自觉与文明存在模式，而后来西方神学家阿奎那（Thomas Aquinas）也有从基督教的观点探索公民这议题。我国古时并没有完全匹配"公民"的概念，而较接近的就是"君子"与"士"的概念。其实中西方都是希望每个个体能融进社会与别人好好地相处，不要捣乱社会秩序。

虽然"公民教育"一词也是译自西方，我国古时也没有完全相应的概念，但很多儒家的经典都有类似的教训，因儒家思想是"入世"的，而入世就必然与社会有关，所以我们从儒家经典中，也能获得如"公民教育"的知识。台湾清华大学赵素娟教授这么说："由于'公民'是一种人的文明存在模式，公民教育因此是一种引导或培育人，使其透过对文明及周遭环境的理解，与人我的互动，自觉成为"公民"的过程，是一种人的教育。"[75]做一个"好人"，是个人的道德修养，是必须的，用儒家思想的词汇来说即是"慎独"，但仍是不足够的，因人要投入社会生活，所以，当一名"好公民"才是一名有"群己关系"的人，而中国的儒家同样着重"群己关系"的，因此，中西两方的"公民教育"是能对应的。其实儒耶对社会渗透的公民教育，都起了稳定社会的功用

（五）香港社会特殊的意识形态

自满清皇朝于 1840 年鸦片战争败给英国开始，"香港"的命途便开始改写，与祖国的血脉仍存，惟"地方"已在英国手上。1842 年《南京条约》的签订，使香港岛正式割让给英国。而英法联军之役后，英国又于 1860 年逼满清签下《北京条约》，把九龙半岛割让给英国。三十多年后，即 1898 年，英国又强行要清政府租借新界和附近的岛屿，此乃《展拓香港界址专条》。从此，"整个香港"便正式成为英国直辖殖民地，派来总督治理香港，满清政府已无权过问香港的管治，就如父（中国）与子（香港）被别人强行分开了。

虽然英国政府和港督没有逼迫香港居民放弃自身的传统风俗和宗教信仰，因此，儒家思想在口传日用之下，并没有与香港人绝缘；但随着逐渐有英国人居港、进行商贸活动和建学校，使基督教信仰开始在香港传扬。

香港开埠后，对外开放的优势使香港成为重要的转口贸易港，受到西方的重视（因经济利益），与香港的经济活动日益增加，更使西方的文化和意识形态渐渐渗透。香港人开始夹杂中西思想。期间，英国圣公会、美国某些宗派的基督教会，甚或天主教教会，都有在港进行福利活动，使香港人渐在日常生活中接触西方宗教。

第二次世界大战后，香港只在数年间便恢复元气。那时的英籍港督杨慕琦（Mark Young）为了使香港人不再感到英国人的种族歧视，便特地删除了一些带有种族歧视色彩的法例，这政策使香港人与英国人的交往密切了些，间接地让香港人更接受西方文化。那几年适逢内地政治变动，很多内地同胞从不同的途径来香港定居，当中有普通草民，也有知识分子、商人和技术人

---

75 赵素娟. 公民概念的澄清与公民教育理论的探讨〔A〕. 刘国强，谢均才编. 变革中的两岸德育与公民教育〔C〕. 香港：中文大学出版社，2004，11.

士，他们的来临，充实了香港的文化和经济地位。

从内地来港的知识分子带有使人赞许的教育热情，例如钱穆、唐君毅和牟宗三等宿儒。因他们偏好儒学，故教学处世时都让人感觉到他们的儒者风范，史称他们为"新儒家"。新儒家在香港植根，办理大专院校，令香港人重视儒家思想，特别是一些在大专就读中国文、史和哲学的学生。

因为香港很多中、小学和幼儿园都是由教会主办，所以就读的学生就算不是基督徒，从小已每天接触基督教思想。

之后，香港人心里存在特殊的意识形态，当中包括儒家思想和基督教思想。[76]

三、儒耶价值教育稳定香港社会后对国家的贡献

香港在 1997 年后的回归，与内地的改革开放，可谓配合得宜。虽然香港现在的地位仍然"特殊"，例如文化上融贯了近百年的中西思想，政治上实行一国两制，但香港与内地的血脉始终相连。香港应藉某些成功的地方来贡献国家，例如在香港成功推行和有果效的儒耶价值教育，能对中西方的对话和交流有帮助，且让西方不只对香港（子）更友好，也对内地（父）更有信心。好让西方明了内地和香港是相依的，就像父子般一条心。

第三节　研究现况与相关理论

由于本研究属一首创性和跨学科性的研究，故未能搜集到与本文研究方向完全一致的文献，所以本人会从不同领域的学科，筛选出对本研究有关和有间接帮助的研究或理论，进行综合与分析，藉此作为本文的线索和左证。例如，教育学（教育哲学、教育社会学、道德教育学、宗教教育学）、儒学、基督教神学、宗教学、哲学、伦理学和社会学等文献或理论都是本研究的参考范围之内。

一、教育学研究

（一）价值教育

本人把价值教育的范畴分为四个，分别是道德教育、心灵（宗教）教育、

---

76 当然，除了基督教思想和儒家思想外，香港也融合了佛家、道家等其它思想，但这不在本文讨论的范围之内。

生命教育和公民教育。

1. 道德教育

一个社会有良好的"道德教育"，便会出现完善的教育、和谐的社会、公正的法律、民主的政治、富裕的经济、协和的文化。而推行道德教育目的，是为了培养一个由国家所制造的模范个人，并维护传统的价值，维护社会秩序。

（1）德性教化思想溯源

在我国，"德性教化"的源头可追溯到尧舜时代，而在西方，若以希腊为代表，德的源头，可算是由苏格拉底开始，接着是柏拉图和和亚里士多德。亚里士多德曾在其名作《尼各马科伦理学》中说："人的善就是合于德性而生成的、灵魂的现实活动。如若德性有多种，则合于那最美好、最完满的德性。而且在一生中都合于德性，正如一只燕子造不成春天，一个白昼的、一天的和短时间的德性，也不能给人带来幸福和至福。"[77]可以说，"德"是每人一生要追寻和实践的，因它有教化的作用，会给人带来幸福。人是可自我教化的："人的理性从精神内部发扬善，其实是'引出'（education）善，这正是教化的真义。"[78]即是，苏格拉底认为"善"虽然不可教，但是对"善"的追寻是可教化的，对"善"的认识也是可教化的。

（2）公共领域中的道德教育

无论是任何国家与民族，都一致认为"人"不应是"独个儿生活"的，是亲身参与在社会中的，是一个"公共中的人"，"独善其身"而不宣扬，始终是不完美的，不圆善的。因此，社会必须要有良好的风气，伦理关系要正确，因歪风初起的话，便有牵一发而动全身的危机，社会将面临沦亡。

道德教育实在是非常重要的："德性的教育是形成个人美好的生活的基础，是形成以平等、自由的个人为中心的现代公民社会即麦金太尔所称的受过教育的公共社会（the education public）的己条件。"[79]

---

77 金生鈜. 德性与教化——从苏格拉底到尼采：西方道德教育哲学思想研究〔M〕. 长沙：湖南大学出版社，2003，33.

78 金生鈜. 德性与教化——从苏格拉底到尼采：西方道德教育哲学思想研究〔M〕. 长沙：湖南大学出版社，2003，41.

79 金生鈜. 德性与教化——从苏格拉底到尼采：西方道德教育哲学思想研究〔M〕. 长沙：湖南大学出版社，2003，308.

（3）人在"实践生活"中受教化

神哲学家阿奎那是一个重视"人"、"人的生活"和"美德教化"的西方神哲学家，他深受希腊哲学影响，不只说天上的信仰，认为地上的社会也应要追寻完满的。他重视人间社会的"人法"[80]。"阿奎那所说明的实践生活是一种人不断受到美德教化的生活，一种每个人都要不断探究善是甚么的生活，一种不断理解美德实践的生活，一种获得道德知识并且把它在实际的行动中现实化的生活，一种在道德智能的生成中和德性的实践中不断深化和成熟的生活。"[81]

（4）爱尔维修：教化能正确理解利益

教育学家爱尔维修认为美德能正确理解利益。他也认为"知识"和"道德"及"教育"是有关系的，因在他看来，"教育"能成为社会进步的动力，能实现道德社会，使社会幸福和公民幸福。他在《论人的理智与教育》说："为了消灭任何不道德的萌芽，只要消灭无知就够了。"[82]

（5）康德的道德教育与幸福的关系

康德是赞成"德性就是力量"的，而德性是无条件的善，故此，道德的价值不应由幸福来衡量，推而广之，当我们实行道德教育时，不应过份强调"道德致幸福"的必然性，惟无可否认，幸福却是"有机会实现"的。

（6）赫尔巴特的伦理与教育的关系

教育学之父赫尔巴特（J. Herbart）将教育学奠基于伦理学与心理学，其中伦理学决定了教育的目的。我们可从此知悉"道德"在"教育"中的核心地位。

2. 心灵（宗教）教育

（1）宗教的道德和教育功能

恩格斯在〈反杜林论〉中曾对宗教的本质作以下的阐释："是支配着人们

---

80 阿奎那曾提出四种法：永恒法、自然法、神法与人法。"人法"是人类为了公共利益而颁布的法律。

81 金生鈜. 德性与教化——从苏格拉底到尼采：西方道德教育哲学思想研究〔M〕. 长沙：湖南大学出版社，2003，124-125.

82 金生鈜. 德性与教化——从苏格拉底到尼采：西方道德教育哲学思想研究〔M〕. 长沙：湖南大学出版社，2003，163.

日常生活的外部力量在人们头脑中的幻想的反映，它将人间的力量采用了超人间的力量的形式。"[83]无可否认，"宗教"在社会上的影响是不容忽视的，幸好，世界上多是"趋向好"的宗教，多是重视道德伦理的，是导人向善的。各宗教或多或少都追求"善"与"爱"这两种美德。在宗教的角度来看，这些是"宗教道德"，但撇掉宗教的教义，这些"宗教道德"就如社会道德。

在远古的东西方，同样有"宗教性文化"这特点，那时，人对一些宗教性的禁忌产生宗教性的道德，继而发展成社会性的道德和人与人的伦理关系。而东西方的宗教，都不约而同地是十分重视教育的，在宗教教育的传播中，道德观念的强调是必定的。

（2）宗教教育的社会功能

按国家宗教事务局宗教研究中心政研处副社长加润国所称，宗教[84]共有五个社会功能："社会控制、群体整合、心理调适和文化交往。"[85]而宗教是含浓厚的教育性的，所以，以上四个宗教的社会功能，亦可模拟为四个"宗教教育的社会功能"，而当中的"心灵调适"便是一种"灵性教育"。

（3）宗教的社会责任

既然宗教教育在社会上有不可估量的作用，便应肩负社会责任，首先要"爱国"，因"爱"是各大高级宗教的共同核心，连国家也不爱护，又如何说服教徒或人民去尊重宗教呢？又如何去作道德教育呢？还有的就是在爱国的大前提下"遵守国家法律"。当宗教在社会中走上正面和成熟的道路时，便是时候回馈和服务人民，甚至国家。

这正如我国宗教事务局副局长王作安所说："这些年来，我们生活的这个世界并不安宁，一些国家社会动荡，一些地区纷争不断。让我们特别关注和深感不安的是，有些动荡和纷争确实与宗教有关。宗教主张宽容和仁慈，护佑和平与安宁，可是不幸的是，宗教差异有时也会带来仇恨和杀戮，从而触发社会危机，引爆地区冲突。创造和维护一个幸福安宁的社会，不仅是政府的责任，也是每个社会团体、社会成员的共同责任。宗教扎根于社会，不关

83 李素菊. 论宗教传播与宗教教育〔A〕. 卓新平编. 宗教比较与对话（第一辑）〔C〕. 北京：社会科学文献出版社，2000，100.

84 这儿所说的"宗教"定义不包括"邪教"和"危害和会分裂国家的教派"。

85 加润国. 宗教的社会功能及其实现途径〔A〕. 李志刚编. 宗教的社会功能〔C〕. 香港：基督教文艺出版社，2004，19.

心社会，不介入世事，不是一种积极的态度，事实上也很难做得到。但是，宗教组织、宗教徒如何按照经典教义的引领，根据传统和特点，找准社会角色，承担社会责任，做好应当去做和能够做得好的事情，为国家和社会服务，确实是一个值得深入探讨的问题。"[86]

（4）国家对宗教的责任

现代社会中的国家与人民是平等的，不存在只具单向且由上而下的"吩咐式"命令。人民或宗教组织对国家要负责任是必然之事，相反地，国家对宗教组织也应实行对宗教的责任。国家宗教事务局宗教文化出版社社长陈红星便说："公民的宗教信仰自由权利应得到政府和社会的尊重，国家不以行政手段干预宗教界的内部事务。"[87]和"国家依法保障公民的宗教信仰自由权利，也依法管理宗教事务的理念和原则。"[88]

3. 生命教育

（1）科学观中的"生命"

从科学角度来说，有血有肉的的个体就代表"有生命"，活人是有生命的有机体，而活的动物同样是有生命的有机体。暂时，科学家未能在宇宙的其它星系发现如地球般有生物存在的迹象，所以，我们绝对认同人类的生命是罕有和宝贵的。而人类早就对生与死充满好奇，如不从形而上的角度去探讨"生命"，只从科学角度和现实中的"生命"也同样可作无穷的钻探。

（2）儒耶的生命观与生命教育

无可否认，儒家与基督教都同等着重生命的，而基督教甚至认为所有生物都是神所创造的，这当然包括人类；虽然儒家没有这种创世观，但儒家是看重人生在世上的生命历程的，恰好很多基督教思想家都认同人的生命历程，如人在地上的生命是没有意义的，那为何神会创造有生命的人在世经历数十年呢？以怀德海（A. N. Whitehead）与德日进（Pierre Teilhard de Chardin）的

---

86 王作安. 宗教的社会责任——以我国内地基督教为例〔A〕. 李志刚编. 宗教的社会功能〔C〕. 香港：基督教文艺出版社，2004，3.

87 陈红星. 浅析宗教神圣性功能及其社会作用〔A〕. 李志刚编. 宗教的社会功能〔C〕. 香港：基督教文艺出版社，2004，56.

88 陈红星. 浅析宗教神圣性功能及其社会作用〔A〕. 李志刚编. 宗教的社会功能〔C〕. 香港：基督教文艺出版社，2004，56.

哲学为基础的"历程神学",便与儒家的生命观颇接近。

在基督教的经典中,例如《圣经》,都记载了很多重视现世生命的例子,而儒家的经典都有论及,由此证明儒耶都是重视"生命"的。例如香港公开大学的何建宗教授在〈对比儒家和基督教的可持续发展视野〉一文中曾说:"我认为基督教对自然界的态度也是'Bio-centric'[89]的,只不过基督教难免渗入宗教的情操,那就蜕变成'神授的以生命为中心(Theo-authorized Biocentric)'这种生命价值态度。"[90] 基督教与儒家都是反对自杀的行为,因双方都认同生命是可贵的,基督教更认为自杀的人是不能上天国的。惟牺牲小我完成大我的行为则是可取的,例如儒家的"杀身成仁"和基督教的"殉道成圣"。

而只谈独立的"生命"是意义不大的,因人生在世始终都与其它不同种类的生命有连结,而"生命"与"其它不同种类的生命"的连结关系,实是共处在一个"生态系统"中,因此,谈"生命"就少不免要谈"生态"。亦因此,本人认为个体除了要尊重和认识自我的生命外,也要认识和尊重"生态系统",生命教育要这样才有意义的。

4. 公民教育

从表面上看,基督教重视来生,现世只是次要的,实则称不上全对,因上文已曾说过,基督徒要得到永生,是有一个过程的,而现世是在这过程中的。很多基督教思想家都觉得人应在社会中当一名好公民,香港基督教教育研究学者吴梓明曾说:"基督徒相信他们在地上是拥有双重的身分;一方面他们是地上的公民,同时他们也是属于天国的子民。"[91]还有:"约翰福音记载耶稣离世前曾为门徒向上帝祈求,说:'我不求你从地上把他们带走,但我求你使他们脱离那恶者,正如我不属于世界,他们也不属于世界.....'这段记载显示出一个'在世而不属世'(in the world but not of the world)的神学观点。若从超越性的角度看,这观念可以解释为'超越却不是否定这个世界'(transcends but does not negate this world)。"[92]因此,基督教也重视公民教育的,当世人在

89 哲学家方东美与冯沪祥认为儒家的宇宙观是"Bio-centric"和"Value-centric"的。

90 何建宗. 对比儒家和基督教的可持续发展视野〔A〕. 赖品超编. 基督宗教及儒家对谈生命与伦理〔C〕. 香港:香港中文大学崇基学院宗教与中国社会研究中心,2002,136.

91 吴梓明. 学校宗教教育的新路向〔M〕. 香港:基督教文艺出版社,1996,65.

92 吴梓明. 学校宗教教育的新路向〔M〕. 香港:基督教文艺出版社,1996,65.

地上尽责才有超越性。

至于中国的儒家很重视"社会秩序与人伦"，这种观念即与"公民与社会"和"公民教育"等概念雷同。台湾师范大学的李琪明教授转引香港的金耀基教授所述："中国自古以来，文化与思想是以儒家思想为主流，自汉朝以后更以儒家思想与政治结合而于国家体制中体现，形成'国家儒学体制'（State Confucianism）的既有传统。"[93]可见儒家必定重视公民教育。

儒耶在香港推行的公民教育能让香港有融会贯通中西文化的能力，甚至可让香港公民在爱国这个必须条件下跃身为"世界公民"[94]，投入社会和建设社会。而前香港教育学院公民教育中心主任（现为澳洲悉尼大学教授）李荣安教授参考乐施会对"世界公民"与"世界公民教育"的定义为："世界公民教育是指'教导学生认识世界，负起作为地球村一份子的公民责任'，而'世界公民'意指世界上每一个人均有责任了解世界的义务。"[95]

（二）对话教育

1. 对话释义

"对话"的英文"Dialogue"的字源是希腊文的"Dialogos"。而"Dialogos"可分拆成"Dia"和"logos"两个词："Dia"有"二"、"通过"、"跨越"和"某东西与某东西之间"的意思；而"logos"就有"道"、"思想"、"理性"和"判断"的意思。整体来说，"Dialogos"便有"意义或思想之互相流动或跨越"的意思。

除了从语源学的角度来看"对话"之外，很多对"对话"有研究兴趣的学者，都有对"对话"下了一些贴切的定义。例如：德国哲学诠释学家伽达默尔（H. Gadamer）在《赞美理论》一书中便认为"对话"就是"对话双方在一起相互参与着以获得真理。"[96]；俄罗斯的文学理论家巴赫金（M. Bakhtin）认为"对话"是"一种在各种价值平等、意义平等的意识之间相互作用的特

---

93 李琪明. 台湾与中国大陆义务教育阶段德育课程之比较研究〔A〕. 刘国强，谢均才编. 变革中的两岸德育与公民教育〔C〕. 香港：中文大学出版社，2004，11.

94 本人认为香港人当"世界公民"的意思是："在香港站稳，背靠祖国，面向世界后，在与各色人种沟通时不亢不卑，且能在国际舞台上有建树，好让中国人扬名立万。"

95 李荣安，庄璟民，萧伟乐编. 国民身份认同与世界公民教育〔M〕. 香港：香港教育学院公民教育中心，2006，108.

96 靳玉乐. 对话教学〔M〕. 成都：四川教育出版社，2006，4.

殊形式。"[97]还有，德国的神学哲学家马丁布伯（Martin Buber）就认为"对话"是"从一个开放心灵者看到另一个开放心灵者之话语"。[98]

2. 德国哲学家阿伦特（Hannah Arendt）的对话理论

阿伦特（Hannah Arendt）是犹太人，在德国俾斯麦时期出生。她曾受教于海德格尔（Martin Heidegger）与雅斯培（Karl Jaspers），而她的后期哲学思想则称为："协商／沟通模式"（an associative/communicative model），强调公共领域中的彼此沟通、暸解和相互说服。这个观点，影响后人甚深远，例如哈贝马斯（Habermas）即曾受其启发。

阿伦特认为"思考"实在是一种"无声的自我对话"，但在回到自我无声的对话世界前，人必须从复杂的表象世界遁离，避免身体因外在世界的刺激而产生直接的感官反应，沉浸内心深处并展开与自我意识的对话。

她认为因为人有"反身性本质"（the reflexive nature），所以才能不断思索其在现象世界接触或展现的人事特质和行为举止，并与心灵中的自我反思对话。除此之外，她更认为，人在脱离纷杂扰乱的直接感官经验后，理应返回世间并向他人展开沟通说服，在尊重彼此观点差异性下追求相互理解，乃因人类社会存在着相互了解的必要，天生具有共同感觉（commonsense）。

这种"共同体意识"（community sense）让人们彼此互助成为思考主体，并同时进行美学判断（aesthetic judgment）。思考虽然是孤独的自我对话，但思考能力必须依赖其公共使用。没有经过自由公开的检验，就没有思考与意见的形成，亦即思考并非自我疏离，而需要与他人沟通。假若人拒绝将思考结晶向他人沟通、受他人检验，其思考能力将会消失。阿伦特称此种检验思考的判准为"普遍可沟通性"（general communicability），强调科学真理要求普遍效度（general validity），认为研究实验须能由他人重复验证。但哲学并不要求普遍效度，而是要求"普遍可沟通性"，即将自己独自思考的结果与他人沟通。

阿伦特继而提出，为了追求共同体意识，人们必须扩大心胸，巡访（go visiting）异于自己的他者观点以追求"公正"（impartiality）。此种巡访历程是透过想象（imagination）始能获得，藉此，让自己的眼光不再只局限于狭隘窄小的私人观点或自我利益上，而是经由多方考虑始能达到普遍性立场。而

---

97 靳玉乐. 对话教学〔M〕. 成都：四川教育出版社，2006，4.
98 靳玉乐. 对话教学〔M〕. 成都：四川教育出版社，2006，4.

巡访的范围则愈广愈好，愈能游走于愈多他人立足点，则判断便愈具有效度，人们所能扩大的范围愈大，能够跨越的立足点愈远，他的思考便愈具有普遍性。

3. 巴西教育学家保罗弗莱雷（Paulo Freire）的解放教育观

保罗弗莱雷（Paulo Freire）于 1921 年在巴西诞生，那时候，巴西的社会状况并不稳定，教育的发展也不好，因此，他从尊重人的自由、平等的人道观出发，对巴西当时的社会现状加以观察反省，而逐渐形成他"对话教育"思想的目的。希望以对话的教育方式，使那些造成社会不平等事实的统治者及被压制者，都能觉醒，恢复他们人之所以为人的自主能力，共创互相尊重、平等、自由的社会。

保罗弗莱雷的名作《被压迫者的教育学》便批判传统的灌输式教育，他用"银行储备"来比喻传统的灌输式教育。是一种单向式和直线的教育过程，不存在互动和交流，尤如一种"压迫"，本人试用一个更为贴切的比喻来看这个关系和过程：教师是一个"泵"（教师），把"气"（知识）用压力（讲授）直接泵向足球（学生）。因此，保罗弗莱雷希望能以"解放教育观"来瓦解这种有压迫性倾向的"储蓄教育观"。而解放教育观的其中一个特式就是重视教育者和被教育者的相互对话。"被教育者"的"被动性"要减至最低，"被"字的受压迫色彩应抹去。

保罗弗莱雷认为"对话教育"的特征可包括以下三点[99]：首先，对话是师生之间平行平等的交流。交流是人类生存的重要方式。这种交流是平行、平等、民主、真实、积极的交流，对话双方都是交流的主体，为了共同的目的而交流；另外，提问是对话式教学的关键。教师应成为问题的提出者，要提出能激起学生思考的问题，能激起学生自己提出问题；最后，对话式教学需要师生间的合作。在对话中，双方都是主体，共同去揭示改造世界。对话是双方的一种合作。

4. 对话教育的类型

站在普通教育场景的角度来看，对话教育可分六个类型：它们分别是"老师与学生对话"、"老师与文本的对话"、"学生与文本的对话"、"老师的自我对话"、"学生的自我对话"和"学生与学生的对话"。

---

99 靳玉乐. 对话教学〔M〕. 成都：四川教育出版社，2006，10.

　　由于本研究所论的"教育场景"并不是"普通的教育场景"，而是"特殊的教育场景"（儒耶对话），而上文已曾提及，儒耶之间的对话是含教育性的，是一种"对话教育"，所以，从"特殊的教育场景"（儒耶对话）的角度来看，儒耶之间的对话教育可分为三个类型：它们分别是"儒学家与基督教神学家的对话"、"儒学家看基督教神学文本后的自我对话"和"基督教神学家看儒学文本后的自我对话"。

5. 对话教育的模式

　　对话教育可分为三种模式，包括：问答式、启发式和讨论式。对话时的问与答不是由其中一主体发出肤浅的问题，再由另一方主体敷衍地作答，问题要有针对性的，要出于友好的，要有建设性的，而答的一方要认真的，要不作保留的和同样要有建树的。而启发式的对话，是最具教育性的对话，因能启发他人，等如教育了他人，他人就像上了宝贵的一课。但这启发式对话的原则是要互动的，要互相启发的，就像一种"有动力和有火花的交流电"。我国的孔子曾在《论语·述而篇第七》说："不愤不启，不悱不发，举一隅不以三隅反，则不复也。"[100]从此，得出"启发"的重要性。讨论式的交互方式，在教育上也起了重要的作用，讨论时双方是认真的，都有寻找结果的"共愿"。双方的交流度是最高的，有来有往，且具和谐的节奏。

6. 对话教育前的准备工夫

　　在进行对话教育前，双方要有十一项准备工夫：第一，就是"理解力"。即进行对话的双方都要有良好的理解力，这站在学术层次来说是不容担心的，因本文所提及的"对话场景和涉及的人物"并不是一般地方和平民百姓，是以学术界为主；第二，就是"熟读文本（资料背景）"。即双方进行对话前必须要熟读和正确解读对方的文本、经典和哲学思想，这才能知己知彼。；第三，就是"语言能力"。即对话时的语言能力要包括"口头言语表达的能力"、"文字表达的能力"与"翻译己方或对方思想概念的能力"；第四，就是"本科知识"。因进行对话前如对自己的本科知识仍未透彻了解的话，怎能与对方对话呢？第五，就是"热诚"。因为对话不是聊天闲谈，是有理想和目标的，所以对话时要尽显热诚，敞开心胸，好让对方也用同一种态度响应。这样的对话才能产生化学反应，才能有生命力的；第六，就是"宽容"。因对话是求同存

---

100 杨伯峻译注. 论语译注〔M〕. 香港：中华书局，2004，68.

异，不是击倒对方。故此，双方均应该持宽容的态度，更可在对话时试站在对方的立场想想，这才能让对话持续下去；第七，就是"反思力"。即双方要"边对话，边反思"，紧记修正有甚么东西是阻碍双方进行对话的，反省一下可否调较或去除掉；第八，就是"合作性"。因对话的目的不是要"完全合一"，而是可强化双方合作的可能，达到稳定社会或人心的效果；第九，就是"信任"。即双方必须去除猜疑心，要信任对方，坚信双方作为"高级思想"（儒家）和"高级宗教"（基督教），本身是"信守道德"的；第十，就是"亲和力"。即对话双方要有亲和力，这才能把合作的成果融入社会；第十一，就是"愿景"。即对话双方必须要有愿景，而这愿景未必是即将看到的，但不要紧，遥远的愿景也是有价值的。

7. 对话教育与"游戏"

"游戏"一词，很容易让人误解为"玩耍"，好像是"不认真"的感觉。其实是大错特错的。因"游戏"一词是很有中国修辞法——"反训"[101]的意味，它的英语为"play"，有自由的含义，但自由中是有规则的，绝不等同放任乱来。而且，"游戏"有一种"双方共同进行"的前提。"游戏"也有"活动"的感觉，有高低起伏，不是水静波平的，这就如双方进行对话教育时，是有刺激性的，是有前进意向的。况且，"游戏"不是战争，而是和平地进行的，尤如体育般，具备体育精神的。"从属性上看，教育对话具有游戏的属性，如严肃性、合作性、创新性、风险性、整体性。"[102]

而布尔迪厄的"场域是行动者的游戏场"理论，也很像"对话教育与游戏"这概念。例如布尔迪厄认为可以将场域比喻做一场游戏，游戏中有参与者（本人就当作是儒耶两方）的"共同幻象"（illusion），这"共同幻象"为参与者所共享，亦因此让参与者有玩下去的决心。惟布尔迪厄这"场域是行动者的游戏场"理论却带点竞争的意味，较像"旧有的儒耶交互方式"，但这也未尝不可，因"游戏"的过程实隐含着一种享受和良性竞争和寻乐的精神。当然，本人认为最理想的儒耶交互方式应是没有竞争意涵的、平等的和能互相教育的。

（三）理解教育

---

101 "反训"是一特别的汉语修辞格，它在一词中可同有"正面"与"反面"的意思。
102 靳玉乐. 对话教学〔M〕. 成都：四川教育出版社，2006，95.

1. 广义的国际理解教育

1974 年，联合国教科文组织第 18 次会议发布了《关于国际理解教育、与人权和基本自由相关的合作、和平与教育的建议》，建议"教育必须致力于全面发展人的个性，促进对人权与基本自由的尊重；促进国家之间、民族或宗教组织之间的理解、宽容与友谊，并推进联合国为了持久和平而采取的各种行动"[103]。日本学者大津和子："国际理解教育是维护自己的人权并尊重他人的人权，包括异质文化，培养跟世界人民'共生'的人的教育"[104]。

对于"理解"，可分为三个要素，分别为认知性理解、情感性理解和行为性理解。而"理解"的先决条件则可分为三项，包括先自我理解：是自我占有（self-appropriation）和自我超越（self-transcendence）的统一；感情先行，但要懂得调节；相互理解的"共同性"，即共同感情、共同认识和共同行为。

2. 人文理解论

（1）源流

维柯（G. Vico）、施莱尔马赫（F. D. Schleiermatcher）、德罗伊生（J. G. Droysen）、狄尔泰、卡西尔（E. Cassier）、维特根斯坦（L. Wittgenstein）、海德格尔（M. Heidegger）、伽达默尔（H. G. Gadamer）、哈贝马斯（J. Habermas）。

（2）狄尔泰的人文理解论

狄尔泰认为如果人文科学丧失了对意义和人的自我理解的关心，便会出现精神上的危机。他说："我们说明自然，我们理解精神"[105]。而"理解"就是通过自身内在的体验去进入他人内在的生命，从而进入人类精神世界。他也说："我们把这种我们由外在感官所给予的符号去认识内在思想的过程称之为理解"[106]。

（3）海德格尔的人文理解论

海德格尔认为只有"此在"，才能理解存在的意义，而其它事物都不能理解存在的意义，所以，"理解"是"此在"的本质。

103 熊川武，江玲. 理解教育论〔M〕. 北京：教育科学出版社，2005，2.
104 熊川武，江玲. 理解教育论〔M〕. 北京：教育科学出版社，2005，17.
105 靳玉乐编. 理解教学〔M〕. 成都：四川教育出版社，2006，8.
106 靳玉乐编. 理解教学〔M〕. 成都：四川教育出版社，2006，8.

而海德格尔的理解观是：对于每一生存论行为，理解乃是存在论上最基本的行为以及先行于所有生存论行为的行为；理解总是联系到未来，这是它的筹划性质，但这种筹划有一个基础，即在一个人所处世界的位置的领域内揭示此在的具体可能性；解释不是某种在理解出现之后而发生的东西，理解就是解释，解释无非是把理解中所筹划的种种可能性整理出来。

（4）伽达默尔的人文理解观

在《真理与方法》中的研究范围：把人文理解与科学理解区分开来；阐明人文理解论的历史原则；揭示人文真理，明确人文精神在人文理解论中的根本地位；证明了经过语言研究理解问题是人文理解论的展开形式，而语言问题包括阅读、书写和对话。

他在《真理与方法》中说："我认为海德格尔对人类此在的时间性分析已经令人信服地表明，理解不属于主体的行为方式，而是此在本身的存在方式。本书的'诠释学'概念正是这个意义上使用的。它标志着此在的根本运动性，这种运动性构成此在的有限性和历史性，因而也包括此在的全部世界经验，既不随心所欲，也不片面夸大，而是事情的本性使得理解运动成为无所不包和无所不至"[107]。

（四）社会教育

1. 陶行知与"教育为公"

陶行知之"教育为公"一词，常与"文化为公"互用，而"教育为公"的意义即是指的教育机会均等之意思，也就是要求贫富、男女、老幼、各民族各阶层的机会均等。同时，更强调不论宗教信仰、党派、城乡、资格、求学、复学等皆须机会均等，还要"还文化于民"，乃基于能力平等之实现，就是其民主教育最佳写照。所以教育为公、文化为公，进而达到天下为公，此最能代表陶氏教育思想的最高理想。

2. 陶行知的生活教育三大原理

（1）生活即教育

"生活即教育"是他的教育本质论，其涵义是生活决定教育，不是教育决定生活；给生活以教育，并促进生活的发展；是承认一切非正式的东西都

---

107 靳玉乐编. 理解教学〔M〕. 成都：四川教育出版社，2006，12-13.

在教育范围，且是极其广阔自由的教育；而表现在事上磨练，活用书，打通天理与人欲，以及解放人性等观念上。

（2）教学做合一

"教学做合一"是他的教育方法论，其涵义是教的法子根据学的法子，学的法子要根据做的法子，教法、学法、做法是应当合一的；从方法上看，它是学习、实践、教人学做事的意思；从生活现象说明看，就是"实际生活"的意思；以做是学与教之中心，要在做上学，在做上教。

（3）社会即学校

"社会即学校"是他的社会观、场地论，其涵义是整个社会是生活的场所，亦是教育的场所，到处是学校，到处是教育。

二、儒学研究

本文会参考能与"基督教思想"进行交谈对话的"儒学理论和文献"。例如以下的概念：仁（孔子、朱熹）；礼；群己观；中和、和合、中庸；内在与超越；天人合一；孔子的超凡魅力；社会性儒学；易学。详情会在论文较后的章节中探讨，现只略为交代一下。

三、基督教思想研究

本文只会参考能与"儒学"进行交谈对话的"基督教思想理论和文献"。例如以下的概念：爱（耶稣、蒂利希[108]）；礼仪；群己观（灵修、团契）；复和；内在与超越；基督的神人二性；耶稣的超凡魅力；解放神学；过程神学。

（一）蒂利希的存在主义伦理学

神学家蒂利希所指的上帝就是现实世界的存在根据。而道德价值的最高体现在于上帝。这样，道德价值也就不是什么超验的东西了。可以这么去诠释，道德价值是以存在为根据，可以从"实然（is）"推出"应然（ought）"。

而这"实然"就是存在本身；"应然"的道德命令的无条件性在于"实然"是对存在本身的终极把握，也就是来源于上帝的道德命令。

从"实然"到"应然"所遵从的推导原则即终极道德原则就是"爱"。蒂

---

108 "蒂利希"（Paul Tillich）另译为"田立克"。

利希认为人要成为一个有意义的存在，就要摆脱自己与存在本身的分离状态，即异化（罪），然后回归到存在本身（获得拯救）。而"爱"正是一种同分离者重新结合起来的愿望。所以，"爱"是遵守道德命令的宗教动力，是人摆脱异化状态所要遵循的根本原则。

蒂利希的"爱"，包括所有的爱，并包含"正义"。这种爱体现在基督徒中，便成了"阿迦披（agaph）的爱"，即上帝对一切人的无条件的爱。

虽然说蒂利希认为从"实然"（存在本身）通过爱的终极道德原则可以推出"应然"，但是他却没有说明"应然"的内容，没有详细论证和分析每一道德境遇里个人应采取什么行为。他同意在遵守爱的原则下可以把传统的道德习惯置于一边，这样的话，爱作为道德要求的终极原则就会得到有力的证明。

从蒂利希主张从"实然"推出"应然"来看，是一种自然主义伦理学的表现，降低了传统宗教伦理学的神性，而从其主张只要遵循爱的原则，传统的道德准则也是可以放弃的这一点来看，蒂利希的存在主义伦理学却与主张目的证明手段的目的论伦理学是一致的，是一种道德相对主义的伦理学。

（二）解放神学（情景神学）

解放神学是 20 世纪 60 年代末在拉美产生的一种基督教社会思潮，其含有独得的神学思想。它是对环境和人民群众实践反映的产物，所以，也可称之为"情景神学"。而解放神学强调的"解放"共分为三个层次：社会经济政治的解放；人在历史中成为自己命运的主人；人神合一（如儒家的天人合一，达到超越内在）。按学者杨煌博士所言："解放神学是诞生于当代拉美特有的社会历史文化环境下的一种基督教社会主义思潮和运动。"[109]解放神学之父是秘鲁神学家古提雷兹（Gustavo Gutierrez）。他在 1971 年出版了一本《解放神学》[110]，而在此书之前，已出版了一本《基督徒的慈善与爱》。他试图在这本书打破"爱上帝"与"爱邻舍"的分别，因站在传统的基督教神学立场，人对上帝的爱和对他人的爱是有分别的，但对古提雷兹来说，两者是不能区分的。从此可知他很着重地上的社会，即着重真实的生活情境。

解放神学那着重现世社会的概念可拉近与儒家对话的距理，这会留待下

---

109 杨煌. 解放神学：当代拉美基督教社会主义思潮〔M〕. 北京：中国社会科学出版社，2006，3.

110 古提雷兹的《解放神学》于 1973 年译成英文出版，书名为《A Theology of Liberation》。

文第五章时再详述。

四、宗教学研究

（一）章开沅的见解

历史学家章开沅说："对于中国来说，基督教诚然是外来宗教，但经过明清以来，特别是 20 世纪 20 和 30 年代，经许多中外基督徒的不懈努力，基督教在教会与神学两方面的本土化都已取得有目共睹的进展。"[111]

（二）中国基督教的发展：文化融入与文化披载的处境化

2007 年 9 月底，神学思想建设研讨会假南京金陵协和神学院召开。中国基督教三自爱国运动委员会主席季剑虹长老及中国基督教协会会长曹圣洁牧师分别发表题为〈全国建设神学院校，努力构建和谐社会〉及〈和谐是神学思想建设的中心内容〉的讲话。[112]

（三）香港神学家温伟耀教授的见解

2007 年，香港中文大学崇基神学院的温伟耀教授在第一届年青学人汉语神学工作坊[113]发表的〈神学研究与信仰〉首先区分了中国三种不同身份的基督教研究学者：SMSC（研究基督宗教的中国大陆学人，旁观者心态）、CCSS（文化基督教学人，具认信倾向、宗教经验）和 CS（基督徒学人，具"对话性"基督宗教经验），并指出了基督宗教研究中具有社会科学、宗教哲学的客观立场，由此肯定了汉语神学在神学立场和参与者两方面具有兼容性的独特神学使命。汉语神学的兼容性决定它在公共学术领域的定位，进而对其他公共领域的影响，走向公共神学。

（四）美国神学家陈佐人教授的见解

---

111 章开沅. 传播与植根——基督教与中西文化交流论集〔M〕. 广州：广东人民出版社，2005，13.

112 两文讲话全文可参考互联网址：http://www.chineseprotestantchurch.org.cn/1.asp

113 第一届年青学人汉语神学工作坊，于二〇〇七年七月九至十三日于香港道风山举行。是次工作坊由本所主办，主题为"神学与当代汉语学术语境"，广邀中国大陆、香港、台湾及海外华人神学工作者参与，与会学者凡五十多人，包括八十年代与年青一代的学者共同探讨汉语神学的种种问题。工作坊分三个主题，并附以小组讨论，务求达到学术讨论和共同参与的原则。

2007 年，美国西雅图大学陈佐人教授在第一届年青学人汉语神学工作坊发表的〈神学之志业〉，汉语神学作为一种志业（Calling，Vocation）表现在知识型（具批判性）、个人信念（如热情、责任感、判断力等）和世界价值观（对时代精神面貌的关注）三个层面，这种由公共知识分子带动的神学最有潜力发展出公共性的向度，这样看来，汉语神学一方面克服了教会神学和特定神学立场的某些局限，相容了不同宗教经验的学者和不同背景的神学（包括教会神学）而呈现了多元化，另一方面具备知性上的优势和学术上的态度，其发展和积累的丰富多样的神学资源最有可能进入公共话语、进入对各种公共议题的解释框架。

（五）内地哲学家卓新平教授的 "学术神学"

2007 年 3 月 14 至 16 日，由中国社会科学院世界宗教研究所、新加坡三一神学院亚洲研究中心、耶鲁大学神学院图书馆主办的 "中国基督宗教研究进展资源" 在北京举行，研究所驻国内研究员游斌代表出席了是次会议。

本次会议的主题是对当前大陆的基督宗教研究所能依赖的文献资源进行一个总体考察。自改革开放以来，中国基督宗教的研究取得了很大进展。时至今日，要进一步的推进研究，一方面需要借助研究方法的创新，另一方面则需要新资料的发现和整理。对于如何去发现和整理中国基督宗教的文献资源，与会代表进行了热烈的讨论。卓新平的发言："学术神学：一种运用宗教学资源的中国神学研究"，为在中国处境下的宗教学与神学的结合指出大方向，并提出 "学术神学"（academic theology）的新概念。

（六）约翰希克：宗教多元论

约翰希克（John Hick）是当代甚有影响力的宗教哲学家之一。约翰希克的宗教多元论对疏通儒耶的比较、对话与和合有绝对的帮助。他认为宗教的 "有神论" 和 "非有神论" 对宗教经验的解释都是可能的，例如他说过只要通过归纳，便可以假设 "人格神" 和 "非人格的存在" 之上还有 "更原初的存在"。这个 "更原初的存在" 既不可以说是人格的；也不可以说是非人格的。而 "更原初的存在" 就类似于自在之物，是超乎人格和非人格的，有语言不能尽意的本质。约翰希克称之为 "终极实在/终极实体"（The Real）。宗教哲学家王志成教授说："根据希克的宗教多元论假设，不同宗教之间需要对话，真正明悟各自宗教的宗旨，弄清宗教的形式与内容之关系，克服不同宗教之间真理主张的界限，使宗教服务于最基本的救赎论要求和伦理准则。只有这样，才能避免宗教之间无谓的争执与冲突。"[114]

（七）阿奎那（理性先于信仰）

托马斯·阿奎那区分了自然的层面（order of nature）与超自然的恩典层面（order of grace），即世界与上帝之国。前者最终将统一于后者，但它也有其特有的地位。

在自然的层面上，人的世俗生活、使这一生活得以维持的人类组织（家庭、城邦、国家），有其自身的终极（ultimate）目的。

托马斯区分了两种不同的"终极"，一种是基于信仰的、在恩典的层面上的"终极"，即上帝之国度，这是人类生活的根本目的，也是历史的真正所在。所以，它是"绝对的终极目的"（absolute ultimate end）；另一种则是限定在自然层面上的"终极"，它是人此世生命的目的，是在一有限范围内所能达到的善，因此，它是"相对的终极目的"（relatively ultimate end）。

作为人类历史的终极目的，上帝的国度是"超越历史的"（transhistorical），作为一个杰出的综合大师，托马斯·阿奎那将表面上相互对立的各种思想调和、统一起来。在人与人的活动的目的问题上，他就调和了希腊思想，尤其是亚里士多德主义和基督教信仰。相对的终结目的与绝对的终结目的是相互有别的，但并不意味着它们就相互分离。托马斯认为，这两种不同的终结目的并不是相互排斥的，它们能够得到统一。统一的途径是历史中的、相对的终结目的，必须服从超历史的、绝对的终结目的，犹如理性服从于信仰。

（八）孔汉思与保罗尼特的信仰与理性互补

孔汉思认为"没有宗教间的和平，就没有文明间的和平"[115]。他并说："如果没有宗教间的对话，那么就不会存在宗教间的和平"[116]。另外，保罗尼特

---

114 王志成. 解救与拯救——宗教多元哲学论〔M〕. 上海：学林出版社，1996，22.

115 汉斯·昆. 世界伦理新探——为世界政治和世界经济的世界伦理〔M〕. 香港：道风书社，2001，152.

116 汉斯·昆. 世界伦理新探——为世界政治和世界经济的世界伦理〔M〕. 香港：道风书社，2001，152.

说："如果中国对世界大家庭的贡献不仅是经济发展和政治睿智，还有宗教间和谐与合作，那么我们的世界一定会有更大的和平，或者说是更大和平的潜力"[117]。

（九）特雷西的神学活动三空间

特雷西（David Tracy）所谓的神学活动的三种公共空间：世俗、教会、学术界。特雷西关于神学在三种空间的公共论述是彼此关联而彼此交集的，神学的三种公共空间的内在互动。

五、哲学研究

（一）马丁布伯：我与你

马丁·布伯（Martin Buber）为德国思想家，学术研究围绕哲学、神学及政治学的范围。而他的思想中最关键的两个基本关系是："我—你"（I—Thou）和"我—它"（I—It）。"我—你"关系是真诚开放、相互尊重而且是全心投入的，当中的"你"是一个独特的"存在呈现"（presence），这种存在呈现是对于"我"的个体性响应。

（二）柏拉图的理想国

柏拉图的《理想国》的目的是为了造就城邦的整体幸福。在柏拉图看来，治理得最好的城邦就是好像是一个人的城邦，即各部份是痛痒相关的一个有机体。

（三）亚里士多德三层次的善

亚里士多德按照不同的领域与范围区分了三层次的善：即个人一己的善、家庭的善、以及城邦的善。城邦的善是最高的，城邦是人在世界上所能达到的最完美的群体。之所以城邦的善高于个人的善，是因为城邦是个整体，个人是组成这整体的部份，"在本性上，全体必然先于部份……每一个隔离的个人都不足以自给其生活，必须共同集合于城邦这个整体"。

（四）马利坦

马利坦（Jacques Maritain）认为哲学家是社会的良心，社会是由人构成，

---

117 保罗·尼特. 一个地球多种宗教——多信仰对话与全球责任〔M〕. 北京：宗教文化出版社，2003，6.

而人在社会中才能成长，及完成其人生任务。他引用俄国哲学家索洛维约夫（V. Soloviev）在其著作《俄国与普世教会》中的话说："真正相信基督之圣言的人，绝不会接受国家是一种与上帝之国相分离的、绝对独立且至上的世俗权力"。

（五）伽达默尔

1. 理解的方式及问与答的对话方式

理解的方式就是问与答的对话方式。诠释视野与视野交融概念的提出更说明了人类有主动积极的认知倾向，透过语言媒介与对象产生视野交融，而达到共同意识。

2. 半死的谈话

伽达默尔认为在教育上的单向传播，只会使对话沦为独白的单声结构，就像是一种"半死的谈话"（half dead conversation）。

3. 陶养与游戏

伽达默尔认为"陶养"（edification）是没有自身以外的目的，因此是没有东西是要抛走的，不是如工具般用完即弃的，是所有东西都被保存了。而这种保存，显示了一种来回的"游戏结构"，并具有积极的历史性质，呼召我们对其进行挖掘、维护和翻新。

"陶养"即是塑型，陶养的结果总是处于经常不断地继续和进一步的陶养之中。"陶养的游戏"与一般的"游戏"意思不同，它的意思是：不再只是双方一起玩耍，是具有对话性质，能反复来回，带领双方的"我"走出自身，又回归自身的循环。

可以看到，伽达默尔所描述的游戏概念与对话概念是相似的。游戏在被动式之中含有主动性，因游戏者全神贯注地被吸纳到游戏中，玩游戏同时也让游戏玩他。这都像我们说话时，也让我们被语词说出来，是被动式之中含有主动性。我们游戏时且具有一种"又认真又轻松"的特殊态度，而游戏的过程是"有秩序"的，是能带出合理和使参与游戏的人信服的结果。而双方在游戏的过程中的关系亦敌亦友，有生死与共的共通感，心灵上最终是相契合。

回想起小时候交朋友，大都是从游戏开始的，游戏后，表面好像有胜利的一方，也有败阵的一方，但实际上是双赢的。亦赚取了多年不变的友谊。

这与布尔迪厄的"场域如游戏论"不同，他说："我们可以把场域比喻做一场游戏（和游戏不同之处在于场域并非是刻意创做出来的结果，而且场域规则或逻辑并没有清楚地昭告出来或标准化）。因此游戏中争夺焦点的基本要质，乃是因为游戏者的竞争而产生；对游戏的投注，必要的共同幻象（illusion）（此幻象属于游戏，为参与者共享，如此游戏才玩得下去）；参与者进入游戏当中，他们之间激烈的对立，是因为他们都有一致由衷的信仰（doxa）（或译为自以为是）——这个游戏及争夺点的真实性及其可能的获利……他们竞争和冲突的根源，就在这个一致相信的默契上。他们也有王牌，但其效力因游戏而异，就像牌的相对力量因游戏而异，不同资本的优先级也因场域而不同。"[118]

（六）杜威的社会哲学

是指个人与社会的关系所进行的哲学探讨，认为社会其中的特质是"相互能影响"：社会的成员与团体之间，能够自由的相互影响，相互沟通，能够改变彼此的经验，建立起新的习惯，以适应新的需要，所以他说"民主社会里，每个人的行动都需参照别人的行动，都需要考虑到别人的动作，因此才能使他自己的动作有意义，并指导他自己的动作。"

杜威的道德哲学强调个人的自我，使道德行为的本身成为个人之所好，这与理想主义与实在主义不同，理想主义认为实现道德权威必须加强义务心，仅偏重自我理想实现，强调自律。而杜威认为自我实现与社会道德可趋向一致而不冲突。实在主义者强调服从社会规范，外在约束力如赏罚，以实现道德权威，偏重社会道德，强调他律。而杜威认为可由自我扩充，外在约束力的限制趋向更理智，更道德的行为，他律与自律兼重。

（七）苏格拉底谈对话与价值

苏格拉底提出了交谈（对话）的必要性，好能解决思想上的分歧和信仰上的排斥，帮助人抓住真理的价值和意义，好让真理实践，其解释"交谈"的重要意义有六点：（1）交谈所要达成的目标是能彼此了解，不只是抽象观念和想法的相互传递和交换；（2）为了相互了解，合作性的努力是必须的；在努力的合作中，才能落实地了解；（3）参与交谈的人必须是一个"有意愿"交谈的伙伴，使在交谈中展现人的自由意志，而不是被强逼交谈的；（4）交谈的本质是说话、论述。所以，真正的交谈是参与者能享受平等的权利，大家

---

118 周新富. 布尔迪厄论学校教育与文化再制〔M〕. 台北：心理出版社，2005，58.

理智的发表言论；（5）交谈和协商不同，也与辩论不一样。协商的目的在于找出双方的分歧异点的解决方法而达成协议；辩论则为自己的道理作解释和保护，也有挑剔异己者思想不是。交谈则必须摒除自己的偏见和成见，欣赏和接纳对方的真理；（6）真正的交谈必须具有容忍及包涵的条件，且体认对方的信仰价值，尊重对方的信仰，接纳对方的正确行为。

按王坤庆教授更正：苏格拉底所强调的对话只是意在使对方最终认可谈话主导者已确定的观点。[119]

（八）康德的伦理学

要把他人当作目的，不是手段，而本人觉得这样定义，"他人"才是一个主体，而"自己"又是一个主体（他人的目的，相互平衡，才能达到交谈后得出的结论（目的）（主体间性），以本人所拟的概念，可称之为"三目的双赢式"。

（九）胡塞尔的"互为主体性"

"互为主体性"的转向，体现了哲学从近代的主体中心的一元理性到当代的交往对话的多元理性的过渡，体现了哲学从纯粹我思到生活世界，从终极理性到境遇合理性，从先验自我到世俗自我，从反躬沉思到交往对话，从天上到人间的转向。

胡塞尔在 1925 年至 1928 年间为《大不列颠大百科全书》所撰写的"现象学"条目中将"互为主体性"划分为"纯粹——心灵的互为主体性"和"超验的互为主体性"。"纯粹——心灵的互为主体性"是作为人际之间交往、理解得以可能的前提，例如共通语言、生活文化背景来看的。他想藉此代替康德的主体性概念，为"客观性"立法。

他更认为现象学必须从"自我"走向"他人"，从单数的"我"走向复数的"我们"，即是从"主体性"就向"主体间性"。他也认为主体间性是一种在各个主体之间存在的"共同性"或"共通性"，即是"交互主体的可涉性"。主体间性是通过主体的"模拟统觉"、"同感"、"移情"等"视域互换"来实现的。[120]

---

119 王坤庆. 教育哲学——一种哲学价值论视角的研究〔M〕. 武汉：华中师范大学出版社，2006，410.

120 岳伟，王坤庆. 主体间性：当代主体教育的价值追求〔J〕. 华东师范大学学报（教

本人倾向使用"交互主体性"这释词，因它较"主体间性"更富动感。而伽达默尔的"视域交融"就是一种很富"立体感"的"交互主体性"，就像人要一双眼睛才可看到立体的影像一样。但两个主体却不可完全重叠，因这样便会使两个主体"完全失去个性"。如下图：

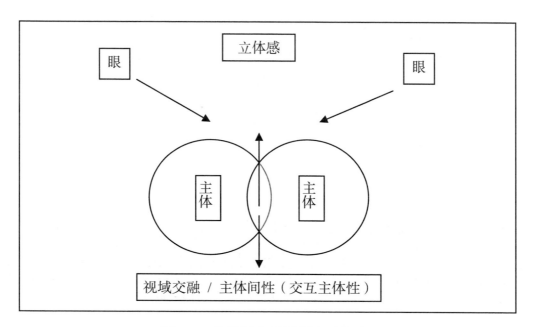

图 1-6　伽达默尔的视域交融概念

（十）巴赫金的"复调"理论

巴赫金的"复调"：不同的声音在这里仍保持各自的独立，作为独立的声音结合在一个统一体中，这已是比单声的结构高出一层的统一体。

六、伦理学研究

（一）伦理学家万俊人的"文化互镜"理论

伦理学家万俊人认为文化的相互性意识或平等意识，是一种"文化互镜"（cultural intermirroring），其含义是各文化之间应建立某种相互认可、相互镜见、求同存异、和而不同的相互文化关系网络。在这一关系网络中，任一特殊文化传统和道德谱系，都只是人类多元文化价值体系（有学者称之为"新世界观念体系"）中的一"元"，而且该关系网络中的各元之间不存在所谓"中心"与"边缘"的关系，毋宁说它们之间是一种互为"中心"——"边缘"的关系。因而在它们的相互交往和对话中，不存在任何先定的权威和主——从关系，只有事实认知和相互理解的交互主——客体关系；没有任何既定不变的前提预定或既定原则，只存在相互认可的"重叠共识"（overlapping consensus）或相恶镜见——即：把文化他者作为显现文化自我特征和获得文化自我认同所必须的对象化条件或中介。

（二）孔汉思的世界伦理

孔汉思："全球伦理或世界伦理无非是必要的最低限度的人类共同的价值、标准和基本态度。或者，更精确一些说，全球伦理是关于具有约束力的价值、不可废止的准则和基本态度的基本共识，这是由一切宗教——尽管它们存在教义上的分歧——所赞同的，这也是不信教者所能接受的。"[121]

他为了避免误解，强调世界伦理决不意味着一种新的世界意识形态，更不意味着一种于一切现存宗教的统一的世界宗教，并决无意要以某一种宗教统治其它宗教。"

（三）哈贝马斯的行动交往理论与话语伦理学

哈贝马斯（Jurgen Habermas）是当代著名的思想家，其学术领域横跨哲学界、社会学界、政治学界和经济学界，地位崇高。而他的交往行动理论就对社会很有影响。

无可否认，这理论的提出是由于洛维兹的"交互主体性"（主体间性）对他有深刻的影响。而洛维兹很强调个人的存在和他人的共在的交互主体性。除此之外，狄尔泰的"生存哲学"思想对他也有影响。狄尔泰认为生存的基本并不是个别人的存在；而是个人生命联结他人的"共在性"。另外，生存是自我与世界的共同关系"整体性"。还有，生命不是无形流动的；而是在历史中展开自身的各种生命层次的整体。

除了上述的洛维兹和狄尔泰外，海德格尔的"存在和伦理"思想也影响

---

121 汉斯·昆. 世界伦理新探——为世界政治和世界经济的世界伦理〔M〕. 香港：道风书社，2001，153.

了他。海德格尔赞同希腊哲学中存在和伦理是统一的概念。但哈贝马斯却感到这概念较形而上，所以在自己的理论中便强调"社会现实性"。因此，"交往行动理论"不只是一种哲学性的形而上理论，或许更接近社会学理论，实现性是指日可待的。

而哈贝马斯也曾用柯尔博格的"道德发展论"来证实自己的"道德意识论"。他也很重视语言哲学，特别是有交谈性的实际话语（practical discourse），这更是他那"话语伦理学"的着重点。他曾在《交往与社会进化》一书中说："以相互理解为指向的言说者把完美构成的语句运用于现实之中，并使二者相吻合的能力。"[122]这就是"交往资质"。在哈贝马斯看来，要找一种在现代生活中已存在的标准或批判尺度——交往的合理性（交往理性）。道德——实践活动。

哈贝马斯的话语伦理学可算是一种"道德普遍主义伦理学"。话语伦理得以进行的普遍必要性条件，实则上是普遍性道德原则。可以这么说，话语原则就是道德原则。哈贝马斯觉得"话语就是交往的继续"[123]。而话语的伦理原则甚强调能超越特定地域及文化。他赞同阿列克西的"逻辑层次三点论"，虽认为这论述没谈及伦理，但是对话时的逻辑上的必然条件。

哈贝马斯认为，规范的交互主体性认同就是规范普遍化的有效途径。而这种认同，能通过论辩来达到的，并能在习俗化的意义上，受教化主体在潜移默化的文化背景中接受认同。交往行动的普遍规范共有三种：真诚性的规范（sincerity），真实性的规范（truth-telling）和有理性根据的东西的规范。哈贝马斯认为"理解"在于：主体的共通性、理解的客观性和理解的条件与责任。而以相互理解为目的的行为的再生产功能，哈贝马斯曾以下表（表1--8）[124]说明。

表1-8　以相互理解为目的的行为的再生产的功能

再生产过程〈br〉结构因素	文　化	社　会	个　人
文化的再生产	文化知识的传递、	合法性有效知识的更新	文化教育知识的再生产

122　龚群. 道德乌托邦的重构——哈贝马斯交往伦理思想研究〔M〕. 北京：商务印书馆，2003，156.

123　龚群. 道德乌托邦的重构——哈贝马斯交往伦理思想研究〔M〕. 北京：商务印书馆，2003，229.

124　龚群. 道德乌托邦的重构——哈贝马斯交往伦理思想研究〔M〕. 北京：商务印书馆，2003，93.

	批判和获得		
社会整合化	价值方向的确定性中心的不受影响	通过主体际的有效性要求达成行为的协调	从属社会模式的再生产
社会化	文化化	价值内在化	个人同一性的形成

七、社会学研究

（一）社会学理论研究三取向与"全球化"

按社会科学家文军教授所编的图表[125]来看，社会学理论共有三种不同的研究取向，就是实证主义取向、人文主义取向和批判主义取向。而本文某些从社会学角度出发的研究，例如"全球化"便主要是人文主义的研究取向。参看表 1-9 [126]。

表 1-9　社会学中的人文主义研究取向

研究取向 理论	人文主义取向
本体论	相对主义、即认为现实具有地方性、情景性的特点，是具体地被建构、阐释出来的。
认识论	交往的、主观的认识论，认为其研究成果是被创造出来的。
方法论	理解的、人文的、阐释的、辩证的方法论。

（二）涂尔干从社会学视角论教育与道德

涂尔干的社会学中，教育问题占有十分重要的地位，他认为教育的主要职能是向儿童灌输构成社会整体框架的道德教育，而教育的功能之一是要使儿童接受道德的约束，道德是社会的共同价值，故学校教育要再制社会的共同价值，整合因变迁而导致的分裂危机，达成共识的一致性，如此社会秩序才能归于和谐，免于"脱序"。

（三）布尔迪厄的"知识场域"理论

---

125 文军. 承传与创新：现代性、全球化与社会学理论的变革〔M〕. 上海：华东师范大学出版社，2003，184.

126 改编自文军的《承传与创新：现代性、全球化与社会学理论的变革》中第 184 页的图表〈社会学理论中三种不同研究取向的基本观点〉。

儒耶对话亦可算是在"知识场域"（intellectual field）内的对话。布尔迪厄认为知识场域有两种生产：一种是针对同行的或专业（不同门类的学术）的内部的"有限生产"；另一种是为了满足外部（政治经济的、世俗的、大众欲望的）需求的"大生产"。而"有限生产"和"大生产"是知识场域的两个次级场域，或者是两个不同的极端。"有限生产"严格遵循内部的等级化规则，而"大生产"则受到权力场域与经济场域规则的制肘。因此，布尔迪厄认为知识场域的"自主性"取决于内部规则；而外部规则愈服从内部规则，知识场域的自主性就愈高。可是，内部规则与外部规则是在历史的演变中和在各种竞争中构成的。若套用布尔迪厄的"知识场域"理论，儒耶在知识场域内的对话就是一种针对同行的或专业（不同门类的学术）的内部的"有限生产"，虽然自主性高，但可能受益者只是以儒耶的学术界为主，所以本人仍嫌受益者未够多；不过，如能像布尔迪厄所言的"大生产"就不同了，因它能满足外部（政治经济的、世俗的、大众欲望的）需求，即是能把儒耶对话所得出的"共德"推广于大众社会，不只有助世人尊德性，更可以帮助所生活的世界有持续攀升的政经地位。惟儒耶做到"知识场域中的大生产"实在不易，因正如布尔迪厄所说，内部规则与外部规则是在历史的演变中和在各种竞争中构成的。如以香港的语境来看，儒耶对话的障碍虽然不多，但也需要香港政府和广大的香港市民支持才能达至"大生产"的阶段。

第四节　研究思路与方法

一、本研究以哲学思辨为研究进程

"研究"的基本概念则往往包括了理论（theory）、假设（hypothesis）、方法论（methodology）与方法（method）等四个部份（Silverman，1993）。"理论"是一组概念，提供了研究的基础，同时他也会藉由研究而发展与修正；"假设"则是用来检证研究，评估研究的效度与真实；而"方法论"引导了研究的取向（approach）与立场，作为探究社会现象的基础；"方法"则是实际操作的工具，其是否有用，除了能否有效的验证假设外，也必须视其是否适用于不同基础的理论与方法论。

本研究会以哲学思辨贯串全文：

因哲学家马里旦认为哲学是"直观之知识"，而哲学的对象是藉概念而认识，但最基本最原始之概念乃存有，而存有是理智由抽象而直观，并由与直观第一原理有关系之判断而形成。本研究会用上哲学典范的解释性研究（interpretive research）方法，对研究主题进行缜密、深刻和系统性的思辨诠释。而本人的研究步骤会如下：研究主题（儒耶价值教育比较研究——以香港为语境）；理论触觉（早年哲学训练及从事教育行业）；文献探讨（儒学、神学、宗教学、哲学、伦理学、社会学）；研究问题及陈述、研究场域（中国/文化）；采用何种搜集资料的技术／方法（文献为主）；资料分析（质化研究、思辨与比较）；研究呈现（结论具实践性）。

二、本研究的主要研究方法

（一）质化研究法

质性研究方法自六十年代开始，重新与量化研究法展开对话。质化研究也深受不同的哲学与理论基础所影响，包括自然主义、俗民方法学、诠释学、现象学、符号互动论等不同的理论与哲学基础，带给社会科学研究另一种探索世界的可能。而欧陆思想家早就发现逻辑实证论非常不可靠，所以早一步发展了现象学的思潮，让哲学界免于逻辑实证论的威胁。后来，伟大的数理逻辑学家（例如逻辑大师普特南 Hilary Putnam）以"哥尔德不完备定理"进行研究，发现演绎逻辑都是不可靠的，因会受到思考者本身的价值、文化与处境影响。使用演绎逻辑来讨论思想最容易犯"型式主义的谬误"，一个复杂的观念，本来应该有很多个重点，但是滥用演绎逻辑的哲学家往往先定义该观念只用两三点来说明，然后用他精确的演绎逻辑去推想，越想越合理，越想越觉得自己定义的观念就是该观念的本质，然后就会产生使用过度简化的形容词来描述复杂的社会文化现象。所以，"要求别人逻辑论证他的前提，否则不承认为真"这样的思考方式是谬误的。这个发现使支持逻辑实证论的学者汗颜。亦因此，人文性质学科的研究，例如宗教学、教育学、文学……都不宜用演译逻辑去研究。

质化研究中的人文主义、人类学、文化研究的传统，能够补充量化研究的不足。因为量化研究法只处理与教育有关的枝节性和技术性问题；只限于教育的数量和形式的研究；出于对精确性效度、信度的追求与尊重，不得不采用严格限定或缩小研究对象的办法限制收集材料的范围，结论很少能揭示整体规律；听命于现实或经验的统计趋势而无法在符合价值与理想的方向上提出真知灼见；很少触及到教育活动的本质性问题，也很少涉及到教育中的智慧、人格、情感和精神。因本人欣赏质化研究法的十九项特点，就是：质化研究是"描述的"（descriptive）；质化研究是"统整的"（holistic）；质化研究注重"情境脉络"（context）；质化研究是"归纳的"（inductive）；质化研究是"弹性的"（flexible）；质化研究是"非价值判断的"（nonjudgmental）；质化研究是"人性化的"；质化研究是"学习"的过程；质化研究以研究者自身作为研究工具；质化研究注意事物的个殊性和整体性；质化研究重视解释；质化研究注重观察；质化研究强调事先订定明确的研究范畴来引导后续研究，以发挥研究的弹性；质化研究重视表意语言的使用和意见的陈述，也重视移情的理解；质化研究只采用语文描述、图片或记录的声音等媒介呈现报告；质化研究运用多元证据及多元理由来说服工作；质化研究方法则着重现象意义的理解；质化研究发展已遍布社会科学、教育及人文学科；质化研究运用在人文科学的范畴中已超过两千五百年

（二）逻辑归纳法

1. 探究与"价值哲学"研究有关的问题是宜用归纳法，不宜用演绎法，因提供假值判断的完全正确核证是有困难的，所以写作本文时，会以归纳法作为"研究的主干"，但某些枝节仍会用上演绎法：

（1）英国哲学家休谟（David Hume）便曾认为价值判断是不能从事实的陈述中演绎出来的，他说："在至今我所考察过的每一个道德哲学系统里，我经常注意到该作者有时借着一般的推理方式来进行，然后建立了神的存在，或是做出对于人事的观察。突然我惊异地发觉，他们并不是使用普通的命辞连词如'是'和'不是'；我发觉那些命辞没有不是用'应该'或'不应该'加以联结的。这样的改变虽然不易察觉，可是却影响深远。因为这些'应该'和'不应该'是用来表达一种新的关系和新的肯定的。它们必定要接受观察和说明。同时，我们也必须提出理由来解释底下这个看来完全难以想象的问题：这一个新关系要怎么样才能由跟它完全不同的关系里演绎出来呢！"[127]

（2）虽然在归纳法里，我们无法确定：如果前提为真，结果便永远为真；

---

127 Wesley C. Salmon. 逻辑〔M〕. 台北：三民书局，1991，27.

但能使其尽量经常为真。

（3）枚举归纳法（Induction by enumeration）

在这种类型的论证里，我们由论及某一个类被观察过的分子这样的前提，推愿到有关该类的所有分子的结论。

例如：假定儒耶两者有其中一些"价值教育的范畴"，是好的，于是我们将它们调和起来，然后从中再抽取出来，发觉都是对社会好的，于是下结论：在儒耶里的价值教育都是对社会好的。如全都是对社会好的话，这便是"全称推广"[128]（Universal generalization）。

（4）模拟论法（Analogy）

哲学性质的论文多用模拟论法。它可用来比较两种不同类型的事物，即是当我们知道某一类事物与另外一类事物，在某些方面具有相似之点，我们又知道第一种事物事物具有某种性征，可是我们不知道第二种事物是否也具有这种性征。依据模拟论法，我们下了这样的结论：由于两种事物在某些方面相类似，它们也会在另外某些方面相类似。所以，第二种事物也具有那些我们知道第一种事物所具有的性质。而在柏拉图的对话录里的苏格拉底便爱用模拟论证法，为了考察"人与人之间之间的'公正'的性质"，便以国邦里的"公正"和人的"公正"做模拟。

而本文其中的模拟论证如下：现今，在狭义的教育场域（学校）（学校即教育），老师和学生具较平等的对话机会，他们之间的教学，能教学相长，可算是在进行"对话教育"，产生"共识"；从中可模拟：现今，在广义的教育场域（社会）（社会即教育），基督教和儒家具较平等的对话机会，他们之间的教学，能教学相长，可算是在进行"对话教育"，产生"共识"。

（三）文献（跨学科）研究法

本人选择文献的程序如下：先搜集参考文献，资料以文本为主，尤以印刷版本为首选，因互联网的文献数据良莠不齐，可信性或许成疑，所以尽量不选。而本人会尽量前往中港各地的书局购买参考文献，因不受借阅限期所困，可随时参考研究，更可在已购买的参考文献上圈点批注，这是借阅文献所不能做的。当然，本人也会前往大学图书馆借阅值得参考的文献；接着便是筛选文献。本人会在撰写论文前和撰写过程中筛选已搜集的文献，故在搜

128　Wesley C. Salmon. 逻辑〔M〕. 台北：三民书局，1991，101.

集文献时会搜集"海量"的文献（包括整个研究、撰写和修改的阶段），预计会有数百本与研究相关的文献。也由于本研究是一首创性的研究，故直接与本研究相关的前人研究成果是缺乏的，本人惟有尽量寻求与本研究的相关理论的文献，望能对本研究有所帮助；之后，便到精炼文献的阶段，为精炼出来的文献作深入的研究和比较，望能启发本人的研究和起佐证的作用。

本人阅读文献时会坚守四个原则[129]，包括：文意内在原则（Principle of intra-textuality）；融贯一致原则（Principle of coherence）；最小修改原则（Principle of minimum emendation）；最大阅读原则（Principle of maximum reading）。

为甚么本人会用上文献研究法？因文献对研究的作用有九个：通过大量阅读，以确认本人所选定的主题是合适的；使用文献能帮助聚焦本人研究的主题；文献有助研究设计与访谈问题；阅读文献就像必须时时与进行的研究对话；文献可以用来提升本人的理论触觉；文献可以用来作二手数据的来源；文献可以刺激本人提出问题；文献可以帮助本人设计研究；文献可以作辅助性的佐证。

（四）历史研究法

本研究虽然是一篇属于"教育哲学"范畴的论文，主要以哲学思辨为主，但因涉及"人"与"人文"的实在，故也会适度运用"历史研究法"作研究。而以下的中西历史学大家的理论，都能证名历史研究法对本研究是有帮助的：

1. 雅克·马利坦论历史哲学与道德哲学的关系

新托马斯主义的代表人物，雅克·马利坦 1957 年写作《论历史哲学》，认为历史哲学属于道德哲学，而不是如通常人们所划分的属于理论哲学，因为它所处理的是人类在历史过程之中的实践活动。并且，由于历史哲学的首要问题是对人类历史的性质、结构、走向、意义等给出评价，这些又自然少不了涉及对"人"的看法，所以，历史哲学的核心便是"人观"。

2. 孔德论历史的终极阶段以"人"为主

孔德的基于实证思想的历史观，历史可分为三个不同的阶段：神学的或者虚构的阶段（童年）；形而上学的或者抽象的阶段（青年）；科学的或者实证的阶段（成年）。最后的一个阶段也是一个终极的阶段，它将完成人类历史

---

129 李贤中. 中国哲学研究方法之省思〔J〕. 哲学与文化月刊，2007，（4），11.

的进步过程。我从中推想，还有一个反朴归真的阶段，就是以"人"为主的历史阶段。

3. 黑格尔论历史终极道义性与道德的关系

黑格尔试图重新恢复历史的终极道义性。历史指向一个终极目的，并且是由一种神圣意志的天意所支配。他以理性思辨的方式来解释基督宗教，把天意翻译为一种"理性的诡诈"，把对一种终极实现的期待转换为历史的进程自身，把世界历史看作是"自我称义"（self-justification）的。"救赎历史被投射到世界历史的层次上，而后者又被提高到前者的层次上。黑格尔的基督教把上帝的意志转化为世界精神，转化为各种民族精神"。黑格尔在法律哲学纲要一书中，将伦理学分成伦理和社会道德两个不同层次的事实，道出了伦理是要单作为一种先验原则的系统的话，是不完整的，伦理只有在社会环境中加以实践后，才成为社会道德。

4. 钱穆的历史研究法

按钱穆所言，研究历史，首当注意变。其实历史本身就是一个变，治史所以明变。简言之，这一时期的历史和前一时期不同，其前后之相异处即是变。因此乃有所谓历史时代。历史时代之划分，即划分在其变上。如果没有变，便无时代可分。今试粗略言之。中国史的趋势，似乎总向团结融和的方向走。虽然其间也有如战国、魏晋、南北朝、五代。以及如今天般的分裂时代。但中国历史的大趋向，则总是向往于团结与融和。我们研究历史，其入手处是由上而下，自古到今，循着时代先后来作通体的研究。另外又有一种研究途径，便是纯看自己的兴趣，或是依随于各自之便利，即以作为研究历史的肇端。有史德。所谓德，也只是一种心智修养，即从上面所讲之才与识来。要能不抱偏见，不作武断，不凭主观，不求速达。这些心理修养便成了史德。研究文化须有哲学智慧。文化本身固是一部历史，但研究文化则是一种哲学。全部历史只是平铺放着，我们须能运用哲学的眼光来加以汇通和合，而阐述出其全部历史中之内涵意义，与其统一精神来。人类本体既相同，则世界各地区所有文化应亦无大差异。此说诚亦不错。

（七）比较研究法作儒耶的价值教育比较

因本研究的题目为《儒耶价值教育比较研究——以香港为语境》，故用"比较研究法"是必然的，有一个对比的脉络能让读者更能在比较短的时间内掌握儒耶价值教育的同与不同。

（八）人文主义方法论：以"人"为研究起点、过程与终点

1. 人文主义方法论是与人文科学或精神科学的关系

人文主义方法论是与人文科学或精神科学的发展联系在一起的。与自然科学的实证论传统相对，人文主义是以观念论为传统的，20 世纪初，德国哲学家狄尔泰开辟了心理学和历史的解释学传统，他指出人文科学的选材和方法特征在于所谓"历史的理性"，主张人文科学应有自己的研究逻辑，指出自然科学与人文科学的差别在于前者试图解释，后者试图理解。伽达默尔的哲学解释学是当代西方人文科学方法论中最具人文精神，最有影响的派别。韦伯在《科学理论论文集》中说：社会现象研究和纯科学的区别在于社会现象涉及有意识的行为主体，他们自己赋予意义于他们的行为，所以社会科学家为了描述和说明社会现象就要有理解的概念与实践，即理解、移情作用和直觉，所以人文主义传统坚决反对要求社会科学把人的行为客观化，把行为主体物质化的观点。

通过对比分析，可以把人文主义方法论关注的焦点归纳为三方面：

首先，关于经验的客观性问题。人文主义者否认社会生活的经验具有可重复性，可公共确认的纯粹客观性，强调社会事实中人的主观性方面：人的信念、动机、需要和希望并不完全表达于客观的外表行为中。单纯的外表行为研究，不足以深透主观动机和意向领域，因此，人的行为仅仅部分的由它同外界对象或未来结果的关系构成，它的意义相当大部分在于它表达了某种主观的心理状态。没有同生活于一定社会中的具体个人的直接接触，是不可能完整理解有关的事实的。事实、数据或证据是不能与一定理论相脱离的，因为，选择哪些数据作为有意义的事实，在何种深度或层次上挖掘事实本身的意义都与理论的解释有关。

其次，关于因果律的有效性。在社会研究中看重因果律的人往往把各种社会现象的产生归结为原因——结果模式，而人文主义者却不这么认为。他们否认在社会、历史、文化领域能表达任何全称假说，建立因果律或统计律。因为自然事物与人的行为有根本的不同，不可同日而语。在自然世界中，事件之间的因果联系对于不同的社会或文化都是中立的，对于支配任何一个社会或一种文化的意义都是无关的，但人的行为却由它们对行为主体或对象参与者所具有的意义来辨认，而这些意义的内涵与阐释都是由一种给定文化与

行为者本身的意义感受来决定的。众所周知，每一种文化有相应的意义库，不同的人对意义的感受、辨认与理解不一样，无庸说在不同文化背景里，就是在同一文化背景里的不同人的行为之间，要作出正确或行之有效的因果概括也是不可能的。因此，当然不能把因果规律固定下来解释人的具体行为，要了解这种渗透着社会意义的范畴之间的联系，只能靠对那个意义系统的深刻体会，而不是外部的机械概括。

最后，关于理论或解释的性质问题。人文主义者强调社会科学理论或解释的目的，并非要推导出经验事实或现实资料，也不是要推导出经验概括或统计定律，好的理论或解释的标准是对人的行为和语言的意图和意义的深刻理解，发他人所未发，言他人所未言，力求见解独到。人文科学以人的行为和语言为研究对象，以相互交流和相互影响的人而不是事物为研究对象，理论解释的目的不是要回答"为什么"的问题，而是要回答行为的内在依据包括个人的、社会的、文化的问题（从逻辑学角度来说，原因和理由是不同的概念）。因此，一个好的理论要能提供合理的行为主体有关的规范标准，要根据理由来解释的理解（interpretative understanding）他的行为规范的标准，并不是提供当作客观事件的行为的演绎说明。以人的行为和语言为研究对象的社会科学的价值观念不可能是中立的，不能免除意识形态的影响，总是要受到一定文化的规范、预设和偏见的支配。

这样，可以明显的感受到其中有研究教育活动的影子，教育作为使人性完善的最佳方式，其本身所具有的特点与人文主义的观点有不谋而合之处。所以说，不管现代科学技术发展到如何无所不能的程度，自然科学方法论被推到如何高的地位，只要教育还是以人为对象的活动，那么它的人文性就一天也改变不了，人文主义方法论也一天不能被抛弃。

2. 章开沅教授对人文主义的见解

前华中师范大学校长兼历史学家章开沅认为："时代呼唤人文精神，精神文明急需健康发展，而关键仍在于人类的自我完善，首先则在于人性的复苏。"[130]

3. 王坤庆教授对人文主义的见解

教育哲学家王坤庆教授指在1995年的"世界发展首脑会议"提到社会发

---

130 章开沅. 传播与植根——基督教与中西文化交流论集〔M〕. 广州：广东人民出版社，2005，11.

展应以人为中心："在当代，这种以人文本位的人文主义社会发展观昭然若揭，并越来越明显地该改变着人们对社会进步的评价标准，越来越影响着人们的价值意识和社会行为模式。"[131]

王坤庆教授更说："当代中国社会已经发生了巨变，汹涌澎湃的科技浪潮和日新月异的社会变迁已不允许我们死守传统的教育价值观。于是，更新教育价值观念，从当代社会的人文主义发展观中汲取必需的营养，即重视人文精神的养成，应成为解决中国当下教育问题的当务之急。"[132]

---

131 王坤庆. 从社会发展观看教育价值观——新世纪中国教育价值观探讨〔A〕. 刘国强，谢均才编. 变革中的两岸德育与公民教育〔C〕. 香港：中文大学出版社，2004，63.

132 王坤庆. 从社会发展观看教育价值观——新世纪中国教育价值观探讨〔A〕. 刘国强，谢均才编. 变革中的两岸德育与公民教育〔C〕. 香港：中文大学出版社，2004，64.

第二章　价值哲学与价值教育

第一节　教育哲学

一、教育与哲学的关系

（一）何谓教育

1. 中国对教育的定义

"教"和"育"这两个字从甲骨文的字形来看："教"像有人在旁执鞭演卜，下面小孩学习的形象，[1]而"育"像妇女养育孩子之形。[2]若从字义来训诂，可参照《说文解字》的解释："教：上所施，下所效也。"；"育：养子使作善也。"[3]而在中国的古籍中，最先将"教"与"育"两字合用的应该是孟子，他在《孟子·尽心上》中提到："得天下英才而教育之，三乐也。"[4]可以这么说，中国古时的教育观念是指长者对于年少者从上而下的教导，当中以品德的陶冶为主，希望后代能作一名行善的人。而教育的主体与客体都能从教育的过程和结果得到快乐，是美事来的。而可以想象教育的方法会以严厉和慈爱为主。

1　王道俊，王汉澜. 教育学〔M〕. 北京：人民教育出版社，2005，26.

2　王道俊，王汉澜. 教育学〔M〕. 北京：人民教育出版社，2005，26.

3　许慎. 说文解字〔M〕. 香港：中华书局，2006，310.

4　杨伯峻译注. 孟子译注〔M〕. 香港：中华书局，2008，309.

2. 中国教育简史

中国人认为认识和研究历史能有"鉴古知今"的作用，即所谓"以史为鉴"。若我们把历史拆分，可以分为政治史、经济史、社会史、教育史、文化史……林林总总。当然，政治史并不是代表不含有教育的成份，因始终政治、经济、社会、教育、文化等都是环环相扣的，只是焦点不同罢了，而我们要谈论"教育"，理解教育史是理所当然的。当认识教育史后，对了解"教育与哲学"是起辅助作用的。教育史乃是对现代教育进行回顾性处理。

而教育史的研究范围和对象约可分为三个，包括"学校教育的发展"、"教育制度的变迁"和"教育思想的人物及派别"。中西的教育制度有可能也是一种政治制度，例如我国从前的"科举制度"便是一例。本文因不是以研究教育史为主，所以不会那么细致地详述"中西的教育史"，只会略述，因终究认识简略的"教育史"是理解"教育"与"哲学"所需的必要条件。

中华文化源远流长，有近五千年的历史，据说学校教育始于五帝时期的"成均"，距今也有近三千年的历史，称得上是世界教育史上最早的学校。

我国在虞、夏、商三代已有教育的记载，根据《古今图书集成》的记载"有虞氏始设上庠为大学，下庠为小学"。而虞夏商三代的教育内容，以习射、习礼、习乐的教育为重点，算是能文能武。

西周时，中国的社会产生了变化，中央集权式的国家政权成立了，那时的教育集夏、商的大成，建构学制，学校分为中央办的国学和地方办的乡学，而学习内容则以礼、乐、射、御、书和数等六艺为主。那时可谓"学在官府，官师合一和政教合一"。那时的教师都是官，习教育工作与政权管理于一身。

春秋战国时代社会动荡，战事频繁。那时农业和工商业发展起来，地主与平民阶级逐渐形成。东周亦分解，造成了天子失学，学在四夷。而礼崩乐坏情况出现了，诸候为了管治而养士，即是要在教育时推广学术文化，藉以培养人才。"士"阶层因而出现。不同派别的学者站在各自的立场，反映社会的要求，那时期的学派很多，而当中较有系统的就是九流十家，而"儒家"、"墨家"、"道家"和"法家"是较为成气候的。"百家争鸣"的现象是那时代的特征，也可算是"哲学与学术"上的百花齐放。无可否认，"儒家"的孔子在"中国的教育史"上一定占有举足轻重的地位。他开创私学、有教无类、因材施教、整理并发展了殷代以来的文化。他的教育观念成为后世很多君王治国的标准。

秦代的秦始皇采取法家主张统一全国。其后更焚书坑儒。但秦代也有文化上的贡献的，例如统一文字和推行书同文等文化政策，对后朝的教育是有帮助的。秦代废官学与禁私学，是为了建立一个文教专制典范。这"文教专制"是后来的汉朝、隋朝、唐朝、宋朝和明朝皆独专一学，所以秦代对后世的教育也有其影响性的。

汉朝初期以道家思想治国。直至汉武帝，有实际的功绩，使经济得到发展，弃道家思想，采董仲舒主张而取"儒家思想"。汉武帝创立太学，传授知识和专门的学问。不过，董的"儒家思想"而不只是原始的"孔孟思想"，是带点玄虚的。汉朝更设五经博士来整理儒家经典，并施行察举制度来吸纳人才任官，从另一个角度来看，董仲舒对汉朝的教育发展是有付出的。

魏晋南北朝时是佛教道教流行的时期，此时，佛教广泛传播，兴建了很多寺院和石窟。那时，儒家思想相对地处于学术的低谷。那时的教育与玄思的关系紧密。

隋代的文帝对偏好儒学，广征儒家经典，提倡以"礼"驭民，隋朝一面诏举贤良，一面建立科举制度。而"进士科"考试的设置成为后世一千三百年间科举制度的起源。

唐代重视教育，唐高祖曾发布"兴学敕"兴办学校，办了国子学、太学、四门学和修文馆，并令州县兴学，使官校与私学皆盛，由于重视教育，简接使社会趋向太平，文人众多，文艺作品如繁星。很多文人对唐代的教育是非常有贡献的，例如韩愈推动的文起八代之衰的古文运动，主张复兴儒家的道统，提出"道济天下之溺"。他在《师说》一文中，明确地阐述了教师的任务："师者所以传道、授业、解惑也"。[5]这对成为后世教育工作者的座右铭；在《进学解》对后世的辛辛学子也起教育的作用，他说"学精于勤，荒于嬉"。[6]

五代是中国教育的衰败时期，幸为期不长，只有五十多年。

宋朝建立后，宋代文教政策的思想是为了加强中央集权制的统治。宋代教育的一大贡献是兴办书院。因北宋统一全国后，不单士子要求就学，国家也急需管理人才，可是北宋政府无暇顾及学校教育兴办官学，所以私人创立的书院在得到政府的支持下便兴旺起来。那时有一位值得一提的人物——朱

---

5 马通伯校注. 韩昌黎文集校注〔M〕. 香港：中华书局，1991，24.

6 马通伯校注. 韩昌黎文集校注〔M〕. 香港：中华书局，1991，25.

熹，因他综合前代教育家的主张，建立了理学思想体系。他使四书成为后代钦定的教科书，更是考取官位的考试内容。

元代在文化教育方面表面上崇儒尊孔，继续推行科举进士，保护学校教育，提倡汉蒙学并举。惟元政府将社会的人分成十等，儒者竟居第九。学校亦按蒙古、色目、汉人分别立学，科举考试又按蒙古、汉人分榜。这种做法令当时汉士人深感不满。可称之为"教育歧视"。

明代重视以科举取文武士。考试文体定为八股文，表面注重的文字教育，实质上是箝制学术自由，一直沿用至清末。

清初大兴文字狱且严订"学规"，不许生员向政府上书陈言，作品不许妄自刊刻，是限制士人的思想和言论。幸清朝朴学繁衍，在教育上算是有个交代。鸦片战争后，清政府力办洋务教育，提倡 "西学"，派遣学生往外国留学。清光绪帝更支持康有为和梁启超推动百日维新政革，倡废除八股，兴办京师大学堂及改革书院。清末，废取具争议性的科举考试。

约在 1902 年，学贯中西的王国维首先在《教育世界》中引介教育学，使德国赫尔巴特的教育学开始进入我国。那时，师范教育和班级上课制得到发展。

20 年代美国教育哲学家杜威来华，实用主义教育学兴盛一时，杜威的译作让我国的教育工作者大开眼界。

从 40 年代至 50 年代初，教育理论弃德、美而取苏联。所以在这个时期，中国本土教育学的构建是空白的。

1957 年始，因苏联走修正主义的意识形态，使中国教育学放弃苏联作位学习对象，而尝试踏上"中国化的教育道路"。

70 年代后的改革开放至现在，西方有系统的教育理论再引进中国。

3. 西方对教育的定义

在西方，教育一词：无论是英文的 Education，法文的 Education，或是德文的 Erziehung，都是从拉丁字 Eduiere 演变而来，含有「引出」的意思。[7]即是以引导或启发的方式，使儿童的身心得到发展。这可能与中国的"教育"概念有点不同。

---

7 王道俊，王汉澜. 教育学〔M〕. 北京：人民教育出版社，2005，26.

4. 西方教育简史

正如上文"中国教育简史"所述，认识教育史能对了解"教育与哲学"是起辅助作用，故本节亦会述说"西方教育简史"。惟"西方"与"中国"对比起来，它的教育体系会广泛得多，因中国只是一个国家，而"西方"[8]从古到今，历史的发展是纵横交织的，很难只像中国般，以纵向（年代）的方法来铺陈。因"西方"在不同的年代，都有一个比较"强大"的国家或文化当"西方代表"，例如现在说起"西方"，人们可能会先在脑中呈现出"美国"[9]这个国家。本来埃及、印度和巴比伦都是文明古国，但它们的文化早已消逝了，而当中有关"教育史"的更记录不全，所以不在本节探讨范围之内。

为此，本节会以希伯来文化作为"西方教育简史"的开端，因希伯来文化与犹太教，即基督教的前身有密切的关系，而基督教教育也是本研究的重点。历史学家杜维运在《中西古代史学比较》中引用历史学家 G. R. Elton 的话："只有源自犹太和与希腊的文化，历史受到重视。"[10]他也引用另外一位历史学家 Arthur Marwick 的话："西方文化从犹太基督教继承了一种特别强烈的历史意识。"[11]而希腊与罗马都是西方教育史中有重要性的，历史学家 Arnaldo Momigliano 认为在希腊与罗马时代的人有这样的特性："有教育修养的人，倾向哲学，教育修养浅的人，倾向神奇与神秘崇拜。"[12] 他这句话也道出了"教育"和"哲学"在希腊和罗马时代的关系是紧密的。以下会略述西方的教育简史。

公元前 6000-2500 年，希伯来的文化是重视宗教信仰，人民深信自己是上帝所造，且是一个卓越的民族，更是上帝的选民。所以，希伯来的教育是具有宗教性的。

8　个人认为以"中国"与"西方"相比较，严格来说是犯了逻辑谬误的，因"西方"其实是包括了很多国家和不同的文化，这好比以一敌众，也可以说是中国人的"中国本位主义"，但因"中西对比"这概念已在学术界中约定俗成，所以本节仍会采取这研究思路。

9　现在很多中国人当理解"西方"这个概念词时即联想起"美国"，其实这也是不对的，难道英国、法国、意大利……不是处于西方的国家吗？

10　杜维运. 中西古代史学比较〔M〕. 台北：东大图书股份有限公司，1988，11.

11　杜维运. 中西古代史学比较〔M〕. 台北：东大图书股份有限公司，1988，11.

12　杜维运. 中西古代史学比较〔M〕. 台北：东大图书股份有限公司，1988，19.

公元前五世纪，古希腊的时代（斯巴达），看重体力训练，人民从小便在军营生活，接受摔角和狩猎的教育。除此之外，也重女性的教育，但不是文科知识，而是练标枪和掷铁饼，因斯巴达认为"强国先强种，强种先强母"。文学与哲学等知识就被忽视了。

希腊哲学家赫拉克利特（Heraclitus）所言："教育就是拥有它的人之第二个太阳。"[13]可想而知希腊是重教育的。古希腊时代（雅典），采取民主政治，强调博雅教育，智育与美育的培养也是重要的，是哲学的开发时期，可惜那时虽注重教育，但教师的地位却不高。为甚么那时的哲学会开始兴盛起来呢？因雅典因有自信，人人善发言，爱辩论，辩者成为"养士"，并开始批判"上帝观"。虽然那时的教师地位较低，但仍能出"希腊三哲"——苏格拉底、柏拉图和亚理士多德。他们不至世称"三大哲学家"，更是"三大教育家"。所以，西方学界都认为哲学与教育关系是互扣的。

苏格拉底（Socrates）有西方孔子之称，因他与孔子皆有"有教无类"的思想。他认为教学工作为"引出"，而知识即德行，相信没有人自愿或有意为恶，人之为恶，只是由于无知，还有有知无德之人，只是由于知浅或非真知。

柏拉图（Plato）不满雅典过于民主，所以著书立说，强调英才教育和男女的平等教育，由哲学家作国王。因此他相信教育的过程，就是培养治者的过程。他认为知识划分在观念世界与现象世界。

亚里士多德（Aristotle）认为理性分两种，德之理性可教，德之实践范围是习惯培养，非智力左右。教育是由潜能性变化到实现性的过程，教育活动是自我实现。他的教育有两个分野：劳心教育是文雅教育；劳力教育则是职业教育。而文雅教育重博非重专，除了体育外，尚有七艺，它们是：文法、修辞、逻辑、算数、几何、天文和音乐。后期，他的学生——亚历山大大帝四处宣扬希腊文教，成立"雅典大学"和"亚历山大里亚大学"，使之成为欧洲的学术思想重镇。

公元前三世纪，罗马时代的传统教育主张家庭教育与体罚，重视法律和政治。罗马教育学家昆体良（Quintilian）指出："罗马孩童的母亲或乳母必须是一名哲学家或有文化的人。"[14]罗马人征服希腊后，希腊文化开始输入罗马，渐赞成学习希腊的文教，罗马学者研习希腊学术，修辞学家及雄辩士大受欢

---

13 区应毓等. 教育理念与基督教教育观〔M〕. 成都：四川大学出版社，2005，11.
14 区应毓等. 教育理念与基督教教育观〔M〕. 成都：四川大学出版社，2005，29.

迎，但也有反对学习希腊文教的现象，例如政治家大加图（Marcus Porcius Cato）反对修辞辩说术，也反对希腊快乐学说，认为和严肃的罗马传统格格不入。直到大加图死后，文法和修辞学受到重视，罗马学童必须学习拉丁文和希腊文双语。

公元27年，罗马由共和改为帝国，日渐繁荣，法律转温和，帝王重文教。学制开始产生，分初等、中等和高等教育。教师有地位与特权，例如免公共义务、免税、免役、军队不可进驻教师居住的地方。

公元后一世纪是基督教教育时期，重宗教教育，耶稣的影响很大，他的门徒亦以传教为生。旧约圣经与耶稣话语同是教育的材料。

公元九世纪，因日耳曼民族野蛮好斗，由教会驯服感召，培养成武士（骑士）保卫教堂，攻击异教徒是一种"武士教育"。

公元十世纪，"职业教育"崭露头角，创办职业学校，师徒形同父子，除了习艺更顾及品德。

公元七世纪至十五世纪，穆罕默德（Mohammed）倡一神教，创世者阿拉，而宣称自己是先知，建回教庙堂，传颂可兰经。那时是回教教育的开始。最盛时横跨欧亚非三洲，于1453年攻占君士坦丁堡，灭了东罗马帝国，但回教王国在1492年便解体。

公元十一世纪，"神学教育"初现。教会教师（世称教父）为了使宗教不只限于感情上的信仰，更要合理，以理性作根基，使"宗教信仰"变成"神学研究"。神学研究与教育含哲学的思路与方法，使"教育"、"哲学"与"宗教"和合在一起。

公元十二世纪开始，大学开始不断兴办，到十六世纪已达100多所。影响其后大学的学位开始分为学士、硕士和博士。

公元十三世纪，较闻名的学术与教育的人物有培根[15]（Roger Bacon）与阿奎那（St. Thomas Aquinas）。培根认为步向真理，不是经由逻辑和形上学，而是数学及实验，而研究神学，应直接研读圣经。至于阿奎那则走亚里士多德路线，认为心灵有主动性。他把教学比喻为医术，即是病人有恢复健康的潜能，学生有主动求知的欲望。教育的过程就是把"潜能性"变成"实现性"。教育者的教育目的是要把殊相提升为共相[16]。

---

15 这位培根并不是17世纪的英国哲学家"弗朗西斯·培根"。

16 所有的共相就是上帝，由神而来的观念是坚定不移的，神的哲学就是永恒哲学。

公元十四世纪是人文主义的时代，重视古学研究与文学著作。教学方法是注重记忆，认为背诵诗文才能模仿大家文体。而互译拉丁文与希腊语文是学习语文最好方法。那时认为管教不应太过严厉：体罚是最后的方法。教材以七艺为主，另新增"历史"作为科目。

公元十六世纪，是文艺复兴与教会改革的时代。那时，罗马教会贩卖"赎罪券"，威丁堡大学神学教授马丁路德（Martin Luther）提出九十五条教会罪行。从此，基督教分为"新教徒"[17]和固守罗马教会的"天主教徒"。马丁路德也可算是一个基督教教育家，他抨击学校像地狱，教室像囚室，教师像暴君，只教拉丁文，教法不当，应使学习情境富于乐趣。他主张平民和普及教育，设立平民小学，认为建立免费的学校体系让学生入学是一种义务。那时的教师地位神圣。

公元十七世纪，唯实论兴起，认为不是只有念书，更应注意实际生活。这时西方出现的经典人物有笛卡儿（Rene Dsecartes）发明解析几何，莱布尼兹（Leibniz）和牛顿（Newton）发明微积分。伽利略（Galileo）说，自然问题的讨论上，不应该以圣经教义的权威作为讨论的起始点，而应以感官的实验及必然的演算所展示出来的结果作开端。意大利成立"实验中学"，以"实用科目"为主，称为"实科学校"。洛克（John Locke）主张教育的目的是给学生自由，但步向自由的过程中，却有必要管束。

公元十八世纪，兴起自然主义。那时，教育思想家鲁索（Jean Jacques Rosseau）主张返回自然。他那本教育巨着《爱弥儿》直到现在仍有影响力。他重视儿童的个性：主张因材施教，以儿童为中心，改变过去以教材为中心的思想。

公元十九世纪，出现教育科学运动，代表人物为赫尔巴特（Johann Friedrich Herbart），他把教育学定在伦理学与心理学之上。认为伦理学决定教育目的与方针；而心理学则指示教育方法，而教学方法要根据科学原则。伦理学是研究道德的学科，教育目标是培养个人品格及社会道德，教育应设法培养学生同情心，同情心是伦理行为的原动力。同期，学界主张科学教育，英国的史宾沙（Herbert Spencer）发表论文--"何种知识最有价值"，建立科学教育的地位。另外，达尔文的提出《物种起源》以科学观点说明物种的进化。这种科学教育，使奉信"神创世论"的教徒提出争议。

---

17 "新教徒"即是香港所译的"基督教徒"。

公元二十世纪，民主主义与教育兴起，佼佼者为美国的杜威（John Deway），他使哲学与教育的关系明显地呈现出来。另一边厢的斯普朗格（Spranger）的教育主张介于社会主义与个人主义之间，例如个人如何吸取文化、传递文化、保存文化和创造文化。他深信认识文化资产，必须设身处地融合其中，若要认识精神生活就要靠体验。他把精神生活分为六种[18]。他说侧重"爱"这文化价值的人，最适合成为教师。其后的分析哲学和存在主义等哲学派别，对教育发展都有影响。分析哲学的方法可用以厘清教育语言，而存在主义则主张唤醒学生"自我主观性"的意识，且认同教师及学生都是主体，无分主客。

5. 广义的教育

所有能增进我们的知识技能，影响思想意识的活动就是"广义的教育"。即是人类生活的全部活动都可视为教育活动，生活的经验就是教育的材料。而这种广义的教育是无形的、渐进的、漫长的，是习而不察，且根深蒂固的，经由日常生活中的耳濡目染发挥潜移默化的效果。而这些"活动"可称为"广义的教育课程"，它是一种"隐蔽的课程"，不是显而易见的。而教育学家王道俊与王汉澜则把"广义的教育"定义为："凡是有目的地增进人的知识技能，影响人的思想品德，增强人的体质的活动，不论是有组织的或是无组织的，系统的或是零碎的，都是教育。它包括着人们在家庭中、学校里、亲友间、社会上所受到的各种有目的的影响。"[19]

6. 狭义的教育

教育机关或施教者根据社会的要求和年轻人（受教者）身心发展的规律，有目的、有计划和有组织地对受教者传授知识、技能，培养受教者的思想品德，发展受教者的智力和体力，这种活动可称为"狭义的教育课程"，是一种学校教育。它是有制度和规律的，较显而易见。而教育学家王道俊与王汉澜则把"狭义的教育"定义为："狭义的教育是指专门组织的教育，它不仅包括全日制的学校教育，而且也包括半日制的、业余的学校教育、函授教育、刊授教育、广播学校和电视学校的教育等。它是根据一定社会的现实和未来的需要，遵从年轻一代身心发展的规律，有目的、有计划、有组织地引导受教

---

18 六种的精神生活类型分别是经济型、审美型、社会型、政治型、宗教型和理论型；而这六型所侧重的文化价值则分别是利、美、爱、权、圣和真。

19 王道俊，王汉澜主编. 教育学〔M〕. 北京：人民教育出版社，1999，41.

育者获得知识技能，陶冶思想品德、发展智力和体力的一种活动，以便把受教育者培养成为适应一定社会（或一定阶级）的需要和促进社会发展的人。这就是教育的概念。"[20]

7. 教育的开展与效用

（1）教育与人类

1）人禽[21]之别

人为万物之灵这句话是没错的。"人"在《说文解字》中的解释为："天地之性最贵者也。"[22]从此可以知道在中国人的心目中，"人"是天地间最宝贵的，超于其它自然界的生物。哲学家杨适从哲学的角度去阐释："人的本质或自然是在肉体和物质、灵魂和思想上彼此生产的群体性、个体性的存在物。"[23]如我们细心推敲这句，不难看出"人"与"禽兽"[24]的异同：人与禽兽同是有肉体和物质[25]；人与禽兽同具有个体性和群体性[26]；惟只有"人"是有灵性的追求和系统性的思维，禽兽是没有的。西方哲学家黑格尔在《哲学史讲演录》认为："人之所以比禽兽高尚的地方，在于他有思想。"[27]我国的孟子亦曾分析过"人禽之辨"[28]，在《孟子·离娄下》中说过："人之所以异于禽兽者

20 王道俊，王汉澜主编. 教育学〔M〕. 北京：人民教育出版社，1999，41.

21 本人在这儿用的"禽"等于"禽"与"兽"，亦即"飞禽走兽"，与"人类"作对比；弃用"动物"一词与"人类"作对比，因严格来说，人是动物的一种，这可避免逻辑犯驳。

22 许慎. 说文解字〔M〕. 香港：中华书局，2006，161.

23 扬适. 人伦与自由——中西人论的冲突和前途〔M〕. 香港：商务印书馆（香港）有限公司，1991，21.

24 这儿所说的"禽兽"是生物性的名词；不是用作骂人，含比喻性质的"禽兽"。

25 马克思曾说："吃、喝、生殖等，固然也是真正的人的机能。但是，如果加以抽象，使这些机能脱离人的其它活动领域并成为最后的和唯一的终极目的，那它们就是动物的机能。"

26 无可否认，某些人与某些动物可能是"其中一种性质"会较弱或较强，但总括来说，人与动物应同具此两种性质。

27 张再林. 中西哲学的岐义与会通〔M〕. 北京：人民出版社，2004，84.

28 哲学家殷海光对"人禽之辨"也有一番见解，他认为人与其它禽兽一样，不能脱离属第一层次（最基层）的物理层，和第二个层次的生物逻辑层；但人能上第三层次的生物文化层中，而动物就不能了。人类对"生死和真善美"有意识。这就是人独有的"价值层"。在这层次，当有需要作出决择时，会以孟子舍生取义为极限原则。

几希。"[29]说出了人与动物的分别是很"少"的，但却不可忽视这个"少"，这里的"少"不是"小"的意思，因不同之处虽然很少，但却很"不小"（大），这不同处就是孟子所说的"四端"（仁义礼智）。

另外，人之为人，最重要的是人在社会上着重"人伦之道"，正常[30]的情况下是不会自相残杀和以武力来生存的，但禽兽不懂得这种含"仁"的伦理关系。而人和禽兽的不同就是人有"仁义礼智"之心，而禽兽是没有的。"仁义礼智"这些德目，即是孟子提及的"仁义礼智"等四端。他在《孟子·公孙丑上》写到："所以谓人皆有不忍人之心者，今人乍见孺子将入于井，皆有怵惕恻隐之心——非所以内交于孺子之父母也，非所以要誉于乡党朋友也，非恶其声而然也。由是观之，无恻隐之心，非人也；无羞恶之心，非人也；无辞让之心，非人也；无是非之心，非人也。恻隐之心，仁之端也；羞恶之心，义之端也；辞让之心，礼之端也；是非之心，智之端也。"[31]而"仁义礼智"与教育是有关系的，因"四端"可以比拟为"四种潜能"，是可启发的，而通过教育便能启发这四种人之独有的潜能。人接受教育能"动心"，虽然禽兽可接受训练，但这种"训练"只可以说是一种机械式的操练，谈不上是"教育"。黄顺亮在《教育学原理》中提到："人在生物学意义上是'未完成'、'未特定化'的生物，人没有像动物[32]那样的天然毛发层或皮肤去对付严寒或是酷热的气候环境，没有锐利的攻击器官（爪、角、齿等）去获取食物，人也没有适应快速奔跑的肌肉组织去逃避意外的伤害等等，人天生有着本能的'匮乏'，而正是这种'匮乏'，这种'未特定化'为人的，通过教育而获得发展，体现无限多样的可能性。"[33]可见教育是人类独有和必须的。人类训练动物是不能"动其心"的，只会使牠有一种"记忆上的反应"。还有，人是有"智慧"的，而动物是没有"智慧"的。生物学上，人的学名为"智人"，与黑猩猩、大猩猩、猩猩、长臂猿、合趾猿同属人科的灵长目动物，但人类与其它灵长目动物的不同在于人类直立的身体、高度发展的大脑，有未能尽算的智能，且有

---

29 杨伯峻译注. 孟子译注〔M〕. 香港：中华书局，2008，191.

30 战争是不合乎"人伦之道"的。

31 杨伯峻译注. 孟子译注〔M〕. 香港：中华书局，2008，79-80.

32 这句因是直接引用黄顺亮的见解，所以不作删改，沿用"动物"一词，特此声明。按本人理解黄君句中的"动物"，意即"禽兽"。

33 黄顺亮. 教育学原理〔M〕. 北京：新世界出版社，2003，54-55.

语言能力。而"智慧"与"道德"是有连带关系的[34]，而"智慧与道德"是可经教育而强化[35]，但我们却不能教育动物"有智慧和具道德感"。

（2）教育与个体

1）为了认知

"知"在许慎的《说文解字》中解释为："知，词也，从口，从矢。"[36]段玉裁注："按此，词也，之上亦当有识字。"[37]即是认为"知"为知识的意思。若要从哲学的角度来分析"知识是甚么"的话，可以这么说："知识是人们对客体能动的公共反映。具体来说，人类乃是确立知识的主体，个体不是知识的最终确立者；知识可以用人们所公共认可的无形的声音（言语）、有形的符号（文字）、姿态与图案等表达出来；客体包括自然和人文环境等；知识最终离不开人类与客体相接触的感官知觉；知识具有某种程度的普遍必然性。"[38]很多古代中国哲学家都曾对"知"作剖析，例如王阳明所提到的"知"，则着重其作为认知机能的意义。王阳明把心的理性成素，称为"知"，惟中国哲学中所讲的"知"与西方哲学所讲的理性的"知"，两者的着重点始终是有分别的，中国始终是一个道德之国，所以重在道德价值方面，而西方则重经验知识方面。

心理学家皮亚杰（Jean Piaget）的认知发展论（发生知识论），是对于教育产生启发最重要的理论。他从教育心理学的角度去看"认知"是怎么一回事："个体出生不久，即开始主动运用他与生俱来的一些基本行为模式对于环境中的事物做出反应，可以视之为个体用以了解周围世界的"认知结构"。而当个体每每遇到某事物，便用某种对应的认知结构予以核对、处理时，则此

---

34 西方从希伯来文化开始，已了解到"智慧与道德"（智与耻）的关系，例如《圣经》中的〈创世记〉写到上帝创造了亚当与夏娃后，他们却吃了上帝禁止他们吃的具智慧象征的禁果后，才发现原来没穿衣是有羞耻感的。而在中国也有"智与耻的关系"的例子，《礼记》的〈中庸〉："好学近乎知，力行近乎仁，知耻近乎勇。"当中，"知"若"智"，有智才能有羞耻心。

35 现试举一例，就是外国曾有人在荒野发现有一个没穿衣服的小孩的行为与狼相似，经研究后，认为小孩可能自幼已在森林生活，并与狼为伍，幸运地，狼群又没有吃掉他，而他根本没机会接触其它人，未曾受过教育，所以没穿衣也不觉得是"非礼"和"羞耻"。

36 许慎作．段玉裁注．说文解字注〔M〕．台北：天工书局，1987，227.

37 许慎作．段玉裁注．说文解字注〔M〕．台北：天工书局，1987，227.

38 黄首晶．教育改革的认识论基础反思〔M〕．武汉：华中师范大学出版社，2007，9.

种认知结构称之为"基模",基模为一个人用以同化新讯息以产生讯息回馈的现存知识。皮亚杰将基模视为人类吸收知识的基本架构,因而将认知发展或智力发展,均解释为个体的基模随年龄增长而产生的改变,因此,皮亚杰所谓的「认知发展」不仅是量变,更包括了质变。"[39]简单来说,"认知"是学习者与环境互动的历程。

"认知"与"教育"是关系密切的。当个体接受教育后,最基本的就是得到知识。无论只是独自阅读书本、独自上网搜寻数据,都可以是一个认知的过程,也是一个自我教育的过程。教育哲学家王坤庆教授认为离开了知识就没有教育,他说:"所谓教育,在一定意义上可以理解为是借助知识的传授,将人类所积累起来的物质文明和精神文明成果内化为新生一代的文化心理素质,并通过操作和训练,去养成受教育者符合社会要求的行为模式。"[40]要"认知",可以是个人自由地追求,也可以是从别的教育者处被动地获得。但无论如何,认知的结果都能让人有所发展。换言之,"认知"是一种教育活动,且能使人得到发展[41]。教育学家涂艳国认为活动作为人存在和发展的方式,具有重要的教育学意义,他曾在其《走向自由——教育与人的发展问题研究》引述苏联教育家休金娜的一段话:"人的活动是社会及其全部价值存在与发展的本原,是人的生命以及人作为个性的发展与形成的源泉。教育学离开了活动问题就不可能解决任何一项教育、教学、发展的任务。"[42]涂教授认为:"教育过程之所以要促进学生掌握知识、提高学生的认识,并不是要将'已有的'一切在学生身上复制出来,并使他们去适应'已有的'一切,而是要促使学生把'已有的'知识作为一种工具和手段,去改造和发展现存的自我,进而去改造和发展现存的知识、现存的社会和现存的世界。"[43]可以看到认知能使人得到发展,再推而广之,社会也能得到发展。

---

39 可参考林泓成的〈皮亚杰之认知发展理论及其对教育之影响〉或张春兴的《教育心理学》。

40 王坤庆. 教育哲学——一种哲学价值论视角的研究〔M〕. 武汉:华中师范大学出版社,2006,287.

41 这个见解不等同"唯知论",因本人明白"人的发展"不只是吸收知识,人的道德修养也是使人发展的因素,下文会再详述。

42 涂艳国. 走向自由——教育与人的发展问题研究〔M〕. 武汉:华中师范大学出版社,1999,9-10.

43 涂艳国. 走向自由——教育与人的发展问题研究〔M〕. 武汉:华中师范大学出版社,1999,241.

2）为了教化

个体通过"教育"，不但可学习知识，更可学习"怎样做人"。这里的"怎样做人"等如"如何可以明德"，把德实践。所以，基本上，教育应要使人明德，从独善其身至行仁。如"教育"时的内容以道德教育为主，可称为"教化"[44]。

教化的英文为"formation"。西方世界中的"教化"与中国的"教化"，在概念上有点不同，西方把它理解为一个文化概念（当然内含道德概念），而中国的"教化"则是一个有关道德的概念。西方的教化是人的"精神的转变"，而这种教化是一种"自我造就"。可见，教化如柏拉图所说的"人之心灵的转向"。而另外一位哲学家阿奎那曾在《后解释学注释》中说过："所有的教化都是一种自我教化。"[45]

西方道德哲学家麦金太尔追溯了道德的希腊词源，认为"道德（moralis）最根本的意义是内在的'品格'，而不仅仅是外在的行为规则。"[46]不论是柏拉图、阿奎娜抑或麦金太尔，他们三人都说得对，每个个体首先应要有内在品格，即是"人之心灵的转向"（向好的方面）或"自我教化"，这就如我国认为人要先"修身"。《荀子·修身》的中言道："以修身自强，则名配尧禹。"[47]特别在儒家的传统中，"修身"是一项重要的要求，不先修身就开不出"齐家"，接着就不可"治国"，而"平天下"更没有可能的了。按此，"修身"是自我完善，最后是希望对社会是有贡献的。清代思想家和教育家颜元便在《颜习斋先生言行录》中认为"修身"不只是"独善其身"，是要把善放射出去的："迁心之善，改心之过，谓之'正心'；改身之过，迁身之善，谓之'修身'；改家之过，迁家之善，谓之'齐家'；改国与天下之过，迁国与天下之善，谓之'治平'。"[48]"教育"除了能供给人知识之外，更能起"教化"的作用，因此，教育者应具备良好的德行，这才能教化受教者。

---

44 虽然"教化"一词推至最早，应产生于西汉初期，始见于《新语》中："教化不行，而政令不从。"这样看来，好像把教化与政治联系一起，但深思下，这的确没有错，因假设如国家是施行仁政的，但社会上民风败坏，教化不当，欠缺仁心的人民又怎会听由上而下的政令呢！

45 金生鈜. 德性与教化〔M〕. 长沙：湖南大学出版社，2003，126.

46 金生鈜. 德性与教化〔M〕. 长沙：湖南大学出版社，2003，31.

47 罗海玲，杨彬彬编. 中华传统美德格言〔M〕. 香港：商务印书馆（香港）有限公司，2003，42.

48 罗海玲，杨彬彬编. 中华传统美德格言〔M〕. 香港：商务印书馆（香港）有限公司，2003，23.

3）为了增加思想的"内生产"与文化资本

当"个体"接受教育后，最先的受惠者当然是"个体自己"。因个体在接受教育后会进行"内生产"[49]。其实，个体的"内生产"过程是在接受"教育信息和内容"的一刻已开始。那刻，个体已在思维中过滤、分析和综合教育信息与内容，重组和生产出"新产品"，这新产品是一种"精神产品"，由于这"精神性的产品"是无形无相的，所以是属于"个体"的。除非个体把这"精神性的产品"经口头或笔录向社会描述出来，否则，是一种"纯粹个人的内生产"。还可作这样的理解，个体的"内生产"是经受教后，获得某种知识而帮助自己所建立的一切有形或无形的东西。条件是在个人的环境之内。若以社会学的概念来看，这犹如为个人的"文化资本"增值，Kingston 将文化资本作以下的解释："文化资本是指个人的教育、学历、资格、品格及文化财等，在某些条件下可以转化为其它形式的资本，就像钱一样能够保存、投资和用来获得其它资源（例如经济资源），所以才有价值性。"[50] 社会学家布尔迪厄曾说学术的生产与教育行动与文化资本的关系是非常密切的。按布尔迪厄的研究，文化资产可由三种形式组成：身体化状态、客体化状态和制度化形式。当中的"身体化状态"正如本人所指的"内生产"。身体化状态即存在精神和身体上的禀性形，是与个人的身体直接关联的。布尔迪厄认为"其先决条件则是文化资本须被假定成一个是通过家庭教育和学校教育而储存在身体中的文化知识、文化技能和文化修养，这种文化资本通过身体的活动表现出来，包括体态、姿态、举止仪表、交往行为、操作技能等形式的表现。"[51]

（3）教育与社会

1）为自然界

人是自然性与社会性的统一，而人是存在于"自然"，且存在于"社会"的。所以人在这个"现存的形而下空间"的发展和生活，少不免要与"自然界"和"社会"有关系。而这儿会集中述说一下"人"、"教育"和"自然界"的关系。人只是自然界中的其中一种生物，自然界还包括很多不同纲、目、

49　"内生产"这词汇为本人所撰和下概念的定义。

50　周新富.布尔迪厄论学校教育与文化再制〔M〕.台北：心理出版社股份有限公司，2005，42.

51　周新富.布尔迪厄论学校教育与文化再制〔M〕.台北：心理出版社股份有限公司，2005，44.

科、属、种的生物，且还有其它自然界中的元素，真的不可胜数。"人"要在有生之年与牠们（或它们）接触与交往，在不同的过程中产生不同的结果，有些结果是可计算和推论出的，也有些结果可能是意料之外的。在自然界中，人好像是万物之灵，是最厉害的自然物吗？想深一层，好像又不正确，因人对自然界是很依赖的，独立地生存是不可能的事。在人类学的视界来看，有一个比喻是颇精准的："自然界是人为了不致死亡而必须与之不断交往的、人的身体。"[52]基于此种"骨肉不能分离"的事实，以"教育"来向"人"传输要和"自然界"合作的信息是必然的，因人对自然界不好，换来的后果就是对自己或后代不好。所以，人要接受"生命教育"，广义来说，应接受"生态教育"。

2）为家庭

接受教育能"齐家"。中国人的"家国"观念是很重的，当人有"重家"的思维，才能开出"家天下"的伟业。中国哲学家杨适先生说："国便是家，家便是国。家天下成为中国传统文化中的国家形式。"[53]我们从四合院的建筑概念已可以知道中国人有很浓厚的家庭观念，最好能三代同堂，甚至四代同堂。香港流行一句谚语："家和万事兴，家衰口不停。"可想而知，"家"一定要得到某些满足，家庭成员之间要和睦相处才能有安定的心去工作，而家庭成员相处不和洽，影响不容忽视的。要持家有道，要家庭成员都能得到温饱，受良好的教育是其中一项条件。在现今的社会中一定要有强劲的竞争力，才能立足，所以受教育能增强自己的竞争力，供养家庭。家和后才能对社会，甚而对国家有贡献。

3）为社会的"外生产"

教育与生产的关系早在中国的先秦时期已得到肯定，例如在《论语·子路篇》的："子适卫，冉有仆。子曰：'庶矣哉！'冉有曰：'既庶矣，又何加焉？'曰：'富之。'曰：'既富矣，又何加焉？'曰：'教之。'"[54]而西方的知名经济学家亚当斯密（Adam Smith）对教育与经济生产都下过见解，我国的

---

52 孙杰远，徐莉. 人类学视野下的教育自觉〔M〕. 桂林：广西师范大学出版社，2007，5.

53 扬适. 人伦与自由——中西人论的冲突和前途〔M〕. 香港：商务印书馆（香港）有限公司，1991，20-21.

54 杨伯峻译注. 论语译注〔M〕. 香港：中华书局，2004，136-137.

教育经济学家范先佐教授便道："斯密认为劳动生产率的水平受制于人们在劳动中所表现出来的熟练、技巧和判断力，而这又是人们受到教育和培训的结果。"[55]可以知悉教育能促进生产，发展经济，本人称之为"外生产"[56]。而马克思与恩格斯认为物质生产是人类存在与发展的基础，决定了教育及其发展。即是教育会使人产生劳动力，当人能产生劳动力，人就能凭劳动力生产产品。而再深入点说，物质生产更会影响精神生活。马克思说："物质生活的生产方式制约着整个社会生活、政治生活和精神生活的过程。"[57]总括而言，教育能是无可计量的个体在社会作出劳动，生产出无可计量和不同种类的产品。因此，人能藉教育而为社会的发展付出，实现出人不只有自然性，更是有社会性特质。

本人觉得"文化生产"[58]也是一种使社会受益的"外生产"，而这类"外生产"更能与上文所述的"个体内生产"发生交流与和合的作用。以社会学家布迪厄的场域概念来说，人生存着的社会空间可划分为经济场域、文学场域、学术场域、权力场域、教育场域……"由此我们可以认为，人的发展离不开特定的空间场域，他是特定场域作用的产物，是特定的自然条件、经济形态以及文化环境等相互作用的产物。"[59]如人是这些特定场域的产物，人也可在这些特定的场域进行生产，而除了是一些有形有相，有实际作用的生产品之外，"文化生产"与"文化产品"也是颇重要的。而"教育场域"、"文学场域"和"学术场域"等都能生产"文化产品"。这样，人生在世才更具意义。而通过教育是可以使特定场域的人生产较高素质的"文化产品"。社会学家布尔迪厄所说的"客体化状态文化资本"正是本人所说的"外生产"中的"文化产品"。他认为"客体化的状态是指文化资本在其具体化的关系中，以物质

---

55 范先佐. 教育经济学〔M〕. 北京：人民教育出版社，1999，5.

56 "外生产"为本人撰的概念词，本人认为与由教育促进社会的生产能力，发展经济，即为"外生产"。

57 范先佐. 教育经济学〔M〕. 北京：人民教育出版社，1999，12.

58 人类学家泰勒（E. B. Tylor）给"文化"下了较为广义的定义，他在《原始文化》一书中写道："文化或文明，就其广泛的民族志意义来说，是包括全部的知道、信仰、艺术、道德、法律、习俗以及作为社会成员的人所掌握和接受的任何才能和习惯的复合体。"而本人这儿所提出的"文化生产"中的文化是较为狭义的，与精神性及高尚情操有更大的关连。

59 孙杰远，徐莉. 人类学视野下的教育自觉〔M〕. 桂林：广西师范大学出版社，2007，136.

的客体和媒介表现出来的文化商品形式，例如图书、绘画、纪念物、工具等，可以进行物质性的转移。"[60]

4）为国家（上层建筑说）

清代的颜元认为教育有助献国，他指出："昔人言本原之地在朝廷，吾则以为本原之地在学校。朝廷，政事之本也；学校，人才之本也，无人才则无政事矣。今天下之学校皆实才实德之士，则他日列朝廷者皆经济臣，今天下之学校皆无才无德之士，则他日列朝廷者皆庸碌臣。"[61]国家与人民的关系应是相向的。国家为人民是理所当然的事，新中国的毛泽东主席曾题"为人民服务"，使之成为名言；而现任国家总理温家宝亦被人民称为"平民总理"，可见国家为人民是应该的。因此，人民为国家也是合理的，虽然不同阶层的人都可为国家，但受过良好教育的人辅国可能更为直接，因这批人能进入领导层的机会会较少受教育的人多些。刚才提到的"良好教育"是指不同类型和内容且对人有建设性的教育。而当中的公民教育也可使人民对国家更有归属感，继而对国家有更大的认同感[62]，再以实际的行动去为国家。教育是具有生产力和上层建筑等多重属性的。总的来说，教育可报效国家。

（二）何谓哲学

1. 哲学为学问之祖

（1）西方哲学

"哲学"即英语"Philosophy"一词源于希腊语，其后才成为拉丁语"Philosophia"和英语的"Philosophy"。这词汇在希腊语的本义有"爱智"的意思。由此观之，哲学是源于希腊，希腊哲学则是西方哲学的源头。

"哲学"这个词汇虽然是解作爱智慧，但总要给"这门学科"去下一个定义："甚么是哲学？"要给"哲学"下一个最清晰的定义是很困难的事，就算本身是哲学家来的，也觉得给"哲学"去下定义是一件苦差。按照现在的学科定义来看，每门学科，无论是广义领域的社会科学或是社会科学，亦或是狭义领域的生物学、经济学、化学等，都能下一个定义。例如经济学可能

---

60 周新富. 布尔迪厄论学校教育与文化再制〔M〕. 台北：心理出版社股份有限公司，2005，44-45.

61 袁德润. 颜元教育哲学管窥〔J〕. 河北师范大学学报（教育科学版），2004，（6）.

62 要论述"国家认同"，需要用更大的篇幅去讨论，现留待下文论述"儒耶价值教育中的公民教育"是才再铺展。

被定义为"研究财富的生产和分配的学科"，概念是不含糊的，就算是一个未曾受过教育的人，都会明白这个解释，当然，能否深入去认识经济学则是另一回事，但最低限度，"定义的本质是要简洁易明的"，普罗大众都不会摸不着头脑，这才称得上是一个成功的定义。大部分的学者都可能倾向认同"哲学是探求最后真相的学科"这个定义，因返回古希腊的时代，哲学包含很多领域的学问，三大哲人都有探求有兴趣的论题的最后真相。甚至比三大哲更早的古希腊哲学家，都有很巨的兴趣去研究宇宙是由甚么基本物质构成和如可构成等，是为宇宙论[63]，这与"探求最后的真相"好像不谋而合。接着到中古时的哲学家[64]较有兴趣去研究"神的真相"，站在他们的立场来看，这又是一种"探求最后的真相"的行动。但如要定义"哲学是探讨最后真相的学科"，定义当中的"最后真相"也是很难作客观的定论。因怎样才算"最后"？那些真的是"真相"吗？"哲学"是要尽量客观的。如哲学不能被定义，这样，它岂不成为一门"模糊与玄虚"的学科？"哲学"这学科本为了厘清不同的论题，但自己本身却厘不清自己的定义，实在好像带点自相矛盾。现先再回溯和分析一下有关"哲学"的内容再尝试去理解"哲学是甚么"。

　　古希腊时，苏格拉底热爱辩论，此风盛行。而辩论尤如知识的交往与智力的激荡，直至柏拉图与及亚里士多德仍兴旺。那时，"哲学"可算是纯粹知识的探求。"哲学"的萌芽期是统摄群学的，例如希腊初期，哲学家以研究宇宙为目的，也有以宇宙与人生以及灵魂的关系的探讨。当时根本未有"科学"，所以希腊时期的哲学是包涵科学性的探讨，当然那时的科学性不等如现在的精确科学。恩格斯说："最早的希腊哲学家同时也是自然科学家。"[65]黑格尔也说过："一个民族会进入一个时代，在这时精神指向普遍的对象，用普遍的理智概念去理解自然事物，譬如说，去要求认识事物的原因。于是我们可以说，这个民族开始作哲学思考了，并基于这一看法而把哲学称之为所谓的'世界的哲学'。"[66]如以现在的学科概念来分，那时的哲学即包括了辩证学（Dialectics）、物理学（Physics）与伦理学（Ethics）等三类内容。三大哲之

63　那时的宇宙论只是很粗疏的观念，但可以是近现代天体物理学之母。

64　那时的探讨"神"的哲学家其实大多本身已有"基督宗教的信仰"，所以探讨论题时未必能纯粹客观，若称"这类哲学"为"神学"（理性地探讨信仰），应较为恰当。

65　张再林. 中西哲学的岐义与会通〔M〕. 北京：人民出版社，2004，82.

66　张再林. 中西哲学的岐义与会通〔M〕. 北京：人民出版社，2004，82.

中，以亚里士多德的"哲学范畴"是最包罗万有，内含逻辑、物理、心理、修辞、宇宙、形而上、伦理、政治、诗、经济、教育等学问。所以，在当时的语境，"哲学"是"统摄群学之学"，而"哲学家"则是"大学问家"。其后，哲学的体内在不同期分裂出"其它学科"，而自己就开始不断地走更纯粹的路的情况是这样的：哲学在不断地拓展自己内涵的同时，又不断地扬弃自己已有的本性；而其它学科只要找到属于自己的独特研究对象，固定研究范围，就达到了基本成熟的水平，可以自立门户，独立出来成为一门学科。其后，较近现代的哲学家都有分别探讨过"知识论"、"文化哲学"、"逻辑分析"等学问。

从以上所观，"有关哲学这学科有兴趣的学问"应可分为多个部门。如以香港中文大学荣休哲学教授劳思光先生的划分，"哲学"可分为"九个部门"[67]：宇宙论、形而上学、道德哲学（伦理学）、神学、方法论、知识论、文化哲学、逻辑分析与心性论。当然，不同的哲学家也可能对"哲学的部门的数目和分类"有不同的见解，但这也不妨作为一个参考。另外，劳思光教授都如同很多哲学家一样，认为以"哲学的本质"[68]为"哲学"下定义是很困难的，所以，他提出以"实指的定义法"来为"哲学"作定义，他说："本质定义法是通过'大类'来界定'小类'；实指定义法则恰恰与此相反。它是通过'个体'来界定'类'的。"[69]他认为"哲学是研究九大部门[70]的总称"。本人都尚且赞同他这个权宜的想法。但不能否认的就是"研究哲学的人"都会在过程中包含提出、思辨与反省。按此分析，学习和钻研哲学旗下的某一门学问又未必会得到结论，那么，"研究哲学的过程"便显得很重要了。因此，哲学家维特根斯坦给"哲学"所下的定义也可作为参考："哲学不是一个理论，而是一种活动。"[71]

总的来说，哲学是很难有一个绝对正确的定义。所以不只下文会提到我国遇到"中国哲学"的"合法性"疑问，甚至连正宗的哲学产地——西方，

---

67 劳思光. 哲学浅说〔M〕. 香港：友联出版社，1988，18.

68 这是一种"本质的定义法"，是亚里士多德留下的方法：如要给"一个"概念下定义，必须找一个更大的概念来说明要给定义的概念，在这个大概念中占哪一部份。

69 劳思光. 哲学浅说〔M〕. 香港：友联出版社，1988，17.

70 劳思光先生认为按时间的不断向前进，哲学的部门有机会会增添。本人尝试据此撰一定义："哲学是研究9+X部门的总称"。

71 李忠谦. 图解哲学〔M〕. 台北：易博士出版社，2004，11.

也同样遇到"哲学的合法性"疑问。瑞士哲学教授迪特·托美（Dieter Thoma）曾提到："外界对哲学之合法性所加诸的压力，迫使哲学去证明它自身的重要性。"[72]

（2）中国哲学

这里会探讨一下"何谓'中国哲学'"这个问题。

很多西方哲学家[73]认为中国只有"思想"而没有"哲学"，这个"判断"使"中国哲学的合法性"成为了一个哲学性的辩论议题。著名的中国史学家傅斯年更反对写作"哲学史"，他认为中国根本没有西方意义上的哲学。

"哲学"[74]这个翻译过来的汉词，出现得很晚，且不是我国译的，乃是取自日本学者西周[75]的翻译。这门"西学"，最初由明朝的徐光启音译为"费禄苏非亚"。所以人们便认为根本就没有"中国哲学"这回事。因他们认为"哲学"是从西方来华的，按理，"哲学"无论在这个"词"或"内容"，即从外至内都是西方的成品，中国哪来"哲学"，更不要说"中国哲学"了，因把"中国"与"哲学"并在一起，究竟是"中国化了的西方哲学"抑或是"中国本身的哲学"？但明显地，"中国哲学"这词汇绝对不是解作"中国化了的西方哲学"。而将"中国哲学"比作"中国本身的哲学"又好像不合逻辑，皆因"哲学"既然是外来的，又何来是"本身的"呢？若从西方学者的眼光来看，"Philosophy"这个词的出现和意义，根本是产自西方，怎可能也是属于中国人的！很多西方学者在编撰哲学史时，便不收进中国或其它的东方哲学，例如印度都是有其哲学的，惟西方学者根本并不承认，所以那些"哲学史"的内容只含西方哲学。幸世界大战前后，西方哲学家罗素出版哲学史专著时，名之为"西方哲学史"，虽然内容没辑录中国哲学，但这也算是一个好开始，因这表示他的潜意识是认为东方是有其哲学的，这才不把书按西方的一贯习惯而名为"哲学史"。虽然罗素在《中国的问题》中曾这样写："我必须坦白

---

72 迪特·托美. 这世界，这世界，你们这些傻蛋！哲学的问题就是这世界〔A〕. 尤沃金·舒尔特，吴威·尤斯图斯·文哲编. 何谓哲学问题〔C〕. 台北：群学出版社有限公司，2007，184.

73 例如现代哲学家德里达便曾这样说过。

74 我国虽无"哲学"一词，但在古代时已有"哲"与"明哲"等字词出现，以表示智德相修，与日本所译的"哲学"是相距不远的。如只看"哲学"这汉语词，更贴近中国那重"德"与"修养工夫"的特色。

75 日本的西周本译作"希贤学"，后改为"希哲学"，最后定为"哲学"。

承认，我不能欣赏孔夫子的长处。他的作品中充满了礼仪的细节，他主要关切的是教诲人们在各种多样的场合下正确的行事方式。"[76]但他仍是对孔子有客观和好的评价："但是，倘若人们把孔夫子同其它时期和种族的传统宗教导师们作比较的话，人们就必须承认孔夫子的巨大长处……他的体系，正和他弟子们所发挥的，是一种纯粹伦理体系，不含宗教教义……"[77]从这些话可证明他尚认同中国思想是有体系的。罗素曾来华，对中国是有感情和研究的，所以他的话是可取的。本人知道他好像对宋明的心性之学了解不多，如他有研究的话，可能会敢于下笔直认有"中国哲学"。

哲学家牟宗三曾批评西方的哲学界："说中国以往没有开发出科学与民主政治，那是事实。说宗教与哲学等一起皆没有，那根本是霸道与无知。"[78]而哲学家冯友兰早年对中国是否有"中国式的哲学"仍有些保留，但他在晚年时着的《中国哲学史新编》中却承认中国是有"中国式的哲学"："'中国哲学史'讲的是'中国'的哲学的历史，或'中国的'哲学的历史，不是'哲学在中国'。我们可以写一部'中国数学史'。这个史实际上是'数学在中国'或'数学在中国的发展'，因为'数学就是数学'，没有'中国的'数学。但哲学、文学则不同。确实是有'中国的'哲学，'中国的'文学，或总称曰'中国的'文化。"[79]本人同意牟宗三先生和晚年时冯友兰先生的见解，认为是有"中国哲学"的。

本人认为解铃还须系铃人，要解决"哲学"是否只属与西方的吊诡性问题，可从西方的分析哲学的角度来看"哲学"这个词的意义，"哲学"只可属"希腊的"因它是在希腊衍生的，是一个"专名"[80]，"专名"即是一个"严格的指示词"，背后有"只属希腊的哲学"的意思，由此看来，希腊时代以后出现的"西方哲学"，是不应命为"哲学"的呢；若从另外一条路线去看，"哲学"这个词可当作是"摹状词"，"摹状词"是一个"非严格的指示词"，"哲

76　傅伟勋，周阳山编. 西方思想家论中国〔M〕. 台北：正中书局，1993，161.

77　傅伟勋，周阳山编. 西方思想家论中国〔M〕. 台北：正中书局，1993，162.

78　牟宗三. 中国哲学的特质〔M〕. 台北：学生书局，1987，5.

79　沈享民. 论中国哲学的研究及其方法论问题〔J〕. 哲学与文化月刊，2007，（4），75.

80　"专名"与"摹状词"的语言哲学概念本指人物和地方名等，现借用于"哲学"这学名，用作解释本人的见解。有关"专名"与"摹状词"等的概念和解说，可参考上海译文出版社在2001年出版的美国逻辑学家克里普克的《命名与必然性》。

学"不只是"希腊的哲学"了，也可算是"西方哲学"；若再推演下去，"中国哲学"也是合法的了。

再者，如本人只简单地从字义上来辨识，"哲学"的希腊字源为"爱知"或"爱智慧"，我们把这词汇翻译和借用过来是未尝不可的，因中国人是有智慧的，虽然我们与希腊或近现代西方的所追求的智慧的内容不尽相同，但还是有相同之处的：上文剖析西方哲学时已曾提及，按劳思光的"实指定义法"分解，哲学这个总称之下含有多门学问，当中的道德哲学（伦理学），不论中西的古代学者都有宏论，特别是我国，从先秦直到近代，道德思想都是很多学问家（或可称之为中国哲学家）的研究范围，而这些"道德思想"不就是"道德哲学"吗？难道西方近代以研究道德课题闻名的康德并不是在研究"道德哲学"吗？所以，中国是有哲学的，即是中国哲学。中国哲学家冯友兰先生曾说："哲学本一西洋名词，今欲讲中国哲学史，其主要工作之一，即就中国历史上各种学问中，将其可以西洋所谓哲学名之者，选出而叙述之。"[81]

反躬自问，我们其实也有点"大中华民族"的思维的，逻辑上以"中国哲学"与"西方哲学"对比是不对称性的对比，这不同以"东方哲学"（至少包含印度哲学）与"西方哲学"的对比言之成理。幸中国哲学的内容和部门，虽然不可与西方哲学的内容与部门匹比，因中国哲学的内容和特色只是围绕道德哲学与心性之学。但我们那"重主体"、"重生命"与"重实践"的哲学观念是西方所不及的。广泛地说，春秋的十家九流思想都可算是"中国哲学"，但若要再抽出有代表性的，儒释道三家就是最具地位的了。假若要再筛选，可抽去释家，因释家始终是来自印度[82]，但不能抹煞释家本身的思想是很有价

---

81 程钢. 中国思想学术史与人文教育〔A〕. 张岂之编. 中国思想史论集〔C〕. 桂林：广西师范大学出版社，2003，158.

82 虽然释家传入我境后，已汉化为中国佛学，但毕竟本源真的不在我国，所以本人认为把它并入成为"中国哲学"是不精确的，若把这种佛学思想称为"汉化的释家思想"或"中国式的佛学"会较为恰如其份。现再试举一例，日本很尊崇儒学的，如日本哲学包含儒家思想，那里的儒家思想可能已被日本再诠释，只可称为"日本化了的儒家思想"，应不可再算是中国固有的儒家思想。既然如此，日本哲学含儒家思想的概念也是不对的。但也有例外的，就是很多日本学者真是很尊崇"中国的儒家思想"，他们并没有过度诠释或日本化了儒家思想，那么，他们的儒家思想可算是"中国式的儒家思想"，但惟一条件也是不应把"中国的儒家思想"放进"日本哲学"的体系内。至于究竟日本有没有自己的哲学，那就要花很多篇幅来论证，且不在本文的研究范围之内。

值与深邃的。由此观之，"儒家"与"道家"的成份最多，而又以"儒家"[83]当主流。

现世的应用哲学的确是中国人所追求的。西方哲学家叔本华这样说过："玩票哲学家们从不一次去认识哲学问题，他们误以为，这问题就是神。作为一个既与的东西，哲学从神那儿出走，而哲学家，不管他是在世界之中还是在外，不管他是否拥有自我意识，还是必须应用该人的自我意识，哲学家无例外地必须藉这新神来工作，而且这胡闹是无止期。这世界，这世界，你们这些傻蛋！哲学的问题就是这世界，别无其它！"[84]叔本华这样高呼，是希望哲学家能正视所提出的哲学问题要可思辨的，且关于现世的。而中国孔孟荀的哲学早是如此的了，人文问题、道德问题、教育问题……都是现世的哲学问题。因此，中国哲学是很具应用性，且是由主体扩展开去的。西方哲学能否提出"适当的哲学问题"与它的合法性有关；同样地，中国哲学能否提出"适当的哲学问题"也与合法性有关连，而我国的张岱年撰写的《中国哲学大纲：中国哲学问题史》就可作为补助。

2. 哲学的研究方法

从事哲学研究有多种方法，可约分为综合法、分析法、诠释法和玄思法。当我们进行整个哲学活动时，是不会只用其中一种方法的，尤其是"分析"与"综合"，可能两者皆有，只是比重的分别罢了。所以有学者坚持"分析"只是一个研究哲学所用的其中一个方法，绝不苟同"分析哲学"是一门"哲学的派别"，例如香港中文大学哲学系的李杜教授便曾在其文《分析的哲学限度》撰下见解，认为哲学活动是包含几种方法的，不可太过高举"分析是万能的旗帜"。

其实，希腊的苏格拉底"追问人生意义"；柏拉图"探究公正"；亚里士多德"寻求人类是怎样的动物"；我国的孔子探究"何为忠恕"；孟子追查"仁义之辨"；宋明的"理气之分"等等的哲学活动时都反映出具概念分

---

83 只是"儒家哲学"已有很多体系，孔孟荀的、宋明理学的、近代新儒家的……而这儿所带出的儒家，是以孔孟荀为主的，因中国的哲学始终以实践为主，而孔孟荀的哲学是实践性最强和最能渗进民间，使上至天子，下至草民都能明白与实行。

84 迪特·托美. 这世界，这世界，你们这些傻蛋！哲学的问题就是这世界〔A〕. 尤沃金·舒尔特，吴威·尤斯图斯·文哲编. 何谓哲学问题〔C〕. 台北：群学出版社有限公司，2007，200.

析、意义分析或语言分析的进路，即是都用了"哲学研究的分析方法"，且他们也有用综合的方法。惟现代竟会有"分析哲学学派"自立门户，这样，是否可以成立一个"综合哲学学派"呢？这显然是不对的。当然，分析哲学家的自立是因为他们细分了很多和有系统的分析方法，已较先哲所用的分析法严密，所以认为应是一个学派，但他们只是在"研究哲学的分析方法"罢了，因此，再说清楚些，本人认为他们应把"研究出来的分析方法给自己或其它哲学家研究哲学活动时运用"。而中国的哲学当中，心性之学就运用了较多玄思的方法，西方的形而上学也是玄思的方法占较大的比重。所以，除了分析、综合、诠释等哲学活动研究法外，玄思法也有其可取的地方。

（三）教育与哲学

教育哲学家王坤庆教授在《教育哲学——一种哲学价值论视角的研究》中说到："可以说，教育作为人类社会的一种实践活动形态，是人类理性思维赖以产生的条件之一。因而，没有教育，人类的发展不可能，同样，没有教育，人类哲学思维方式的产生也是不可能。"[85]从这个分析中，已可感到"教育"与"哲学"是唇齿相依的。王坤庆教授更认为："哲学对教育的影响不仅表现在哲学观对教育观的影响上，而且还表现在哲学思维方式对教育研究的思维方式的影响上。"[86]康德也曾说："教育的主要目的在于教会人们思考。"[87]康德这儿所说的思考，是深层次的思考，就如哲学性的思考，这证明教育与哲学是有莫大关系的。

1. 哲学与教育的主次或从属关系

（1）"理论"与"实践"

西方学界大都赞成哲学是百科之王，按此分析，教育应是哲学的其中一个分支[88]，这个理解是未尝不可的。但我们也可从另外一个角度去看，就是每

---

85 王坤庆. 教育哲学——一种哲学价值论视角的研究〔M〕. 武汉：华中师范大学出版社，2006，44-45.

86 王坤庆. 教育哲学——一种哲学价值论视角的研究〔M〕. 武汉：华中师范大学出版社，2006，47.

87 黄首晶. 教育改革的认识论基础反思〔M〕. 武汉：华中师范大学出版社，2007，111.

88 有学者提出"教育先于哲学"论，他们认为古希腊的哲人出现一套学问（哲学），出现的目的总是希望把这套学问教育他人，所以认为教育是设于学问之前，教育是元目的。

人的哲学思想都是经过一个"教育过程"来建立的。这个"教育过程"，可能是由别人传授和导引，也可能是自己在脑中不断思维（分析、综合、诠释、玄思），那么，哲学就好比一种理论，而教育就是一种实践，所以杜威说的见解也是对的，他认为"哲学是教育的理论，教育是哲学的实践。"有理论而没实践只是空话罢了，如有实践但没理论承托和支持是不踏实的，会随时绊倒。因此，"教育"与"哲学"是可从不同的观点去厘定他们的关系，很难一面倒地分出它们的主次。试以杜威为例，他的"实用主义"是一种哲学观，引出的"教育即生活"、"教育即社会"与"教育即经验"都是可落实做到的，使哲学的命题成为教育的实践，由理论伸延至实践。

（2）哲学家与教育家的关系

先说说一个普通的教师与教育及哲学的关系：美国当代教育哲学家乔治·F·奈勒在《教育哲学导论》的结尾处有一段耐人寻味的话："个人的哲学信念是认清自己的生活方向的惟一有效手段。如果我是一个教师或教育领导人，而没有系统的教育哲学，并且没有理智上的信念的话，那么我们就会茫茫然无所适从。"[89]所以，本人相信能当上教师的人，本身应有组织教育内容的能力，而每名教师的个人性格与早年受教育的背景都是不同的，而这种种因素正好使一名普通的教师都有一套"自己的教育哲学"。

教育哲学家王坤庆教授说过："关于教育与哲学的关系，许多中外学者都有过明确的论述。如我国著名学者张岱年先生曾撰文指出：中国古代哲学是教育家的哲学。他的这一论断包括两方面的含义：一是指中国古代哲学家大都是教育家，以从事教育活动为自己研究哲学的基本途径；二是指中国古代哲学思想，在相当大的成分上就是教育思想，哲学家们一方面通过对教育的思考来表达他们的基本哲学信念，另一方面又通过实施教育来检验他们的哲学思想。在西方思想史上，也有类似情况。

杜威曾说过，欧洲哲学思想是由教育发源的，从苏格拉底、柏拉图、亚里士多德到康德、黑格尔诸人，无一不是以教育为阵地来研究、传播其哲学思想。杜威进一步指出，这一事实恰恰是哲学与教育存在密切关系的一种证明。20 世纪初，德国新康德主义教育哲学家赫伯林也说，'哲学为世界之教育学'，意指哲学对于人生观、世界观的影响就是一种教育的作用，只不过这种

---

89 田向阳. 对教育价值的哲学思考〔J〕. 内蒙古社会科学（汉文版），2004，（2）.

教育的影响范围涉及整个人的生命历程。"[90]

本人亦认为一个参与社会的哲学家，他一定不会只闭门造车，必会希望"他的一套哲学理念"能获得其它人，高至学者，低至社会的平民百姓的支持和发展。故当他有这个意志时，已等同他希望能"把自己所思考的一套哲学理念教育他人"。当他付诸实行时，这包括了写学术文章、书本或讲授等，不管他只是向"某一个人讲解"或在社会上作"广泛的教育"，他已成为一个不折不扣的"教育家"了。所以，一个哲学家应是一名教育家，但相反来说，"一个教育家未必能称得上是哲学家"，因哲学家是理论性很强的学者，教育家的理论性未必能及得上哲学家，而某些教育家可能只是在教育技巧上很纯熟，令很多受教者受落和受益，那些教育家的教育内容可能只是借用哲学家的哲学理论，因此，不可称之为哲学家。本人觉得，含哲学理论性很强或有原创性理论的教育家，我们可称他为"教育哲学家"。例如古时的孔子，便是一个受"争议"的人，他究竟是哲学家，抑或是教育家？因他是有自己一套"思想"[91]的，可是他并没有刻意去建立一套有系统的理论。而他有教导学生，学生也称他为师，后世更称颂他为万世师表。如折衷点来界定，他应可算是一名"教育哲学家"。

（3）学科的合与分

科目的综合或独立，与哲学及教育是有关系的，以下试分别从中西两个语境去讨论。

1）西方的科学精神与分科

西方的古希腊哲学包涵了不同的知识内容，未有独立分科，故有百科皆脱自哲学之说。哲学家罗素写道："只要对于任何一门科目的明确知识是可能的，此科目便不再是为哲学，而是一门个别独立的学科了。对于天空的研究，目前是属于天文学，它却曾经属于哲学范围之内；牛顿的伟大著作是名为'自然哲学的数学原则'。同样地，对于人类心智的研究，以前是哲学的一个部门，现在已自哲学中分离出来而成为心理学。"[92]直到亚里士多德把学习的课程规定为算术、几何、天文、音乐理论、文法、诗歌、修辞学、伦理学、宇宙学和哲学等学科。

---

90 王坤庆. 论哲学与教育的关系〔J〕. 海军院校教育，2003，（2）.

91 西方哲学界大都不赞同孔子是哲学家，西方哲学家认为孔子是有"思想"的，但不是西方的"哲学"概念，他们觉得孔子有一套"道德与伦理思想"。

92 罗素. 张素容，简晶晶译. 哲学问题〔M〕. 台北：业强出版社，1987，132.

分科的概念对教育是很有帮助的，因对研究某一门学问的学者来说，他在做研究（自我教育）时显得更专，也不需消耗非常巨大的精力去旁及五花八门的其它学门，在推广他的研究结果（教学时）时会更专注，而普罗大众在接收信息（就如一种隐匿的课程）会更易明白，学生在学习时也显得更容易入手，若在教育中的"教育制度"来看，可以说是"专科专研"、"专科专教"与"专科专学"，成效应是更高的。

而西方做学问由始至终都有很强的"科学性"倾向，柏拉图认为"理念的获得主要通过教育，而教育的内容主要是算术、几何、天文学、音乐理论和辩证法。通过这些学科就可以超然于变幻的世界之上而把握本质，把握真理。"[93]这导致很多门科学性的学问都从哲学脱出来，且成就很高，给人有带领西方前进的感觉，甚至夸张地把"西方"等同"科学"。清末民初有学者对"科学"涵义的界定："科学者，智适而有统系的大名。就广义言之，凡智识之分别部居，以类相从，井然独绎一事物者，皆得谓之科学。自狭义言，则智识之关于某一现象，其推理重实验，其察物有条贯，而又能分别关联、抽举其大例者，谓之科学。是故历史、美术、文学、哲理、神学之属非科学也。而天文、物理、生理、心理之属为科学。今世普通之所谓科学，狭义之科学也。"[94]

2）中国的家学精神与分科

中国古时的学问内容，甚至教与学时都是文史哲不分家的，这与希腊的"哲学"内容虽不尽相同，但俩都是有"不分科"的概念。可以说，西方与中国在古时候的学问都是"通学"[95]，若按它俩内容的终极成效或教育期望来说，西方当时的学问是"通知之学"[96]，而我国的就是"通人之学"。例如我国的孟子在《孟子·滕文公上》认为学校（教育）就是明人伦的地方："设为庠序学校以教之。庠者，养也；校者，教也；序者，射也。夏曰校，殷曰序，周曰庠，学者三代共之，皆所以明人伦也。"[97]唐代的文学家韩愈，以散文写

---

93 黄首晶. 教育改革的认识论基础反思〔M〕. 武汉：华中师范大学出版社，2007，4.

94 左玉河. 从四部之学到七科之学——学术分科与近代中国知识系统之创建〔M〕. 上海：上海书店出版社，2004，87.

95 这概念词为本人所撰，意即通晓一切之学。

96 "通知之学"此概念词为本人所撰，灵感取自坊间已备的"通人之学"。

97 黄首晶. 教育改革的认识论基础反思〔M〕. 武汉：华中师范大学出版社，2007，4.

作的造诣传颂古今，但他也算是一名重人伦的哲学家，他在《师说》中道："古之学者必有师，师者，所以传道、授业、解惑也。"[98]句中所谓"传道"即儒家之道，"授业"即六艺，而解惑即是为学子解答对儒家之道与六艺的不明解之处。

西方是以知（客体）为研究总点，由客体出发继而返回客体。而我国则以人（主体）为研究总点，由主体出发，继而返回主体。但它俩的教育（学问的研究、教学与学习）过程是有分别的，若以"路轨的象征图形"来表示，西方是三角形的，而中国则是圆形的。当分科时，西方是向外再建筑的，三角形的图形会越有向外扩大的趋势，而中国的圆形就有向内拆分的情况出现。这其实与民族性是有关系的，中华文族是一个内敛和凝聚的民族，向外扩展的野心不大，且事事讲求"关系性"，这些因素也促使对分科学习与分科的发展性兴趣不大。专研学术史的学者左玉河教授认为："中国学术分科主要是以研究者主体（人）和地域为准，而不是以研究客体（对象）为主要标准；其研究对象主要集中于古代典籍涵盖的范围内，并非直接以自然界为对象；中国学术分科主要集中在经学、小学等人文学科中，非如近代西方集中于社会科学及自然科学领域中。"[99]按着这中西不同的分科哲学观，使西方向"科学之路前创"，而中国则向"家学之路回溯"。另外天文学家竺可桢在其《中国实验科学不不发达的原因》一矢中的，认为中国人缺乏科学精神，且最终的目的都不是研究大自然，他说："朱子云：'致知格物，大学之端，始学之事也。一物格则一物至，其功有渐，积久贯通，然后胸中判然不疑所行，而意诚心正矣。'竺氏断言：'我觉得朱子的错误在于认错了目的，他的致知格物并不是在求真理，并不是想要认识大自然，而是想正心诚意，因而修身齐家治国平天下。'"[100]

所以，中西对哲学上的"主客体"的着重程度会影响它的分科观念，继而表现出不同的教育观念。中国历史上很多学问家都不能一刀切地划分他们是属于那门学问的范畴，例如汉朝的司马迁，他的《史记》虽然从著作名好像已说明是叙历史的，但司马迁的文笔却很秀丽，内容又含哲理，因此，司马迁可以说是一名"史学家"，也称得上是一名"文学家"或"史学家"，更

98　马通伯校注. 韩昌黎文集校注〔M〕. 香港：中华书局（香港）有限公司，1991，24.

99　左玉河. 从四部之学到七科之学——学术分科与近代中国知识系统之创建〔M〕. 上海：上海书店出版社，2004，19.

100　左玉河. 从四部之学到七科之学——学术分科与近代中国知识系统之创建〔M〕. 上海：上海书店出版社，2004，88.

是一名教育家，虽然他在当不是一位教师，可是他的思想和作品却教育了无数的学子。比如民初时的陈寅恪要同时兼任历史系与中文系的教授，任教于清华大学国学研究院[101]，而"国学"便是文史哲不分科的。他文、史、哲兼通且懂八种外语，是中国最精博的学者之一。就算都了今天，中国的学问家都是文史哲学问兼备的，例如内地刚身故[102]的季羡林老先生与香港的饶宗颐老先生，都是"国学大师"[103]。"国学"[104]的内容是包括"中国的文史哲学问"，可从此感到我国是很注重故有的文史哲学问，而在 2005 年及 2006 年中国人民大学与厦门大学更相继复办国学研究院。香港新亚书院创校人兼史学家钱穆先生曾说过："故言学术，中国必先言一共通之大道，而西方人则必先分为各项专门之学，如宗教科学哲学，各可分别独立存在。以中国人观念言，则苟无一人群共通之大道，此宗教科学哲学之各项，又何由成立而发展。故凡中国之学，必当先求为一人，即一共通之人。而西方人则认人已先在，乃由人来为学，宜其必重一己之创造矣。"就以钱穆先生自己为例，他虽为史学家[105]，但无可否认他也是教育家，而他对文学与中国哲学的知识亦通透。

---

101 清华大学在民初时，虽然较授西方文化影响，但是清华的老师和学生都非常重视研究有关中华文化的固有学问。所以设有国学研究院。而国学研究院聘有四大名师，包括：王国维、梁启超、陈寅恪与赵元任，他们都能兼容中西，形成了有影响力的"清华文化派"。

102 季羡林先生生于 2009 年 7 月 11 日在北京 301 医院逝世。

103 季羡林先生很谦虚，他并不承认自己是"国学大师"，故曾在其最后著作《病榻杂记》中撰文辞去"国学大师"这桂冠。惟他真的是学问渊博，是不少人心中的"国学大师"。香港的饶宗颐先生为季老所撰的挽诗，已道出季老学问渊博的事实，此诗云："遥睇燕云十六州，商量旧学几经秋。榜加糖法成专史，弥勒奇书释祛楼。史诗全译骇鲁迅，释老渊源正魏收。南北齐名真忝窃，乍闻乘化重悲忧。"诗中已道出季老的文史哲学问确有成就。

104 国学即是"一国固有之学术"，内容包含中国的文史哲学问。中国传统学术主要在之中，"四部"就是"经史子集"。"经"的内容包含我国古代社会中的政教与伦理道德规范的教条，主要是儒家的典籍；"史"是指有关历史的典籍；"子"是指春秋战国以来的诸子之学；"集"是指古代的诗、文、词和赋。四部的名称和顺序是在《隋书·经籍志》中最后确定下来的。其后，乾隆皇时编修《四库全书》，就是参考经史子集四部来编修的。国学的四部不但是目录学的概念，而且有现代学科的概念。例如"经"和"子"相当于现代的哲学科，"史"相当于现代的历史学科，而"集"就如现代的文学科。

105 学者汪学群在其《钱穆学术思想评传》（1998 年北京图书馆出版社，页 302）道："他一生用力最勤，创获最多，著作最多的是学术思想史，涉及诸子学、经学、中国的分科概念始于西周，那时"国学"（这儿的国学即是设在王都的学校，意思与民初的国学不同）分"小学"和"大学"两级。"小学"只有贵族子弟才可入学，教育内容以道德教育为主。《周礼·地官司徒》中记载："师氏掌以诏王，以三德教国子。一曰至德以为道本，二曰敏德以为行本，三曰孝德以知逆恶。"[106]但小学仍未作分科教学，但"大学"就开始有此概念，而大学是给天子或诸侯入读的，分别是天子大学与诸侯大学。天子大学的学科有"太学"、"东学"、"西学"、"南学"和"北学"。这五科的学习内容为："其中东学为习舞、养老、乞言、论政之地；南学为乐德、乐语、乐舞之地；西学为学习礼乐、祭祀先贤之地；北学为学书之地。中央的太学则为习射练武之处。"[107]那时也设有"乡学"的地方学校，但都是以道德教育为主。按以上西周"大学"的学科内容划分，就是"六艺教育"，即"礼"、"乐"、"射"、"御"、"书"和"数"，当中以"礼"为核心。而六艺又分为"旧六艺"与"新六艺"，"新六艺"即是"诗"、"书"、"礼"、"乐"、"易"和"春秋"。其后的各朝的教学内容大概都是以六艺为主。直到清朝的颜元的实学教育内容在他的漳南书院发挥出来，且再分科上有了突破，不仅保留中国固有之学，更增添西方科学的学科，例如"天文"、"地理"、"水学"和"火学"。这更反映出他的教育哲学思尤如实用思想与博雅教育思想。当晚清时，人们开始接受西方的分科观念，并参详之以建立我国的近代学科门类。而传教士来华带来"西学"，亦让中国人接触到西方的教育制度和西学的分科概念，例如艾儒略撰的《职方外纪》便记载了西方近代的学科门类，例如逻辑学（落日加/Logica）、物理学（费西加/Physca）、哲学（默达费西加/Metaphysica）。

中国的分科过程和内容是包含教育与政治上的因素的。热爱西学之人更把早属中国本土文化的学问称为"旧学"，而取之于西方的就称"新学"，这种广义性的分类法，可以使人联想起不同的"隐喻"，因"旧学"可以解作"文化丰厚且地位稳固之学"，也可解作"陈旧封建且不合时代之学"；"新学"可以是"新进且有生气之学"或"新嫩且未成熟之学"或"等如西学"。因此，有人提出"援西入中"的方式，即是以西学新知和新法来研究中国旧学，并

玄学、佛学、理学、清学等全部学术史领域，因此他的文化史学以学术思想史为中心，他也可以称之为学术思想史大师。"
106 胡金平主编. 中外教育史纲〔M〕. 南京：南京师范大学出版社，2001，14.
107 胡金平主编. 中外教育史纲〔M〕. 南京：南京师范大学出版社，2001，15.

把中国旧学逐步纳入到西方的学科体系中。这亦对中国的教育起了改革，使中国接受更多西方的教育制度与方式。其后，更多了机会与兴趣接触和研究西方的"教育学"，而这些教育学多由本身是哲学家的学者撰写，例如杜威便是一例。

（四）何谓教育哲学

1. 教育哲学的定义

要了解教育哲学是甚么来的，先要了解教育学是一门甚么学科。教育学是随社会的不断发展与教育经验的不断丰富以形成的一门学科。教育学这学科的成立概念虽是西方的产物，但全世界最早出现与教育问题有关的论著是我国战国末的《学记》。这论著虽然不是巨着，文字不多，只是寥寥可数的一千二百二十九个字，但内容精巧，是古代儒家教育思想的雏型"教育学"。而西方最早出现的教育著作是古罗马昆体良（M. F. Quintilianus）的《论演说家的培养》。但较有系统的教育论著，应是捷克教育家夸美纽斯（J. A. Comenius）的《大教学论》。在我国王道俊与王汉澜编的《教育学》中认为它的价值是："这些主张，在反对封建教育，建立新的教育科学方面，都起了积极的作用。"[108]其后，康德（I. Kant）以哲学家身份在大学讲授教育学，且更是大学首次把教育学编进课程内。接着，赫尔巴特（J. F. Herbart）出版《普通教育学》一书，那是较有系统的教育学著作，教育学好像已是一门独立的学科。从以上所述，可知道"哲学"与"教育"是有关系的，哲学家可写出他的教育思想，而教育学家也可写出他带哲学性的教育思想。因此单从"教育哲学"这个字词的组合是合逻辑和根据的。在十九世纪末，"教育哲学"开始作为一门学科出现，因当时德国的罗森克兰茨（K. Rosenkranz）着了一本名为《作为系统的教育学》的著作，后被美国的布雷克特（A. C. Brackett）译为英文的《The Philosophy of Education》,即中文的"教育哲学"。

"教育哲学"是甚么？《辞海》的解释为："用一定的哲学观点来解释教育的本质、目的、价值、方法等问题的基本理论学科。"[109]华中师范大学教育学家王坤庆教授在其《教育哲学——一种哲学价值论视角的研究》道："我们认为，所谓教育哲学，是运用一般哲学原理去探讨教育基本理论问题的一门学

---

108 王道俊，王汉澜主编. 教育学〔M〕. 北京：人民教育出版社，1999，5.

109 王坤庆. 教育哲学——一种哲学价值论视角的研究〔M〕. 武汉：华中师范大学出版社，2006，62.

科，是人们关于教育的世界观和方法论体系。"[110]除了王教授之外，也有很多教育学家尝试对此下一个定义，例如其中的黄济先生："教育哲学是整个教育科学中的一个重要的分支学科，又是教育科学中一门具有方法论性质的学科。从其同哲学的关系看，它是一门边缘学科；从其与其它教育科学的关系看，它又是一门基础学科。"[111]又例如人民教育出版社的"教育科学分支学科丛书"，便像黄济先生般，把教育哲学作为教育科学的一个分支，丛书的教育哲学、教育社会学、教育政治学、教育经济学、教育心理学……都是教育科学的分支学科。而教育哲学也可以是一种后设论述的高阶活动，因此它可以针对教育的实务活动及教育理论来进行哲学论述。

而英国的教育哲学家皮德思（R. S. Peters）曾将教育哲学的研究分成四种取向[112]：首先是教育原理（principles of education）的取向，这是指从哲学的角度找出教育的原理，但缺点是常有较多主观的断言，缺少严格的论证；第二是教育理念史（history of educational ideas）的取向，这是去找出历史上著名教育家或教育思想家的教育理念。但这些理念可能论证并不严谨，也是历史的产物，未必适用于今日；第三是哲学与教育（philosophy and education）取向，这方面可以杜威所说的："哲学做为教育的普通原理，教育变成是哲学的实验室"为代表。然而，教育所根据的不应该只是哲学的观点，还应考虑其它领域的观点；最后是教育分析哲学（analytical philosophy of education）取向，是指对于教育实务进行严谨的哲学分析。

至于教育哲学的研究范畴，按王坤庆教授的划分则为："人性论与教育、人生与教育、认识论与教育、知识论与教育、民主与教育、自由与教育等。"[113]

而教育哲学如能在研究上得出结论的话，它必须与教育实践扣上，绝不可只靠玄思与空谈。

---

110 王坤庆. 教育哲学——一种哲学价值论视角的研究〔M〕. 武汉：华中师范大学出版社，2006，63.

111 王坤庆. 教育哲学——一种哲学价值论视角的研究〔M〕. 武汉：华中师范大学出版社，2006，62.

112 苏永明. 主体的争议与教育——以现代和后现代哲学为范围〔M〕. 台北：心理出版社股份有限公司，2006，17.

113 王坤庆. 教育哲学——一种哲学价值论视角的研究〔M〕. 武汉：华中师范大学出版社，2006，80.

2. 教育哲学与教育科学

不要以为只有"教育哲学"这科有争议性，同样地，"教育科学"的定名使人少不免会想到"教育真的是一个全面客观的科学性学科"吗？当然，它会偏向客观，但研究结果不是"必然真"。"教育哲学"是"教育科学"的分支吗？"教育哲学"和"教育科学"是相对的吗？它们可互惠吗？本人尝试以表2-1述出教育学的分类：

表2-1 述出教育学的分类层次（略表，只举数例）

哲学（世界学问的本源）	
教育学（脱自哲学）	
教育哲学（重思辨）（价值研究）	教育科学（重实验）（事实研究）
元教育学	教育心理学
教育学史	教育经济学
教育研究方法学	教育统计学
教育史学	教育社会学
教育美学	教育行政学

现在看看"科学性的教育"是怎样出现的：德国的心理学家冯特（Wilhelm Wundt）于十九世纪末，创建了第一个心理学实验室，这造成了一个突破，因之前的心理学是份属哲学的，但这出现，表示心理学投靠讲求科学性与实验性的"科学"，强调实验与数据。这更影响教育学投向科学，成为"实验教育学"，例如梅伊曼（Ernst Meumann）便是创始人之一。那时，导致追求"教育的科学性研究"的人甚殷，开始对"教育哲学"冷淡起来。教育心理学与实验教育学是最受欢迎的。

本人以"教育哲学"与"教育科学"[114]这两个概念作对比，教育哲学以追求价值为核心，而教育科学则以追求事实为目标，两者能起着"平衡和相辅相承"的作用，可以算是理论和实践的关系，但教育哲学的思辨过程要好好地运用综合与分析等方法，不要太偏离现实处境，而教育科学的实验性程

---

114 当然，在"教育的部门架构"上，有学者可能会认为教育科学衍出教育哲学及其它的教育学科。但本人的"教育部门架构"是这样的：哲学开出教育学，而教育学就开出教育哲学与教育科学。

序与得出的数据也不可过分迷信。本人试从"哲学"的研究过程去理解和比照教育哲学的研究过程：从事哲学研究，首先要抛出一个哲学问题，接着要思辨，而思辨过程可包括或选择综合、分析、诠释和玄思等方法，但最终可能是没有结果的，更可能会引致出现第二个哲学问题，接着重复思辨的过程，没有结果……而"教育哲学的研究"也是先抛出与教育有关的问题，用哲学的方法来思辨，也可能如"哲学研究"般没有结论的。按这一思路，若"教育哲学研究"与"教育科学研究"比较，在研究方法上是大有不同的，"教育科学研究"着重实验方法，而一定会得出结论（可从数据上推论），惟结果不是"必然真"。另外，教育始终是与"人"有很大关系的，而"人"是"有机体"，本身已很难进行测量，将之放于教育实验中更有不可预计的变化，因此"教育科学研究"未必会较"教育哲学研究"更有价值。教育哲学的"存在价值"就是它有"研究'教育价值'的价值"。因此，教育科学的出现是不会把教育哲学的重要性比下去的，逻辑上更不可取替教育哲学。教育过程是有变量的，含有不确定性，当中的不确定性只是多与少罢了，所以教育科学未必较教育哲学优胜，而王坤庆教授的见解可用作参考："教育研究总是面对一系列重新组合的教育问题，其复杂程度远非自然科学可比拟。如果说，教育科学通过运用自然科学研究方法，可以达成某种有取舍的理解的话，那么，在教育的普遍命题与价值判断上，则是无能为力的。"[115]

3. 西方教育哲学与中国古代教育哲学中的主体与主体性

"教育哲学"这个概念虽源于西方，但中西两方在教育哲学的范畴都有涉猎，内容是不相伯仲的。若硬把教育哲学拆分为中与西两方面来看，倒不如看看它们在教育哲学上都共同认真地看待的"主角"会来得更好。毫无疑问，"人"是教育的主角，而教育也是人最逼切需要的，且是"人与禽兽"之别。虽然，如只在"西方哲学"这层面来看，西方哲学的研究不在主体的人，而在客体的"自然"，但将范围缩窄，只在"教育哲学"的层面来看，"人"始终是主体，是最终的研究对象，与"中国哲学"重"人的主体性"是相应的。既然中国哲学是重人，"中国古代的教育哲学"理所当然也是重人，以"人为研究主体"，当中的儒家就是佼佼者。教育学家舒志定说："教育重视人的地位、人的价值，虽然具有形而上学的思辨色彩，但毕竟区分了人与物，体

---

115 王坤庆. 教育哲学——一种哲学价值论视角的研究〔M〕. 武汉：华中师范大学出版社，2006，102.

现了人对物的先在性、优越性。"[116]

西方的中世纪以后，"主体性"出现了变化，那时，人们不再强调"神的主体性"，不再相信神是真、善和美的来源。笛卡儿的《我思故我在》开启了以人的主体性当源头，使人的主体地位大大提高。霍尔（Stuart Hall）用"启蒙运动的主体"（Enlightenment subject）来说明笛卡儿对主体的界定："启蒙运动的主体是植基于一个把人当成是充分统合、统整的个体，具备了理性、意识和行动的能力，其'核心'是由出生时即存在于主体中的内核（inner core）所构成，并由此展开，且在人的一辈子一直是保持与原来的一样——连续或与原来'同一'（identical）。这自我基本的核心就是人的认同（identity）。"[117] "人的主体性"是教育哲学所关注的。"主体性是相对于客体性而言的，是指人在认识和改造客观世界的实践活动中表现出来的能动性、自主性和自由性的特征。"[118]虽然西方与我国都是重视人的主体性，但西方一些较发达的国家，例如美国，便有过份重视个人的主体性发展的情形出现，继而产生很多社会问题。所以，重视"人的主体性"是要找出平衡点的，不可不及，更不可过之。康德的主体观是可以作为借鉴的，他虽重"人的主体性"，但更重"理性的自主"[119]，所以教育哲学除了着重人的主体性外，也要强调理性的自主。而理性的自主又与历史和发展有关的，如教育哲学正确地抓到要怎样着重人的主体性，不可像某些西方国家般在教育哲学上对重视主体性的失调而致社会问题。康德曾说："在人（作为地球上唯一有理性的受造物）身上，为其理性之运用而设的自然禀赋只会在种属之中、而非在个体之中得到完全的发展。"[120]除了康德的话语外，另一位曾任八年校长的哲学家黑格尔，他所说的一番话也可以作为对主体性与教育的理解："因此，教育的终极方向是在解放

116 舒志定. 人的存在与教育——马克思教育思想的当代价值〔M〕. 上海：学林出版社，2004，44.

117 苏永明. 主体的争议与教育——以现代和后现代哲学为范围〔M〕. 台北：心理出版社股份有限公司，2006，27-28.

118 王坤庆. 教育哲学——一种哲学价值论视角的研究〔M〕. 武汉：华中师范大学出版社，2006，154.

119 但要注意的是康德的批判方法中，对理性的运作方式与正当性有许多限制，有可能使理性无法自主。

120 苏永明. 主体的争议与教育——以现代和后现代哲学为范围〔M〕. 台北：心理出版社股份有限公司，2006，57.

（liberation）与朝向更高层次的解放；那是一个朝向主体实现伦理生活（ethical life）的绝对转化，那已经不再是直接的和自然的状态，而是提升到普遍性。"[121]黑格尔在这里提到的"解放"解作要能压制自己主观虚荣的感情、反复无常的贪欲与原始的欲望，而且主体要能融进集体的社会生活中。而舒志定认为马克思也说出了教育及人与社会的关系："马克思提出个性自由，实质是人的现实社会交往关系的革新，而现实社会交往关系，包含着社会经济关系、思想关系、政治关系等等，因而，人的全面发展的本质，就是要培育人的主体意识，增强主体能力，完成人的解放的目的。"[122]

第二节　价值哲学

一、价值与哲学的关系

（一）何谓价值

1. 价值的定义

在希伯来的文化中，认为"价值"是神本身，又认为"价值"是由神最先厘订的，例如《圣经·创世记》开端中描述到神创世的过程："神说：'要有光。'就有了光。神看光是好的，就把光暗分开了。"[123]以上的经文看到神说光是好的，便是作了好与坏的"价值判断"[124]。又例如："神就照着自己的形像造人，乃是照着他的形像造男造女。"[125]神又作了价值判断，因他觉得如人像自己就完美了。其后，当神造了人的始祖亚当后，吩咐亚当不可吃生命树上的果子，因那果子能使人"分辨善恶"，可是亚当和他的妻子夏娃却吃了，开始懂得"价值判断"，即懂得分辨善恶。所以在希伯来的文化中，认为是神自己先有价值的概念，接着赋与人自由意志，人才产生价值的概念。

---

121 苏永明. 主体的争议与教育——以现代和后现代哲学为范围〔M〕. 台北：心理出版社股份有限公司，2006，99.

122 舒志定. 人的存在与教育——马克思教育思想的当代价值〔M〕. 上海：学林出版社，2004，54.

123 国际圣经协会编. 圣经〔M〕. 香港：国际圣经协会，2002，3.

124 在休谟的《道德原则研究》中提到的"典型的价值判断"就包括了"好"与"坏"等派生词.

125 国际圣经协会编. 圣经〔M〕. 香港：国际圣经协会，2002，4.

当然，以上只是希伯来文化出于信仰而述的"价值的来由"。至于从哲学的角度来分析，"价值的定义"其实是怎样的呢？西方哲学史上第一位肯定人类自身价值的是普罗泰戈拉，他认为"人是万物的尺度"[126]，即人是主体，可发现所有东西的价值。

（1）价值能否定义

1）定义的困难

香港新亚书院创办人之一的哲学家唐君毅先生，从中国哲学处入手，去为"价值"定义，他谓："孟子说：'可欲之谓善'，即可暂作为善或价值之定义。"[127]唐先生借此作为"价值的定义"显然较为笼统，但唐先生也是思考精密之人，他也发觉很难为价值作确切的定义，所以他已说明这只是一个"暂定"而已。唐先生继续补充："但此'可欲之谓善'的定义，只是一指示之定义。即指示'我们去发现种种善或价值之所在'的定义。"[128]他这般说，即认为"价值"是存在于客体的，要由人（主体）出发与客体成一关系并感受之。

杜威在《经验与自然》中认为价值是不能定义的，他说："价值就是价值[129]，它们是直接具有内在性质的东西。仅就它们本身作为价值来说，那是没有什么可讲的；它们就是它们自己。"[130]和"价值本身是可以仅仅为我们所指出的；然而企图通过完备的指点给予价值一个定义这种尝试是徒劳无益的。"[131]杜威的论调是有其道理的，因"介定'价值'的定义"就与"上帝能否创造一块自己举不起的石头"[132]一样具吊诡性。因他觉得价值在其直接存在的

---

126 王坤庆. 教育哲学——一种哲学价值论视角的研究〔M〕. 武汉：华中师范大学出版社，2006，164.

127 唐君毅. 论价值之存在地位〔J〕. 新亚书院学术年刊，1955，（1）.

128 唐君毅. 论价值之存在地位〔J〕. 新亚书院学术年刊，1955，（1）.

129 "价值就是价值"这句话好像是犯了定义的五大守则之一——"不要循环"（"定义"的另外四个守则是"不可过宽"、"不要隐晦"和"避面从反面去界定字词"），但这只是杜威为了强调"价值是不能定义"罢了，所以这是一句表态述句（Attitude statements）。表态述句只是一种感叹，表达出说话者的情感和态度。表态述句要与价值述句区别开来，它俩都告诉我们关于说话者的感受，但是价值述句是有判准可据，而表态述句是完全主观的。

130 王玉梁. 论杜威对价值哲学的探索与贡献〔J〕. 社会科学研究，2000，（5）.

131 王玉梁. 论杜威对价值哲学的探索与贡献〔J〕. 社会科学研究，2000，（5）.

132 这著名的吊诡性假设问题掀起无神论与有神论者的争论，因这与神是否全能是有关系的：如神做不到的话，神就不是万能；如神做得到的话，神都不是万能。香

情况下是不能够反省的。因当我们去反省价值，试图"界定价值的定义"，就是一个判断和评价的过程。试问，我们为"价值作评价"，是不是很吊诡？这就给"价值"下定义带来了困难。

现在试再说明为甚么"价值"是很难下定义的。如我们要把"价值"定义，是不是可将"定义价值的句子"成为一句"真的分析述句"[133]（Analytic Statement），即在字词上已知是"真的"呢？答案是不可以的，因虽然这些述句全是真的，但它没有告诉我们有关感觉经验世界的事情。它们只告诉我们有关某字词如何被使用。因"价值"是与我们的"感觉"有关的，所以用"分析述句"来定义是不行的。好了，如我们以"经验述句"[134]（Empirical Statement）来成为"定义价值的句子"又可不可以呢？答案又是不可以的。因上文已说过，当我们要"为某一东西下定义"时，其实是含价值判准的，所以那"为某东西定义的句子"较接近"价值述句"[135]（Value statements）。因本来若要为"价值"下定义，句子应如："价值是……"，是一句肯定性很强的句子，而当句子含有"是"的时候，比较像分析述句，惟因价值与感觉有关系[136]，又好像是经验述句；但不要忘记上文已曾说过，"价值"是很难定义的，所以下定义的句子有不确定性，用"是"[137]字是不恰当的，折衷的方法是把述句转成："价值应该……"，而当用"应该"，就含价值判断，是一句价值述句。即等如运用"价值述句来为'价值'定义"，这就不算是定义了。

港著名的哲学家李天命博士，便曾在1989年于香港中文大学与加拿大学园传道会的巡回讲员韩那（M. Horner）就此展开辩论。

[133] "分析述句"只说及有关字词之事。举例来说，"所有王老五都是未婚的"。这述句是真的，不是由于事实而是由于字词的意思。

[134] "经验的述句"是用来传达有关我们感觉经验世界的消息之述句，换句话说，经验述句告诉我们看到的、听到的、嗅的、尝到的、感受到的人、事物的事情。

[135] 价值述句是涉及价值字词（"应该"、"不应该"、"好的"、"坏的"……）的断言。

[136] 文德尔班在《哲学概论》中认为："抽开意志与情感，就不会有价值这个东西。"（参考自王坤庆. 教育哲学——一种哲学价值论视角的研究〔M〕. 武汉：华中师范大学出版社，2006，167.）

[137] "是"和"应该"是"事实"与"价值"的关系，因此"是"不同"应该"。但有价值哲学家是反对"事实"与"价值"一刀切的二分法，本文对此不再作详言，可参考美国哲学家希拉里·普特南着，由北京东方出版社于2006年出版的《事实与价值二分法的崩溃》。

有一些研究价值哲学元问题的学者尝试定下一些为价值下定义的"方法"，以供其它学者研究如何为价值下定义，例如刘永富教授说："第一，我们只能在所知的范围内谈价值，即我们只能谈我们所知道的价值。第二，不能离开谁对谁或甚么对甚么的价值来谈价值，无论离开了谁有价值还是离开了对谁有价值，都无价值可言。例如，只有在确定了谁对谁的前提下，才谈得上甚么本然的、应然的、实然的价值，或本源的好、次生的好。第三，无论讲谁有价值还是讲对谁有价值，其中的谁都必须具体作为甚么，也就是说，既不能离开谁具体作为甚么来谈谁有价值，也不能离开谁具体作为甚么来谈对谁有价值。第四，无论谁作为甚么对谁作为甚么有甚么价值，都离不开对谁作为甚么的实际确立产生实际的影响，离开了这种影响，就无价值可言。第五，由于影响总有个大小多少与性质（如正与负）问题，因而严格说来，讲价值也离不开价值的大小多少与性质。"[138]

2. 价值的种类与范畴

哲学领域中，不同的哲学家对于价值的分类往往有不同的看法，例如张岱年先生在其《中国古典哲学的价值观》中就认为是"真"、"善"与"美"，他说："真为知识的价值，善为行为的价值，美为艺术的价值。"[139]唐君毅先生更详尽地说出价值可分为"价值"（本人估计唐先生的意思如同"正价值"）、"反价值"（即负价值）和"非价值"（中立），他说："吾人今所谓价值或好或善，乃指知识上之真，情感上之美、道德意志行为上之善，及实用生活上之利……等一切与伪、错、丑、恶、害……等相对者之通称。而凡与价值或好与善相对者，我们可名之为反价值，或负价值，或不好，不善。而其中间之暂无所谓好或不好，无所谓善或不善，或无所谓具价值或具反价值者，则称之为非价值，或在价值上，为中立 Neutral，而为无善无不善者。"[140]按此一对对地相对划分，可得到：对、错、真、假、善、恶、美、丑、爱、恨……等相对的价值。我们也可以从经济的角度来相对地划分：利与损；如从伦理的角度相对地划分：仁与不仁、义与不义……

138 刘永富. 价值哲学研究中的几个元问题〔J〕. 武陵学刊（社会科学），1998，（2）.

139 王坤庆. 教育哲学——一种哲学价值论视角的研究〔M〕. 武汉：华中师范大学出版社，2006，205.

140 唐君毅. 论价值之存在地位〔J〕. 新亚书院学术年刊，1955，（1）.

可以这样说，当我们从不同的层次和不同的角度，都能分出很多不同种类的"价值"来，例如：终端价值（即事物自身的价值）、工具价值（产生或导向内在价值的手段或方法、原因或工具）、暂时性价值、永久性价值（例如真理）、普遍性价值、排他性价值、知识性价值（例如真理）、消遣性价值、社会性价值（例如团结）、工作价值、宗教价值、道德伦理价值、美学价值……因本人较倾向认为"人本"是非常重要的，因离开"人"去谈价值的虚玄的，研究价值哲学的李江凌教授认为："离开人谈价值，把价值本质理解为与人毫无关系的自在存在。这种对价值本质的理解，存在着两个共同的问题：一是违背价值事实，即事实上，与人无关、在人之外的存在只是一种自在的存在，无所谓价值。二是难以回答价值相对性的现象，即同一价值客体对不同的主体、或不同条件下的同一主体价值不同。"[141]若从"人的价值"的角度来把价值分类，参考熊晓红教授与王国银教授的划分[142]，可以有人类价值、群体价值、社会价值、个人价值、主体价值、客体价值、目的价值、手段价值、人道价值、功利价值、奉献价值、享有价值、物质享受价值、精神境界价值、潜在价值、现实价值、内在价值、外在价值、人格价值、才智价值、金钱价值、生命价值、死亡价值。总括而言，"价值"可作很多种类，不能在此一一列出。

3. 价值理论

无可否认，主体与客体的关系能得出价值，究竟从而产生了哪些价值理论呢？本人现试举出某些重要的学说。

古代哲学一直以美学和伦理学来涵盖价值理论。直到现代价值学之父洛宰（R.H. Lozte）率先将逻辑、形上学和伦理学化为价值学，他继承莱布尼兹（Leibniz）的精神，觉得实在界是由单子（monads）构成，但亦应关切价值的议题，认为客观实体是以自然法则为判准，而主观世界则以价值为判准。

巴登学派则认为客观实在界的根据不是基于逻辑规则，而是建立在价值学上的价值律则。它认同自然科学是规范和普遍化的，而历史文化科学（人文科学）则是记述性和个体特异性的，目的不是为了建立普遍原则，而是根据主观价值判准选择个别现象进行分析。而此学派的主干有文德尔班（W.

---

141 李江凌. 价值与兴趣——培里价值本质论研究〔M〕. 北京：中国社会科学院出版
　　社，2004，4.

142 熊晓红，王国银. 价值自觉与人的价值〔M〕. 北京：人民出版社，2007，113-130.

Windelband）与李凯尔特（H. Rickert）。文德尔班认为知识可以分为自然科学，而由自然科学所发展出来的是法则；而由历史文化科学所发展出来的是价值。另一主干利格尔特认为人类的价值批判中， 真实存在的层面可能是价值中立，但人却倾向于不真实的和理念的价值。

此时，维也纳学圈亦开始探讨价值议题，同时是"主观价值论"与"客观价值论"的论述起始点。迈农（A. Meinong）是主观价值学派的代表人物，而舍勒（M. Scheler）与哈特曼（Nicolai Hartmann）就是客观价值学派的代表人物。

主观价值论[143]认为事物之所以具有价值，乃是主观评价的结果。如果放弃主观评价议题，则一切价值课题皆不存在。价值与快乐是相同的事物，当人认为某些事物具有价值，是因为这事物能赐给他快乐。伊比鸠鲁（Epicurus）与边沁（Jeremy Bentham 都是这种享乐主义（Hedonism）论调者。而主观价值论也可再分为"个体主观论"与"社会主观论"。个体主观论认为价值不过是个体的个人经验，这种价值只是个体嗜好或意志的产物。而社会主观论就认为个体会受到文化背景影响，继而促成共同的主观评价准则，当针对相同的客体，不同的社会文化，具有不同的评价。另外，同属主观价值论者的培里（R. B. Perry）认为价值的根源基础乃在于"兴趣"[144]，他认为只要我们对某事物有兴趣，那事物即具有价值，而兴趣态度的方向与强度，就决定了价值的重要程度[145]。

客观价值论[146]者认为主观评价虽然重要，但"价值"与"评价"要分离，评价本身并不创造价值，因价值早在评价之前已存在。本体存在绝对客观价值，个体才能产生主观的价值经验。例如知识所追求的真、伦理所追求的善、艺术所追求的美与宗教所追求的圣，皆是本体的存有。

---

143 主观价值论是有盲点的，因它未能解决似乎属于客观价值的普遍价值与永久性价值。另外，若价值的判准完全出自个体的主观，是非善恶美丑便只凭个体的兴趣、嗜好或欲望来决定，社会伦理规范便不能成立，社会是不能安定的，只会处于混乱。

144 培里的学说其实是有缺漏的，因他只注重产生兴趣的主体，而没有论及客体对象的内涵。

145 价值的重要程度要由三项判准所定：强度（intensity）、偏好（preference）和涵盖性（inclusiveness）。

146 客观价值论是有缺点的，因在现实世界，主体会因为年龄、性别、文化和个体差异，而对相同的客体产生不同的认识。

其后，阿根廷哲学家方迪启[147]（Risieri Frondizi）在《价值是甚么——价值学导论》提出"价值情境[148]论"。他认为主观价值论与客观价值论皆有其可取与不可取的部份，因此应同时取其正确的部份，所以提出了价值情境论。方迪启认同涂尔干的观念，认为伦理评价和人的实际行为之间的关联是由习俗、宗教的、法律的、经济的和社会的组织而来。所以，他认为"价值评价会受情境的影响"，因主体与客体都是不同质（inhomogeneous）的。主体会受到生理状况、心理状况、人生态度、社会文化等情境影响；而客体会受到客体的物理条件和环境条件等情境影响。所以当主体遇上客体便会受主客俩不同情境相遇而出现"交叉情境"[149]的综合，成一特定的情境，这都会影响"价值的正负向度"[150]。方迪启认为价值属于"完形"[151]（Gestalt）性质，但本人觉得"价值情境论"其实都雷同"主观价值论"，因在特定的情境下所产生的价值，都是个人的主观感受，只不过这理论能强调出"环境"是一个能影响价值的"复杂因素"罢了。其实是没有一个"完备而不具破绽的价值理论"："自19世纪中业以来，价值哲学的先驱们披荆斩棘，开辟出种种路径去探求价值王国的奥秘。在德国，产生了源于康德，以文德尔班和李凯尔特为代表的先验主义价值哲学和源于布伦坦诺，以胡塞尔和舍勒为代表的现象学价值论；在奥地利，出现了以迈农和艾伦斐尔斯为代表的价值情感主义；在英国，则产生了摩尔的直觉主义价值论。这些价值哲学理论的创立，从不同的途径探讨并回答了价值的本质、价值的意识、价值的构成、价值的功能等基本理论问题，给后人留下了极其宝贵的理论财富和诸多深刻的启示。但是，囿于各自的哲学基础、理论旨趣、思维方式、研究方法，上述价值理论又往往留有不同程度的缺陷，并由此陷入了自身难以克服的困境。"[152]

---

147 Risieri Frondizi 另译为"佛郎利基"。

148 如果情境（situation）一词用来指称个人的、社会的、文化的，以及历史的因素等的综合体，就主张价值只有在一种特定的情境中才存在并具有意义。

149 "交叉情境"这概念词由本人所撰，用以比拟出现很多可能的情境。

150 "价值的正负向度"这概念由本人所撰，代表价值的高低等级。

151 他所提出的"完形"是不同于结构主义者所谓的"结构"、"整体"、"全体"或"有机的统一"等概念。因完形（Gestalt）有四个特征：具有其组合成份所不同的崭新性质；是具体的和真实的存在；组成成份并非同质的；组成成份之间是整合与互相依赖。

152 李江凌. 价值与兴趣——培里价值本质论研究〔M〕. 北京：中国社会科学院出版社，2004，10-11.

价值理论不只由西方哲学界提出，我国的唐君毅先生便认为儒家先哲的"致中和"学说，是一种高明的价值理论，他说："由中国先哲之致中和之教，乃不只以和谐为一关系，且以人物原有中和之性；又兼以事物之存在与不存在，皆能表现或实现价值，且重合相对者以言和，故此致中和之教，乃通于太极阴阳之论者。而在此太极阴阳之论下，言价值之存在地位，又必言价值与存在之根底上之合一，与一切存在事物，无不直接间接实现价值之义。而其立说，又大于高明于上述诸说[153]者。"[154]唐先生觉得"致中和"和"实践工夫"的学说是中国独有的，其贡献是可和合价值与存在，消弭了西方那种价值与存在的二分[155]局面，他指出："然吾人真有此无尽之努力，则在此无尽之努力下，一切不一致者，即皆逐渐归向于一致。而亦见宇宙之自有使此二者能归一致之'理'。而存在之世界与价值之世界，亦终非二而为一者。"[156]另外一位哲学家方东美先生在《中国人生哲学》都认为西方的二分法是处于对立的局面，他说："从中国哲学家看来，'宇宙'所包容的不只是物质世界，还有精神世界，两者浑然一体不可分割；不像西方思想的二分法，彼此对立，截成互相排斥的两个片断。"[157]他上述所谓"物质世界"即"事实存在"，而"精神世界"则是"价值"。他与唐君毅先生的观点是相似的。那是不是纯中国式的"价值理论"是最稳当的呢？那又不是。当代新儒家刘述先教授因曾在西方受学多年，故提出："总的来说，中国思想特别是儒家传统，从来就视修养功夫、知识价值为一体，而拒绝将其互相割裂。这样的思想在分殊方面不足，故必须吸纳西学以开拓学统。"[158]

（二）价值与哲学

罗素曾在《哲学问题》第十五章谈过"哲学的价值"，他说："我们不能把对这问题的明确答案包含在哲学价值之内。哲学的价值不因研究哲学对任

---

153 唐先生所言的"诸说"为各种西方的价值理论。

154 唐君毅. 论价值之存在地位〔J〕. 新亚书院学术年刊，1955，（1）.

155 西方哲学家文德尔班指出人类面临二重世界，即"事实"的世界与"价值"的世界，而这两个世界产生了"事实的知识"与"价值的知识"。

156 唐君毅. 论价值之存在地位〔J〕. 新亚书院学术年刊，1955，（1）.

157 刘述先. 跨文化研究与诠释问题举隅：儒家传统对于知识与价值的理解〔J〕. 台湾东亚文明学刊，2004（6月号），125.

158 刘述先. 跨文化研究与诠释问题举隅：儒家传统对于知识与价值的理解〔J〕. 台湾东亚文明学刊，2004（6月号），131.

何假想物所获得确定不移知识的多寡而定。事实上，哲学的价值大部分要从其不确切性中探求。"[159]从这儿可知道，哲学不像科学，哲学未必从研究中得到肯定的结论，或得出一个事实，而答案却能提出更多的可能性，所以哲学研究的结果，如以述句表示，则为"……应该……"，是含有价值性的，如一个价值判断。而科学研究的结果，如以述句表示，则为"……是……"，是一个事实。所以，哲学与价值的关系是密切的。文德尔班（W. Windelband）给与很正确的见解："哲学绝对不能脱离价值的观念，它总是强烈的、明确地受到价值观念的影响。"[160]他还有更一针见血的见解："哲学就是最一般的价值理论。"[161]李凯尔特（H. Rickert）觉得社会的构成，主要是现实加上价值，而主客体是社会的一部份，而另一部份就是价值，两部份是相对立的，而它们如何统一起来就是哲学的问题。"马克思不仅把价值概念看作是经济问题，而且还把它看作是哲学问题。"[162]

从中国哲学的角度来看，哲学与价值是有关连的。例如儒学（不包括宋明理学）可算是中国的实用主义，因它起源于关心社会体制的道德规约问题。它在架构社会体制时，会思考哪些品德是管理者应具备的，继而追求礼乐教化，务使百姓皆有幸福生活，这成为儒家的终极目标。所以，它的价值核心是道德信念。儒家把现实世界视为永恒的世界，并认为现实世界就是"真实的世界"，人类的发展是生生不息的。当儒家面对天下的时候，则以道德意识来对待自己、家庭、社会、国家和天下，而这样，"个人与天下"才是有价值关系的，且是实用的价值。

儒家价值的适用范围当然是在现实世界中，所以，儒家对于先祖与鬼神，仍然是以关涉于现实世界人类的道德活动为其存在的价值定位，不论是后人、现存者还是先人都要以道德意志为其共同价值，任何鬼神与祖先都没有高于现实社会人伦道德价值的主宰权，依然遵从于人间的道德意志，所以，祖先死后会以现存者与后人的道德崇敬对象为其存在的价值。从此，可明白儒家

159 罗素. 张素容，简晶晶译. 哲学问题〔M〕. 台北：业强出版社，1987，133.

160 王坤庆. 论价值、教育价值与价值教育〔J〕. 华中师范大学学报（人文社会科学版），2003，（4）.

161 王坤庆. 论价值、教育价值与价值教育〔J〕. 华中师范大学学报（人文社会科学版），2003，（4）.

162 李江凌. 价值与兴趣——培里价值本质论研究〔M〕. 北京：中国社会科学院出版社，2004，255.

祭祖[163]不是一个"拜偶像"和"形而上"的问题，祭祖是一个现实的问题。虽然祭祖这个行为，不会使祖先真的会"获得"祭品，成为一个事实，但当现存者进行祭祖时，他的行为与心态其实是产生了一种道德伦理的价值，而祖先就好像有一种"存在"的价值，而不是一种存在的真实。从这可看出中国的人生价值与西方是不同的，希腊的亚里士多德说过"人生最终的价值在于觉醒和思考的能力，而不在于仅仅生存。"所以，中国是重道德价值的；而西方则以智为其价值核心。

第三节　价值教育

一、价值与教育的关系

苏格拉底是最早提出"价值"这个概念的西方先哲，他本身可算具"教育家"与"哲学家"的相重身份，由此可见，"价值"与"哲学"及"教育"是密不可分的。教育学家王坤庆教授说："教育，作为人类社会特有的一种实践活动，从它产生的时候起，便具有了价值属性，并且，随着人类社会的发展和教育自身形式的不断完善，其价值也愈来愈大，以至于现代社会中的每一个成员，都把它作为发展和完善自己的重要手段，每一个民族也试图通过发展教育去提高民族整体素质。"[164]上文已曾强调，要谈"价值"，必须要与"人"有关，泯没了"人"作为主体的重要性，"价值"便谈不了。例如马丁·布伯说过"价值永远是对于人的价值，而不是对于什么绝对的独立存在物的价值。"另外，斯普朗格也曾说过："离开了价值联系，就无所谓教育，人格的陶冶也不存在。"[165]可看到马丁·布伯与斯普朗格同样是重人的价值。既然人是重要和有价值的，"教育"又只是人类社会所独有，相信也没有人会认同"教育没价值论"，而事实上教育是促进个人发展，甚至社会发展的一个重要因素。因此，"价值"、"教育"、"人"、"社会"与"发展"等是有连系的关系。正如任平教授所说："教育的社会价值与个体价值不是一个二律背反的问题，也不是一个二元对立的问题，而是一个矛盾的对立统一。我们说教育的社会价值是指

---

163 清朝的驻华外国传教士曾因祭祖问题与时任皇帝的康熙闹得不快，史称"礼仪之争"。

164 王坤庆. 教育哲学——一种哲学价值论视角的研究〔M〕. 武汉：华中师范大学出版社，2006，163.

165 王坤庆. 教育哲学——一种哲学价值论视角的研究〔M〕. 武汉：华中师范大学出版社，2006，191.

满足社会存在和发展的需要的价值属性；教育的个体价值是指满足个体生存和发展的价值属性。"[166]总而言之，教育有个体的价值，也有社会的价值，而个体价值与社会价值是可统一与协调的。

（一）教育价值与价值教育

教育价值与价值教育是两种不同的概念，现先探讨何谓"教育价值"，据王坤庆教授在《教育哲学——一种哲学价值论视角的研究》道："所谓教育价值，是指作为客体的教育现象的属性与作为社会实践主体的人的需要之间的一种特定的关系，对这种关系的不同认识和评价就构成了人们的教育价值观。"[167]而扈中平教授在《教育规律与教育价值》中认为"教育价值指的是教育活动的属性、特点、功能、效果与教育活动主体之间的关系，它表明教育活动过程及其结果对教育活动主体需要的适合或满意程度。"[168]桑新民教授则在《呼唤新世纪的教育哲学——人类自身生产探秘》中认为"教育是一种中介，教育价值是主体的教育需求通过教育客体得到满足，是主客体之间以教育为纽带的一种利益关系。"[169]而探讨教育价值的目的是为了"善"与"美"。

究竟教育价值论是如何出现的？这要先从历史入手。英国教育家斯宾塞（H. Spenser）是最早系统探讨教育价值论的哲学家，他在1861年在《教育论》中提出探讨"什么知识最有价值？"他认为最有教育价值的是科学知识。半个世纪之后，即1911年，最早的一本教育价值论的专著出版，就是美国的教育家巴格莱（W. C. Bagley）的《教育的价值》。他提出"最有价值的判断是人类文化中的那些共同的要素"。

到了二十世纪九十年代，西方由探讨"教育价值的理论"转为"价值教育的实践"。因西方开始有感科学教育有泛滥的风气，是时候推展价值的重要性，故价值教育受到关注起来。其实，教育价值论是内含"教育价值"与"价值教育"两方面的内容，而两方面的内容并不是对立和各自为政的，它们既可联合，又有分际。本人认为"价值教育是甚有教育价值的教育，它是一个

166 任平. 教育社会价值与个体价值的哲学思考〔J〕. 广东民族学院学报（社会科学版），1997，（3）.
167 王坤庆. 教育哲学——一种哲学价值论视角的研究〔M〕. 武汉：华中师范大学出版社，2006，173.
168 李长吉. 教学价值观念论〔M〕. 兰州：甘肃教育出版社，2004，5.
169 李长吉. 教学价值观念论〔M〕. 兰州：甘肃教育出版社，2004，5.

可把价值观渗进各科，且能推动人的实践和发展的隐匿科目"。而王坤庆教授对它俩的属性有很清晰的解释："从一般的意义上讲，教育价值主要是理论研究的内容，旨在判断教育活动有那些价值以及如何去追求和实现这些价值，并形成一种有逻辑联系和基本概念的理论体系；而价值教育则主要是教育实践活动的一种类型，是人们在正确的教育价值观的引导下所从事的教育实践活动的一种称谓。这两者都离不开一定的哲学价值观，因而，它们是教育哲学研究的基本内容，也是教育活动的哲学基础。"[170]至于价值教育的范围[171]，本人认为可把"道德教育"、"心灵教育"、"生命教育"与"公民教育"列为其中。而价值教育可能在某一个有课程系统的科目中让学生实践出来，也可以从广义的教育出发，是没有课程的，从某些特定的媒介中教育人民，好让他们吸收并实践出来。

（二）中西方的教育价值取向

西方的希腊与我国同是世界文明的发源地，但教育价值取向却不相同。中国传统教育思想以儒家的教育思想为代表，其教育的内涵多渗透道德教育。中国儒家教育思想的特点就是教人如何做人，如何在现实生活中实现其"平天下"这一理想。"君子"与"圣人"便是其追求的做人的理想境界。而"君子"所追求的治国平天下的强烈入世精神，便体现了历史道德责任感和济国救民的情怀。中国古代教育家所推崇的"格物、致知、诚意、正心、修身、齐家、治国、平天下"人才成长模式，均以道德养成为基础。它强调人的精神境界的教育，强调自我修养，并在家庭、学校和社会中实践道德行为，特别强调道德自律和"慎独"。

而西方教育概念中多渗透"自由"与"科学"的教育理念。其教育思想中的理想人格是"自由人"，不是中国的"道德人"。例如古希腊，它的教育目标为培养"自由民"，重视人借助理性思维获得心智的自由。这样的教育被称为"自由人的教育"，教育的目标在促进学生的自我实现，重视个性独立，

---

170 参自王坤庆教授在《海军院校教育》中的《教育价值论》一文。

171 对于价值教育的范围和名称，各家各派的学者可能都稍有分别，例如：精神教育、宗教教育、国民教育、生态教育、人格教育、品格教育、法律教育、环境教育、生存教育……而本文因要配合香港这个教育语境，所以早已把"道德教育"、"心灵教育"、"生命教育"与"公民教育"四个范围和名称为本论文的价值教育范畴，故这儿沿用这四个范围与名称。

鼓励要认识外在世界的、改造外在世界，甚至征服外在世界。而这种教育思想，能引申出西方人对自然科学的兴趣与研究。

（三）教育哲学与教育价值

不同的教育哲学体系对教育价值会有不同的分析，它们以不同的教育哲学理论为基础来探讨教育价值观点，可以参考以下的表 2-2

表 2-2　**主要教育哲学流派的教育价值论**（改编自王坤庆教授在《教育哲学——一种哲学视角的研究》中的「几种主要教育哲学流派的教育哲学观」）[172]

教育哲学流派 / 类别	永恒主义	要素主义	进步主义	改造主义	人本主义	结构主义
教育价值论	理想的教育是发展理智的教育	人类的文化遗产有永恒价值	价值是相对的	批判旧价值，重建新的文化价值	人的需要层次价值愈高，价值愈大	价值是多元与受尊重的，是一种发展个人的哲学
教育目的	培养理性的人，传播和探索真理	培养有用和有能力的人	按照个人的需要和兴趣进行教育	改造社会，缩小文化价值和技术之间的差别	最大程度满足个人自我实现的需要	促进学生认知能力的发展
课程特点	按等级排列以培养才智的教材和古典名著	着重读写算基本技能、注重人文学科	活动与设计	作为改造工具的社会学科	建立不计分数的学校，废除标准化的能力测验	强调知识的结构和探索问题的方法
代表人物（选其一）	马里坦	巴格莱	杜威	康茨	马斯洛	皮亚杰

第四节　价值哲学与价值教育

一、价值哲学与价值教育的关系

按艾华勒德（W. G. Everett）对人类社会价值的分类，共可分为八种类别，

---

172 王坤庆. 教育哲学——一种哲学价值论视角的研究〔M〕. 武汉：华中师范大学出版社，2006，189.

分别是：宗教的价值、品格的价值、理智的价值、审美的价值、身体的价值、社团的价值、经济的价值与娱乐的价值。他虽然是从哲学的角度为社会价值作分类，但从中亦可感到其与教育和个人的精神世界是可融合的。本人试把"儒耶的四大价值教育"与"艾华勒德的八大人类社会价值"联结关系。而四大价值教育与八大人类社会价值的关系可参看表 2-3

表 2-3　四大价值教育[173]（包括从儒耶或普世的角度）与八大人类社会价值的关系（打上"＊"号为有关系，并在旁略作举例）

八大人类社会价值 ＼ 四大价值教育	道德教育	心灵教育	生命教育	公民教育
宗教的价值		*感通宇宙（普）、属灵与神沟通（耶）、心性上通天道（儒）	*神创生命（耶）、身体发肤受诸于父母上推至祭祖（儒）	*对多元宗教的尊重（普）
品格的价值	*十诫（耶）、修身（儒）	*属灵气质与博爱（耶）、君子与仁心（儒）		*公德（普）、教徒（耶）、君子（儒）
理智的价值	*道德判断（普）、明明德（儒）	*明心即明理、致良知（儒）	*环保与生态平衡（普）	*法律（普）
审美的价值		*美感（普）、圣像与圣乐(耶)、礼乐（儒）	*欣赏自然界（普）、神创世是美的（耶）、仁民爱物（儒）	*公共文化的构造（普）、地上的人皆信神（耶）、大同社会（儒）
身体的价值		*身心协调（普）	*保持建康（普）	
社团的价值	*世界伦理（普）、爱主内弟兄姊妹（耶）、明人伦（儒）	*团契（耶）、知行合一（儒）	*圣人殉道（耶）、舍生取义与杀生成仁（儒）	*国民身份的认同（普）、事奉教会及至建设社会（耶）、隆礼（儒）

---

[173] 正如上文已曾提过，价值教育有多种取向与名称，而这表的"四大"是由本人所定的"道德教育"、"心灵教育"、"生命教育"和"公民教育"。

经济的价值	*道德情操与市场（普）		*有魄力工作（普）	*义务与权利(普)
娱乐的价值		*快乐（普）、游于艺（儒）	*运动（普）	*与众同乐（普）

（一）由价值哲学构筑的学科含价值教育内涵

现今致力于价值哲学研究的西方学者认为，诸如真理、美、审美判断、善、德行、道德判断、正义、目的、效用、愿望……都同价值有关，所以可以建立经济学、伦理学、美学、法学、认识论、神学等领域的价值在内的一般价值理论。因此这些学科实含有价值哲学，而当把这些学科教育下一代的时候，便是一种价值教育。可以这般说，任何学科都含其价值哲学和价值教育的职能。当然，我们假定这些学科一定是含有正向价值的。

（二）实践价值教育的正向价值

"价值教育则主要是教育实践的一种类型，是人们在正确的教育观的引导下所从事的教育实践活动的一种称谓。"[174]价值教育的推行与学子的实践，是有助平衡现今社会只重视"科学"的"唯科学主义"的心态。因人类社会除了"自然科学的进步"是有其重要性之外，精神性与道德性的价值与发展是不容忽视的，简单地说，能使国民懂得 "善"与"美"。而价值教育就有其"存在的价值"，能培养人的素质，能使社会 "有精神、道德与文化"，好让国家迈向大同。总而言之，实践价值教育是有正向价值的。

---

174 王坤庆. 论价值、教育价值与价值教育〔J〕. 华中师范大学学报（人文社会科学版），2003，（4）.

第三章　儒家的价值哲学与价值教育

第一节　儒家的价值哲学观

一、儒家思想在中国的历史综述

（一）儒家的追本溯源

文化与思想的出现绝不会是"突然冒起"的，总是与"传承及转化"拉上关系。中华文化相传有五千多年历史，而"儒家文化"显现的起始点，至少有二千五百年的历史。而历史学家与思想家大都认为"文化传承"如一条链子，"上古神话"与"儒家的出现"是有关的。

儒家的精神是以"尧、舜、禹、汤、文武、成王、周公、孔子"的一贯思想为根据，且都是承接着原始宗教的神话色彩。在文化环境的变化下，神话中的宗教崇拜的对象也有所转变，由现象界的实物崇拜演变为"人"崇拜，凸显了人的重要性。在生存意识中对"人与人"及"人与社会"的关系上产生一种道德观念或伦常意识。在道德观念深化的意识下，神话的主角从威灵的纯化中被洗炼出来成为高道德王，如古代的尧（太阳神）、舜（农神）到了此时变成了修身齐家治国平天下的仁君。[1]社会组织、政治组织的统一整序观

---

[1] 孔子承接了原始宗教思维的转化，更实事求是地把握了"天"的自然生化规律，及其高远莫测的伟大和无私之德例如在《论语·阳货》："天何言哉？四时行焉，百物生焉，天何言哉？"；于是，人的生活也落实在生活规律中所要求的"德"上，藉此"人德"以配"天德"。无德者便是与天相违背而逆理，而宗教仪式上的祭祀

念的兴起，使神话群也有了整齐化的系统，比如舜成了尧的臣子，禹又成了舜的臣子，而且彼此之间又有禅让的故事。[2]据此，"儒家"可能传承自神话，也有可能先有"儒家"再回溯神话，以补五千年历史的缺漏。在神话的思维中，一切事物都有生命，有人性或灵性，有意志和感情；因此，报本返始的追索是寻觅本源的要求。人为了与自然诸神取得一致，为了向始祖进行文化认同和心理认同，使原始的自然崇拜、精灵崇拜、动植物崇拜、图腾崇拜、祖先崇拜和生殖崇拜等仪礼的表达便演变成祭祀。而祭祀的目的有报本返始的追索，好使"天、地、人"重返和谐。例如："殷商时代，敬神、造神和乞神活动进入一个新的阶段；《礼记》〈表记〉云：'殷人尊神，率民以事神，先鬼而后礼。'在此期间完成了中国历史上泛神论迈向一神论的过渡，创造出'上帝'这个最高神祇，并且视上帝为自己的祖先。上帝观念的出现，意味着国家统一以后，地上人间社会帝王的君权反映在天上的上帝，许多神的全部自然属性和社会属性，都转移到一个万物的神身上。"[3]

如撇开"儒家传承于上古神话"的说法，"儒家"是起源于鲁国的。这与西周的沦亡有关，而鲁与周室关系密切，一切典章文物，最是完备。西周末年，犬戎陷镐京，造成礼崩乐坏，鲁国自此便成为当时的文化中枢，产生了以诗书礼乐为典训的"儒家"。西周时期，学术由政府设官掌管，官师合一，贵族子弟始有机会研习学术，惟自犬戎作乱，周室东迁，王权衰落，封国间兼并剧烈，官师流移，典籍四散，造成官师世守的典籍随而流入民间。在此期间，贵族阶级中有部分于兼并战争中因亡国而沦为平民，在贵族阶级逐渐堕落过程中，平民中的聪明人士，得以搜集官府散出的文籍以研究学问并四出授学，而成为起自平民的私家之学，没落了的贵族，亦只能挟其从前所学

与祷告都是没用的，故孔子在《论语·八佾》言："获罪于天，无所祷也。"孔子又在《论语·泰伯》举了一个赞美尧之德能与天相配的例子："大哉，尧之为君也！巍巍乎，唯天为大，唯尧则之！荡荡乎，民无能名焉！巍巍乎，其有成功也！焕乎，其有文章！"

2　我们可从书经与诗经所言的内容得悉从夏朝开始，"天"已被尊为至高无上的神，天命不可违背，帝王受命于天代管臣民，而臣民服从帝王便是服从天命。接着，殷周时代已逐渐将天的信仰配与祖先信仰，提出"以德配天"的思想，"德"成为祖先、帝王与百姓共同的行为规范，凡无德者，便会遭天的惩罚。帝王称为"天子"以治理人民及教化人民的道德标准，尤其在周朝，天的观念已与人的行为和道德结合。更制定礼乐，建立生活秩序。

3　王祥龄. 中国古代崇祖敬天思想〔M〕. 台湾：学生书局，1992，2-3.

的文籍和传统知识以教授别人的子弟，藉此谋生，开启了私家讲学的风气，使庶民也有机会受教育，继而在平民中孕育人才。而在《史记·孔子世家》中记载了："（鲁）定公五年……鲁自大夫以下皆僭离于正道，故孔子不仕，推而修诗书礼乐。弟子弥众，至自远方，莫不受业焉。"[4]至于甚么是"儒"？许慎《说文解字》说："儒，柔也，术士之称。从人，需声。"[5]按此解释，"儒"就是术士，是从事某种祭祀活动的人。从事祭祀的"儒"是春秋时期从巫、史、卜、祝中，熟悉诗、书、礼、乐的人中分化出来，并专门为贵族服务的人。既然儒是从他们当中分化出来的，就说明了儒都是他们当中的知识分子，是有涵养的专业祭祀人员。《周礼·天官·太宰》说："儒，以道得民。"对此，汉代郑玄的注释是："儒，诸侯保氏有六艺以教民者。"贾公颜的疏是："诸侯师氏之下又置一保氏之官，不与天子保氏同名，故号曰'儒'。掌养国子以道德，故云"以道得民"。"从这一记载可以知道，儒不仅要从事祭祀活动，还要担负起以道德来"掌养国子"的重任。这样的儒，实际上是从孔子开始的，并在孔子周游列国时得到了充分的印证。据《汉书·艺文志·诸子略》所载："儒家者流，盖出于司徒之官，助人君顺阴阳明教化者也。游文于六经之中，留意于仁义之际。祖述尧舜，宪章文武，宗师仲尼，以重其言。于道最为高。"[6]徐灏对《说文解字》所作的注笺云："人之柔者曰'儒'，因以为'学人'之称。"可看到儒都是有学养的人。还有，汉武帝独尊儒术之后的读书人基本上都是儒家出身，所以，从汉代开始，人们就将学人称为"儒"。《字汇·人部》说："儒，学者之称。"《后汉书·杜林传》说："博洽多闻，时称'通儒'。"刘禹锡《陋室铭》："谈笑有鸿儒，往来无白丁。"鸿儒就是有学问的人。《三礼目录》曰："又儒者濡也，以先王之道，能濡其身。"另《七略》曰："儒家者流，盖出于司徒之官，助人君顺阴阳明教化者也。游文于六经之中，留意于仁义之际，祖述尧舜，宪章文武，宗师仲尼，以重其言，于道为最高。"综观以上的例证，可肯定在我国古时候，"儒"就是主攻《诗》、《书》、《礼》、《乐》，并从事祭祀且是有德行的学者。

　　"儒"字的原形是"需"。在字形上，"需"是会意字，是"人在雨下"，最早见于西周的金文。这样的"需"具有两个义项：其一是作为名词的"儒"，

4　黄怀信，李景明主编. 儒家文献研究〔M〕. 济南：齐鲁书社，2004, 7.

5　许慎. 说文解字〔M〕. 香港：中华书局，2006, 162.

6　郭齐勇. 中国儒学之精神〔M〕. 上海：复旦大学出版社，2009, 13.

其二是作为动词的"等待"和"需求"。"儒"这个字实际上是后来因为语音的分化而造出来的，用来分担"需"的名词义项"儒"，从而强化了其中的"人"的因素。另外，在字义上，"需"的形义反映的是祭祀雷神的求雨仪式，而它的本义则是雷神燎祭集团中的女性祭祀者，作为名词的"儒"，其实就是对"需"字下面的人的祭祀身份的确认。儒家的孔子强调的是礼，这实际上代表了中国社会的雷神崇拜和祭祀活动。这可以说明古远时，"儒"与"祭祀"的密切关系。

（二）儒家思想的历史分期

儒家（或儒学）[7]的历史分期是怎样的呢？对此，很多学者都有不同的见解，例如同是以研究儒学闻名的武汉大学的郭齐勇教授与哈佛大学的杜维明教授[8]就为"儒学的发展"作出不同的分期：郭齐勇教授认为儒学可分为四个发展阶段，更会迈进第五个阶段[9]，他说："大体上，我们可以说，先秦是儒学的创立期，汉至唐代是儒学的扩大期，宋至清代是儒学的重建与再扩大期，清代鸦片战争以降直至今天是儒学的蛰伏期，也是进一步重建与扩大的准备期。儒学即将迎来第五期，即现代之大发展期。"[10]另外一位闻名的新儒家刘述先先生曾说："大约在三十年前，牟宗三教授就已经指出了儒学发展三个时期的说法。首先是先秦儒学，其次是宋明儒学，现在是当代新儒家。这样的

---

7 综合大部分研究儒家的学者所谓，"儒家思想"与"儒学"本质上是相同的，惟"儒教"则有点不同了（至于如何不同，就留待下面的章节再详述）。而武汉大学的郭齐勇教授就有不同的见解，他认为三者无两样，在《中国儒学之精神》一书（第十一页）中说："儒学，今人亦称儒家或儒教。从学派、团体出发，称为'家'；从学问、学术出发，称为'学'；从信念、信仰出发，称为'教'。实际上，三者为一回事。三个称为可以互用。"郭齐勇教授是有其道理的。

8 杜维明本科毕业于台湾的东海大学，曾受教于牟宗三先生与徐复观先生等新儒家，他其后在美国的哈佛大学获得博士学位。而杜维明致力向中外推广儒家的学问，且特别看重"儒家的全球化与文明对话"。

9 以本人所知，曾准确预测柏林围墙倒塌的美国未来学家劳伦斯·托布（Lawrence Taub），预测一个"东亚儒家联盟"将像欧盟把德国整合入欧洲那样把日本整合入东亚。到2020年左右，这个东亚联盟将超过欧盟和以美国为首的北美自由贸易区（NAFTA）成为世界上最强大的集团，而其核心将是中国。而事实上，很多研究儒家思想的学者都开始着力探讨"东亚儒学"这课题，那么这就可能是郭齐勇教授所言的"儒学第五期"了。

10 郭齐勇. 中国儒学之精神〔M〕. 上海：复旦大学出版社，2009，27.

说法如今由杜维明广播于天下。"[11]而杜维明亦在〈儒学第三期发展的前景〉一文中说到："所谓三期儒学，一般的理解是，从大的趋势来讲，从先秦儒学发展成为中国思想的主流之一，这是第一期；儒学在宋代复兴以后逐渐成为东亚文明的体现，这是第二期；所谓第三期，就是甲午战争、五四运动以后。"这可证明杜维明与他的业师牟宗三先生同举"儒学三期说"。儒学三期[12]说以"心性论"作道统 来概括和了解儒学，认为这是儒学的命脉。所以孔、孟是第一期，直到宋明理学发扬心性理论，成为儒学第二期。按牟宗三的说法，自明末刘宗周死后，清朝时心性论一片黯然失色，直至熊十力、牟宗三、唐君毅等人出现才有传承，是为儒学的第三期，即是人称的"现代新儒家"。

刘述先从另一个角度来划分儒家传统也是可作为参考的。他认为儒家传统可区分为三个不同却又紧密关联的传统：首先是"精神的儒家"，这是自孔孟以降，程朱、陆王，以至于当代新儒家一脉相承的大传统，亦即宋明儒者所谓的"道统"；第二就是"政治化的儒家"，这是指汉代董仲舒独尊儒术以来，挂着儒家的招牌，其实却是揉合了道、法、阴阳、杂家，而成为支持传统皇权之主导意理，通常称为"政统"，其实却是牟氏所谓的"治统"；第三就是"民间的儒家"，这是在前述两种传统的影响下的小传统，广大的中国人民长期累积下来的心理习惯与行为模式。它们通常都不是浮在意识层面上的某种自觉的主张，必须要经过研究者的诠释，才能彰显出来。从此看到刘述先不着重以"时间"来分，认为以"人"来分更为合理。

（三）儒家在各历史分期的价值哲学

总括而言，儒家思想的核心是"道德"。若再分支，可分为三个部分，就是伦理、政治与经济。毫无疑问，春秋的孔子是儒家的开山鼻祖，从他开始向下开显，由孟子和荀子[13]承接，史称他们为"原儒"。康有为曾在《桂学答

---

11 刘述先. 大陆与海外－－传统的反省与转化〔M〕. 台北：允晨文化，1989，239.

12 补充一点，就是中国美学家李泽厚先生对"三期说"的划分是抱怀疑态度的，因他认为以"心性"来为儒家分期，对"原儒"，例如孔孟学说是不公允的，特别是孔子，根本很少谈论心性。所以李泽厚先生倡议"四期说"，就是认为孔、孟、荀为第一期；汉儒为第二期；宋明理学为第三期；现在或未来如要发展，则应为虽继承前三期却又有不同特色的第四期。

13 荀子是否纯粹"儒者"是有争议性的，因有学者，例如郭沫若便认为他带有墨家和道家思想："荀子后起，自然有他更加光辉的一面，但他的思想已受道家和墨家的浸润，特别在政治主张上是倾向于帝王本位、贵族本位的。"（摘自江心力的《20世纪前期的荀学研究》第205页）

问》肯定了孟子与荀子在儒学发展中所占有的地位："孔门后学有二大支：其一孟子也，人莫不读《孟子》，而不知《公羊》正传也；其一为荀子也，《谷梁》太祖也。《孟子》之义无不与《公羊》合。《谷梁》则申公传自荀卿，其义亦无一不合。故当读《孟子》、《荀子》。"[14]若以先秦的"孔孟荀"为儒学发展的第一期，那时，儒家的价值哲学是以"实际"和能在社会上落实为主的，尤其是孔子，次则是孟子，继而是荀子。那时的儒家着重"道"与"器"。"道"就是精神的表现、寄托、研究和追求等，故言"形而上者诣之道"，用今天的说话来解释，就是属于人文科学方面的理解与实践；所谓"器"就是物质的运用、研究、发明和制作等，也就是"形而下者诣之器"，即是属于自然科学和应用科学所表现的成份为多。孔子绝对是"道器并重"的。孔子重的"道"就是"仁道"；重的"器"就是"六艺中的射、御和数"。因孔子述而不作，所以由孔子门人根据孔子言行编撰的《论语》就是一部以"仁"作为儒家核心价值的论著。《论语》是一部"为己之学"，它阐述了"为人之道"，当中的内容以伦理学为主。例如在《论语·宪问》中提到："古之学者为己，今之学者为人。"[15]另外，在《论语·雍也》又提到："子曰'何事于仁！必也圣乎！尧舜其犹病诸！夫仁者，己欲立而立人，己欲达而达人。能近取譬，可谓仁之方也已。'"[16]此外，《论语》也旁涉政治与经济，例如孔子主"法先王"，希望天下能恢复尧、舜、禹、汤、文、武、周公时代的安康。故孔子很拥护周制。可知道最原始的"儒学"是"实学"，为己为人为天下是其目的。现代新儒家牟宗三先生便曾说："它的着重点是生命与德性。它的出发点或进路是敬天爱民的道德实践，是践仁成圣的道德实践，是由这种实践注意到'性命天道相贯通'而开出的。"[17]孔子去世一百年多后，孟子[18]冒起，他的七篇《孟子》承继了孔子的儒家思想，且较《论语》更有系统。他主张"性善"与"仁、义、礼、智"等"四端"。《孟子》中也有政治思想，就是"行仁政"与"民本"的重要性。在《孟子·离娄上》可见孟子崇孔子，且重仁道："规矩，方员之至也；圣人，人伦之至也。欲为君，尽君道；欲为臣，尽臣道。二者皆法尧舜而已矣。不以舜之所以事尧事君，不敬其君者也；不以尧之所以治民

14 江心力. 20 世纪前期的荀学研究〔M〕. 北京：中国社会科学出版社，2005，18.

15 杨伯峻译注. 论语译注〔M〕. 香港：中华书局，2004，154.

16 杨伯峻译注. 论语译注〔M〕. 香港：中华书局，2004，65.

17 牟宗三. 中国哲学的特质〔M〕. 上海：上海古籍出版社，2007，10.

18 孟子为孔子孙伋（子思）的再传弟子。

治民，贼其民者也。孔子曰：'道二，仁与不仁而已矣。'暴其民甚，则身弑国亡；不甚，则身危国削，名之曰'幽''厉'，虽孝子慈孙，百世不能改也。诗云：'殷鉴不远，在夏后之世'，此之谓也。"[19]孟子的心性之学，启发了下文所述的宋明理学的产生。孟子之后，荀子可算是先秦儒家"最后的大师"，荀子与孟子同样尊孔。荀子主张"性恶论"和"礼治"，在《荀子·性恶篇》说："人之性恶，其善者伪也。"而下文提到的宋儒的"道学问"的端倪，实是源自荀子。

及至秦朝，因始皇焚书坑儒，奉行法家思想，儒家思想便被压了下来。因当时社会上百家争鸣，严重阻碍秦始皇对征服的原六国民众思想的统一，威胁秦朝的统治。所以秦丞相李斯向始皇进言，说诸子百家"入则心非，出则巷议，夸主以为名，异取以为高，率群下以造谤。"于是，秦始皇为了统一原六国人民的思想，便于当年开始销毁除法家以外的所有诸子百家的著作，这当然包括儒家的著作，一直到秦朝灭亡，史称"焚书"；而在焚书开始的第二年，秦始皇为了进一步排除不同的政治思想和见解，在咸阳把四百六十余名儒士和方士坑杀，史称"坑儒"。

汉朝时，儒学复兴，因董仲舒向汉武帝提出"春秋大一统"和"罢黜百家，独尊儒术"，且置五经博士与太学，强调应以儒家思想为国家的哲学根本。鉴于秦朝因实施苛政，且把根深蒂固的先秦儒家思想压迫，尽失民心，使汉的统治阶层明白到"儒家价值哲学"对"政治方面"是起帮助的，并意识到"仁政"对于维持王朝稳定统治是很重要的。所以最终，汉武帝采纳了董仲舒的主张。从此儒学在汉朝成为正统思想，研究四书五经的经学也成为了显学。董仲舒在具体的政策上将道家，阴阳家和儒家中有利于封建帝王统治的部分加以发展。此时的儒学的价值体系有了一些转化，似乎是在为"政治服务"和有点阴阳五行的迷信味道，以往的"原儒"（孔孟）精神转晦了。不过，这种"大一统思想"的开始，使儒家思想成为我国历代的正统思想。

魏晋时期，"儒学"演变成玄学，在此不多谈。

其后，唐代基本上以儒家思想为政权的主导思想，但民间兼流行道教和佛教思想。

而此时的儒学思想实际上而与佛学调和一起。因那时，佛寺已成为中国的社会及经济重心，国学大师钱穆先生说过"山林佛寺"与义庄及社仓，

---

19 杨伯峻译注. 孟子译注〔M〕. 香港：中华书局，2008，165.

同为社会上调节经济，赈赡负乏的机关。另外，唐代的知识分子受佛法影响者甚多，他们的作品或多或少都带点佛教哲理，教育着不少社会上的读者。

宋朝与明朝可算是儒学发展的第二期，其开出了一些新的"儒家价值哲学"，因它重视性命义理，揉合佛、道思想。宋朝时有程朱理学，尊周敦颐、程颢、程颐为始祖，朱熹为集大成者。理学家最初目的，本在中兴儒学，以抵制佛学和道家之学，但当论及心性玄理及宇宙本体论等学说，本非孔孟先儒所着意的，为了以儒抗佛，不能不于本体论或形而上学有所说明，惟有借助佛学。还有，当儒家哲学思想研究至深心处，则成为了一种"天"与"人"之际的学说，就宇宙本体而推论到人生正道，则要借助道家太极阴阳之说。而元明清时期的科举考试都以朱熹的理学内容为考试题目。宋代理学后经明朝的王阳明发展为心学，认为心之本体是性，而性即理，即是天下无心外之事，亦无心外之理，是以穷理，乃穷吾心之理，而非即物穷理，而王阳明更有"致良知"和"知行合一"之说。虽然"宋明理学"已非"原儒之学"，且在中国常被批评为"空谈心性"，学者顾亭林甚至说明亡乃亡于理学之盛行。但因本文的题目是"儒耶价值教育比较研究"，儒耶的交流是一个重点，恰恰"宋明儒学"对中西交流[20]起着一个里程碑的作用，故实在不容忽视，正因为有"宋明儒学"，才能有份量与"耶教"比较。

清朝时的儒者以考据经典为风，逐字爬梳，对儒家经典的诵习尚有建树，儒学没甚么大的变更，惟及至康有为，基于政治因素，儒家思想开始与"宗教"扯上关系。1897年，康有为到达广西桂林，目睹耶教兴盛，但孔子的形象黯然失色，便深感痛心地说："近善堂林立，广为施济，盖真行孔子之人道者，惟未正定一尊，专崇孔子，又未专明孔子之学，遂若善堂仅为庶人工商而设，而深山愚氓，几徒知关帝文昌，而忘其有孔子，士大夫亦寡有过问者。外国自传其教，遍布地球，近且深入中土。顷梧州通商，教士猬集，皆独尊耶稣之故，而吾乃不知独尊孔子以广圣教，令布濩流衍于四裔，此士大夫之

---

20 因明朝中叶时，欧洲发现东来的新航路，使交通发达起来，方便了耶稣会的传教士来华传教，无意中把理学传入欧洲，让欧洲的哲学思想亦受到宋明理学的影响。那时是十八世纪，欧洲兴起尊重理性的思潮，而宋明理学中的"理气二元说"，可以说是一种无神论，提供给欧洲一种"反基督教"和"反神学"的学理基础。例如当时的伏尔泰、笛卡儿、孟德斯鸠、鲁索、莱布尼兹和康德等哲学家，均受理学的影响。有学者更认为宋明理学潜移默化地影响法国进行"法国大革命"。

过也。"[21]因而发起成立"两粤广仁善堂圣学会",这个会是以"上以广先圣孔子之教,中以成国家有用之才,下以开愚氓蚩陋之习"为宗旨。一年后,康有为向皇帝进呈《请尊孔圣为国教立教部教会以孔子纪年而废淫祀所》,希望立"孔教"为"国教",后进如梁启超[22]及谭嗣同承继了康有为的意旨,当然,这场运动是失败的,更引来了其后民国时出现打倒孔家店的思潮。

民国以后,尤其是五四运动之后,陆续冒出了一批"现当代的新儒家学者",可算是"儒学有明显发展的第三期"。如取本身也属现当代新儒家的台湾刘述先教授的划分,可称之为"三代四群":"现代新儒家自梁漱溟揭开序幕之后,已经有了几个世代的发展。究竟那些人可以包括在这个思潮之内?几个世代要怎样划分?学者有十分不同的意见。譬如说,郑家栋认为:第一代有梁漱溟、张君劢、熊十力;第二代有冯友兰、贺麟、钱穆;第三代有牟宗三、唐君毅、徐复观;第四代有杜维明、刘述先、蔡厚仁等等。郑家栋比较特别的地方在,他不同意主流的三代说,而把冯、贺、钱作为第二代。主要的理由是,冯友兰虽然只比梁漱溟小两岁,但抗战时期的学风与二十年代迥然有异。这种说法有一定的道理,但也有其困难。譬如余英时就向我提出,像钱先生和熊先生一向平辈论交,彼此之间并无师承关系,忽然变成了两代,怎么说得通呢?我现在折衷各家的说法,提出一个三代四群(Groups)的架构如下:第一代第一群:梁漱溟、熊十力、马一浮和张君劢;第一代第二群:冯友兰、贺麟、钱穆和方东美;第二代第三群:唐君毅、牟宗三和徐复观;第三代第四群:余英时、刘述先、成中英和杜维明。"[23]

同济大学的邵宝龙教授认为要给儒家思想的内蕴和核心下定义是困难的,但他也尝试从五个角度来作定义:"(1)儒家思想是以仁为核心、以礼为形式、以中庸为方法论的政治伦理或伦理政治的思想体系;(2)儒家思想是以五德(仁、义、礼、智、信)、五伦(君臣、父子、夫妇、兄弟、朋友)、四个修行的实践步骤(修身、齐家、治国、平天下)组成的人文思想体系;(3)儒家思想是一种以制约本能、崇奉理性为主要特征的人性或人道理论;(4)

---

21 范玉秋. 清末民初孔教运动研究〔M〕. 青岛:中国海洋大学出版社,2006,25.

22 梁启超后期都明了孔子思想(孔学)是不能宗教化的,他曾在《保教非所以尊孔论》中说:"孔教之性质与群教不同。"又说:"其所教者,专在世界国家之事,伦理道德之原,无迷信,无礼拜,不禁怀疑,不仇外道,孔教之所以特异于群教者在是。"(参考自范玉秋的《清末民初孔教运动研究》第83页)

23 刘述先. 现代新儒学之省察论集〔M〕. 台北:中研院文哲所,2005,136-137.

儒家思想是一种以天人合一观念为主旨、以中庸之道为原则、根据易道讲人道、根据道德讲伦理、根据伦理讲修为的人文思想；（5）儒家思想既是封建专制主义的政治意识形态如'三纲'，又是以探讨'性与天道'问题为核心、以追求完满的道德人格和天人合一的形上境界为目的、以解决人的'安身立命'为旨归的心性伦理，而且是数千年的文化传统潜移默化所形成的，体现在寻常百姓中教人如何成德成人、如何与人相处，作为某种习俗、心态、心理定势、情感意向而发挥作用的行为规范（如勤劳、俭约、忍耐、节制、守信、忠诚、敬业乐群、遵纪守法、奉献精神等）。"[24]

哲学家麦金泰尔认为不同的传统有逻辑上的不可比性[25]，因此本人只会集中阐释"儒家价值哲学"中的四个（仁、礼、中和及天人合一）概念，因这四个概念可待下面的章节与"基督教价值哲学"的概念作比较：

1. 仁

"仁"，从人从二，二人相偶之意。按《六书正伪》云："元、从二从人；仁、从人从二。在天为元，在人为仁。元、一元之气；仁、众德之总。人之所以为万物之灵，仁也。"[26]早在孔子之前，《诗经》之〈郑风〉已记载了称大叔段"洵美且仁"。而周礼的六德就包括仁、知、圣、义、忠与和，"仁"便是其中一德。

孔子重"人道"更甚与"天道"，即是他重视"人间性"（Humaneness / Human-heartedness），重视以人为本位的一切思想与活动。故"仁"这概念在孔子来说是不可或缺的。周代很注重礼乐文化，以丰富人的生活内容及提高人的德性情操为目标。而周文王、武王和周公等先王，都有行仁政，以仁待民的特征，故孔子也特别提倡"从周"，提倡要重仁。例如在《论语·八佾》中曰："周监于二代，郁郁乎文哉! 吾从周。"[27]且曰："人而不仁，如礼何? 人而不仁，如乐何?"

---

24 邵宝龙，李晓菲. 儒家伦理与公民道德教育体系的构建〔M〕. 上海：同济大学出版社，2005，45.

25 麦金泰尔在其《After Virtue: A study in Moral Theory》说到："不同的传统之间存在着'逻辑上的不可比性（logical incompatibility），因为在不同的传统中，关于理性、正义等概念的意义是不同的'。"（转引自：高莘. 约翰·亨利·纽曼的大学理念与其宗教思想之关系〔M〕. 香港：中文大学天主教研究中心，2010，258-259.）

26 顾兆骏. 儒家伦理思想〔M〕. 台北：正中书局，1981，57.

27 杨伯峻译注. 论语译注〔M〕. 香港：中华书局，2004，28.

²⁸盖被孔子称为"仁者"的不是太多，仅有：尧、舜、禹、汤、文、武、周公、微子、箕子、比干、伯夷、叔齐、管仲等十数人而已，可从此感到"仁者"难出与难遇。至于孔子是不是仁者？肯定谁都会投下赞成的一票，惟孔子却由于谦厚而云："若圣与仁，则吾岂敢？抑为之不厌，诲人不倦，则可谓云尔已矣。"²⁹若同意儒学自孔子始³⁰，便一定不会反对"仁"这概念是着重实际的"原儒"的核心了。香港法住文化书院院长（唐君毅弟子）霍韬晦教授便认为："我认为孔子最难能可贵的，有两方面：一是从孔子的人格来看，他的实践精神：不断学习，不断提升，让我们看到孔子的生命成长的学问不是虚说；而是真真实实的，成为一个典范。二是孔子对'仁'的发现，那是对生命最深的醒觉：人之所以为人，原来有此特质，原来有此自我成长的要求，由此自然要求自我开放，望与他人相感通，彼此互动，于是有性情世界、和谐世界、道德世界和文化世界。"³¹

　　"仁"是一种内在的道德自觉和公正状态。个人若能自觉地成就自己，建立自己的人格；同时也能成就别人，帮助别人建立其人格，这就是"仁"。可想而知，"仁"不是只存于人的心底，只是静止的；而是与别人的心互动的，是流动的。例如《论语·雍也》中说到："何事于仁！必也圣乎！尧舜其犹病诸！夫仁者，己欲立而立人，己欲达而达人。能近取譬，可谓仁之方也已。"³²一个人行仁是应该无条件和无保留的。孔子所提出的"仁"是"巨擎"但"亲切"的，为甚么说它是"巨擎"的呢？因从孔子的儒学价值体系中，"仁"有统贯诸德之感，而唐君毅便曾在《中国哲学原论·原道篇》说过以仁统贯诸德应自孔子始。

　　《论语》虽然没有清晰地和系统地为"仁"下一个哲学定义，但就有提及"行仁的方法"。我国的郭齐勇教授说过："'仁'是孔子思想的中心观念，也是中国哲学的中心范畴之一。孔子一般不直接说'仁'是甚么，正如老子一般不值接说'道'是甚么也一样。这也是中国哲学的方式。"³³而本人作了一个小统计，就是"仁"在《论语》中共出现了 109 个字次，比率算是很高，

28　杨伯峻译注. 论语译注〔M〕. 香港：中华书局，2004，24.

29　杨伯峻译注. 论语译注〔M〕. 香港：中华书局，2004，76.

30　也可以这么说：孔子是周代人文精神，例如文王、武王和周公的继承者，逐渐并不是刻意的构建出"原始儒学"。

31　霍韬晦. 孔子知命之旅体验行〔M〕. 香港：法住出版社，2010，95.

32　杨伯峻译注. 论语译注〔M〕. 香港：中华书局，2004，65.

33　郭齐勇. 中国儒学之精神〔M〕. 上海：复旦大学出版社，2009，113.

可知孔子十分重视它，是他平常教学时的"关键词"和重点。现不打算全部也找来分析，或许我们可以从中分四点来阐释"仁"：第一，仁的价值性；第二，仁的目的性；第三，仁的表现性；第四，仁的实践性。首先，"仁"是有其内在价值（intrinsic value）的，"仁"便是儒学中的最高价值，例如在《论语·八佾》中："人而不仁，如礼何？人而不仁，如乐何？"[34]孔子把仁与礼及乐作比较，认为仁是内在和本质的；而礼及乐则是外在的，是一种"仪文"。他认为"仪文"（礼及乐）必须要有仁的"内涵"才是有"真价值"的。若把这标准放于现代的话，则礼乐就如一切的文化活动，而一切的文化活动需有仁德作为依据才是有真价值的活动。另外，在仁的目的性来说，可参阅《论语·述而》："若圣与仁，则吾岂敢？"[35]这儿，孔子把"仁"与"圣"并列来看，表明两者是平等而关系密切的。"仁"是"圣"的必然条件，而作为圣人的目的就是"行仁"。圣而不仁是不合逻辑的，故"仁人"亦可称为"圣人"。在《论语·里仁》中提到："子曰：'参乎！吾道一以贯之。'曾子曰：'唯。'子出，门人问曰：'何谓也？'曾子曰：'夫子之道，忠恕而已矣。'"[36]这儿说到仁是一切德性的总滙，而孔子的一贯之道是忠与恕。"忠"即是己欲立而立人，己欲达而达人；"恕"即是己所不欲，勿施于人。而"忠与恕"也就是"仁"的目的性了。还有，仁的表现不限于某人，是普遍地存在于众人的生命中，例如《论语·颜渊》里有曰："为仁由己，而由人乎哉"[37]及《论语·述而》里也曰："仁远乎哉？我欲仁，斯仁至矣。"[38]这两句的涵意其实是指为仁只是恢复人原本所具的仁而已。至于个人仁的表现是否很容易？这当然绝不容易，是有一定难度的，这在《论语·宪问》中提到："'克、伐、怨、欲不行焉，可以为仁矣？'子曰：'可以为难矣，仁，则吾不知也。'"[39]这儿孔子认为若人能够克服好胜心，不夸耀，不怨忿和不贪欲，还未能称"仁"。最后，"仁"的实践性是孔子所重视的，而论语也有不少章节提到它的实践性，例如《论语·颜渊》中的："樊迟问仁，子曰：'爱人。'"[40]和："司马牛问仁。子曰：

---

34 杨伯峻译注. 论语译注〔M〕. 香港：中华书局，2004，24.
35 杨伯峻译注. 论语译注〔M〕. 香港：中华书局，2004，76.
36 杨伯峻译注. 论语译注〔M〕. 香港：中华书局，2004，39.
37 杨伯峻译注. 论语译注〔M〕. 香港：中华书局，2004，123.
38 杨伯峻译注. 论语译注〔M〕. 香港：中华书局，2004，74.
39 杨伯峻译注. 论语译注〔M〕. 香港：中华书局，2004，145.
40 杨伯峻译注. 论语译注〔M〕. 香港：中华书局，2004，131.

'仁者，其言也讱。'" [41]及："颜渊问仁。子曰：'克己复礼为仁。一日克己复礼，天下归仁焉。为仁由己，而由人乎哉？'" [42]而《论语·子路》中孔子曰："刚、毅、木、讷近仁。" [43]《论语·学而》中孔子曰："巧言令色，鲜矣仁！" [44]《论语·子张》中："子夏曰：'博学而笃志，切问而近思，仁在其中矣。'" [45]孔子教育的终极目的在使人为仁者，以此为一个"最高层次的人格"，如按此理想去教育人，就算未能使受教者发挥和表彰出"最高层次的人格"，也可使受教者成为"君子"（高层次的人格）。孔子有此教育理想，虽然他不敢自比为圣，但他已与圣人（仁人）无异了[46]

而到孟子的时候，则从狭义的层面论仁，提出"仁"、"义"、"礼"和"智"四德。孟子表扬仁义礼智四德，当中最重仁义之德。《孟子》一书中，"仁"更出现了共 157 个字次，较"义"所出现的次数（共 108 个字次）更多，可见"仁"这德目也是孟子最着重的。孟子的"仁"像是一种感情；"义"就如理性，例如在《孟子·尽心章下》中说到："人皆有所不忍，达之于其所忍，仁也；人皆有所不为，达之于其所为，义也。" [47]以上都是原儒对仁的诠释，及至宋代，朱熹对"仁"的诠释都下过一番工夫，例如朱熹便在其《仁说》中，用了 824 字把文字分为两部分，分别是仁作为"心之德"和仁作为"爱之理"。朱熹与大部分先儒一样，认为仁是诸德之一，若从广义来看可算是诸德之全，是一种至德（至善）。狭义来看，仁方能爱。既泛爱众，亦随亲疏远近，先是爱亲，推而至仁民爱物。因已经及至宋代，所以朱熹对"仁"的诠释已有约五点突破：第一，他认为仁是天地之心，仁是人心。仁可从天与人，形而上与伦理的角度相理解。特别是"形而上"这概念，原儒是不触及的；

41　杨伯峻译注. 论语译注〔M〕. 香港：中华书局，2004，124.

42　杨伯峻译注. 论语译注〔M〕. 香港：中华书局，2004，123.

43　杨伯峻译注. 论语译注〔M〕. 香港：中华书局，2004，143.

44　杨伯峻译注. 论语译注〔M〕. 香港：中华书局，2004，3.

45　杨伯峻译注. 论语译注〔M〕. 香港：中华书局，2004，200.

46　牟宗三在《中国哲学的特质》（第 25-26 页）中曾说："虽然孔子一向被后人尊为圣人，但是孔子自己不敢认为自己是圣人，他说：'若仁与圣，则吾岂敢？'仁与圣是人生的最高境界。在现实世界里，是不可能有圣人的，因为某人纵使在现实世界里最受尊崇，一旦他自称为圣人，自命到达最高境界，那么他的境界便不是最高的，所以已不可算是圣人了。圣人的产生，必由于是后人的推崇，便是这个道理。孔子提出'仁'为道德人格发展的最高境界。"

47　杨伯峻译注. 孟子译注〔M〕. 香港：中华书局，2004，337.

第二，朱熹认为仁如同核心、种子、泉源……是充满生机和等待开启的。仁是天地之心，生化万物，仁是人类之心，生化道德；第三，朱熹不认同仁就是爱，但它们是息息相关的。仁是人性本体，被称为心之德，而仁的外显是爱，爱是仁的用，仁是爱的体；第四，朱熹强调"公"是仁的重要体现，例如在《朱子语类》中曾说过："公了方能仁"[48]；第五，人的仁以天的仁为本，例如他曾说："仁无私意，便与天地相似。"

再至晚清，谭嗣同曾着《仁学》一书，是一部专论"仁"的作品，惟他所论的"仁"不是纯粹儒学的仁，是混合了儒释道耶和西方科学的"杂仁"，在此不多谈论，但其中一个他认为"为仁"颇重要的特点，就是"平等"，本人姑且当它是儒家论及仁时的一个特征。

直到现代新儒家，例如牟宗三，对"仁"，特别是孔子的"仁"有更精彩的发扬。例如牟宗三觉得孔子的仁具有两大特质："觉"与"健"。他说："照讲者个人的了解，孔子的'仁'具有下列两大特质：（一）觉——不是感官知觉或感觉（Perception or Sensation），而是恻怛之感，即《论语》所言的'不安'之感，亦即孟子所谓恻隐之心或不忍人之心。有觉，才可有四端之心，否则便可说是麻木，中国成语'麻木不仁'便指出了仁的特性是有觉而不是麻木。一个人可能在钱财货利方面有很强烈的的知觉或感觉，但他仍可能是麻木不仁的，尽管他有多么厉害的聪明才智。那是因为'觉'是指点道德心灵（Moral mind）的，有此觉才可感到四端之心。（二）健——是《易经》'健行不息'之健。《易经》言：'天行健，君子以自强不息。'所谓'天行健'可说是'维天之命，于穆不已'的另一种表示方式。君子看到天地的健行不息，觉悟到自己亦要效法天道的健行不息。这表示我们的生命，应通过觉以表现健，或者说，要像天一样，表现创造性，因为天的德（本质）就是创造性本身。至于'健'字的含义，当然不是体育方面健美之健，而是纯粹精神上的创生不已。"[49]按此，牟宗三再作出进一步去描述"仁"："以上述的两种特性作进一步的了解，我们可以这样正面地描述'仁'，说：'仁以感通为性，以润物为用。'感通是生命（精神方面）的层层扩大，而且扩大的过程没有止境，所以感通必以与宇宙万物为一体为终极，也就是说，以'与天地合德、与日

48 除此之外，还有："惟无私然后仁，惟仁然后与天地万物为一体。"；"仁是爱底道理，公是仁底道理。故公则仁，仁则爱。"

49 牟宗三. 中国哲学的特质〔M〕. 上海：上海古籍出版社，2007，30.

月合明、与四时合序、与鬼神合吉凶’为极点。润物是在感通的过程中予人以温暖，并且甚至能够引发他人的生命。这样的润泽作用，正好比甘霖对于草木的润泽。仁的作用既然如此深远广大，我们不妨说仁代表真实的生命（Real life）；既是真实的生命，必是我们真实的本体（Real substance）；真实的本体当然又是真正的主体（Real subject），而真正的主体就是真我（Real self）。至此，仁的意义与价值已是昭然若揭。孔子建立‘仁’这个内在的根以遥契天道，从此性与天道不致挂空或悬空地讲论了。如果挂空地讲，没有内在的根，天道只有高高在上，永远不可亲切近人。因此，孔子的‘仁’，实为天命、天道的一个‘印证’（Verification）。”[50]牟宗三说的“仁”，正正是下文所讨论的“天人合一”的其中一个重点。

2. 礼

除了“仁”之外，“礼”，也是儒家所着重的价值哲学。上文已曾提及，“仁”这个德目，在《论语》中出现的次数最高，共出现了 109 个字次，而“礼”这德目，则仅次于“仁”，共出现了 74 个字次[51]，可见它的重要性。如果“仁”是儒家的内涵性质，“礼”就是儒家的外现性质了。孔子曾明言礼之本在仁，在《论语·八佾》中曰：“人而不仁，如礼何？人如不仁，如乐何？”[52]，从此可了解到“论仁”必要“论礼”；反之，“论礼”也关乎“仁”，两者有“内外合一的关系”，不可分割[53]。在加拿大多伦多大学任教，以研究中国思想与宗教史为主的秦家懿教授都认为：“‘仁’也不能与‘礼’分开，虽然后者重于社会表现，而前者则强调人的内心。”[54]

而谈“礼”，也要谈“乐”，故有“礼乐”[55]两者合一成为双音节词语的出现。郭齐勇教授说：“尽管‘礼’与‘乐’有不同的侧重，‘礼’主别异，‘乐’主合同，‘礼’主治身，‘乐’主治心，礼自外作，乐由中出，但诚如荀子所

---

50 牟宗三. 中国哲学的特质〔M〕. 上海：上海古籍出版社，2007，30.

51 杨伯峻译注. 论语译注〔M〕. 香港：中华书局，2004，311.

52 杨伯峻译注. 论语译注〔M〕. 香港：中华书局，2004，24.

53 这与西方基督宗教中的“爱”与“祭礼（崇拜）”有异曲同工之妙，但暂且不谈，留待有关“儒耶比较”的章节中再详加说明。

54 秦家懿，孔汉思. 吴华，译. 中国宗教与基督教〔M〕. 北京：三联书店，2003，58.

55 基督宗教中的“崇拜礼仪”也是“礼乐合一”的，本人会在“儒耶比较”的章节中再详谈。

说，'礼'、'乐'是相互配合发生作用的，特别是来'管乎人心'的。"[56]可见，"礼"与"仁"及"乐"在儒家来说是有关联的，我们再次细味一下《论语·八佾》中的："人而不仁，如礼何？人如不仁，如乐何？"[57]便知晓了。

而北京大学的陈来教授认为"礼"在儒家文化中最少有六种涵义，包括：礼义（ethical principle）、礼乐（culture）、礼仪（rite and ceremony）、礼俗（courtecy and etiquette）、礼制（institution）和礼教（code）。

至于"礼的根源"，总的来说，本是夏、商和周时代人民对天地神灵和祖先的祭祀仪式。及后，礼才与人伦和政治牵上关系。《说文解字诂林》中对"礼"的解释为："礼，履也，所以事神致福也。从示从丰。"[58]国学家王国维在《观堂集林：释礼》中认为"礼"是盛玉以奉神人之器，并从此推论出奉侍神人之事就是"礼"了。因此，最早期的"礼"是含有宗教意识的[59]。秦家懿教授在〈儒学："宗教"还是道德哲学？〉一文中说："儒学不单重视社会关系，也重视礼仪，包括宗教礼仪，因而有'礼教'之称。'礼'字源于'示'和'丰'，前者是敬拜，后者是敬拜用的器皿，有浓厚的宗教[60]色彩。这在祭天和祭祖的种种仪式中，可见一斑。"[61]另外，从研究基督教且对中国思想有认识的孔汉思（另译：汉斯·昆）都说："事实是，自古以来中国人就信奉至高无上的神或者道德力量，它主宰世界关注人的命运。中国人还特别相信神授政治权力。人的思想、感情、行为和意愿因而与神密切相关；伦理观念、祖先崇拜和礼仪形式全手受神制约。"[62]其后，"礼"渐由"宗教性的文化"转为"一种人文精神"，当中的关键人物非周公莫属。在《礼记·表记》中便提到"殷人尊神，

---

56 郭齐勇. 中国儒学之精神〔M〕. 上海：复旦大学出版社，2009，59.

57 杨伯峻译注. 论语译注〔M〕. 香港：中华书局，2004，24.

58 谢淑熙. 道贯古今——孔子礼乐观所蕴含之教育思想〔M〕. 台北：秀威信息科技有限公司，2005，45.

59 参阅《尚书》有曰："有能典朕三礼。""三礼"即是祭祀天神之礼；祭祀地祇之礼和祭祀人鬼之礼。而《荀子·礼论》也记述了："礼有三本：天地者，生之本也；先祖者，类之本也；君师者，治之本也。无天地，恶生？无先祖，恶出？无君师，恶治？三者偏亡，焉无安人。故礼，上事天，下事地，尊先祖，而隆君师。是礼之三本也。"

60 至于"儒家是否宗教"这问题，本人会在其它章节再深入探讨。

61 秦家懿，孔汉思. 吴华，译. 中国宗教与基督教〔M〕. 北京：三联书店，2003，59.

62 秦家懿，孔汉思. 吴华，译. 中国宗教与基督教〔M〕. 北京：三联书店，2003，83.

率民以事神，先鬼而后礼。"和"周人尊礼尚施，事鬼敬神而远之，近人而忠焉。"[63]

到了孔子，"礼"包含丰富，由宗教祭典到古代成规仪文，可说是由"生"至"死"至"死后"，"礼"都有其不可缺的重要性，这可从《论语·为政》中获悉："生，事之以礼；死，葬之以礼，祭之以礼。"[64]从此，更可明白儒家的"礼"是贯通宗教性与人文性的，有礼仪，也含礼义，内外俱备。南开大学的李冬君教授说："春秋时期人们已经开始强调礼的精神功能和本体意义，其结果使理性思维的自由能量得到空前释放，思想获得意外的收获。"[65]孙希旦《礼记集解》："承天之道者，本其自然之秩序，礼之体，所以立也。治人之情者，示以一定之仪，则礼之用，所以行也。礼者，人之所恃以生，失礼则亡，其所以生矣。洎，效也。应氏镛曰：'礼之大原出于天，故推其所自出而本之，效法之谓也，故因其成法而效之，列于鬼神，充塞乾坤，昭布森列，而不可遗，达于丧祭射御冠昏朝聘，人道交际，周流上下而无不通，效法于天地鬼神者，所以承天之道，达于天下国家者，所以治人之情。'"[66]

春秋时的孔子是非常重视"礼"的，他更曾向老子问礼，虽然老子与他的观点不同，但可证实孔子对"礼"的看重，才从众多的德目中选此与老子讨论。唐军毅的弟子霍韬晦教授在响应学员的时候说过："你的问题很好，我相信很多人都有这样的疑问。老子的年代比孔子早，孔子向他问礼应是事实。不只《史记》有记载，《礼记》〈曾子问〉中，也有三节记述。孔子从老子那里，听到许多有关丧葬礼仪的规范，为孔子所未闻。"[67]

及至孟子，仍然很关注"礼"，且认同其重要性，例如在《孟子·滕文公下》："礼曰：'诸侯耕助，以供粢盛；夫人蚕缫，以为衣服。牺牲不成，粢盛不絜，衣服不备，不敢以祭。惟士无田，则亦不祭。'"[68]有些学者可能对此不表赞同，但安徽大学的陆建华教授就对此是肯定的，他说："孟子虽然尚贤

63　谢淑熙. 道贯古今——孔子礼乐观所蕴含之教育思想〔M〕. 台北：秀威信息科技　有限公司，2005，45.

64　杨伯峻译注. 论语译注〔M〕. 香港：中华书局，2004，24.

65　李冬君. 孔子圣化与儒者革命〔M〕. 北京：中国人民大学出版社，2004，37.

66　谢淑熙. 道贯古今——孔子礼乐观所蕴含之教育思想〔M〕. 台北：秀威信息科技　有限公司，2005，48.

67　霍韬晦. 孔子知命之旅体验行〔M〕. 香港：法住出版社，2010，202.

68　杨伯峻译注. 孟子译注〔M〕. 香港：中华书局，2008，142.

主张，提出'尊贤使能，俊杰在位'，'贵德而尊士，贤者在位，能者在职'等主张。希望统治者以德为贵，尊重有德者，任用有才者，使有德者有官位、有才者有职位，表面上有以贤能为标准重新划定人的社会等级从而破坏人的社会等级的宗法性与先天性，也即否定礼的倾向。其实，并非如此。他在解释尚贤时说道：'国君选贤，如不得已，将使卑逾尊，疏逾戚，可不慎与？'认为国君选拔贤能之人，在迫不得已的情况下才把卑贱者提拔到尊贵者之上，把疏远者提拔到亲近者之上，尽力护守礼的宗法性和等级性，特别指出选贤、用人一般情况下只能在尊者、亲者范围内进行，原则上不可逾越尊卑亲疏的界限，只有在特殊情况下方可权变，并且这种权变本身有其极限与限制。例如，不能突破或超越君臣上下关系。为了防止人们曲解尚贤，在尚贤与尊礼之间制造混乱，或以尊礼否定尚贤，或以尚贤否定尊礼，孟子还特意解释'尊贤'，并将'尊贤'与'贵贵'相对比。他说：'用下敬上，谓之贵贵；用上敬下，谓之尊贤。贵贵尊贤，其义一也。'说明'贵贵'指卑下的人尊敬高贵的人，'尊贤'指高贵的人尊敬卑下的人，这是二者的区别；'贵贵'符合礼的要求，'尊贤'也符合礼的要求，这是二者之同。"[69]陆教授且说："孟子既然肯定礼的宗法等级性，以礼为准批判杨朱、墨子，必然如同孔子在礼治之外言德治一样，在仁政之外言礼治，宣扬礼的政治价值、人生意义。"[70]

以前的荀子也是一位着重"礼"的学者，在《荀子·君道》："取人之道，参之以礼；用人之法，禁之以等；行义动静，度之以礼。"[71]和《荀子·君道》中："至道大形，隆礼至法则国有常，尚贤使能则民知方，纂论公察则民不疑，赏免罚偷则民不怠，兼听齐明则天下归之；然后明分职，序事业，材技官能，莫不治理，则公道达而私门塞矣，公义明而私事息矣。"[72]中都能感受到他那"隆礼"的气魄，惟荀子论"礼"却含有"法"的思想，还有，他认为礼不是出于天，乃是人为的，例如在《荀子·礼论》中曰："礼起于何也？曰：人生而有欲，欲而不得，则不能无求。求而无度量分界，则不能不争。争则乱，乱则穷。先王恶其乱也，故制礼义以分之，以养人之欲，给人之求，使欲必

69 陆建华. 先秦诸子礼学研究〔M〕. 北京：人民出版社，2008，77-78.

70 陆建华. 先秦诸子礼学研究〔M〕. 北京：人民出版社，2008，80.

71 任强. 知识、信仰与超越：儒家礼法思想解读〔M〕. 北京：北京大学出版社，2007，70.

72 任强. 知识、信仰与超越：儒家礼法思想解读〔M〕. 北京：北京大学出版社，2007，72.

不穷乎物，物必不屈于欲，两者相持而长，是礼之所起也。"[73]这与近代新儒家的牟宗三先生的理解刚相反。牟宗三在《中国哲学的特质》中道出："仁与智的本体不是限制于个人，而是同时上通天命和天道的。"[74]和"孟子仁、义、礼、智并举，这是说我们的心性。说'仁且智圣也'，实亦赅括义与礼，这是自表现我们的心性说。"[75]因"仁"与"礼"是不能分割的，故"性与天道"与"礼"是通化的。

"礼"在儒家来说是有一完备的串连关系，是"圆"的，是"循环"的，如其中一部分有缺口的话，就不是一个"有生命的圆"；"能滚动的圆"；"可承传的圆"，尤如《易经》所言："天行健，君子以自强不息。" 即是礼源于天，人继承，且发扬之，天知晓，再下注于人，周而复始。在《礼记·礼器》曰："礼也者，合于天时，设于地财，顺于鬼神，合于人心，理万物也。"[76]另外，宋代的张载便对"礼学"很有研究，他认为"礼"是"源于天"，在其《礼记说》中提到："大虚（太虚）即礼之大一（太一）也。大者，大之一也，极之谓也。礼非出于人，虽无人，礼固自然而有，何假于人？今天之生万物，其尊卑小大，自有礼之象，人顺之而已，此所以为礼。或者专以礼出于人，而不知礼本天之自然。"[77]明显地看到张载把"礼"与"理"合为一体。虽然与孔子所诠释的"礼"已有出入，但不失证明"礼"在先秦与秦后都占一重要的席位。现代学者，中山大学的任强教授引用杨向奎教授的观点："杨向奎从人的情感入手，认为礼的对象，一是天，一是地。对于天，自然或者上帝，因为他们给予人们的东西很多，是有厚礼于人，所以人们对之要报，如云'反本修古，不忘其初'，'礼也者反其所自生'，都是对于天之报。这是原始的礼，是'第一次礼'的报。在人世间，上下之间，朋友之间，都讲礼与报。"[78]这就如本人所说的："礼"是一个"有生命的圆"；"能滚动的圆"；"可承传的圆"。

---

73 吴汝钧. 儒家哲学〔M〕. 台北：台北商务印书馆，1998，62.

74 牟宗三. 中国哲学的特质〔M〕. 上海：上海古籍出版社，2007，28.

75 牟宗三. 中国哲学的特质〔M〕. 上海：上海古籍出版社，2007，26.

76 任强. 知识、信仰与超越：儒家礼法思想解读〔M〕. 北京：北京大学出版社，2007，68.

77 林乐昌. 张载礼学结构功能的三个层面及其重心〔A〕. 张树华，宋焕新编. 儒学与实学及其现代价值〔C〕. 济南：齐鲁书社，2003，434.

78 任强. 知识、信仰与超越：儒家礼法思想解读〔M〕. 北京：北京大学出版社，2007，178.

"礼"，虽然在五四时代遭到大批判，更被揶揄为吃人的礼教，大文豪鲁迅更以笔伐之，但及至现在，"礼"得以翻身，是国家所推崇和提倡的德目，当然，不是宋代张载那一套，是往重人伦与实用性强的方向走。哈佛大学的杜维明明言："现代社会特别注重社会资本和文化能力，不仅是经济资本和科技能力。任何一个社会，如果用法来治理，可以得到社会的安定，但不能成为一个动力比较高、人与人之间交往比较厚的社会。那么，礼作为社会中非正式的人际关系必须依据的、有时却不能量化的一种行为规则，就可以成为建构在法律的基础上向上提升的一种社会资本和文化能力。"[79]本人很认同此观点，因我国现在的经济发展蒸蒸日上，经济资本的雄厚是不用置疑的，是时候多向人民灌输"礼"的概念和其重要性。因"交接以礼"（日常生活或经济交易）是可喜的，台湾大学心理学的黄光国教授认为："不管'资源支配者'选择用何种'交易法则'和对方交往，依照儒家的主张，他在衡量双方交易的利害得失，并作出适当反应的时候，都应当注意'以礼节之'。"[80]武汉大学的郭齐勇教授在《中国儒学之精神》中认为先秦儒家的礼能使社会财富分配有序，其实这套在"现代"也是合适的，他说："'礼'是社会的公共生活规范与秩序，随时空条件不同而有不同的变化。'礼'的功能是使社会财富与权力分配与再分配有等级、有节度、有秩序，并导之以整体和谐。"[81]

3. 中和

除了"仁"和"礼"之外，不得不提及"中庸"，孔子认为"中庸"的本意是指无过，无不及，是恰如其分的"中行"。而"中和"更是一种"动态的中庸"。"中庸"之道可以调和"仁"与"礼"。同济大学的邵龙宝教授说："元典儒学的核心层面仁学思想体系，是由'仁'、'礼'、'中庸'三个范畴构成骨架，这个伦理思想体系的内核，自它形成的那一天起就有内在矛盾与阻抗，因为它根源于孔子生存时代的经济、政治环境与条件。'仁'在理论形态上对氏族社会原始人道主义观念的恢复与发展。氏族社会是以血缘关系为基础的，孔子向其弟子们灌输仁爱思想是从'孝悌'入手的，由'孝悌'培养起仁心，推及到他人和事业、对待安邦治国，将仁爱思想一步步地扩展开来。但'仁'

---

79 杜维明. 彭国翔, 译. 儒家传统与文明对话〔M〕. 石家庄: 河北人民出版社, 2006, 216.

80 黄光国. 儒家关系主义——文化反思与典范重建〔M〕. 北京: 北京大学出版社, 2006, 45.

81 郭齐勇. 中国儒学之精神〔M〕. 上海: 复旦大学出版社, 2009, 155.

的思想归根到底是维护封建宗法等级制的，它受到'礼'的规范制度的限制。'礼'是区分由奴隶社会向封建社会过渡中的春秋时代上下贵贱等级差别的政治规范，是贵族地主阶级才能享用的专利品。孔子清楚地看到了'仁'与'礼'的矛盾与紧张，他承认社会现实是不平等的，但他向往平等与和谐，他用'中庸'来加以调节，使'仁'和'礼'相互依存，缓解了紧张，达到一种有等级但不过份对立，承认差别与不平等但又努力缩小差别与不平等；有仁爱但不无区别，既承认对立又追求和谐统一的理想社会。"[82]新儒家徐复观在其《中国思想史论集》说到儒家思想中"礼"的意义是对具体生命中的情欲的安顿，让理性和情欲能和谐统一，藉此建立人在生活上和行为上的"中道"。因此，"中"，就是一种儒家的态度，它可算是一种"协调剂"，是一种德目，也可以算是一种能"渗透入各德目而使德目间得以平衡"的态度或技巧。因此，"中"、"和"、"谐"、"协"与"合"是不能区分的。

如从《论语》中看"和"这个概念，大约可分为三个要点，就是："和为贵"、"和而不同"与"唱和之和"。例如在《论语·学而》中记载："礼之用，和为贵。先王之道，斯为美；小大由之。有所不行，知和而和，不以礼节之，亦不可行也。"[83]而在《论语·子路》中就有："君子和而不同，小人同而不和。"[84]还有，在《论语·述而》里有："子与人歌而善，必使反之，而后和之。"[85]"和"与"同"是有分别的，且看冯友兰如何概括："在中国古典哲学中'和'与'同'不一样，'同'不能用'异'；'和'不但能容'异'，而且必须有'异'，才能称其为'和'。譬如一道好菜，必须把许多不同的味道调和起来，成为一种统一的新的味道；一首好乐章，必须把许多不同的声音综合起来，成为一个新的统一体。只有一种味道，一个声音，那是'同'；各种味道，不同声音，配合起来，那是'和'。……客观辩证法的两个对立面统一的局面，就是一个'和'。两个对立面矛盾斗争，当然不是'同'，而是'异'；但却同处于一个统一体中，这又是'和'。"[86]

82 邵龙宝，李晓菲. 儒家伦理与公民道德教育体系的构建〔M〕. 上海：同济大学出版社，2005，63.

83 杨伯峻译注. 孟子译注〔M〕. 香港：中华书局，2008，8.

84 杨伯峻译注. 孟子译注〔M〕. 香港：中华书局，2008，141.

85 杨伯峻译注. 论语译注〔M〕. 香港：中华书局，2004，75.

86 修建军. 释读《论语》之"和"〔A〕. 黄怀信，李景明主编. 儒家文献研究〔C〕. 济南：齐鲁书社，2004，100-101.

　　至于我国最早的一部历史作品——《尚书》，且算是儒家其中一部经典，在今、古文尚书中的"和"字就共出现 44 次，当中的"谐"字和"协"字，都是含有"和"的意思。另一部儒家经典——《中庸》[87]有言："和也者，天下之达道也。致中和，天地位焉，万物育焉。"[88]

　　其后的张载提出了"太和所谓道"的思想，进一步发挥周易的太和概念，把"太和"提高到"道"的层次。张载在《正蒙·太和篇》云："太和所谓道，中涵浮沉、升降、动静、相感之性，是生氤氲、相荡、胜负、屈伸之始。其来也几微易简，其究也广大坚固。起知于易者乾乎！效法于简者坤乎！散殊而可象为气，清通而不可象为神。不如野马、氤氲，不足谓之太和。"[89]在《易经》中的太和又称大和，指"至高永恒的调和适中"。汤一介先生在其〈"太和"观念对当今人类社会可有之贡献〉一文中认为"'太和'可以理解为'普遍和谐'，包括自然的和谐，人与自然的和谐，人与人的和谐（即社会生活的和谐），以及自我身心内外的和谐等四个方面。"[90]

　　可与"和合"这个概念互相对应的就是"两一"。"两一"是在先秦时代的术语，当中的"两"就是二律，是矛盾，是对立，是分离；而"一"就是和合，是统一，是协调。那时以吕不韦在《吕氏春秋·仲夏纪·大乐》中较明确提出这"两一"的概念："音乐之所由来者远矣，生于度量，本于太一。太一生两仪，两仪出阴阳，阴阳变化，一上一下，合而成章，浑浑沌沌，离则复合，合则复离，是谓天常……故一也者制令，两也者从听。先圣择两法一，是以知万物之情。故能以一听政者，乐君臣，说黔首，合宗亲；能以一治其身者，免于灵，终其寿，全其天；能以一治其国者，奸邪去，贤者至，成大化；能以一治天下者，寒暑适，风雨时，为圣人。故知一则明，明两则狂。"[91]

---

87 《中庸》是思孟学派心性哲学的代表作，它原载于《礼记》中。到宋朝时，和《大学》一起从《礼记》中抽出，且与《论语》及《孟子》并列，史称"儒家四书"。

88 闫平．传承中华料理，建设和谐文化〔A〕．张树华，宋焕新编．儒学与实学及其现代价值〔C〕．济南：齐鲁书社，2003，154.

89 东方朔．从横渠、明道到阳明：儒家生态伦理的一个侧面〔M〕．香港：中文大学出版社，2005，10.

90 杨亚利．张载——中国古代和谐思想的集大成者〔A〕．张树华，宋焕新编．儒学与实学及其现代价值〔C〕．济南：齐鲁书社，2003，287.

91 杨建华．中华早期和合文化〔M〕．杭州：浙江人民出版社，1999，23.

总的来说，无论是原儒的"和"，或是后儒的"和"都与以下所阐释的"天人合一"有密切的关系，因"天"总比"人"大，总比"人"高，哪么如何可以"合"呢？这就需要"和"这个哲学概念来达成了。

4. 天人合一

要了解儒家的"天人合一"，必须要明白儒家的"天"是甚么？

宿儒唐君毅先生的弟子，香港中文大学的刘国强教授简言："儒家'天'的观念不同于基督教'上帝'的观念，但'天'同样是具有超越的及终极实在的意义。"[92]刘教授进一步言明："'天'的观念在历史上有一定的发展。由甲骨文中天字作大之意义，周初'天'作为最高神祇之观念，与'帝'时常互用，到春秋以后，天之观念的哲学意义增加，具有超越的，无限的终极实体之意义，常与'道'字结合成'天道'一辞，含有宇宙最终极最普遍的原则原理之意义。"[93]刘教授言简意赅，重点道出儒家对天的解释。

假若要从孔子[94]方面再详细解释，也是可以的。孔子对于"天"的体会，虽然不像基督宗教信仰人格神的崇拜那样，常常进行人与神的交流与对话，并注重祈祷、忏悔、崇拜等宗教仪式；可是孔子对于上天之伟大发出了赞叹，且对天充满敬意，以上天为知己，与在时穷之际对于上天的呼唤，这些都是孔子真性情的自然流露。朱熹在《四书集注》中说出孔子是罕言性与天道的，而子贡也曾说孔子之言性与天道，不可得而闻。话虽如此，但孔子对"天"的概念怎样的呢？例如在《论语·为政》中有："五十而知天命"[95]；在《论语·季氏》中有："君子有三畏：畏天命，畏大人，畏圣人之言。小人不知天命而不畏也，押大人，悔圣人之言。"[96]在《论语·述而》中有："天生德于予"[97]可知道孔子对"天"的重视。"人"对"天"存"敬意"，非但不会让"天"与"人"有相差，更不会"贬低人的价值"；相反，就因为"人敬天"，使"人

---

92 刘国强. 唐君毅对'天'之存在之论证〔A〕. 霍韬诲主编. 唐君毅思想国际会议论文集二〔C〕. 香港：法住出版社，1991，29.

93 刘国强. 唐君毅对'天'之存在之论证〔A〕. 霍韬诲主编. 唐君毅思想国际会议论文集二〔C〕. 香港：法住出版社，1991，30.

94 因孔子是儒家中的先驱，所以若要讨论何谓"天人合一"，一定要先详细点阐述在孔子的眼中何谓"天"，再慢慢疏正其后才出现的"天人合一"这概念。

95 杨伯峻译注. 论语译注〔M〕. 香港：中华书局，2004，12.

96 杨伯峻译注. 论语译注〔M〕. 香港：中华书局，2004，177.

97 杨伯峻译注. 论语译注〔M〕. 香港：中华书局，2004，72.

与天"的距离拉近了。这一点牟宗三先生的解释一矢中的："从负责认真引发出来的是戒慎恐惧的'敬'之观念。'敬'逐渐形成一个道德观念，故有'敬德'一词。另一方面，中国上古已有'天道'、'天命'的'天'之观念，此'天'虽似西方的上帝，为宇宙之最高主宰，但天的降命则由人的道德决定，此与西方宗教意识中的上帝大异。在中国思想中，天命、天道乃通过忧患意识所生的'敬'而步步下贯，贯注到人的身上，便作为人的主体。因此，在'敬'之中，我们的主体并未投注到上帝那里去，我们所作的不是自我否定，而是自我肯定（Self affirmation）。"[98]唐君毅先生的弟子，香港法住学院院长霍韬晦教授对儒家的"人"、"天"和"敬"，有这样的解说："人对超越的天，艰苦卓绝之圣者，自当敬畏。畏甚么？就是畏无尽苍穹之中所显示出来的天德与圣人之仁德，它们是如此庄严、真实、无私、慈爱，让我们感受到它们的神圣，对照出我们自己的浅狭、虚伪、自私、自满，所以要诚心感激和虚心学习。在这个时候，我们自己有半点轻慢的态度也不可以，而必须严肃、认真。这就是敬畏之本义。唯有如此，人纔会上进，社会的质素纔会改善。由敬畏'天'，而学习'天'，即以天道、天德来要求自己。这不是迷信，也不是对'天'的崇拜，或把'天'人格化，而形成一种对'天'的崇拜的宗教。这纯粹是一种人的道德心灵的自觉"[99]

唐君毅先生的另一位弟子，香港中文大学荣休教授唐端正对孔子述说的"天"作了以下的见解："孔子的天道观，大体上仍是继承诗书的宗教性之天道观而来的。他在人生界以上，明明有个宇宙界，在人道以上，明明有个天道。天和天命都是在人道以上的一个超越的存在……孔子的天不但是生人生物的超越存在，而且是纯粹至善的道德本源……"[100]

台湾的蔡仁厚教授认为孔子所言的"天"是有两方面的意义，一是"人格神的天"，另一是"形而上的天"："在孔子践仁的过程中，他所契悟的天道，实有二方面的意义：（1）从'情'方面说，天道有赖于人格神。孔子所谓'天生德于予'，'天之未丧斯文'，'天丧予'，'吾谁欺，欺天乎'，'获罪于天，无所祷也'，'知我者其天乎'，都显示人格神的意味。（2）从'理'方面说，天道即是形上实体。孔子所谓'天何言哉？四时行焉，百物生焉，天何言哉？'，

---

98 牟宗三. 中国哲学的特质〔M〕. 上海：上海古籍出版社，2007，15.

99 霍韬晦. 孔子知命之旅体验行〔M〕. 香港：法住出版社，2010，149.

100 唐端正. 先秦诸子论丛〔M〕. 台北：东大图书公司，1995，64-65.

在此，天即是'于穆不已'的生生之道。"[101]

牟宗三先生说："孔子所说的天比较含有宗教上的'人格神'（Personal God）[102]的意味。而因宗教意识属于超越意识，我们可以称这种遥契为'超越的遥契'（Transcendent）。否则，'知我其天'等话是无法解释的。我们可以说，在孔子的践仁过程中，其所遥契的天实可有两重意义。从理上说，它是形上的实体。从情上说，它是人格神。"[103]从牟先生这番话，本人认为牟先生较偏向[104]赞同孔子的"天"应该是"人格神"的。

我们从《论语》中亦可感到孔子重"天命"，而"天命"与"天"、"人"及"德"都是有连络的，甚至是"义命合一"至"天人合一"的线索，且看唐君毅先生如何看待孔子的"天命"思想："孔子之天命思想，实乃根于义命合一之旨。"[105]唐先生更说："吾人如欲会通孔子所谓知命及畏天命之言，仍唯有自人之义上透入。盖志士仁之求行道，至艰难困厄之境，死生呼吸之际，而终不枉尺直寻，亦终不怨天尤人，则其全副精神，即皆在自成其志，自求其仁。此时之一切外在之艰难困厄之境，死生呼吸之事，亦皆所以激励奋发其精神，以使之历万难而无悔者；而其全副精神，唯见义之所在，未尝怨天尤人之德行，亦即无异上天之所玉成。在此志士仁人之心情中，将不觉此志此仁为其所私有，而其所自以有之来源，将不特在于己，亦在于天。于是只其自求其仁、自求其志之事，凡彼之所以自期而自命者，亦即其外之境遇之全体或天之全体所以命之者。其精神之依'义'而奋发者不可已，亦即天之所命'义'，日益昭露流行于其心者之不可已。此处义之所在如是如是，亦天命之如是如是。义无可逃，即命无可逃，而义命皆无丝毫之不善，亦更不当有义命之别可言。"[106]

"人"又是甚么？

就儒家来说，"人是离不开天"的，在中国文化传统中，如要偏向宗教的角度，就是"天人不二"；哲学上就是"心物不二"。台湾学者林安悟教

---

101 蔡仁厚. 孔孟荀哲学〔M〕. 台湾：学生书局，1990，113-114.

102 这与蔡仁厚先生所述的"人格神的天"是同义的。

103 牟宗三. 中国哲学的特质〔M〕. 上海：上海古籍出版社，2007，33-34.

104 因牟先生用了"比较"这个词汇，而这就有"更贴近"的意思，即是"孔子的天更贴近人格神"。

105 唐君毅. 中国哲学原论——导论篇〔M〕. 台湾：学生书局，1986，535.

106 唐君毅. 中国哲学原论——导论篇〔M〕. 台湾：学生书局，1986，537.

授[107]在《儒学与中国传统社会之哲学省察》一书中提到："'天人不二'可以说是整个中国人的思考方式，这里头牵涉到整个中国原来的宗教，我们可以说那是一个巫祝的传统，或者说是萨满教（shamanism）的传统，我个人以为这个巫祝的传统并不是后起的。中国文化中巫祝的传统最大的一个特点在于，强调人与物、人与天、人与神基本上是同质的，不是异类的，所以它可以转化，它可以变形。当然，中国并不只停留在这个阶段，因为它从'同质的'（这是一个很重要的转换）转成'同德的'，本来是'同质而异形'，后来转成'异形而同德'。同质的意思是，我们这个身子（body）可以转，即使水火和人基本上也是可以融合的，人本来跟天地是可以融合为一的，道家有所谓的'物化、气化'即指此。所不同的是，在儒家的传统里面，承认彼此是不同'类'的存在，但是它有它相同的'德'所在，而尤其当它在探'天'与'人'的时候，强调'人'与'天'是平等的，所以'大人者，与天地合其德，与日月合其明，与四时合其序，与鬼神合其吉凶'都是取其'德'意，这是'天人同德'说。讲'天人合一'，是从'天人同德'或'天人合德'说，是就这个角度去讲。"[108]由此看到，"天人合一"又牵涉到"德"，故有"天人合德"和"天人同德"之称，三个称谓实是同一个概念来的。

"天人合一"表达了非人格化的"天"与"人"的关系，而此关系是亲的、密的，但含有"间距"[109]，却不是"鸿沟"，是可契合的。

根据中国思想史学者侯外庐先生的考证，"天人合一"的"观念"早在殷代已出现了。本人也赞同侯老的考证，因殷代崇尚"敬祖"，而"祖"于生时是"人"来的，至死后变成了"更高层次"，可算是"升上了天"，就像"与天看齐"，是有一种"天人同在"之感，算是一种"天人合一"的概念。另一位中国思想家张岱年先生在《中国哲学大纲》中认为"天人合一"主要有两种含义，就是"天人相通"和"天人相类"。按中南财经政法大学的杨清荣教授阐释："天人相通学说认为，天之根本性德，即含于人之心性之中；天道与人道，实一以贯之。宇宙本根，乃人伦道德之根源；人伦道德，乃宇宙本根

---

107 林安悟教授于台湾师范大学获取学士、硕士和博士学位，博士论文为〈存有、意识与实践：熊十力体用哲学之诠释与重建〉，后于美国威斯康辛大学任访问教授。

108 林安悟. 儒学与中国传统社会哲学省察〔M〕. 上海：学林出版社，1998，205.

109 近代西方哲学家伽达默尔把"间距"看作是"文化交流"、"融合"的中介、过滤器和生长域。本人现把"间距"借用为"天"与"人"的"生长域"，它是可把人与天在此"和合生长"的。

之流行发现。本根有道德的意义，而道德亦有宇宙的意义。人之所以异于禽兽，即在人之心性与天相通。人是禀受天之性德以为其根本性德的。笔者认为，天人相通的观点最能反映儒家的思想本质，是原汁原味的儒学。至于董仲舒为了证实其神学目的论而演绎出的'天人相类'的观点，笔者认为其带有明显的穿凿附会的痕迹，与原初儒学相去甚远，使儒学蒙上了很浓的神学和迷信色彩，因而不在笔者讨论之列。"[110]

　　虽然孔子没有明确说出"天人合一"[111]这个词汇和概念，但他的学说却使后代学者对"天人合一"这概念有所发展，对此，香港浸会大学哲学系的张锦青教授在其〈儒家的"天人合一"进路〉一文中便有所研究："孔子学说的承继和发展可容许多种'天人合一'进路。《易传》，荀学和由周濂溪、张载、二程至朱熹的宋儒一系可视为采取了'天人之际，合而为一'的进路。孟学和陆王心学则采取了'内在体验，以契天道'的进路。由周濂溪、张载至程明道而开出的胡五峰、刘蕺山的宋明儒一系，以及熊十力和牟宗三的现代新儒学，均采取了'天人之道，内外贯通'的进路。"[112]

　　"天人合一"与上文所说的"和谐"是"近义"的，例如郑涵在《中国的和文化意识》中指出："天人合一观念可以说是中国古代和文化意识及其神圣意蕴的核心，同时也是中国古代和文化意识基本形成的标志。"[113]另外，方东美在《广大和谐的生命精神》中说到："足以证明中国哲学家的心目中，人与宇宙处处融通一致，形成一个广大的系统，这个和谐关系正是传统中所说的'天人合一'。"[114]

　　上文曾提及牟宗三先生所说的"超越的遥契"，现再深入一点探讨，这个"超越的遥契"与"内在的遥契"是相互转化和统一的，而这种相互转化和

---

110 杨清荣. 经济全球化下的儒家伦理〔M〕. 北京：中国社会科学出版社，2004，178.

111 "天人合一"这词汇首先由宋代的张载提出，他在《正蒙·干称》中云："儒者则因明至诚，因诚至明，故天人合一。"他认为只要发挥个人的努力，就能达到诚的境界，达到这个境界就是"天人合一"的境界。而在此之前，汉代时的董仲舒则宣称'天人之际合而为一'。

112 张锦清. 儒家的"天人合一"进路〔A〕. 香港浸会大学宗教及哲学系编. 当代儒学与精神性〔C〕. 桂林：广西师范大学出版社，2009，71.

113 陆自荣. 儒学和谐合理性——兼与工具合理性、交往合理性比较〔M〕. 北京：中国社会科学出版社，2007，112.

114 陆自荣. 儒学和谐合理性——兼与工具合理性、交往合理性比较〔M〕. 北京：中国社会科学出版社，2007，112.

统一就是"天人合一"的统一。按牟先生说："超越的遥契着重客体性（Objectivity），内在的遥契则重主体性（Subjectivity）。由客观性的着重过渡到主体性的着重，是人对天和合了解的一个大转进。而且，经此一转进，主体性与客观性取得一个'真实的统一'（Real unification），成为一个'真实的统一体'[115]（Real unity）。"[116]本人很认同牟先生这种诠释。

唐君毅先生提出过人德乃来自天德，而人伦乃来自天伦，故能成就为"天人合德"的境界。国学大师钱穆就用了"天人合一"和"性道合一"来总结儒家的哲学精义。从此可看到"天人合一"的重要性。钱穆在《民族与文化》一文中说明："人心与生俱来，其大原出于天，故人文修养之终极造诣，则达于天人合一。"[117]他更说："中国传统文化，虽是以人文精神为中心，但其终极理想，则尚有一天人合一之境界。"[118]

同济大学的邵龙宝教授对儒家的"天人合一"下了这样的定论："天人合一的思维模式强调部分与整体、内与外、本与末、上与下、先与后、深与浅不是排斥性的，而是相辅依存变动不居的，它不是'非此即彼'而是'亦此亦彼'，它不是以形式推理来获取定论，看起来并不清晰好像有些'模糊'，不求排除矛盾的理论的一致性，而是重建范畴之间的对立互补关系以达到原则的贯通性，它不强调形式上的细密论证，而是注重经验和直觉的体论、亲证，是'悟'，给思维发挥想象力以充分的余地。这是儒家传统中一种很重要的智慧。"[119]从此可见"天人合一"有其奥妙之处。

二、儒学与儒教的异同

1. 广义与狭义的儒学

"儒家思想"有没有宗教性？"儒学"是否只是学术性的"思想"？"儒

115 牟先生觉得除了儒教有这种统一外，基督教也有，他说："上帝，至耶教之时，便通过其独生子——耶稣的生命，来彻尽上帝的全幅意义。人通过耶稣的生命得与上帝感通，就是一种超越的遥契。"（录自《中国哲学的特质》第38页）另关于"儒教"与"耶教"在这方面的的异同，就要留待下面的章节才再详细地论述了。

116 牟宗三. 中国哲学的特质〔M〕. 上海：上海古籍出版社，2007，38.

117 郭齐勇. 中国儒学之精神〔M〕. 上海：复旦大学出版社，2009，89.

118 郭齐勇. 中国儒学之精神〔M〕. 上海：复旦大学出版社，2009，89.

119 邵龙宝，李晓菲. 儒家伦理与公民道德教育体系的构建〔M〕. 上海：同济大学出版社，2005，347.

教"如存在，其宗教性是否就如"西方所诠释的宗教性"？这一大堆问号，从 20 世纪至现在 21 世纪仍有很多学者试图去解构。甚至乎"儒学"[120]这个名称已可以从两方面去解释，其一，可说是只具"学术性的儒家哲学"；其二，则广义地认为"儒学包含所有有关儒家的'东西'的学问（连'儒教'也包括在内）"。所以，要逐一为"儒家"、"儒学"或"儒教"去解码，可能会没完没了，例如研究中国思想史的葛兆光教授便为此作了一个巧妙的解答："肯定儒为宗教的人希望找出儒学符合'宗教'的若干特征，反对儒为宗教的人则希望找出儒学不符合'宗教'的特征，'宗教'始终是西方宗教学总结的 religious⋯⋯"[121]但本人也会尝试去诠释一下。因"儒家"究竟有没有"宗教性"，对本论文——〈儒耶价值教育比较研究——以香港为语境〉的成文是非常重要的，如"儒家"是有宗教性的话，它和"基督教"才有更多的比较条件。

2. 儒学的整全性（道德性、精神性与宗教性）

无可否认，儒家思想是非常强调人的道德性，就是因为这点特色，致使西方很多宗教学家或哲学家皆认为儒家不是宗教，没有宗教性。例如黑格尔便觉得儒家思想只是一般道德伦理学说罢了。但如按照基督宗教神学家约翰·亨利·纽曼（John Henry Newman，1801-1890）[122]的见解，"信仰"（宗教）是属于"道德"的范畴，而"良知"也能推向"信仰"，他这观点，在本人看来尤如牟宗三先生所说——"儒家是道德宗教"，能佐证出儒家是含有宗教性的。我们可看看约翰·亨利·纽曼如何说明："纽曼认为，理性与智力是一致的，而信仰则是属于道德（moral）的范畴，二者由于在本质上并没有必然的联系，因此理性并不会必然地把我们引向道德本能（moral instincts）。理性，在纽曼看来，是去批驳信仰的对象多过于使信众信服；信仰，则是可以被'一

---

120 按：本人在此文所述的"儒学"皆等同"儒家思想"，惟亦会用上"含有宗教性的"这形容词来形容"儒学"，即"含宗教性的儒学"，因本人认同"儒学是含有宗教性的"，但并不完全赞同是"儒教"。

121 祝薇. 论早期现代新儒家的宗教观〔M〕. 上海：上海古籍出版社，2011，174.

122 约翰·亨利·纽曼是十九世纪最重要的神学家之一，他的最重要的著作为《大学的理念》（The Idea of A University），而这部作品就详细表述了他的神学或宗教学和教育的关系，并可见他关于高等教育的观点，且被认为是"博雅教育"（Liberal Education）的经典著作。至于他的理论对本文后面的"儒耶教育比较"章节有很好的征引作用，尤其是他对"博雅教育"的阐释。

些秘密的能力'（secret faculty）所理解，这些能力是'受过教育的良知（educated conscience）的直觉和没有任何理性推理过程'的一部分。"[123]

因为儒家很重视"生命的学问"和"人文的精神"，而"生命"是有其"整全性"[124]的，例如"生命"不只是在现世的"生物性和物理性"的躯体，应蕴涵"灵性"的，而牵涉到"灵性"，"宗教性"便不其然浮现了。还有，"人文的精神"中的"精神"这个概念，或多或少都是较为抽象和形而上的，所以，都带点"宗教意味"。

3. 儒学的超越性、宗教性和儒教

曾任香港中文大学宗教系访问学者的李天纲教授在〈关于儒家的宗教性：从"中国礼仪之争"两个文本看儒耶对话的可能性〉中说："'儒家是否宗教？'这是近代儒学史上的关键问题。扩言之更是明末以来的中国思想史、哲学史和宗教史都不能回避的问题。"[125]且认为："有中西交往之前，'儒家是否宗教'并不是一个必须讨论的问题。按儒家正统观念，儒者'不语怪、力、乱、神'，通常不认为自己是宗教徒。但是，十七世纪至今，儒家的宗教性是一个不容回避的问题。"[126]可见"儒家思想中的宗教性"的讨论和辩证是没完没了的，真的很难去下一个定论，就因对"它是否有宗教性"的"存疑"，却好像因而反证出"它"是有"宗教性"的（姑且它只有百份之零点零一的宗教性）。李天纲教授为此下了一个"拟定论"[127]："我们大致可以说：儒家是具有相当思想超越程度，关心人类整体命运的宗教性思想学说。"[128]

很多学者都以西方的一元宗教作为标准和参照来看待儒家思想的宗教性蕴含量。当然，不排除有人欲把"儒家思想"套上宗教的冠冕来为政治服务，

---

123 高莘. 约翰·亨利·纽曼的大学理念与其宗教思想之关系〔M〕. 香港：中文大学天主教研究中心，2010，142.

124 儒家（或儒教）与基督宗教都是着重"整全性的"，由此引伸开去，它俩都是着重"全人价值教育"的，所不同的只是"全人价值教育"中各范畴的比例罢了。

125 李天纲. 关于儒家的宗教性——从"中国礼仪之争"两个文本看儒耶对话的可能性〔M〕. 香港：中文大学崇基学院宗教与中国社会研究中心，2002，2.

126 李天纲. 关于儒家的宗教性——从"中国礼仪之争"两个文本看儒耶对话的可能性〔M〕. 香港：中文大学崇基学院宗教与中国社会研究中心，2002，25.

127 本人用"拟定论"这词汇，因感到李教授在文中用了"我们大致可以说"这句子，而这句子带有"不确定性"。

128 李天纲. 关于儒家的宗教性——从"中国礼仪之争"两个文本看儒耶对话的可能性〔M〕. 香港：中文大学崇基学院宗教与中国社会研究中心，2002，29.

例如汉代和清代的康有为等便是。直至近代的新儒家先达——梁漱溟和熊十力则力辩儒家思想不是宗教，"儒教"是不能成立的。直到往后一点的唐君毅和牟宗三等才肯定"儒家思想的宗教价值"。他们认为"儒家思想"是有"超越性"的，能从人打通内外和上下，即能从人至天。因此，他俩皆称儒学为"成德之教"、"道德的宗教"或"人文宗教"。或许，有人认为"神"是"某类思想"是不是宗教的最核心因素，而儒家思想是没有"神"这概念的，故判决"儒家思想并不是宗教"，惟唐君毅先生并不认同，因他觉得"宗救不必以神为本"，而应该以求价值的实现过程中的超越和圆满为本，而儒家思想是可做到这点的，故儒家是有宗教性的。另外，唐先生也认同儒家仁心若流行于人伦，层层推进下，能透露出本心的无限超越性，可上达一种形上和宗教性的境界。还有的就是有关祭祀的问题，中国人是重视祭祀的，而祭天、祭地、祭祖先，不就是含有宗教性吗？因"祭祀精神"就存有一种"渴望超越自身与彼岸（天、地或先祖）沟通的精神"[129]。站在唐先生的立场，儒家不单有宗教性，更比基督教和佛"圆融"。唐先生在其巨著--《生命存在与心灵境界》中有儒家"心通九境"之概念，认为心灵境界能由"客观境"到"主观境"，再到"超主观境"，是一种内化的过程，也可说是内化的信仰，由此，儒家思想是有宗教性的。唐先生并不是从功能方面，而是从思想内涵方面，例如对宗教性的超越存在的肯定来说明"儒家的宗教性"，使这问题融贯在他对中国文化精神的理解把握、诠释甚至重建当中。还有，唐先生是将"天道的超越性"与"仁心的无限性"连系起来说明的。他且能把道德和宗教的分疏来确定各自的独立性，又在"终极"上把道德和宗教统一起来，得出儒家思想中"即道德即宗教"的内在超越精神，接着把内在超越和外在超越并合起来，显现出他对融通各种宗教的雄心壮志。

至于牟宗三先生则从"性与天道"来论儒学"既超越，又内在"[130]的特

---

129 此概念由本人所撰。

130 对于有学者认为"既超越，又内在"根本就是一种矛盾，例如美国的郝大维、安乐哲和香港的冯耀明等便不认同此概念，冯耀明即在其《"超越内在"的迷思：从分析哲学观点看当代新儒学》一文中认为既然牟宗三"超越"依康德十二范畴而言，其实是"超验"（transcendental），并觉得牟无疑已从"超越实体"的概念不知不觉地滑转到"超验的概念或原理"的概念。台湾的刘述先教授则非常赞成"内在超越"说，刘述先认为不但中国文化与印度文化有"内在超越"的思想，即使西方文化也有，例如他西方神学中的泛神论（pantheism）即属于内在超越说，而在魏曼的"经验神学"与赫桑的"过程神学"也能发现有"内在超越说趋近"的倾向。甚至外国

点。"天道"虽不是人格神，但实有人格神的意义。牟先生曾在台南神学院以〈作为宗教的儒教〉为题演讲，此乃在一众基督教神学家面前"肯定儒家的宗教性"的表态。牟先生在演讲开首便开宗明义地说："依我们的看法，一个文化不能没有它的最基本的内在心灵。这是创造文化的动力，也是使文化有独特性的所在。依我们的看法，这动力即是宗教，不管它是甚么形态。依此，我们可说：文化生命之基本动力当在宗教。了解西方文化不能只通过科学与民主政治来了解，还要通过西方文化之基本动力——基督教来了解。了解中国文化也是同样，即要通过作为中国文化之动力儒教来了解。"[131]牟先生其后认为儒教若当为宗教来看待时，应有两种"责任"：第一、必须尽"日常生活轨道"的责任；第二、有责任作为"精神生活之途径"。且看看他如何论此重要性："在中国，儒教之为日常生活轨道，即礼乐（尤其是祭礼）与五伦等是。关于这一点，儒教就吉、凶、嘉、军、宾之五礼以及伦常生活之五伦尽其作为日常生活轨道之责任的。"[132]他又说明："宗教能启发人的精神向上之机，指导生活的途径……儒教也有这方面。周公制礼作乐，定日常生活的轨道，孔子在这里说明其意义，点醒其价值，就是指导精神生活之途径。从孔子指点精神生活之途径方面看，它有两方面的意义：广度地讲，或从客观地讲，它能开文运，它是文化创造的动力。在西方基督教也有这意义，故基督教是西方文化的动力。深度地讲，或从个人方面讲，就是要成圣成贤。"[133]牟先生继而说到："我们可以说，宗教可自两方面看：一曰事，二曰理。自事方面看，儒教不是普通所谓宗教，因它不具备普通宗教的仪式。它将宗教仪式转化而为日常生活轨道中之礼乐。但自理方面看，它有高度的宗教性，而且是极圆成的宗教精神，它是全都以道德意识道德实践贯注于其中的宗教意识宗教精神，因为它的重点是落在如何体现天道上。"[134]

神学家，例如波士顿大学的南乐山（Robert Cummings Neville）与白诗朗（John Berthrong）也呼应当代新儒家的超越内在说，而为儒耶对话创造了有利的条件。其实除了"内在超越"这概念之外，更有"外在超越"这概念。余英时先生便认为中国文化是一种"内在超越"的价值系统；而西方文化则是一种"外在超越"的价值系统。关于这两种系统的对比，本人也会留在其后"儒耶比较"时的章节再讨论。

131 牟宗三. 中国哲学的特质〔M〕. 上海：上海古籍出版社，2007，84.

132 牟宗三. 中国哲学的特质〔M〕. 上海：上海古籍出版社，2007，85.

133 牟宗三. 中国哲学的特质〔M〕. 上海：上海古籍出版社，2007，86-87.

134 牟宗三. 中国哲学的特质〔M〕. 上海：上海古籍出版社，2007，93-94.

　　唐牟等人（包括徐复观和张君劢）在 1958 年发表了一篇《为中国文化敬告世界人士宣言》[135]，这篇宣言可算是新儒家的"血书"[136]，是对"儒家思想"的重视，希望"儒家思想"除可在本土繁荣之外，与西方世界的思想是可媲美的。我们也可从此感到这是一种"儒家思想"的"成教纲领"的雏型。或许，变相能与西方的一元宗教，特别是基督宗教作比较。唐牟等人在《为中国文化敬告世界人士宣言》中明言"对于中国文化，好多年来之中国与世界人士有一普遍流行的看法，即以中国文化是注重人与人之间伦理道德，而不重人对神之宗教信仰的。这种看法，在原则上并不错。但在一般人的观念中，同时以中国文化所重的伦理道德，只是求现实的人与人关系的调整，以维持社会政治之秩序；同时以为中国文化中莫有宗教性的超越感情，中国之伦理道德思想，都是一些外表的行为规范的条文，缺乏内心之精神生活上的根据。这种看法，却犯了莫大的错误。这种看法的来源，盖首由于到中国之西方人初只是传教士、商人、军人或外交官，故其到中国之第一目标，并非真为了解中国，亦不必真能有机会，与能代表中国文化精神之中国人，有深切的接触。"[137]和："说中国人之祭天地祖宗之礼中，莫有一宗教性的超越感情，是不能说的。"[138]也说到："至于纯从中国人之人生道德伦理之实践方面说，则此中亦明涵有宗教性之超越感情。在中国人生道德思想中，大家无论如何不能忽视由古至今中国思想家所重视之天人合德，天人合一，天人不二，天人同体之观念。"[139]还有："而历代之气节之士，都是能舍生取义、杀身成仁的。西方人对于殉道者，无不承认其对于道有一宗教性之超越信仰。则中

135　刘述先对这篇宣言有这样的综合："这篇文章呼吁西方的汉学不能只像传教士那样把中国文化看作必须加以改变的对象，或者考古学家将之视为没有生命的骨董，或者现实政客采取彻底功利的态度将其玩弄于股掌之上。而应该对中国文化有敬意，深刻了解其心性之学之基础。"（引自：刘述先. 现代新儒学之省察论集〔M〕. 台北：中央研究院中国文哲研究所，2005，113.）

136　因本人曾亲身受教于唐牟二人的弟子（例如：刘国强教授和梁瑞明教授），也曾不自量力地在新亚研究所"旁听"牟先生（师公）讲课，深深感受到"新儒家的气息"，故用了一个更具震撼性的词汇——"血书"来作比拟，希望更能在纸上活现唐牟等人的决心。

137　本人在此征引的《为中国文化敬告世界人士宣言》一文，为本人读学士学位时所得的影印本，出版社等资料不详。

138　同样引自《为中国文化敬告世界人士宣言》一文。

139　同样引自《为中国文化敬告世界人士宣言》一文。

国儒者之此类之教及气节之士之心志与行为，有岂无一宗教性之信仰之存在？而中国儒者之言气节，可以从容就义为最高理想，此乃自觉的舍生取义，此中如无对义之绝对的信仰，又如何可能？此所信仰的是什么，这可说即是仁义之价值之本身，道之本身。"[140]他们再在宣言中重申"儒家的宗教性"："我们希望世界人士研究中国文化，勿以中国人只知重视现实的人与人间行为之外表规范，以维持社会政治之秩序，而须注意其中之天人合一之思想，从事道德实践时对道之宗教性的信仰。"[141]虽然徐复观先生是四人当中较不同意在宣言中[142]高举"儒家的宗教性"但不代表他不认同"儒家具宗教性"。因此观之，四人当中，特别是唐牟二人是承认儒家具宗教性的，并趁此"拨乱反正"，希望西方之士不要只以为耶教才是宗教。

在唐牟二人之后的杜维明和刘述先等，都是从美国取得博士学位，对西方的文化甚而宗教有更深入和切身的体会，藉着"儒家思想"与基督宗教对话和沟通，这样，使西方能更深入地去了解"有超越性的儒家思想"，更使西方开始感受到儒家的宗教性。例如杜维明认为儒家思想有其宗教性[143]，是体验性的哲学甚而是智性的宗教。杜维明在其《儒家传统与文明对话》中提到："假如我们在很粗浅的意义上说，儒家的一个基本趋向，是关切政治，参与社会，注重文化，那么现在更要增加一点，就是对宗教有敏感。儒家是不是宗教这是值得争议的，但是它对宗教一定要敏感，要了解宗教，对生态环保，对天地万物有关切。"[144]他也说到："儒家的人文精神是一个涵盖性的人文精神，要包括自然，也要包括天道，它走的不是一条归约主义的道路。"[145]这就等如儒家是有其宗教性的。

---

140 同样引自《为中国文化敬告世界人士宣言》一文。

141 同样引自《为中国文化敬告世界人士宣言》一文。

142 因这篇宣言是由唐君毅先生起草的。

143 杜维明是非常尊崇唐牟二人的，另外，他也十分敬佩美国的宗教学家——史密斯。尤其是史密斯对宗教所下的定义，因史密斯把"宗教"与"宗教性"分辨开来，认为"宗教"是指客观制度和静态结构；而"宗教性"是指传统、信仰（精神传统/精神上的自我认同）。

144 杜维明. 刘利华, 译. 儒家传统与文明对话〔M〕. 石家庄:河北人民出版社,2006,235.

145 杜维明. 刘利华, 译. 儒家传统与文明对话〔M〕. 石家庄:河北人民出版社,2006,15.

　　现代学者龙佳解教授对儒学是否宗教就作了这样的概括："界定传统儒学既是一种哲学，也是一种宗教，具有亦哲学亦宗教的性格，凸现了传统儒学的宗教性。在当代新儒学中，牟宗三、唐君毅、刘述先均申言儒学是一种宗教，杜维明和余英时只承认儒家具有宗教性或宗教层面，不是一种特定形态的宗教。"[146]而郭齐勇教授更细致地分辨出"宗教性"与"超越性"之不同，儒家是具备这两种概念的，他说："关于儒学是否是宗教及儒学是否具有宗教性这两个层次的问题，晚近海外学者一般都修改'宗教'[147]的定义，从精神信仰的层面肯定儒学具有'宗教性'。'宗教性'与'超越性'是不同而又有联系的两个概念。境外有学者（包括承认儒学具有宗教性的学者）不承认儒学具有超越性。其实，如果不执定在认识论上，而是从本体——境界论或价值论上去看，儒家、儒学当然是具有超越性的。"另外，夏威夷大学的安乐哲认为儒学是"无神论的宗教"。他选取了儒家其中一个"价值核心"——"礼"来为他的定论剖析："礼既是认知的，又是审美的，既有道德性，又是宗教性的，既关涉躯体，又关涉精神。"[148]他又再进一步阐明："由礼所建构的社会不仅是一个世俗的社会，也是一个宗教经验的场所。"[149]由此回溯，儒家以往的礼制仪式[150]或祭祖观念便可为"儒家是宗教"作辩证。民初时孔教会的骨干人物陈焕章（他与香港的儒教教育关系密切）则认为"儒是宗教"："以下是陈焕章在《孔教论》上篇中力图证明孔教具备宗教特质的要点：（1）孔教之名号；（2）孔教之衣冠；（3）孔教之经典；（4）孔教之信条；（5）孔教之礼仪；（6）孔教之鬼神；（7）孔教之魂学；（8）孔教之报应；（9）孔教之传布；（10）孔教之统系；（11）孔教之庙堂；（12）孔教之圣地。"[151]

---

146 龙佳解. 中国人文主义——评当代新儒家的传统文化诠释〔M〕. 长沙：湖南大学出版社，2001，14-15.

147 本人按：例如蒂利希（Paul Tillich）（或译作田立克）等现代神学家，把宗教定义为"人的终极关怀"，而无可否认，儒学是具备的，因此，若按此"标准"去阐释的话，儒教这称谓（即儒学是宗教）便成立了。

148 郭齐勇. 中国儒学之精神〔M〕. 上海：复旦大学出版社，2009，239.

149 郭齐勇. 中国儒学之精神〔M〕. 上海：复旦大学出版社，2009，239.

150 若按宗教学家秦家懿所言，其实随祭天和祭祖仪式的活动减少，儒家的"宗教礼仪"的作用少了，但仍有浓厚的"宗教性"在其深心处。对此，秦教授举出宋明儒作例子。

151 韩华. 民初孔教会与国教运动研究〔M〕. 北京：北京图书馆出版社，2007，67.

若以香港为语境，则"儒在香港的定位"[152]是三者（即学术的儒、含宗教性的儒与宗教的儒）均存在的。这会在下一节再细述。

第二节　儒家在香港进行的价值教育

一、背景（历史、现况）

（一）香港古代时"儒家思想根苗"的追溯

古代时，甚至现代，香港在全中国的版图来说，只是占"一丁点"，占的面积实在太小了，尤其是人口，在古代时更是稀少。况且，香港是中国的最南端，与"京城"相距太远，好像与荒芜两字最能扯上关系；实则并不是。

在谈论古代时的香港有没有"儒家思想"甚或"儒家的价值教育"，就要先回望香港的"历史"。其实在六千多年前，香港已有人的活动，因香港的考古学家在香港岛、九龙和新界的海域获得新石器中晚期及青铜器时代的石环、印纹陶器、彩陶器及青铜器等物。而据香港珠海学院历史学家萧国健教授认为："在东龙岛、蒲台岛、港岛石澳大浪湾及黄竹坑、大屿山石壁、长洲、西贡滘西洲及龙虾湾八处，均发现先民时代的古石刻。这些石刻，疑为先民的图腾图形，用以镇海，或为先民祈求子孙昌旺之所。另在大屿山汾流及杯澳、南丫岛洪圣爷湾，西贡海下等处面海的山麓上，有石圆环多处，皆疑为先民祭天的地方。"[153]这些考据对证明"香港古代时的儒家思想"是非常重要的，因"祭天"可当作是"最早期儒的活动"。

至秦朝时，香港属南海郡番禺县管辖，及至汉代，则由博罗县管辖。至于汉朝时的香港先民有没有遗留一些事物呢？这是有的，就是 1955 年时，

---

152 其实，在香港，若以"人"为解读"儒"的主体，就可以分为三类"接触儒家思想的目的"的人：第一、学习四书以懂做人道理的人（道德儒）；第二、深研儒家思想，有尊孔之心，且有超凡入圣倾向之人（趋向宗教性的儒）；第三、除了对儒家思想有兴趣，且会对有祭孔之心的人（虔敬的儒）。顺道一提，因本论文主要是有关儒耶的对比的研究，故从基督教这方面在香港的情况来看，是可和儒家的情况互相比较的。在香港，若以"人"为解读"基督教思想"的主体，就可以分为三类"接触基督教思想的目的"的人：第一、学习《圣经》以懂做人道理的人；第二、深研基督教思想，有尊耶稣之心之人（学术性为主的文化基督徒）；第三、对基督教有兴趣，且会对来生有盼望和信"神"的人（虔敬的基督徒）。

153 萧国健. 香港古代史〔M〕. 香港：中华书局（香港）有限公司，1997，39.

在九龙的"李郑屋村"发现一座古墓，后命为"李郑屋古墓"，这是香港直至现在惟一发掘出最古和最具规模的古墓（含文物）。据萧国健的形容："1955年在九龙李郑屋村地区，发现古墓一座，经考证为东汉期间之物，墓内包括铜镜、铜碗、陶碗及农村屋宇小模型等，皆疑为东汉期间之物。该农村屋宇模型，可证其时已普遍为单户农耕居室。该墓的顶部呈拱形，为当时建筑的特色。古墓是现在境内独一的遗迹。"[154]这个发现对各种学术研究有很大的帮助，例如对证明"香港古代时已有儒家思想"是非常重要的，因从此可知汉朝时的香港先民是有"祭祖的观念"，且是"敬祖"的，这可从墓的"大规模"可推测得到。况且，汉朝时是"独尊儒术"的，可以知道这思想已南下至香港。

当然，南北朝和唐代都有中原大族南迁至香港，例如笃信佛教的杯渡禅师曾路经且曾驻新界屯门的普渡寺，香港的佛教可能由此发展起来，惟此不在本文讨论范围之内，故不在此详言之。

宋代时理学兴起，本人估计此风或有吹至香港，此乃是有根据去猜想的，就是宋末时有"王"大驾至香港。宋时，香港与邻近地区，合称大奚山。据萧国健教授考证："'大奚山'之名，初见于宋代王象之《舆地纪胜》，其中云：'大奚山：在东莞县海中，有三十六屿，居民以渔盐为生。'"[155]那时，香港是隶属广州府东莞县。北宋末年，中原混乱，让北方宋人南迁，有些居于香港北部的新界，例如现在仍在新界锦田活跃和繁衍的"邓氏"便在那时抵达和定居[156]。再至南宋末年，元军大举南侵并陷临安，使宋王罡和宋王丙逃避至香港："南宋末年，元军大举南侵，德祐二年（1276）陷临安，宋驸马都尉杨镇及提举官杨亮节等奉度宗子益王罡、广王丙南退闽粤。是年五月，帝罡登位，是为端宗，改元景炎，加封弟广王丙为卫王。其时，元朝军队分道南下闽粤，宋军诸路皆败，帝罡等不得已，乃辗转由海道南退广东。是年十二月，帝罡等由潮州南澳、经惠州陆丰甲子门、至大鹏，欲入广州治所。"[157]其后，宋帝罡屯驻在香港九龙半岛的九龙城以南一带，而在那儿建立行朝有六个月。据萧教授参详嘉庆《新安县志》卷十八胜迹略后说："帝罡驻官当场时，

154 萧国健. 香港古代史〔M〕. 香港：中华书局（香港）有限公司，1997，40.
155 萧国健. 香港古代史〔M〕. 香港：中华书局（香港）有限公司，1997，58.
156 不过，"邓氏"曾北返中原，后再来香港。
157 萧国健. 香港古代史〔M〕. 香港：中华书局（香港）有限公司，1997，62.

其地原有土瓜湾村[158]；据故老相传，当帝昺等抵达时，村民亦曾结队出迎，并献粮食，以供困乏。其后，宋臣于官富寨南杯玖石下，圣山（Sacred Hill）之西，马头涌之东，兴健行宫，后世称之为二王殿；又于圣山筑望台，后称宋王台。"[159]

元朝时，正因前有宋帝南逃，致使更多不愿屈于元之下的宋遗民相继南迁，很多都散居在深圳及香港，这些居民的后代，现仍可考证出来："当时，在今香港新界地域定居的，可考者有：龙跃头邓氏，屏山邓氏，屯门、樟木头、上水的廖氏，屯门陶氏，河上乡侯氏，衙前围吴氏，大埔泰坑文氏，以及新田仁寿园文氏等。"[160]本人估计，那时那么多宋遗民流亡在此，或多或少都会带进一些"思想"，或许是"祭天地思想"，或许是"孔孟思想"，更或许是"宋理学思想"。虽然那些移民的知识水平未必高，但零零星星的"儒家思想"总会有的。

明朝时，香港经济日渐发达，徙进的民众日增。据记载，明代时的香港除了有盐业、渔业、农业、烧灰业之外，也有"种香业"[161]，虽然那时的香制成品多运往外销售，但从此可推算，那时的香港居民也会"上香参拜"，可能是"祭天地"和"拜佛"，而"祭天地"是"古儒"的行为，故明朝时的香港居民亦可算是有"儒的思想"啊。虽然没有记载明朝的香港有人供奉孔子，但有供奉关圣帝[162]和文昌帝君的记载："锦田水头村内有二帝书院，内奉文武

---

158 本人小时候就是在此区域居住，而很巧合，此区域为二十世纪五六十年代时，新儒家的重镇——新亚书院（新亚书院后迁至新界沙田区）的所在地，现仍有新亚研究所在办学（硕士和博士课程）。

159 萧国健. 香港古代史〔M〕. 香港：中华书局（香港）有限公司，1997，69-70.

160 萧国健. 香港古代史〔M〕. 香港：中华书局（香港）有限公司，1997，72.

161 据萧国健教授指出："明代，香港地区各山岭及斜坡，土质适宜香树生长；所产的香品，较别地所种者好，称为莞香，以沥源堡及沙螺湾二地为最佳。所产的香木，大多由九龙尖沙头草排村的香埗头，载往香港仔石排湾东端的一小港湾，再以艚船运赴广州，继由陆路北上，经南雄，越梅岭，沿赣江至九江，再下江浙之苏松等地发售。此途是以往广州与长江下游的交通常道，虽非最便，但沿途安全，而且适宜于香品之遇霜风而更见芳郁，故此商旅常取此道。所产的香品，名目颇多，价值亦各有不同，较著者，有黄纹黑渗、生结、马尾渗、黄熟及女儿香等品色。该区所产的女儿香，多用于祀神。"（引自萧国健. 香港古代史〔M〕. 香港：中华书局（香港）有限公司，1997，84.）

162 关帝虽然被称为武帝，但也被尊称为"山西夫子"或"关夫子"（山东一人作春秋；山西一人读春秋），是读书人所祀的文教之神。

二帝，据村内父老相告，书院建于明代中叶，中为魁星阁，供奉五文昌帝君，两旁书房供村内学子读书用。今已废圮。屏山上章围旁有魁星阁一座，俗称聚星楼，建于明代中叶，内奉关帝及魁星神位。该塔型建筑至今仍保存良好。"[163]由此可见香港居民有重视读书的一群，且已有"书院"的出现，可算是有"儒生"的出现。

综观以上的考究（由六千年前的祭天至明朝的书院），香港已蕴藏着"儒的思想"，但当然，那时的香港居民应未知那就是"儒的行为"或"儒的思想"罢了。

（二）清末民初时期儒家在中国进行的价值教育概述

因香港在清末民初才开埠，故本人就以此时段作为儒家正式在香港成为其中一种"思想"或进行的价值教育的"时间起点"。而如要论述"儒学在香港"，则不得不先以"儒学在全国"作"空间起点"因香港始终是背向祖国，所以大陆发生甚么思潮或国家大事，香港是感应到或受用的。

本人先明示此节所谓"儒家在香港进行的价值教育"中的"儒家"包涵三类别：民间性和社会性的实用儒家（例如对孔孟格言有兴趣的人）、学术性的儒家（或含宗教性，例如唐君毅与牟宗三等）、宗教的儒家（有制度的，以敬虔的心祭孔，例如陈焕章及其后的"香港孔教学院"）。

1. 康有为、陈焕章的孔教运动与儒家教育的关系

清初时，儒学定于一尊的地位尚在，历任皇帝对儒学大都是推崇的，加上百姓期望在科举考试中冒出头来之风仍隆，而"四书五经"属必考之科，故"儒学"是社会中的学问。惟经鸦片战争一役后，"儒学的进取价值"受到了质疑，致"儒学"与"守旧"挂上钩，"儒学"因此受到严峻的考验。

洋务运动、戊戌维新和新文化运动使"西学为用"这思想掀起热潮，反之，"儒学"则被逼迫至边缘。范玉秋博士说："鸦片战争以后，处于内忧外患之中的清王朝面临的政治危机日益严重，同时，在西学冲击之下的日趋僵化的传统儒学也到了生死存亡的紧要关头。"[164]随着民国政府的成立，因深明新政府的初建，要立新便首要从教育方面着力，故推行了教育改革措施。例如颁布《普通教育暂行办法》，当中规定"小学读经科一律废除"，另外，也

163 萧国健. 香港古代史〔M〕. 香港：中华书局（香港）有限公司，1997，99.
164 范玉秋. 清末民初孔教运动研究〔M〕. 青岛：中国海洋大学出版社，2006，8.

规定"清学部颁行之教科书一律禁用"。一个月未够，学界名宿蔡元培发表《对于新教育之意见》一文，说忠君与共和政体不合，尊孔与信教自由相违。因为民初政府这教育政策和蔡元培的见解，间接掀起"孔教运动"，使"儒学"或"儒教"这思维或名称从政界、学界或民间中"明确地响彻起来"。正因为孔教运动有支持者，也有反对者，故火花频频，是社会重视之"议题"。而袁世凯约本年后颁布《通令尊崇伦常文》，使民间有若干的尊孔组织纷纷成立，并表态支持尊孔，捍卫"儒学"或"儒教"。据中国人民大学清史研究所博士后的韩华道："恢复孔教的号令鼓舞下，社会上出现了许多所谓'力挽狂澜，扶翼圣道'为宗旨的尊孔小团体，如上海有孔教会，北京有孔社，济南有孔道会，太原有宗圣会，扬州有尊孔崇道会，青岛有尊孔文社，等等。"[165]从此可见"儒学"与"教育"的密切关系，所谓"牵一发而动全身"，社会各界人士有"如教育欠缺了儒学成分便不成教育"的前设，有"儒便是教育"，"教育便是儒"的感情。有部分人士不只为了"保育儒学"这门学问，更是为了"保卫儒家的价值教育"，认为儒家的价值教育是具正向价值的，是切不可除去的。惟不排除某些鼓动之士可能含有政治意图。为甚么会有"孔教运动"的发起，而不是"儒学运动"呢？很大的关系是因为蔡元培在"第一次全国临时教育会议"中所提的"学校不拜孔子案"："前清《学堂管理通则》有拜孔子仪式，孔子非宗教家，尊之自有其道；教育于宗教不能混合为一，且信教自由，为宪法公例。"[166]其后有议员提出"删除孔诞日"，但最后此两项建议都不成立或取消。极可能因此而造成反响，其后不只全国学校积极响应孔诞纪念会，甚至全国的工商界都举行庆祝活动，据韩华教授根据在1913年2月出版的《孔教会杂志》中的〈粤省人民之恭祝圣诞〉一文中描述而曰："而与临时教育会议推行《办法》步履维艰形成鲜明对比者：当1912年9月北京教育部通电各省，全国各校于公历10月7日孔子诞辰日，举行纪念会时，却立即得到较为广泛的响应，'全国各地教育界及工商各界，港、澳侨胞，纷纷举行庆祝活动，极为踊跃'。"[167]按此记载（香港也有庆祝活动），那时，香港是有拥护"儒学"或"孔子"的一群。

---

165 韩华. 民初孔教会与国教运动研究〔M〕. 北京：北京图书馆出版社，2007，4.

166 韩华. 民初孔教会与国教运动研究〔M〕. 北京：北京图书馆出版社，2007，6.

167 韩华. 民初孔教会与国教运动研究〔M〕. 北京：北京图书馆出版社，2007，7.

其实，自广东教育司司长锺荣光博士的"通饬学校感止读经"和"彻去公立学校的偶像神牌（当包括孔子像）"颁布后，引起了公愤："锺氏废孔议案，还引起广东省各地区、各组织及个人的关注，相继致电广东省会审查会，支持'纠举'锺荣光废孔议案，并宣称'不认锺荣光为教育司长'，以抗议'锺荣光通饬学校，取消尊孔，诬蔑圣教'之举。"[168]要特别一提的就是反对锺荣光的组织包括了"港商咸鱼行"和个人名义的"香港公民或商人[169]"。由此再证明香港有"重视儒学"或"儒家教育"甚至"儒教"之士，推而广之，香港应也有此风。

作为"孔教运动"的有力带领人，康有为是有其理想的，且在清末时应已酝酿着（此部分因与本文的关系不大，故不论及）。而那时很多"尊孔的组织"在遇到问题时都会向他请教，甚至邀请他担任一些重要的角色。本人想要在这里说的，就是康有为是广东南海人，与香港有关系，例如他在推动"孔教运动"时，也曾在香港停居，这可从有记载的书信往来看到，例如1913年12月《孔教会杂志》第1卷第11号便载有："本会在事务所开会，推举会长……由陈焕章宣布会长所应具之资格：一道德；二学问；三阅历；四闻望。所谓道德，不独私人之道德，必须有任道之热力，救世之气魄……自孔教会发起以来，会长一席久已属意于康南海，阙里大会之时，亦经询谋佥同。今日南海已归国，各处纷纷来信，催促早日举定，以慰众望，爰于今日开特别会，以征求同意云云。于是全体一致赞成举南海为会长，乃即拟发电稿，其文曰：'香港亚宾律道三号南海先生鉴：本会会长，非先生莫属，现已开会举定，乞早来京，主持一切……'。"[170]

康有为虽然是孔教会的第一领导人，但另一位二号人物——陈焕章[171]的地位也是举足轻重的。甚至孔教会很多事务和实际行动，都是由他策划或行动的。据研究孔教运动的范玉秋博士说[172]，康有为任会长期间，根本未曾到

168　韩华. 民初孔教会与国教运动研究〔M〕. 北京：北京图书馆出版社，2007，12.

169　按1913年2月《孔教会杂志》第1卷第1号中的〈粤人声讨锺荣光废孔之公案〉刊载，香港公民有"蔡遇春"；香港商人有黄屏孙、陈璧泉、卢颂举、陈觉民、潘子谦等数人。（资料来转引自：韩华. 民初孔教会与国教运动研究. 北京：北京图书馆出版社，2007，12.）

170　韩华. 民初孔教会与国教运动研究〔M〕. 北京：北京图书馆出版社，2007，78.

171　陈焕章，字重远，广东高要人，生于1881年，1933年卒于香港。他是康有为的徒弟，具进士及美国博士的衔头。

172　范玉秋博士说："在康有为的授意之下，1912年10月7日，由陈焕章、沈曾植、

会任职，因此本人认为陈焕章已是孔教会的'实际执行会长'。另外，陈焕章与香港的关系较康有为更密切，因他除了是广东人之外，其后更在香港创立"香港孔教学院"，并卒于香港。而这孔教学院直至现在，在香港仍很活跃，宣扬孔学或教义的活动可谓遍布全球（有关"香港孔教学院"在香港的儒家教育事情会留待下面再详论）。因此，康陈二人在中国的"孔教运动"，对香港"尊孔"和"重视儒家的价值教育"是有辐射性的影响的。当然，站在陈焕章的立场，高举"儒是教"多于"儒是学"。因陈焕章认为要把儒学上升成为儒教，甚或"国教"。话虽如此，但从陈焕章为何提倡"孔教"可知，他仍是很着重"儒家的价值教育"，无论是学校教育中的"儒学经典"或社会民众的礼义廉耻，抑或任重道远地"保中国文明"与"外国文明"匹敌。他在《论中国今日当倡明孔教》一文中强调倡明孔教的原因："（一）孔教在民初遭遇了前所未有之厄运，包括（1）'广东教育司、中央教育部，且议停祀孔子矣'；（2）毁坏孔庙，如重庆教育分司毁坏孔庙也；（3）孔教之圣地孔林树木被砍，孔林被毁；（4）学校废止读经。'孔教之经典，中国之国粹也，乃全国学校，除大学外，竟皆不读经矣'，'三十年后，将皆不知孔教为何物'。（二）信仰孔教，以维系人心，以存礼义廉耻，以免遭国亡之难。前清'适通西力东渐之际，举国岌岌，颓然自丧……然孔子之名号尚在，犹足以维系乎人心。及革命之后，愚悍之夫，竟公然以排斥孔子为事，于是数千年之礼教，一旦扫地以尽，全国之人，乃至无一信仰，争夺相杀，习为固然，恐吓诈骗，自鸣得意，礼义廉耻尽丧'，'吾惧我中国之灵亡于无礼义廉耻也'。（三）保国民之特性，'欲保国，诚欲保种，则不可不先保国民之特性'，吾国民之特性孔教是也。（四）倡孔教，保中国之文明，'今世列国之竞争事也，不独竞于武力，亦竞于文明'，而孔教乃'我中国文明之本也'，若孔教亡，是直犹太印度之不如矣。"[173]而陈焕章那倡明孔教的办法要点中，就显出他是着重"教育"的，这包括"儒家的宗教教育"和"儒家的经典教育"："（1）遍设孔教会；（2）特立孔教会籍；（3）特设教旗；（4）采用孔子纪年；（5）遍祀上帝而以孔子配；（6）学校皆祀孔子；（7）学校读经；（8）集众讲教；（9）庆祝孔子诞辰；

麦孟华、梁鼎芬、王人文、朱祖谋、陈山立、姚文栋、张振勋、陈作霖、姚丙然等人发起，由康有为任会长（康氏一直未曾到会任职），陈焕章为主任干事、总揽会务的孔教会在上海成立。"（引自：范玉秋. 清末民初孔教运动研究〔M〕. 青岛：中国海洋大学出版社，2006，116.）

173 韩华. 民初孔教会与国教运动研究〔M〕. 北京：北京图书馆出版社，2007，68.

（10）行孔教之礼。"[174]梁启超亦曾在 1913 年 8 月联同陈焕章、严复、夏曾佑等联名上述参、政两院，认为立孔教或儒家教育是一种可改良国家风化的"社会教育"，按梁启超在其〈政府大政方针宣言书〉中记载："欲改良一国之社会教育，则不外因固有遗传之国民性，而增美释回焉耳。我国二千年来之社会，以孔子教义为结合之中心。论者或疑国体既变而共和，即孔子遂亦无庸尊尚。是非惟不知孔子，抑亦不知共和也。"[175]

2. 陈焕章的孔教运动与香港儒家教育的关系

陈焕章与康有为的孔教总会成立之后，新的支会、分会纷纷成立，因此，组织是越来越强大的，而"香港"也有孔教的分支："无论是国内的偏远省份，还是繁华城市，都有孔教会的分支机构。仅城市就有上海、北京、天津、济南、青岛、南京、南昌、西安、贵阳、桂林、成都、武昌、兰州、长沙、福州、齐齐哈尔、香港、澳门等。海外如纽约、东京、南洋等，也有孔教会的下级组织如东京支会、澳门支会、美洲之部等。据 1913 年至 1914 年 1 月的 12 期《孔教会杂志》上统计，从总会建立始，至 1914 年初，孔教会的各分支机构累计已有 140 余个。"[176]

由于曲阜是孔子的故乡，故陈焕章的"第一次全国孔教会大会"便选择在此地召开，那次的规模宏大，全国各地都有派代表出席，理所当然，香港都有代表[177]出席支持，可见香港对"儒教"的正视。还有，就是当全国孔教大会在山东召开时，香港同日举行庆典，张灯结彩，气氛浓厚，这情况有以下的证明："此外，广东、湖北、澳门、香港等地也与全国孔教大会遥相呼应，并于同日举行庆典。"[178]还有在《孔教会杂志》中的〈广东庆祝圣诞之详情〉也描述到："其它如佛山、港、澳等地，圣诞日均张灯结彩，庆祝孔子诞辰。"[179]

陈焕章在国教运动失败后希望筹建"孔教大学"，故与香港孔圣会主席李葆葵等人在 1923 年 3 月 15 日联合发表了《筹建孔教总会堂以办孔教大学启》

---

174 韩华. 民初孔教会与国教运动研究〔M〕. 北京：北京图书馆出版社，2007，68.
175 范玉秋. 清末民初孔教运动研究〔M〕. 青岛：中国海洋大学出版社，2006，155.
176 韩华. 民初孔教会与国教运动研究〔M〕. 北京：北京图书馆出版社，2007，81.
177 据韩华所述："与会者多达二、三千人，除孔教会会员及各地尊孔会、社代表外，副总统、国会、内务部、大理院和 19 个省以及港澳侨胞均派代表参加。"（引自：韩华. 民初孔教会与国教运动研究〔M〕. 北京：北京图书馆出版社，2007，123.）
178 韩华. 民初孔教会与国教运动研究〔M〕. 北京：北京图书馆出版社，2007，126.
179 韩华. 民初孔教会与国教运动研究〔M〕. 北京：北京图书馆出版社，2007，127.

[180]，其实陈焕章深明大学教育在"传播学问（人文教育）"甚而"传播宗教教育"上的成效是非常突出的，所以欲借大学来达成他的理想。而本人觉得在他特别找"香港孔圣会主席"来联合发表这文，可见香港那时应有"孔教"或"儒学"在传道着。虽然那时草创的"孔教大学"的选址是在北京，但仍可从陈焕章"特别找香港孔圣会主席来联合发表《筹建孔教总会堂以办孔教大学启》"一事中看到，陈焕章是重视香港的。而陈焕章更联同孔圣会同人亲到香港募捐，从此亦可估计到香港虽然在那时是英国的殖民地，但应有不少达官贵人是受儒家教育长大的，或欣赏儒家教育的，故乐于捐助孔教会，例如其后，香港的陈鉴坡更捐了一所荔枝园。

陈焕章在孔教大学之下附设中学和小学。这"大"、"中"、"小"的三层结构，对推广"儒家价值教育"起了大作用。直到往后一点的日子，香港虽然没有成立孔教大学，但真的成立了孔教中学和小学。孔教学校很看重读经这一环，亦重视在校内举行传统的"祭孔典礼"，因此可以说既重视"儒学"，也重视"儒教"。顺理成章，香港的孔圣会小学都是以此为办学宗旨。陈焕章在香港孔圣会小学的开学典礼中说到："孔教学校'必当具有一种特别精神，与普通学校不同者，此种精神维何？即孔圣之精神也'，在孔教学校中'念念效法孔圣，自属当然之则'。"[181]在此，亦能感受到陈焕章明白到宗教与教育及学校的关系，例如他曾说："外国宗教，'其读经之所，既有学校，又有礼拜堂，我中国既不另设教堂，而向以其职务归并于学校，故学校皆所以明伦，而明伦必根于尊经，此我中国之教则然也。今若言孔教而离却学校，是自异其土地人民，办学校而离却孔教，是自灭其国魂国命，哀哀吾民，在校内既不能自由读经，而在校外又无教堂以读经，是经传道息，而凡为中国人者将不得复为中国人矣'。"[182]

---

180 "为了筹措经费，1923 年 3 月 15 日，陈焕章及香港孔圣会李葆葵等人联名发出筹办启事，启事称：建立孔教大学及孔教总会堂'内以鼓励全国尊孔之诚，外以耸动万国慕华之意。监言之，则上以继承三古明堂之法，下以开创万世太平之基'，号召有志于孔教者捐款。陈焕章本人也会同孔圣会同人到香港募捐。"（引自：韩华. 民初孔教会与国教运动研究〔M〕. 北京：北京图书馆出版社，2007，151.）

181 此乃节录自 1923 年 2 月刊在《经世报》第 2 卷第 1 号中的〈陈博士香港孔圣两等小学开学训辞〉（转引自：韩华. 民初孔教会与国教运动研究〔M〕. 北京：北京图书馆出版社，2007，157.）

182 韩华. 民初孔教会与国教运动研究〔M〕. 北京：北京图书馆出版社，2007，159.

另外，组织发行刊物，除了对宣传组织的理念是很大的帮助外，对"教育社会"也起了不容忽视的作用。而孔教会的《孔教会杂志》和《经世报》就有这方面的贡献。《孔教会杂志》内容丰富："其内容'眉目清楚'，分 16 个栏目：图画、论说、讲演、学说、政述、专著、历史、传记、译件、丛录、文苑、时评、书评、孔教新闻、各教新闻、本会纪事。"[183]就正因为杂志的发行，成了在社会流传的"教育工具"，于是间接促成各地孔教支会的成立。而《孔教会杂志》风行北京、上海、广东等大城市，相信香港亦有很多人能阅读到，姑且可以说这都是香港儒家价值教育的一部份。

（三）1949 年后新儒家在香港进行的价值教育概述

1. 钱穆、唐君毅和牟宗三等新儒家与儒家教育在香港的关系

1949 年这条历史性的时间线，让两批不同的新儒家各自选择了两个不同的空间发展理想：选择留在大陆的有梁漱溟、马一浮、熊十力等人；而选择到香港或台湾的有钱穆、唐君毅与牟宗三等人。

无可否认，来自大陆的钱穆、唐君毅和牟宗三均是志同道合之士，他们的背景相近，民族意识浓厚，且有花果飘零之感，更有传承中国文化之意，但他们同是"新儒家"吗？坊间学人的答案未必一致，尤其是"钱穆"，较多人不认同他是"新儒家"一员，但大都肯定他与唐君毅及牟宗三等人同是"现代新儒家教育流派"的佼佼者。

当然，1949 年后抵港或港台两地往来的知识分子不少，除了刚述到的钱、唐与牟外，还有其它同可归纳为"现代新儒家教育流派"的学者，例如徐复观、张君劢……但因钱、唐及牟等三公是这群在香港最核心的学者或教育家，故本节会集中以他们三人为例去阐释"新儒家在香港所推行的儒家价值教育"。

何谓教育流派？要解释这概念就要先明了何谓"教育思潮"："教育思潮是在一定的历史时期内，集中地反映社会群体的教育意愿、教育思想倾向的一种社会思潮。"[184]这就是说"时势造思潮"。好了，那甚么是教育流派呢？，在董宝良教授与周洪宇教授主编的《中国近现代教育思潮与流派》中说到："教育流派则是在一定历史时期内某些具有相同或相近的政治倾向和教育理想的

---

183 韩华. 民初孔教会与国教运动研究〔M〕. 北京：北京图书馆出版社，2007，82.
184 洪明. 现代新儒家教育流派研究〔M〕. 广州：广东教育出版社，2009，1.

教育工作者，为提倡和推行某种教育主张而形成的教育派别。"[185]这可以说是"思潮造英雄（流派）"。1949 年前的香港，地位与文化都是处于一种"特别"的景况，从正面看，这种"特别"就是香港因是英国殖民地，故物资较为先进，能面向国际；惟这也能从反面去看，就是香港人有一种寄人篱下之感，对祖国，对民族有可望而不可及的苦情。若用一句香港的广州话俚语去表达那时香港人的情感依归，可谓："两头唔到岸。"因此，"新儒家"于 1949 年后抵港，可算是把中华民族之情弥补在这个缺口上。他们在港开创了成功的私立大专教育，好让爱追求学问的学子，尤其是考不进"香港大学"的学子，有寻求学问的出路。还有，那时适逢第二次世界大战战后的复原期，香港人急需振作重建的途径，学问是经济和心灵复苏的必要条件，故孕育了"现代新儒家在香港推行价值教育"的黄金机会。

中国长久以来便有学术不分家的概念，中国的人文学术知识是文、史、哲合一的，例如研究文学的，史学知识与哲学知识也是厚实的，只不过相对而言，拥有的文学知识所占的比例较多罢了。而现代新儒家都是这样，是学术巨人。而他们不只是学术巨人，更是教育家，故儒学与教育的关系是千丝万缕的，本人可肯定地说："新儒家不只在传播哲学思想，也是在传扬教育思想"，即是站在教育学者（本人）的角度来看："新儒家在传播'儒家价值教育'的同时，就是在向教育学者传扬'儒家教育价值'思想"。

因此，我们可从新儒家的"价值教育思想"去疏理新儒家在港所推行的儒家价值教育。儒者，从狭义来说就是"师"，是"君子儒"，因此在这类同意义之下，现代新儒家已类同[186]现代教育家。洪明教授认为："总之，现代新儒家之所以能成为一支重要的教育流派，是因为他们都有一个共同的精神立场，那就是中国文化；新儒家没有一个不是通过教育传播自己思想的，没有一个不希望通过改革现代教育之弊，以期为中国文化开辟一条道路的。"[187]洪明教授更说："教育问题本身就是儒学关心的核心问题，教育的现代化自然是现代新儒家的应有之意。儒学不是专门的教育学，但儒学涵盖了教育学所提出的基本问题，因为儒学从根本上是关于天地人生的学问，是探讨如何做人与做事的学问，因此也可以说是一门关于教育的学问。"[188]若我们从此观点（儒

---

185 洪明. 现代新儒家教育流派研究〔M〕. 广州：广东教育出版社，2009, 1-2.
186 从逻辑上看，当然是不等同，但从意义上看是类同的。
187 洪明. 现代新儒家教育流派研究〔M〕. 广州：广东教育出版社，2009, 7.
188 洪明. 现代新儒家教育流派研究〔M〕. 广州：广东教育出版社，2009, 7.

家与教育的关系）去解构钱穆先是否"新儒家"的话，本人觉得钱穆先生是"新儒家"。但如从新儒家，例如唐牟二人所表现出的天人哲学思辩理路来看，钱穆先生肯定不是这类，他只是倾向"史学家"之型。为甚么本人在这儿论述"1949 后香港的儒家价值教育"时不"一刀"由唐、牟二人切入，因钱穆先生着实是一个非常关键的人物，他在香港创办的"新亚书院"，是儒学传播的教育重镇。而"书院"就是"教育"的地方，而"书院精神"[189]尤如"教育精神"，再推广开去，"书院教育精神"就是"儒家教育精神"。当然，这儿所说的书院，不只是一座学究式的象牙塔，而是在这儿学习到的都是对提升人格和提升社会风气和经济竞争力有帮助的，是实际的学问，不只是"死知识"或学员只是永世留置在书院里"钻形而上的空子"。

　　钱穆未曾读过大学，中学更没有毕业，他全凭苦修自学，故他对"教育"的重要性是有切身感受的，学校教育与自我教育是同等重要的。钱穆在《新亚遗铎》中曰："教育乃余终身志业所在。"[190]他也曾在《政学私言》中曰："中国传统教育思想乃为人性之发育成全人而有教。"[191]因此，说他是"教育家"甚而是"新儒家教育家"并不过份。还有可以肯定的是他有机会在香港办教育的话，必定会尽心尽力做到最好。本人深信一些不赞成钱穆先生是新儒家或含有新儒家精神的人，都不会反对他是一名满怀"人文主义教育精神"的教育家。若他有"人文主义精神"或"人文主义教育精神"，他至少可称得上是"儒家人文学家"，因此，他在香港所推行的正是"儒家的价值教育"。北京师范大学的俞启定教授在其〈钱宾四先生人文主义教育思想述要〉中说得很准确："先生大力提倡教育要培养理想健全的人格，既源于中国历史的教育传统，又本自他一贯的人文主义教育立场；既是对教育本质认识的深化，又是对教育价值评估的升华；既有利于个人的全面发展，又有利于社会的文明进步。这种教育宗旨已在先生一生的教育活动中，特别是在新亚书院的教育实践中，得到体现并结出硕果，亦必将得到学界越来越广泛的重视和认同。"[192]

---

189 胡适曾在《书院制史略》中认为中国的书院精神表现在三个方面，分别是代表时代精神；讲学与议政；自修与研究。

190 洪明. 现代新儒家教育流派研究〔M〕. 广州：广东教育出版社，2009，214.

191 洪明. 现代新儒家教育流派研究〔M〕. 广州：广东教育出版社，2009，215.

192 洪明. 现代新儒家教育流派研究〔M〕. 广州：广东教育出版社，2009，237.

　　当谈到香港的儒家或新儒家的价值教育，新亚书院的地位是举足轻重的。假若钱穆等人没有来香港创办新亚书院的话，或许香港就未能受惠"儒家的价值教育"了。钱穆在《新亚书院创办简史》中简述他来香港的"机缘"："民国三十八年（一九四九）春假，余与江南大学同事唐君毅，应广州私立华侨大学聘，由上海赴广州。"[193]他又说："一日，在街头，忽遇老友张晓峰（其昀），告余，拟去香港办一学校，已约谢幼伟，崔书琴，亦不久当来。"[194]他再说："余在侨大识同事赵冰，一见如故，秋季，侨大迁回香港，赵冰夫妇与余偕行。"[195]如从时间性上说得再准确一点的话，这应由"新亚书院"的前身，即是办夜间教育的"亚洲文商学院"算起来，接着才到"新亚书院"[196]，跟着再到举办硕士及博士学位的"新亚研究所"，继而在八十年代办学，举办学士学位课程的"新亚文商书院"。

　　综观上列的书院或研究所，都有一个共通点，就是蕴含着"新亚精神"。甚么是"新亚精神"？这可参考于1952年入读新亚书院的黄祖植先生[197]在《桂林街的新亚书院》中所述："一九五二年六月，第一期的《新亚校刊》出版了。其中有唐君毅先生的《我所了解的新亚精神》和张丕介先生的《武训精神》各一文，说出他们各自认为的新亚精神。唐先生在上述一文中认为：大家应当在文化教育中，发挥中国文化精神，如果能发挥潜存在中国人心中的中国文化精神，一定能复兴中国。又认为：要而心灵的光辉去照耀人类历史文化之长流，给予历史文化皆有一新研活泼之情趣。新亚之教育文化理想：不外一方希望以日新又日新的精神、对中国固有的文化，化腐臭为神奇，予一切

193　黄祖植. 桂林街的新亚书院〔M〕. 香港：容滕斋，2005，7.

194　黄祖植. 桂林街的新亚书院〔M〕. 香港：容滕斋，2005，7.

195　黄祖植. 桂林街的新亚书院〔M〕. 香港：容滕斋，2005，7.

196　新亚书院可分为两个时期：1950-1964 年的私立新亚书院；1964 年与其它有素质的书院合并成为"香港中文大学"的新亚书院（钱穆这时婉拒任这新亚书院的院长一职）。钱穆在 1964 年 7 月 11 日的新亚书院第十三届毕业典礼上作了公开讲演。那时，钱穆已经执掌新亚书院十五年，惟他却选择离职。他在讲辞中说到："我自十七岁到今五十三岁，始终在教育界。由小学中学而大学，上堂教书，是我的正业。下堂读书著书，是我业余的副业。我一向不喜欢担当学校行政工作，流亡来香港，创办新亚，算是担当学校行政了，那是在非常环境非常心情下做了。在我算是一项非常的事。"（引自：钱穆. 有关穆个人在新亚书院之辞职〔A〕. 钱穆主编. 新亚遗铎〔C〕. 北京：三联书店，2004，665.）

197　黄祖植先生生于一九三一年，于一九五二年入读新亚书院，一九五六年毕业。

有价值者，皆发现其千古常新之性质；另一方面，要求与世界其它一切新知新学相配合，以贡献予真正的新中国，新亚洲，新世界。"[198]我们且看唐先生在"新亚书院并合进中文大学时"如可何说明新亚精神，他在〈理想与现实——中文大学的精神在那里？〉一文中说到："'新亚精神'这个名词最初出现在新亚校刊第一期，初时指新的亚洲，新的中国，后来指中国人文教育的精神，亦针对几十年来学术划分太多而没有人文文化的通识的弊病，我们办新亚书院的目的主要为中国人文精神传统。……中国教育家总应走一条自己的道路，这道路是属于中国的、中国人文理想的，这包涵着中国过去的文化通过现在向将来的发展。"[199]而从新亚书院校歌的歌词（由钱穆所撰）中也能体会到新亚精神之意："山岩岩、海深深、地博厚，天高明，人之尊，心之灵，广大出胸襟，悠久见生成。珍重珍重，这是我新亚精神。十万里上下四方，俯仰锦绣，五千载今来古往，一片光明。五万万神明子孙，东海西海南海北海有圣人。珍重珍重，这是我新亚精神。手空空，无一物、路遥遥、无止境。杂乱中，流浪里，饿我体肤劳我精，艰险我奋进，困乏我多情，千斤担子两肩挑，趁青春，结队向前行。珍重珍重，这是我新亚精神。"[200]歌词中有提及自然生态；有提及天与地；有提及德性；有提及心灵；有提及神明；有提及圣人；有提及无穷境；有提及人生的苦难；有提及毅力；有提及群己观……这通通是"儒家的价值教育哲学"。因此，了解"何谓新亚精神"，对论述"儒家（或新儒家）在香港的价值教育"有很强的左证作用，因正如上文所说，新亚书院在香港的学术界或文化生态实在有举足轻重的地位，所以"它所发扬的精神"，就等同"它所推行的价值教育"。除了"校歌"固然能表达出"新亚"的教育哲学之外，"校训"也可窥见一二，按黄祖植先生转述："钱先生在《新亚校训诚明二字释义》中说：'决定用诚明二字作为我们的校训……是郑重其事、而又谨慎其事的。'他引用《中庸》'诚者，天之道也，诚之者，人之道也。'及'自诚明，谓之性，自明诚，谓之教，诚则明矣，明则诚矣。'并说：'诚字是属于德性行为方面的。明字是属于知识了解方面的，诚是一项实事，一项真理，明是一番知识，一番了解……要把学做人，认为同属一事

---

198 黄祖植. 桂林街的新亚书院〔M〕. 香港：容膝斋，2005，31.

199 杨锺基. 唐君毅先生的教育思想与教育事业〔A〕. 霍韬晦主编. 唐君毅思想国际
　　会议论文集三〔C〕. 香港：法住出版社，1991，196.

200 黄祖植. 桂林街的新亚书院〔M〕. 香港：容膝斋，2005，32.

的精神。'"[201]钱穆在进一步去解释怎样才能做到"诚"时说："第一项是人格真理，道德真理。第二项是社会真理，人文真理。第三项是自然真理，科学真理。第四项是宗教真理，信仰真理……我们并要把此四项真理，融通会合。明白这四项真理，到底还是一项真理。我们便得遵依着这一项真理来真真实实，完完善善地做一个人。这便是中庸所谓诚则明，明则诚的道理了。"[202]另外，"新亚书院的学规"都能反映出新亚书院的儒家价值教育概念。新亚书院共有二十四条，现取其中两条讨论一下："课程学分是死的、分裂的。师长人格是活的、完整的。你应该转移自己目光，不要仅注意一门门的课程，应该先注意一个个师长；中国宋代的书院教育是人物中心的，现代的大学教育是课程中心的。我们的书院精神是以各门课程来完成人物中心的，是以人物中心来传授各门课程的。"[203]从这两条学规，可感受到新亚书院因着儒的精神而非常重视"师"和"人"，亦希望学生能传承这精神。钱穆也曾在〈秋季开学典礼讲词〉中谈到："我们学校的训导、教务各方面的行政，都盼能以儒家人格教育与现代民主精神为中心。"[204]因此，本人觉得新亚书院在香港所传颂的儒家价值教育，真的能把"人"从形而下通贯到形而上，而且，新亚书院的教育能使一个人成为"通才"，这培养"通才"的理想，钱穆在新亚书院首次开学礼的讲辞中便说到："我们的大学教育是有其历史传统的，不能随便抄袭别人家的制度。中国传统教育制度，最好的莫过于书院制度。私人讲学，培养通才，这是我们传统教育中最值得保存的先例。"[205]为甚么新亚书院的儒家式教育哲学那么重视"通识"？这不是因为钱穆等人希么培育甚么知识都懂的"智人"，而是认为"通识的人"才能有一完整的"人格"，反而较贴近"有德性的人"，这正是儒家价值教育的核心，试看看唐君毅怎样说："我认为要形成一整个的人格，最需要的是通识的培养。中国以前的理想学者，是对文史哲及社会与自然，都有相当的知识者。我认为只有这样的学者，才能成为真正的教育家及社会政治之领导人物。"[206]他们的教育不只是儒家教育，实如

---

201 黄祖植. 桂林街的新亚书院〔M〕. 香港：容滕斋，2005，38.

202 黄祖植. 桂林街的新亚书院〔M〕. 香港：容滕斋，2005，39.

203 洪明. 现代新儒家教育流派研究〔M〕. 广州：广东教育出版社，2009，247.

204 洪明. 现代新儒家教育流派研究〔M〕. 广州：广东教育出版社，2009，267.

205 洪明. 现代新儒家教育流派研究〔M〕. 广州：广东教育出版社，2009，251-252.

206 洪明. 现代新儒家教育流派研究〔M〕. 广州：广东教育出版社，2009，238.

现代所提倡的"通识教育"。现试再多举一例，以论证新亚书院在香港所推广的价值教育，就是它当时的招生简章中宣称："旨在上溯宋明书院讲学精神，旁采西欧大学导师制度，以人文主义之教育宗旨，沟通世界中西文化，为人类和平社会幸福谋前途。本此旨趣，一切教育方针，务使学者切实了知为学、做人同属一事。在私的方面，应知一切学问知识全以如何对国家社会、人类前途有切实之贡献为目标。惟有人文主义的教育，可以药救近来教育风气，专为个人职业而求智识，以及博士式学究式的专为智识而求智识之狭义的目标之流弊。"[207]

1949 年，钱穆有朋友在香港创办了"亚洲文商学院"（是一所夜校），并请钱穆任院长。而一年后，钱穆希望把它改为日校，但被原校主反对。他惟有向当时的香港教育司申请立案创办新校，即"新亚书院"。那所新亚书院位于九龙深水埗的平民区（桂林街）。顺带一提，那时的校舍不是"一所大楼"，不是买下的，只是租来的楼层，虽共有两层，但面积其实是很细小的，教室只有四间。而学生多半为大陆来香港的青年，他们有些不但未能缴清学费，且"住"也成问题。他们惟有在学校天台及楼梯间露宿。初始期的新亚书院是在这么困苦中撑下去的。幸新亚的师资是实力雄厚的。全都是国内学界的知名宿儒，多数与钱穆有深切交往的，在不考虑经济收益的情况下来此开展教育理想。

新亚书院成立初期，便设有自由和开放给社会各阶层人士的学术讲座，费用全免，约一周一次，这个理念与实际行动，对整个社会是一桩好事，因好让儒家的价值教育遍及社会，不只是象牙塔内的事。钱穆在晚年时回忆起那时的情境："每周末晚七时至九时在桂林街课室中举行。校外来听讲者每满座，可得六十至八十人左右。学生留宿校内者，只挤立墙角旁听……盖余等之在此办学，既不为名，亦不为利，羁旅余生，亦求以文会友，以友辅仁之意。"[208]新亚书院成立时，只有文哲学院和商学院，当中包括了文史系、哲学及教育系、经济系和商学系。它注重各系一二年级的共同基本课程，以培育"健全的思想基础"为目的。哲学、史学、心理学、社会学、经济学、语文学等课程所占的时间较多。自三年级开始，则注重专门性质及技术性质的课程，也着重学生自修和与导师的个别指导。

---

207 洪明. 现代新儒家教育流派研究〔M〕. 广州：广东教育出版社，2009，239.
208 洪明. 现代新儒家教育流派研究〔M〕. 广州：广东教育出版社，2009，263.

　　新亚书院在 1952 年至 1953 年间得到大律师赵冰的协助，获高等法院批准注册为非牟利机构，从此可豁免商业登记。1953 年夏，新亚书院与美国雅礼协会建立了合作关系，使经济有所改善。1954 年，在九龙城嘉林边道租了一所较桂林街旧校舍大的新校舍。两年后，即 1956 年夏，第一所在农圃道的新建校舍[209]落成了，这时在硬件上才有点像"大学"的规模。新亚又得美国的哈佛燕京学社捐赠，得以开办新亚研究所，培养研究人才，从此，便凭着高水平的学术成果而得到国际汉学界的认同。新亚研究所开创时研究生自有数人，包括余英时、唐端正等人。据《新亚研究所概况》中提到研究所创办的宗旨："其中最堪忧虑者，厥为我国后起青年对祖国历史文化缺乏了解……中国之伟大文化遗产，有汩没之虞。此实为当前教育界最严重之问题，亦当前中国文化之一大危机。本所同仁有鉴及此，故于新亚书院创办之初，即有另行设立中国文史哲研究所之理想；以中国人文学术之教学及研究为中心，以保存及发扬中国文化于当今世界为宗旨。欲使大专以上之毕业生，有志于中国历史文化之研究者，能有一深造之机会，将来毕业，一部份优秀者继续留所研究，使能成为各大学文史哲科之继起师资，进而为中国文化承前启后之学者；其余亦不失为中等学校够水平之文史教师，此种理想终于在一九五三年秋季，因本所成立，而获初步实现。"[210]可见新亚全人渴望有学术，特别是儒学的研究者能接棒，成为人师，继续在香港推行儒家的价值教育，连续不断。那时的新亚研究所更有香港教育司派员监考，而当时任教于香港大学的罗香林与饶宗颐等学问大家是所外考试委员，可见其严谨的入学水平，据钱穆忆述："新亚研究所在先不经考试，只由面谈，即许参加。或则暂留一年或两年即离去，或则长留在所。自获哈燕社协款，始正式招生。不限新亚毕业，其它大学毕业生均得报名应考。又聘港大刘百闵、罗香林、饶宗颐三人为所外考试委员，又请香港教育司派员监考。录取后修业两年，仍须所外考试委员阅卷口试，始获毕业。择优留所作研究员，有至十年以上者。"[211]

209　那时建成的农圃道新校舍，在设计上非常特别，因它的图书馆是全校占地最多的，其次是课室；反而教职员的办公室却很小，校长室更是最小的，可见"新亚书院"的行政与教学全人真的是把教育，把学生放在首位的，有儒者风范，因此，"新亚书院全人"在香港所推行的教育，是真的"儒家价值教育"，是身体力行的，绝不是挂羊头卖狗肉之辈。

210　新亚研究所编. 新亚研究所概况〔M〕. 香港：新亚研究所，1989，6.

211　钱穆. 新亚书院创办简史〔A〕.刘国强等编. 诚明古道照颜色——新亚书院 55 周年纪念文集〔M〕. 香港：香港中文大学新亚书院，2006，17-18.

　　直到 1963 年，香港政府有意在香港大学外，另立一所大学，好让香港有两所大学并存，因此选择了坊间中较具特色、办学理想的"崇基书院"（基督教背景）、"联合书院"与"新亚书院"三所书院合并进大学，成为大学属下的基本书院。这事促成在 1963 年 10 月时成立了香港中文大学。1964 年夏，钱穆以使命完成为由而向新亚董事会提出辞职，"私立的新亚书院时代"可谓结束了，但"新亚精神"则仍存的，因中文大学中的新亚书院刚开始运作，虽然已不是"钱穆的新亚书院"，但儒家的价值教育仍旧向莘莘学子灌溉着的，况且还有"新亚研究所"和其后的"新亚文商书院"作传承。新亚研究所后期虽因中文大学自行办理研究院而脱离中文大学，但"独立的新亚研究所"[212]自一九七四年起自行招收硕士生，至一九八一年开始招博士生，办学理念仍是以儒家式的价值教育为主，学术气氛浓厚，世界各地的大学都乐于接受新亚研究所的毕业生，无论是求学做研究，抑或做工。八十年代中期"新亚文商书院"成立，填补了学士学位的真空，好让求学问的年青人，特别是追寻儒家价值教育的学子可先读毕"新亚文商书院学士学位"，继而于新亚研究所进修硕士、博士学位。虽然那时的"新亚研究所"与"新亚文商书院"并不是隶属于中文大学，但与中文大学的"新亚书院"仍有学术上的交往和合作。学术水平绝不下于中文大学的新亚书院，而学术气氛，特别是"儒学气氛"也是非常浓厚的。

　　上文已化了不少文字以"新亚书院"为空间去论述钱穆在香港所推行的儒家价值教育，而另外一位殿堂级的儒者——唐君毅先生，对在香港推行的儒家价值教育，也有很大的贡献。新亚精神或儒家价值教育的确认和发扬，除了钱穆先生外，便是唐先生了。虽然牟宗三先生能与他们同时间鼎足而立，但给别人的观感有点儿分别：钱穆与唐君毅占教育家的气质较牟宗三为重。因牟宗三给别人一种很沉重的"哲学气质"。但无可否认，他们三人确在香港发扬了"儒家的价值教育"，他们以身教去教导学子如何去认识古圣贤，如何去认识自己，如何去推己及人，如何去把自己提升到"天人合一"……

　　以下会开始讨论一下唐君毅与"儒家价值教育在香港"的关系。香港中文大学的杨锺基教授引述唐君毅先生在《人生之体验》说："你当自教育中，看出人类最高之责任感，最卓越之牺牲精神。真正之教育家，是真正的爱之

---

212 后期的中文大学新亚书院颁发香港学位；而脱离了中文大学的新亚研究所和新亚文商书院则由台湾教育部颁授学士、硕士或博士学位。

实现者。"[213]从此可知唐君毅有儒者杀身成仁的风范。牟宗三在《哀悼唐君毅先生》一文中赞扬唐君毅是"文化意识宇宙中的巨人",并认为唐先生之继承而弘扬此文化意识之内蕴是以其全幅生命之真性情顶上去,而存在地继承而弘扬之,牟宗三说:"他的一生可以说纯以继承弘扬此文化意识之传统为职志;他在适应时代而对治时代中张大了此文化意识宇宙之福度,并充实了此文化宇就之内容……中国式的哲学家要必以文化意识宇宙为背景。儒者的人文化成尽性至命的成德之教在层次上是高过科学宇宙,哲学宇宙,乃至任何特定的宗教宇宙的;然而它却涵盖而善成并善化了此等等的宇宙。唐先生这个意识特别强。"[214]

唐君毅所提倡的儒家价值教育是一种"全人教育"。而这种教育要透过家庭、学校与社会三方面的机制互动施行的。另外,这种教育不单只着重知识,也着重精神性及灵性的开启。唐先生的价值哲学是要寻求万物的统一性,继而建立统一的世界观体系。这就非要将科学世界与神性灵性世界统一起来;把理性与信仰统一起来;把外在超越与内在超越统一起来;甚至把矛盾冲突着的神灵世界统一起来,从而在整全的意义上把握人的超越性的生命存在本质。唐先生在其巨着《生命存在与心灵境界》中,除了后三境(归向一神境、我法二空境与天德流行境)均欲使吾人之心灵能与宇宙神圣心体融合为一外,前三境(万物散殊境、依类成化境与功能序运境)与中三境(感觉互摄境、观照凌虚境、道德实践境),均涉及世界上的种种知识与学问。例如万物散殊境就涉及世界一切个体事物的史地知识,一切个体主义的知识论、形上学与人生哲学。依类成化境则涉及一切关于事物之类之知识,一切以种类为本之类的知识论、形上学、人生哲学。功能序运境则涉一切世界以事物的因果关系为中心的自然哲学、社会科学知识,及一切与论因果的知识论、形上学、人生哲学。感觉互摄境则涉一切关于心身关系、感觉记忆想象,与时空关系的知识论、心身二元论或唯心论、泛心论的形上学,与一切重人与其感觉境相适应以求生存的人生哲学。观照凌虚境则涉纯相的世界与纯意义的世界,对文字的意义自身之知,对自然及文学、艺术中的审美之知,数学几何学对

213 杨锺基. 唐君毅先生的教育思想与教育事业〔A〕. 霍韬晦主编. 唐君毅思想国际会议论文集三〔C〕. 香港: 法住出版社, 1991, 190.

214 杨锺基. 唐君毅先生的教育思想与教育事业〔A〕. 霍韬晦主编. 唐君毅思想国际会议论文集三〔C〕. 香港: 法住出版社, 1991, 201.

形数关系之知，逻辑中对命题真妄关系之知，哲学中对宇宙人生之意义之知，与人之纯欣赏观照的生活态度，都属此境。而哲学中重直观之现象学的知识论、形上学、人生哲学，均判归此境。道德实践境重主体理想之德用，凡人之本道德的良心，与本之而有的伦理学、道德学知识，及人之道德行为生活，道德人格之形成，皆根在此境。从此观之，唐君毅的儒家价值教育很宏大，知识面不单有广度，更具深度，继而迈向天人合一。

唐君毅是最能把"儒家的价值哲学"从"教育"中颂扬开去，致使"新儒家在香港所讲授的价值哲学"成为"儒家的价值教育"。首先，他有儒者风采，他身教，他言教。早在1940年，他已曾在家书（不是对外的公函，可见得更具真心与诚意）中说到他的"教育宏愿"的广度："我在学术上的态度是非常宽大，我觉得只要目标都在使人类社会更合理想的著作，我都非常赞成。所以我想集合一些学问上的同志来共同研究学问著作，并办书店、办杂志、办报纸、办学校来共同作一种促进人类理想社会之实现的工作，这是我最高的志愿。"[215]虽然他文字功夫未算好，幸他的心，他的灵皆能触动到跟随他的学生们。甚至现在，香港仍有很多爱做学问，特别是儒学学问的学子或学者，都尊崇他，从研读他的著作去传承"儒家的价值教育"。唐君毅教学时认真投入，因此当其时在"教学现场"受实时启发的学子肯定为数不少，而唐先生一生中共有二十多部著作，近千万字。这些著作对推行儒家的价值教育起了很大的作用。当中讨论"教育"的文章约有四十多篇，可知"儒家哲学"与"教育"在唐君毅的理念中是相关的，同是占了重要的地位。现试以他其中一部著作来讨论证明此。这部书于一九四七年开始撰写，成于一九五二年，写作空间横跨大陆与香港（因他于一九四九年抵港）。书中论到："教育乃以成就个人之整全的个体人格之具体的文化生活或人格之进步为目的。"[216]唐先生从两个角度说出了教育的目的。他所说的"人格"与"文化"等概念，无不是从儒家思想中出发的，我们亦能从此推出他有一个希望——"在大陆或香港推行'儒家的价值教育'以延续人类的文化生活"，继往开来。由此，实可用唐君毅的教育论来代表"儒家在香港的价值教育论"。据香港的杨锺基教授分析，唐先生的教育哲学可细分为九点，当可作为"儒家的价值教育哲学"

---

215 唐君毅. 致廷光书〔M〕. 台北：学生书局，1980，162.

216 杨锺基. 唐君毅先生的教育思想与教育事业〔A〕. 霍韬晦主编. 唐君毅思想国际
　　会议论文集三〔C〕. 香港：法住出版社，1991，191.

的代表："一、教育的两大目标在成就人格与延续文化，故道德教育及文化教育为教育中的首要项目。二、教育活动依存于人之道德理性。此一思想传统源自儒家的人文主义及西哲的理想主义……三、唐氏视教育之对象为一整全之人格，因而主张通识教育，并反对知识之分歧割裂。四、唐氏视受教者为一各具性格之独立个体，因而主张因材施教，而有契于'学生为本'的教育哲学。五、唐氏认为人类在种种生物本能和自然气性之外，尚有超拔自然，实现自我，成就人格之道德理性。教育之道，不外启导学者，变化其自身之气质。就'人皆可以为尧舜'而言，教者自当'有教无类'，然而某人是否可以成尧舜，则必待其人之自我超拔而后得之。因而反对'注入式'、'宣传式'以至由教者设定模式之教学方法。六、唐氏进而肯定受教者本身的创造能力，可以超越本师，亦可超越其所接受的文化内容，而促成文化的进步。七、受教者既为一整全、独立之个体，而且具有自我超拔和创造文化的能力，所以在教者方面自须慎于去除一己的私心私意。一则去其寓成己于成人之私心，功成而不居；二则去其自炫、自利或谋控制他人之私心；三则去其主观之私见，勿以一己之所是强加于人，而应虚己以容人，契于孔子的'毋意、毋必、毋固、毋我。'八、教育的内容，唐氏特别重视文化的陶养。所谓文化教育，不单在于文化知识的传授，而实在于生活的实践。道德自我的建立，即由文化生活的实践而致。由是而引出教育当与生活打成一片的主张。九、教育的目的自受教者而言，固为成就一己之人格，已如前述；而唐氏视为更形重要之客观目的，则在人类文化命脉的承先启后，继往开来，生生不息。唐氏认为，文化宇宙上契天德，有其形而上的客观存在，教者学者均应对此'形上实在'致其诚敬。在延续文化的客观原则之下，所以教者要去其私心，而教者与学者亦由一主从关系而在共赞此延续文化大业中转化为相师相友的关系。学以承前，教以启后，进而引导学者发挥其创造能力，成为足以教人的师表，而达致'友天下善士，并以守先待后为己任，而德可以配天地'的最高教育意识。"[217]

另外，唐君毅更在其《对香港学生的期望》一文，开宗明义地以"香港"作教育处境，以"香港学生"作客体（或主体）来交代出他的教育理想或期望，而这也可以作为"儒家在香港的价值教育"的佐证："教育之目标，除了

217 杨锺基. 唐君毅先生的教育思想与教育事业〔A〕. 霍韬晦主编. 唐君毅思想国际会议论文集三〔C〕. 香港：法住出版社，1991，194-195.

训练青年人有一技之长外，同时亦当使青年作一堂正有为的人，作一个生根于香港华人社会，而能将其获得之新知识，用中国语言传授华人；同时对其生命本原的中华民族，以及世界人类未来的命运，能多少关心，而更求有一自尽其责的人。要使青年能如此，人文的教育，是不可缺少的。而教育的目标，则除了满足政府需要外，更应当注重社会问题的所在，而求满足社会的需要。故我们可以说：'以广大的社会需要，包涵政府需要；以人文教育包涵技术教育；使教师为真正的教育工作者，或教育家，以代替一切教育上之商业观念。'是香港教育必需有的理想。"[218]从以上可得知唐君毅的"价值教育"是以"人文作核心"的，是"儒家式"的。而他除重视学生的学外，也重视教师的教，即是说教与学在以人文作核心的价值教育中是占有同等地位的。而唐先生对儒家在香港的价值教育是有使命感的，因他觉得香港的教育处境非常特殊，形成所带出的"价值教育""非中非西"，只碰到中国和西方文化的"边缘"，可谓不伦不类，且再看他在《对香港学生的期望》一文中如何说："香港青年学生自我觉醒之所以重要，是因为香港社会只是一中西文化之边缘地带。以前英国人在此创办的学校，初只是技术性的……其后英国殖民地的教育政策，亦主要在配合当地政府的需要。而许多教育上的观念……则纯是一商业上的观念。此'商业'与'技术性'及'政府需要'的教育观念，三者自觉地或不自觉地结合，所形成之香港传统教育，是不合乎中国传统教育之理想，亦不合乎西方教育的教育方式，只能称为中西文化边缘地带的教育而已。"[219]

与唐君毅同辈，同是新儒家的牟宗三先生，1949 年时先往台湾，继而才抵港发展。上文已曾提及"钱穆与唐君毅占教育家的气质较牟宗三为重。因牟宗三给别人一种很沉重的'哲学气质'。但他毕竟也是一位哲学教师，故称为教育家也不为过，而事实上他门生也满天下，且有很多在学术界也很有建树。

牟宗三先生生于 1909 年，卒于 1995 年，享寿 87 岁。他 21 岁考入北京大学哲学系。就读大学时，受熊十力先生的影响最大，有着深厚的师生情。

218 杨锺基. 唐君毅先生的教育思想与教育事业〔A〕. 霍韬晦主编. 唐君毅思想国际会议论文集三〔C〕. 香港：法住出版社，1991，195-196.

219 杨锺基. 唐君毅先生的教育思想与教育事业〔A〕. 霍韬晦主编. 唐君毅思想国际会议论文集三〔C〕. 香港：法住出版社，1991，199.

牟先生虽贵为中国哲学的泰斗或新儒家的名宿，惟牟先生在未抵香港前，却是教授逻辑和西方哲学的。牟先生居香港较钱及唐迟，约在 1960 年才应香港大学之邀而任教中国哲学，八年后转到香港中文大学新亚书院任哲学系主任。他在 1974 年退休后转往新亚研究所任哲学组导师。

正因为牟宗三先生有深厚的西方哲学根柢，有强的逻辑力[220]，故他的中国哲学体系较有系统，能给人一种思路和概念清晰有序的感觉。但牟先生是操带浓厚山东口音的普通话，故他授课时虽思路清晰，但与学生的直接感应不是太强[221]，反而牟先生的著作尽显其儒家的价值哲学思想[222]，对爱追求了解"儒家价值哲学"的学生甚有启发，有很强的教育作用。或许可以这么说，他在推行"儒家价值教育"上没唐君毅般直接，但其著作可作为填补，虽则他也不是想借着书来推行"儒家价值教育"，惟他乃是大师，故仍然有很多学子能从中接受了其不外显的"儒家价值教育"。例如在 1959 年出版的《道德的理想主义》一书中，他批判自由主义，指出它缺乏精神资源，因而提出"三统说"：就是首先要保卫中国的传统睿识，重新树立"道统"之外，都应

---

220 刘述先先生曾在〈当代新儒家硕果仅存的大师牟宗三先生〉一文中说："牟宗三先生早年的兴趣在逻辑，当时的北大、清华并没有严格的分野，受学于张申府、金岳霖两位先生，曾下苦工攻读罗素与怀德海合着的《数学原理》，获益匪浅。他对当时流行的西方哲学潮流都相当留意，而特嗜怀德海哲学。"（摘自：刘国强等编. 诚明古道照颜色——新亚书院 55 周年纪念文集〔M〕. 香港：香港中文大学新亚书院，2006，227.

221 牟宗三先生那孤峭的性格应在幼时已潜藏着了。因牟宗三先生曾在〈说"怀乡"〉一文中说了以下数番话："叫我写怀乡，我是无从写起的。这不是说我的故乡无可怀。乃是我自己主观方面无有足以起怀的情愫。"；"我讨厌现时的人类……"；"我自幼就是一个于具体生活方面很木然生疏的混沌。"；"我这么一个在苍茫气氛中混沌流荡的人，在生活上，实在是太孤峭乏润泽了。"；"我不往，你因而不来，亦无所谓。"；"我之写文章，就好像是一个艺术品之铸造。铸造成了，交付出去就算完了。我没有必期人懂的意念。"（摘自：吴珉，刘美美. 生命的奋进——四大学问家的青少年时代〔M〕. 香港：百姓文化事业有限公司，1990，129-132.）

222 至少牟宗三先生是赞同"儒家的价值教育"的，例如他曾在〈关于"生命"的学问——论五十年来的中国思想〉中确切地说道："中国从古即说'大学之道，在明明德'。试问今日之大学教育，有那一门是'明明德'。今之学校教育是以知识为中心的，却并无'明明德'之学问。'明明德'的学问，才是真正'生命'的学问。"（摘自：吴珉，刘美美. 生命的奋进——四大学问家的青少年时代〔M〕. 香港：百姓文化事业有限公司，1990，161.）

该检讨传统的思想且可批评。第二，更要建立"学统"以吸纳西方的科学。最后，建立"政统"以吸纳西方民主、法治的传统。此外，在《政道与治道》一书中，他指出以往中国的传统只是"内圣强"而"外王弱"，所以，现在有开出"外王之道"的必要。1963 年他出版了《才性与玄理》。1968-1969 年，三大卷的《心体与性体》出班，当中综论和比较了中国哲学与康德哲学；分析二程形态截然不同的思想；提出朱熹"别子为宗"的思想。十年后，即 1979 年，出版了《从陆象山到刘蕺山》，著作深入检讨陆王一系理论结果。从这些著作，可感到他能把中国的传统哲学赋上确定性与清晰性，能把宋明儒学的研究提升到以往从未达到的高度。

牟宗三先生其后又陆陆续续地出版了《智的直觉与中国哲学》、《现象与物自身》、《佛性与般若》和《圆善论》等书。

钱穆、唐君毅与牟宗三直属弟子在香港继承推行儒家价值教育

"师承"是儒家学人非常重视的，故此，一日为师，终身为师，作为学生的是有责任把所学流传下去，即延续学问，也即是藉"教育"传承学问。是以"生命影响生命"，此乃"生命教育"，是儒家的价值教育。

钱穆的直属弟子，例如余英时、严耕望和孙国栋等英才，都有在香港推动儒家价值教育。

例如严耕望先生早年毕业于武汉大学历史系，后曾师事钱穆两年，于 1964 年开始在新亚研究所任教至 1978 年退休。惟在 1981 年开始仍不望贡献教育界，新亚研究所再聘为教授，直至九十年代。他其中一些著作，例如《治史经验谈》和《治史答问》都是让年青的学子明白"历史是有生命的"，尤如上了一课"儒家的价值教育"，或可说是一种"生命教育"（历史是有生命的）和"道德教育"（史德的重要性）。

另外，孙国栋教授为新亚研究所第一届毕业生，毕业后即留校任教。他先后担任过香港中文大学新亚书院文学院院长、新亚研究所所长、新亚及中文大学历史系主任等教职。每当提起钱师，孙国栋都爱以《论语》形容之，可见孙国栋也着重"儒家的价值教育"，他曾说："钱师本来就是学术大师，当然有'大师的气象'。但'气象'两字，稍涉虚玄，见过钱师的人可以体会，未见过钱师的人，恐怕未能体会，不如换一种较具体的形容辞。如孔子自况说：'发愤忘食，乐以忘忧'，'学而不厌，诲人不倦'。描写出一位非常人物的现实生活，很容易使人认识，钱师正是如此。《论语》也有两句话，较为

具体：'望之俨然，而即之也温。'我有非常具体的领会。"[223]

余英时教授为新亚书院第一届文史系的毕业生，后留学美国哈佛大学，取得历史学博士学位。他曾任新亚书院校长兼香港中文大学副校长。余英时、孙国栋、严耕望的是否匹配"新儒家学者"身份是有争议的，但他们出身于儒学气氛极浓的新亚书院，曾接受儒家的价值教育是不容置疑的。因此，他们在香港授课或出版时，一定渗透了"儒家的价值教育"思想与方法。

至于唐君毅先生的弟子，较活跃和闻名，且积极推动"儒家的价值教育"的有霍韬晦教授、唐端正教授、梁瑞明教授和刘国强教授等近代儒者。

唐君毅先生是一个有人格和文化理想的人，一生投身教育事业，且用心提携后学。他的"性情观"在其入室弟子——霍韬晦先生的努力钻研下得到深化，由观念层次转化为实践层次。另外，他的教育理想，亦由霍先生传承下去。唐先生是把"心"、"情"皆收归于"性"。"性情"是唐先生整个哲学思想的核心。霍韬晦随唐先生问学十五年，自言唐先生的性情大义对他的启发甚大。于是，霍先生自八十年代初期便成立了私立的"法住文化书院"。书院表面好像推行佛学，实则仍是以推行和歌颂"儒学"为核心。其运作至今，规模日渐宏大，一直开办对应生命的"性情教育课程"。而霍先生所创办的"性情教育课请"是立根于唐先生的"儒家价值教育"概念的，霍先生称此为"性情学"。

霍韬晦先生深知现代人所强调的职业教育、技能教育和知识教育并不能开发人的"性情"，亦不能养人的志气，更不能成长人的生命，于是继承唐师的教育理想，强调教育要提升人的生命质素，生命教育、人格教育，才是第一义，而客观的知识传授只是第二义。

霍先生不单在理论上继承唐君毅，宣扬"性情大义"，更在教育实践上以"喜耀教学法"开发学生性情，让人的生命得到有素质的成长，发扬"知行合一"的精神。霍先生是通过行动、通过对应个别学生具体生命问题、通过协助学生过关，得到生命成长、通过体会来了解生命之秘密，故他讲《论语》，讲论传统儒学之精义。霍先生强调生命的秘密是说之不尽，而且不是西方人的本体论和存有论。霍先生根据他对现代人生存状况、生活问题有深刻的了解和从现代人的病本处言"性情"之大义。

---

223 孙国栋. 师门杂忆〔A〕.刘国强等编. 诚明古道照颜色——新亚书院 55 周年纪念文集〔M〕. 香港：香港中文大学新亚书院，2006，70.

霍先生所言的"性情大义"可归纳有十一层意义。而这十一层意义是不离生命，立根"性情"，为要成教、成学、成长人的生命。

第一，霍先生是以"性情"来诠释孔子所言之"仁"，即"性情"乃人之本，即此"性"是有情之性，可以与人感通之性；而"情"则是依性而起之情，合二为一，即是孔子之"仁"。

第二，霍先生认为要解决人的一切问题，是要直下人的生命，回到人的"性情"，不能只依赖理性。他指出礼乐问题、体制问题、风俗问题和道德问题，其立足点最深之处不是理性，而是性情。

第三，霍先生强调"性情是感通的主体"，能感受其它生命，乃至感受自然万物与天地苍穹。

第四，霍先生强调"性情是开放的主体"，因当人能开放，就能通向他人、通向天地。

第五，霍先生强调"性情是关注与付出"，针对现代人之自我特强、计较心特重的弊病。他认为要懂得无条件地去爱人，才会了解生命。

第六，霍先生强调"性情是自尊自重"，来对应现代人的自我放纵性格，当不懂自尊自重，就不会懂得尊重别人，做成人与人之间的埋怨和仇恨。

第七，霍先生提出"性情是标准"，来针对现代人是非不分的歪风。他认为当人的性情得到开发，心中就会会知道是非对错的标准，就会懂得甚么是善、甚么是恶。

第八，霍先生指出"性情是动力"，来针对现代人缺乏动力的问题。霍先生觉得当人体会到自己是一个有真实性情的人，心中就会有

爱、自信、勇气、无畏困难，继而充满动力来成长自己。

第九，霍先生强调"性情是忠贞"，来针对现代人容易动摇，失去对理想追求之初心。他指出当人的性情得到开发，就会珍惜成长自己的机会、珍惜自己的人格的贞洁、珍惜自己的生命的纯粹，向着人性的最高理想迈进。

第十，霍先生特别指出孔子最好的学生——颜渊是"性情的见证"，是值得我们这代人学习的榜样。

第十一，霍先生特别强调性情之开发是"由亲亲开始"针对现代人对伦常之本了解不深，霍先生指出亲亲之情，正是人的天性，出自孩子纯善的、真挚而自然的要求，由此，我们看到生命光明的一面、健康的一面、令人感动的一面。再扩充下去，甚至可以包容天地。

　　霍先生一如唐先生，都是非常强调"儒家的价值教育"。霍先生了解现代人的问题所在，明白如果只是靠赖西方文化的教育理论与方法，概念地、知识地讲生命教育，文化教育，这一定不会成功。有见及此，霍先生自一九九四年起创办"喜耀生命"课程，以开发学生性情为宗旨。"喜耀生命"课程是以中国文化对治现代人已扭曲的生命，它着重个人的感受和内省，要求人先行动以开发生命本质所隐含的内涵和埋藏于内心的情感，进一步开示学生，使他们明白道理所在，提升学生成为通情达理的人，霍韬晦也希望以性情感动性情，他的学生也有志宏亮"儒家的价值教育"。"喜耀生命"课程的学生包括企业家、律师、医生、教授、工程师、会计师、教师、商人、家庭主妇、学生等等。霍韬晦继而在香港成立东方人文学院、法住出版社、喜耀生命教育中心、喜耀书屋与喜耀茶轩，目的是希望以不同形式来推广"性情教育"。

　　霍先生的宏愿是"儒家价值教育"不只立于香港，更要在新加坡和大陆传扬开去，故他也在新加坡和大陆建校，更常主办或协办学术研讨会，广邀各国大学的学者与会，例如武汉大学便与其有深厚的交情，学术交往算是有很多机会。武汉大学的尤西林教授认识法住已久，他明白法住事业的创造与开展，是全赖霍先生的开创与承担，而

　　尤西林先生更认为霍先生文教事业是具有典范意义的。郭齐勇教授亦称许霍先生继承乃师唐君毅而又能发扬光大，创造发展。

　　唐端正教授虽然没有自立办学机构，但早年长期任教于中文大学的哲学系，且兼教于法住文化书院，故亦有很多途径去传扬儒家的价值教育。

　　另一位要提的是梁瑞明教授，他一生颂扬儒家思想和中国哲学。梁瑞明教授曾任新亚文商书院的校长。新亚文商书院与新亚书院和新亚研究所都是拥有浓浓的儒学氛围。梁瑞明教授虽身位校长，仍兼教数门学科，希望争取机会宣讲"儒家的价值教育"。其后，他转任志莲夜书院院长。这与法住文化书院相像的就是，志莲夜书院虽为佛教团体所经营，但所开的学科，仍显出其宣扬"儒家价值教育"之理想。梁教授更亲授有关唐君毅学问的科目，可见他尊师，也尊儒学。本人曾受教于梁教授，深深体会他爱推广"儒家价值教育"之心。本人与他进行访谈时，他不时会提及当年唐君毅先生所教所言，并说研究儒家价值哲学的后学应以通透地诠释唐先生的学问为首任。另外，梁瑞明教授更回忆起当年在新亚文商书院办大专学位课程时的情景，使本人感到他那儒者的热情。还有，梁教授对在新亚文商书院和在志莲夜书院任教

的讲师的德行和学问都非常着重，因他觉得书院办学应具备儒学精神，讲师的学问与德行能感染学生，故讲师应"道问学"与"尊德性"兼备，而"尊德性"显得更重要。

现于中文大学任教的刘国强教授也是唐君毅的门生，刘教授尊敬唐师，以教授唐之学问为乐是学术界所共知的，而本人亦有幸曾受教于他，故也能肯定地说他真是一名非常赞誉"儒家价值教育"的学者，虽然他或会于 2011 年退休，但仍会继续以另外一些途径去推动"儒家的价值教育"。

在香港师承牟宗三先生且活跃教育界的弟子不算多，在此暂且不论。

孔教学院与儒家教育在香港的关系

1930 年，陈焕章进士兼博士在香港创办孔教学院，自任院长，以弘扬孔道及兴学育才为宗旨，设立孔教中学（后易名为大成学校），并以宗教形式弘扬儒学。

孔教学院第二任院长朱汝珍，同年奉政府准许把孔教学院注册为慈善组织。

第三任院长卢湘父是康有为的弟子，很有办学经验，而且办学认真，非常重视品德教育，创办了孔教学院属下的中学及小学。

第四任院长为黄允畋，而第五任院长就是现仍在任的汤恩佳博士。他自幼秉承家教尊孔，15 岁时离开广东家乡三水，那时一贫如洗的他唯一拥有的就是一本《论语》。因此，儒家思想成为他一生宝贵的财富。今天，他虽然是香港多家大企业的董事长，但自己却喜爱过俭朴的生活，并以三儒——儒教、儒学和儒商为使命，奔走于世界各地弘扬孔子儒家思想。

香港孔教学院在 80 年[224]里，在多任院长的领导下，以弘扬圣道、匡正人心、兴学办校、培育青年为职志，一本立己立人、树木树人之旨，夙夜孜孜，未尝稍懈。90 年代之初，汤恩佳接任孔教学院院长之后即与印度尼西亚等地的孔教会联络，在复兴儒学、推广孔教方面十分活跃，对宣扬孔道之工作不遗余力。更把握中国政治风气渐趋开放的时机，在国内重新展开弘扬孔道的工作。

---

224 2010 年，即孔历 2561 年乃孔教学院 80 周年院庆的日子。据香港的《明报》（26-12-2010）记载："日前，孔教学院同仁暨院属学校大成小学及何郭佩珍中学员成生，齐集一堂，假座黄大仙大成小学礼堂，隆重举行庆祝典礼，并且缅怀先贤，表示敬意。"

香港孔教学院主要做了以下的工作，当中从不同的媒介和渠道来推广"儒家的价值教育"：

（1）讲学宣道：香港孔教学院自创立以来，一直讲学经年，提倡读经。除由院长主持讲座外，也聘请鸿儒担任讲者，过往曾于每星期日在香港大会堂举办"国学讲座"，又曾举办"宣道月会"。在文字媒介方面，就有编印《弘道年刊》，并在有关报纸上主编"孔学"双周刊和"孔教"版专刊。近年曾出版《孔教学院丛书》，包括陈焕章的《孔教论》、《儒行浅解》，吴康的《孔子哲学思想》，36位学者的《孔学论文集》，汤恩佳的《孔学论集》，9卷本《汤恩佳尊孔之旅环球演讲集》等，更免费赠阅，以达到广泛流传推崇之效。

（2）办学育才：孔教学院兴办学校宣扬孔道，迄今正副院长所管理的学校有6所，在其中的郭佩珍中学、大成小学、三乐周汤桄学校中均自四年级开始设经训科，选讲《论语》章句，中学各级都设经训科，教授儒学精要，课本《经训》四册由学者抽取以《论语》及《礼记》为主的儒家经典精义编纂而成。各校均以"敬教劝学"等为校训。敬教则春风化雨，乐育英才；劝学则遵导成俗，达德向善。两校以弘扬孔道，化导人心，发扬儒家的价值教育为办学宗旨。除了德、智、体、群、美五育并重外，更注重儒家的八达德——孝、悌、忠、信、礼、义、廉和耻[225]。并且成功向香港政府申请拨款270万元将香港的小学德育课程规范化，出版了《儒家德育课程》教材，供全港中小学生使用。基于教育学生孝道和敬老，还大力推动小区敬老扶幼活动，让各属校的学生积极参与，且能让学子透过表演、筹款及嘉年华会等活动认识服务社会、热心公益及弘扬孔孟大同思想的重要性。

（3）资助国内外儒学学术团体的学术活动，并举办各种类型的儒学研讨会。受惠团体有北京的中华孔子学会、四川省孔子研究学会、台湾的中华儒学青年会及在北京成立的国际儒学联合会等。

（4）捐赠圣像，捐建孔庙，捐建医院：除把树立孔圣像的工作扩展到国内，更捐款在国内倡建孔子庙及举办孔子文化节，以唤起中国人对孔圣之仰慕及儒道之崇敬。到目前为止，已在河南省开封市碑林捐建孔子亭，在广东

---

225 汤恩佳院长称："为了表示对孔子的尊敬，大成小学每年都会举行'开笔礼'。'开笔礼'于开学礼前举行，所有新生都会轮流走到台上，以毛笔写一个'仁'字，然后一起诵读《大同》篇，并向孔子像鞠躬，以示尊师重道之道。"（摘自：7-10-2010向香港教联报）

省三水市捐建孔子庙，在湖南省岳阳市及四川省德阳市捐建孔子公园，在洞庭湖君山倡建孔圣山并树立孔圣铜像，在西藏自治区捐建孔子地方病医院，并铸造多尊孔圣铜像赠予德阳市、岳阳市、长沙市、山东、上海、哈尔滨、吉林及三水市等。

（5）举办比赛：例如"全港中小学儒家德育及公民教育故事（漫画）创作大赛"、"全港中小学儒家经典的心灵表达才艺比赛"[226]等。举办这些比赛都是希望达到推广"儒家的价值教育"为主要目的。

孔教学院未来的目标有以下几个：

（1）将孔子的教义纳入所有小学、中学及大学的教材范围，大力发展以德育为本的教育，作为国家精神文明的支柱，与国家的经济、政治、科技等物质文明同步发展。

（2）在各大小城市广设孔圣教堂或孔教青年会开设教义讲座及举办各类进修课程及提供各类康乐体育设施，将孔教道理融入日常生活中，让老、中、青各阶层有"以文会友，以友辅仁"的场所。

（3）计划兴办"儒家大学"[227]。

（4）争取国家定每年的孔圣诞为全民的假期，让家家户户重新认识孔子，知道尊重孔子，思索孔子的教训及反省本国文化的意义。

（5）争取国家将孔教作为与佛教、道教、基督教、伊斯兰教同等的宗教，以孔子的形象及思想作为整个中华民族精神的轴心，藉以增强爱国文化教育，建立共同的价值观，确认民族的尊贵及强化民族的团结与凝聚力。

总括而言，孔教学院是爱国爱港团体，在教育（儒家的价值教育）、宗教（孔教）等方面与其它教育团体或宗教团体平起平坐，担当重要角色。最终的目的是希望弘扬儒家文化和孔子思想，推动"和谐文化"，以凝聚整个中华民族。

---

226 汤恩佳院长在全港中小学儒家经典的心灵表达才艺比赛决赛暨颁奖礼上致辞："孔教学院捐资香港教育学院一百万元，并获政府配对基金捐资，合共二百万，以推动发展儒家教育，是次比赛即其成果之一。比赛的目的在于鼓励全港中小学生透过不同的表演艺术形式，表达儒家经典的丰富内容，藉而推动学生对孔教儒学及中国经典的学习。对此，身为孔教学院的我，格外感动。"（摘自：22-9-2010 香港明报）

227 于 2000 年，香港孔教学院曾与华夏书院洽谈合作办"私立儒家大学"，后因各种原因致使计划告吹，惟香港孔教学院至今仍有建设"私立儒家大学"的构想。

二、对象（公众、大、中、小学生）

撇除耶教作为办学团体的学校，香港八成学校，无论是大学、中学或小学的校训均以儒家思想为蓝本，例如香港大学的校训为"格物明德"；中文大学的"博文约礼"；中大崇基学院的"止于至善"；中大新亚书院、新亚研究所、新亚文商书院共举的"诚明"。又例如中学就有喇沙书院的"克己复礼"；拔萃书院的"出类拔萃"等，比比皆是，可见儒家思想和其价值教育对香港教育的影响。况且层面也很广，因儒家的价值教育是很易入室的，大众香港市民，无论任何行业、年纪或阶层或多或少都会接受了儒家价值教育或以此为做人处事的标准。北京大学哲学系的汤一介教授曾以香港为语境（因香港的潘萱蔚校长着《论语论教育——道德理性的人文教育》一书，获汤教授赐序）说了以下一番话："做一个人应该努力修养自己的品德，这样才能成为一个道德高尚的人，成为一个对社会有责任心的人。做一个人应该不断追求提高自己的学问，这样才可以把高尚道德推向社会，有为社会作出贡献的能力。做一个人应该学习别人合乎道义的事并跟着去做，使周围的人都能和谐相处。做一个人应该能及时改正错误，这样才会避免再犯错误，而成为一个合格的人。"[228]汤一介教授这番话正正就是香港人所接收与发放的"儒家思想"，已融会到日常生活当中了。

除此之外，也有一些学者有特殊的见解，现在不妨也列举出来，例如中文大学的副校长金耀基教授便就香港的语境来说出儒家思想所带来的结果或"儒家的价值教育"在普罗大众中（不是学者），是一种"社会性儒学"，因他认为香港始终是一个"经济型的社会"，都是实用和希望发展经济为主，故若不是专研究儒家思想的学者或对儒家思想有兴趣之士，根本不会把儒家视为"有内在价值和神圣的教育或思想"。金耀基认为普罗大众只视儒家的价值教育为发展经济的动因。他认为："香港'社会性儒学'的特点即在于既具有传统的元素，又包含工具理性的取向；他因此把香港这种文化价值称为工具性的理性传统主义（rationalistic traditionalism）。"[229]

---

228 潘萱蔚. 论语论教育——道德理性的人文教育〔M〕. 香港：香港教育图书有限公司，2005，i.

229 陈慎庆. 宗教〔A〕. 陈慎庆编. 诸神嘉年华——香港宗教研究〔M〕. 香港：牛津大学出版社，2002，23.

三、范畴（道德教育、心灵教育、生命教育、公民教育）

　　按本人划分，儒家的价值教育可涉及四大范畴，就是道德教育、心灵教育、生命教育和公民教育。现暂不在此详论，留待在"儒耶价值教育比较"那一章再论。

第四章　基督教的价值哲学与价值教育

第一节　基督教的价值哲学观

一、基督教思想在中国的历史综述

（一）基督教的追本溯源

由于本章节研究"基督教[1]的价值哲学与价值教育"的语境主要是以"来华后的基督教"为主，故有关"基督教的起源"只会略探一下，并不会花太大的篇幅来谈论。

基督教是不是起源于犹太教？这很难确定，但有学者称之为"犹太教的姊妹"。《简明世界宗教指南》中指出："'犹太教'有时意义不明确，除了指现代犹太人的信仰外，也指旧约犹太人的信仰。有时用来统称犹太人的生活方式。不过，最好用'犹太教'指拉比自主前200年起发展，在主后70年圣殿被毁后成形的宗教。这样我们不说基督教从犹太教而来，而是准确形容她是犹太教的姊妹。两者都来自旧约圣经的信仰。"[2]

1　本文所用的词汇----"基督教"（或耶教），乃泛指所有派别和宗派的"基督宗教"，例如包涵"新教"（或更正教）、"天主教"、"东正教"等。当然并不包括"摩门教"，因此教是排除在"基督教圈子"外的，虽然没有称之为邪教，但已被定性为"异端"。还有一提，若本人专指其中一个"基督宗教"的派别时，会用上个别的专称，例如"天主教"，则专指"罗马天主教"，并不包含"新教"在内。

2　翟浩泉. 简明世界宗教指南（上册）〔M〕. 香港：迎欣出版社，2002，153.

（二）基督教来华的历史

若从唐朝时的景教（公元 635 年）传入中国开始算起，直至现在，基督教进入中国已有一千三百七十多年历史了。无可否认，基督教对中国的科学、医术、教育、社会风俗习惯和文字工作等，都曾有过很大的影响。

1. 古代

大部份学者都无法证实在唐朝景教传入中国前是否曾有基督教的传入。一般只能以"传说"方式来说。例如近代中国的基督教学者王治心曾说："基督教何时传入中国？这个问题，很难有肯定的答案，虽然有过不少的考据，但是这些考据，大都是后来才发生的，算不得是有力的凭证，我们只能以传疑态度叙述之。"[3]

首先，有说使徒多马曾在汉朝明帝永平年间到中国传福音。多马（Thomas）是耶稣的十二使徒之一。因传说在马拉巴教会迦尔底亚（Chaldean）的祈祷书中记载中国人和埃提阿伯人，因多马的劝勉，信仰真道。又曾传说当使徒保罗往西方传道时，多马即到东方传道。最初，多马是沿东边海岸，在靠近现在的玛德拉斯（Madras）（印度东部）宣传福音，后来，又往沿西海岸（马拉巴 Malaber）（印度西部）宣传福音，有很大的成就。再后，他又转往东方宣传福音，旅行直至中国为止。

另外，根据新约圣经的研究，巴多罗买是耶稣十二门徒之一，他可能就是约翰福音中的拿但业，传说他是在亚美尼亚殉道的。王治心说："在印度的传说中，当保罗传教于小亚细亚的时候，有多马与巴多罗买传教到东方，说多马到了印度，巴多罗买到了中国。"[4]

还有，王治心曾说："明朝刘子高诗集，与李九功《慎思录》，均载明洪武年间，江西庐陵地方，掘得大铁十字架一座，上铸赤乌年月。按赤乌系三国孙吴年号，子高因作《铁十字歌》，以志其奇。又铁十字上铸有对联一副云：'四海庆安澜，铁柱宝光留十字；万民怀大泽，金炉香篆蔼千秋'"[5]。王治心认为下联"万民怀大泽"这一句是指耶稣的受难救世工作。如果这记录是真实的话，那在三国时代也有基督教传入中国。但本人则认为以"万民怀大泽"来定论与基督教有关，理据似乎不足。

---

3 王治心. 中国基督教史纲〔M〕. 上海：上海古籍出版社，2004，22.

4 王治心. 中国基督教史纲〔M〕. 上海：上海古籍出版社，2004，22.

5 王治心. 中国基督教史纲〔M〕. 上海：上海古籍出版社，2004，23.

最后，李文彬教授在其《中国史略》说到在东汉时代，曾有两个叙利亚教士到过中国。他们到中国来，表面上是为了要学习养蚕治丝的方法，把蚕子带回欧洲，可是他们的本意，乃是传教。

直到这刻，以上总总均是"传说"，但不排除将来找到更多有力的史料或证据时会成为"史实"。惟不争的事实是古代时，我国已很强大，汉朝时已有丝绸之路通往西方，与外国人，例如印度人、波斯人、罗马人和犹太人的早有往来。

唐朝的景教可算是真正传入中国的"基督教"。

自明朝"大秦[6]景教流行中国碑"在西安被发掘，及其后在敦煌石室发现若干部景教所遗经典，世人开始注目"基督教（景教）始于唐朝"这个史实。而其历史的真实性才正式确认。现在，"大秦景教流行中国碑"存放于西安市碑林博物馆内[7]。另外，在 1900 年在敦煌可室发现《大秦景教三威蒙度赞》及《序听迷诗所经》等景教文献作品。以上所述的都能让我们知道更多唐朝景教的活动。

唐朝时，景教曾被称为弥尸诃教（Nestorius），而景教教士则曾被称为波斯僧或大秦僧[8]。其建立的教堂先后被称为波斯寺或大秦寺。

那时的景教本属基督教的涅斯多流一派。其创办者鄂斯多流（Nestorius）为叙利亚西部安提阿人（Antioch），曾受教于摩普绥提亚（Mopsuestia）的提阿多（Theodore），于公元 428 年，被升为康士坦丁堡的主教。提阿多本是主教，与金口约翰齐名，为安提阿学派的主要学者。在基督教神学史上，安提阿学派常与亚力山大学派相抗衡，倾向于理性主义，尤其是对圣经的解释。鄂斯多流及他的跟从者是在耶稣基督的两性神学这问题被判为异端。鄂斯多流是不接纳耶稣基督被马利亚真正怀孕（当时他被判异端是因为不能接受马利亚是"怀了神"（theotokos），只说神的儿子基督是借着马利亚的肚腹"流出来"）而生出来而被当时的正统教会判为异端。

在鄂斯多流被判为异端以后，他便带领其门徒十七人，逃出罗马，到了波斯传教。及至第六世纪末，斯多流派的基督教，由中亚细亚进入中国，称为"景教"。景教进入中国，始于公元 635 年（唐朝贞观九年），当时鄂斯多

6　"大秦"即是"罗马"。

7　本人于 2010 年七月下旬曾前往考察。

8　因他们皆来自波斯，而其教门则发源于大秦（罗马）属地犹太，故有此称。

流教会的波斯传教士阿罗本（Olopen），到达唐朝的国都长安，太宗命房玄龄宾迎于西郊。至于被称为景教的由来，根据大秦景教流行中国碑所记："宜常之道，妙而难名，功用昭彰，强称景教。"这句话让我们知道景教二字是"正大光明之宗教"的意思。

唐时期中国的政治、社会和宗教情况，与景教的传入是有关系的。当时的唐太宗年轻、能干，且智勇过人。他在执政的廿三年能平定外敌，使秩序良好，让人民有美满的生活，敢称它为中国历史上的黄金时期。正正因为唐太宗的个性开明、谦虚好学，更容纳批评和劝告。这实有助于景教来中国以后的发展。

当时中国与小亚细亚印度等国家，有贸易往来，于是景教就把握机会传入中国了。

可是唐太宗亦有过失之处，其中最令人触目惊心的是抢夺皇位的手段，也就是中国历史上著名的"玄武门之变"。唐太宗的皇位，是凭兄弟间自相残杀的政变取得的。所以景教传入以后，在表面上看来是一帆风顺，实际上是危机重重。只要有一次政变，景教的地位亦随之而变。例如武则天出身于佛教家庭，崇拜佛教，高举佛教，不免会排斥景教。总括来说，景教在唐朝十几个皇帝的变换下，或安定或动荡的局势交错中，在中国存留了约二百多年。

根据景教碑的记录，有"翻经书殿"及"经留廿七部"等语，但阿罗本[9]所翻译经目，无法真正考据。按已发现之景教书目《尊经》[10]所列者，有三十余种。

近年来，在敦煌石室所发现之景教经典有：一神论、序听迷诗所经、大圣通真归法赞等，均未见于尊经书目，可能是属于阿罗本时代所翻译的。

唐朝时代全国的景教分为十道。景教碑有"法流十道……寺满百城"之记载，可见当时的景教曾遍传于我国各地。

景教自公元 635 年传入中国至 845 年被禁为止，在唐朝一共流行了二百一十年。

---

9 阿罗本（Olopen）这个人，中外学者至今无法真正考据知道其真实姓名，相信这名字是中文译音。而关于阿罗本的本名，有不同的说法。

10 现存巴黎国家博物馆，为另一景教僧景净所进呈之汉译景教经典。

后来，景教在元朝时再由蒙古进入中国，卷土重来，这时的景教则称为"也里可温"[11]。而对基督教各派则一律称为"也里可温教"。而那时中国的基督徒有时被称为"达屑"[12]。元朝除了景教以外，还有天主教的道明会、及方济会之传入，这些全是"基督宗教"。

历史学家认为，景教虽然在唐朝时被禁止，但是在中国的边疆地区，仍然保有景教的残余势力。在中国边疆地方所发掘的许多景教徒墓石，可以证实这一点，即是今天的蒙古和苏俄一带。这些墓石，或仅刻有十字架的标志或附刻有叙利亚文的洗礼者名字。

比较著名的信仰景教的边疆部族有克烈族、乃蛮族、汪古族和蔑儿乞族等。

至于景教后来在元朝完全消灭的原因，除了随景教部族之被灭而消灭外，尚有其它的各种原因：例如，元朝的政权虽然标榜宗教自由，但是因其王室采多妻制度，在本质上较接近于回教制度；另外，景教的领导中心在中东的巴格达，那儿离中国很远，况且又未能在中国培植圣职人员以补教士之不足。波斯被灭后，赖波斯国保护之景教也随即衰微；还有，一些景教领导人归信天主教，例如，汪古族酋长阔里吉斯改信天主教，宣誓服从罗马教皇。

而元朝之基督教历史，因为没有留下像唐朝景教的经典可以考证，因此只能以某些"名人的游记"，例如《马可孛罗游记》和《奥多利克游记》，及一些零星的元代史料来叙述它。

马可波罗游历中国时，所见的基督教都属景教信仰。当蒙古王朝兴起之际，也正当是欧洲的基督徒组织几次的十字军对抗回教势力之时。当时元太祖及太宗有几次起兵西征，到处攻灭回教国，因此欧洲的基督徒，以为蒙古人是帮助基督徒扑灭回教徒的，便一心想要和蒙古人结盟。

首位进入中国的天主教教士是十三世纪的孟高维诺（John of Montecorvino）。他是一个对天主教在中国传播极有影响力的人。当他到达中国时（1294年），忽必烈刚去世，由元成宗继位。虽然他初时受景教徒的排斥和陷害，但最终他都赢得元朝王室的信任和支持，开始传教。十年内已有六千人受洗，加入教会。汪古族酋长——阔里吉思，就是在这时改信天主教。另外，他也把新

11　"也里可温"是蒙古语"Arkaun"之音译。本含"有福之人"或"有缘人"之意，后来专指"信福音之人"或是"信奉福音的基督徒"。

12　"达屑"一词是波斯语"Tasrs"的音译，意思是"敬畏神的人"或"虔诚人"。

约圣经和诗篇等，译成汪古族的方言。孟高维诺除了传福音外，又从事兴建教堂的工作，他收养了一百五十名七至十一岁的男孩，给他们施洗，教他们希腊文、拉丁文、唱圣诗及背诵经文。他在中国工作三十多年，在十四世纪初逝世，享年八十多岁，是一个德高望重的教士。

那时，除了孟高维诺外，还有好几位"弗朗西斯派"（Franciscan）的修道士来到中国，可是在发展教会事工方面没有太大的果效。最后一位是"马黎诺里"传教士，他是在1342年到达中国，逗留了三至四年便回罗马了。因为他看出当时元朝的元顺帝政局险恶，必定维持不久，因而离去。果然在二十多年后元顺帝被明朝的朱元璋赶出中国，天主教在中国的事业，就此停顿了。

元朝的天主教和景教一样，在中国历史中昙花一现就消失了，没有留下长久的影响。

其中一个原因是传教士（天主教和景教）忽略了翻译圣经的重要性。因"经籍"是中西文化交流或对话的重要东西。还有的就是元朝的天主教传教士与景教的传教士，互相对立，彼此排斥。中国人和蒙古人觉得十分奇怪，因他们觉得"天主教"和"景教"都是信奉"同一个神"却互相斗争，真是不可思议。

基督教在明朝算是第三次进入中国。朱元璋在1368年建立明朝，为明太祖。中国再次自治，并得到统一。

明太祖的治国方针，是实行君主独裁的政策。明太祖之前，中国的旧制度是以宰相为全国的政治中心，管理大局，而明太祖继位以后，废了宰相这个职位，由皇帝自己兼任宰相，直接统管大局。明太祖的性格坚毅辛勤，兼任宰相，并不困难。可是明太祖以后的皇帝娇生惯养，根本不能胜任宰相，但却间接让传教士可自由在中国传教。

明朝初期实行开放政策，十六世纪中叶以后就采取闭关自守的政策，认为这样较为安全。所以耶稣会宣教士方济各即使想进中国传教，也不得其门而入。到了十六世纪后叶，由于神宗不问朝政，又间接促使利玛窦得以自由在中国传教。由此可见，一国的政治情况与能否留下进行宣教工作是有很大关系的。

由于明朝提倡的是佛教，这与明太祖朱元璋的出身有关。朱元璋幼年时曾在寺院当僧侣，后与起义的英雄反抗蒙古人的统治，最终推翻元朝，自立明朝。当他即位后就提倡佛教，而喇嘛教是佛教其中一宗派，故明太祖也供奉，还封喇嘛为国师。明太祖以后的王室，皆信奉喇嘛教。另外明成祖在一次战争中，曾经得到一位禅宗僧人的辅助，禅宗是佛教的一派，以致明成祖对禅宗也有好感。除佛教外，明朝还流行道教，但不如佛教般受重视。明朝亦有一、两个皇帝是笃信道教的，例如明世宗甚至沈迷在设坛祭神的迷信中，以致多年不理朝政。而基督教在这样的宗教气氛下传入中国，肯定是有困难的。

还有，明朝更流行王守仁所提倡的理学。这学说传播得很快，当时王守仁的弟子更遍及全中国。理学所提倡的，主要是要人发挥人的良知，也就是发挥人类先天辨别是非善恶的心。王守仁认为应该发挥良知，以求达到知行合一的地步，成为圣人。这时，天主教教士利玛窦来到中国，不少朝臣和学者，均向他学习西方的科学。利玛窦利用中国人这种好学科技的心理，一边教科技；一边传福音，讲解基督教的信仰，受到很多人的欢迎。

欧洲这时正是宗教改革时期。由马丁路德发起的宗教改革运动在欧洲各处已影响了许多的国家。天主教在这种声势之下，内部兴起了一种反动运动，称为反改教运动。要求当时的天主教会作以下的事为改革目的：第一，在生活纪律上实行某种改革；第二，整理天主教的教训，使它成为坚实又具权威的系统，以抵抗马丁路德发起的宗教改革运动；第三，重组教会政治的与建设的机关，以应付此种新局面。

传教士方济各在 1542 年来到亚洲。他首先抵达印度，后去日本。他在日本传教时，听到日本人的责问他如果所传的宗教是真的，为什么中国这个历史文化悠久的国家，竟然不知他所传的宗教。因此方济各下定决心，冒死也要到中国去宣传福音。1551 年，方济各来到广东沿岸的小岛，名叫上川，等候机会进入中国。可惜当时遇到中国的排外政策，而方济各也病倒了，并死于上川岛，直到死时也尚未完成他进入中国的计划。惟方济各那份到中国传教的心志，却激发了很多传教士要到中国来传教。在他去世后的三十多年，步他后尘的，除了耶稣会的传教士外，还有奥古斯丁修道会、弗朗西斯修道会和多米尼古修道会的修士。因此方济各对"在中国传播天主教思想"的影响确实不少。

西班牙的麦哲伦在 1521 年发现了菲律宾，使西班牙人对东方发生了兴趣。他一方面在菲律宾传福音、办学校；一方面积极准备进入中国传教。有一次，两名西班牙传教士有机会随一位中国官员进入中国，但途中却被出卖，被抛弃在沙滩上。这次经历，对传教士打击很大，但西班牙的传教士并未因此沮丧，还是继续努力，想尽办法进入中国。这些西班牙传教士，遭到葡萄牙人嫉妒，彼此猜忌，互相竞争，以致水火不兼容。两国的宣教士，经过二十多年的尝试也未能成功的进入中国传教。也许传教士彼此不同心，是不成功的原因之一。

耶稣会的范礼安（Alessandro Valignano）第一次成功打开了中国福音之门。范礼安带队来中国，是一次划时代的旅程。范礼安找到了传福音入中国的秘诀，就是必须先学会中文。因此，耶稣会的负责人派了罗明坚（Ruggieri）到澳门学习中文，虽然经过非常艰苦的阶段，但两、三年后罗明坚不负所望，他学会了基本的中文书写，并且能讲流利的华语。当时葡萄牙人，每年都有两次机会进入广州与中国进行贸易。罗明坚趁机随葡萄牙商人进入中国传道，带人归主，后来并取得了定居的许可证。因为中国官吏见这位外国人没有恶意，又会讲中文，他们感到很喜欢，便容许他在广东省肇庆定居，并建立天主教的修院。范礼安在去世前安排了利玛窦来澳门学习中文，以便和罗明坚一起在中国的福音事工上并肩作战。这是基督教第三次进入中国的第一阶段情况。

利玛窦（Matteo Ricci）1582 年应邀到澳门学习中文，三个月就学会了看中文，他看了许多中国的古籍，对中国文化产生兴趣，一年后便正式进入中国宣教。罗明坚和利玛窦由饮食起居，以致礼仪服装，都完全中国化，这使中国人对他们另眼相看，也尊敬他们。此外，利玛窦的学识，也使中国学者敬佩。利玛窦画了一些地图，把中国放在中间，其它国家点缀式的围绕着中国，这地图迎合中国人的“自我中心”心态，也满足了中国学者的好奇心。利玛窦亦将从西方带来的浑天仪，时晷和报时钟等仪器，一并赠送给中国学者，因而交了很多好朋友，当中也有不少人受洗归信基督。

几年后罗明坚和利玛窦计划北上传福音，可是尝试几次都没有成功。他们决定派罗明坚回欧洲，申请支持，可惜罗明坚却在途中病死了。但利玛窦念念不忘北上的事，终于在 1601 年抵达北京城。

利玛窦在北京十年间，托大臣将各种名贵礼物，献给明神宗。其中计有大小自鸣钟各一，油画三幅、镜子、手琴等。明神宗非常喜爱，因此虽然没有明文声明准许利玛窦留在北京，但也没有阻挠。当利玛窦在北京有了一定的地位后，其它耶稣会传教士在北京以外的地区工作，就有更大的自由了。

利玛窦在北京工作共十年，中国信徒人数达到 2500 人。1610 年，利玛窦逝世。这使利玛窦成为第一位真正在中国传福音的西方宣教士。还有，他所著的《天主实义》能起中西文化交流，即中国人认识"圣经"的作用。

1616 年，基督教在中国遇到的第一次教难，名为"南京教难"。这事断断续续维持了好几年，后果是颇为严重的。南京教难的经过是由当时南京的礼部侍郎沈灌发起的，他一向偏爱佛教，对基督教毫无好感，并且带动一班仇视基督教的人，常常逼迫基督徒。在利玛窦死后，他便蠢蠢欲动，想起来排除基督教。1616 年沈灌连上三张奏书给明神宗，控告传教士送礼物给中国人是为了收买人心，以致在适当时候可以倾覆中国；并指控传教士破坏儒家文化，教导人不拜祭祖先，这更是中国人不能容忍的。沈灌上书后，明神宗并无反应，因上书理由不足，欠缺力量。加上中国信徒徐光启为传教士辩护，事情就不了了之。但沈灌一再上奏，引起各地群众排教。朝廷在压力下，只好下令"禁教"，勒令将传教士驱逐出境。于是传教士有些被杀，有些收监。数年后，明朝最后的一位皇帝崇祯皇，因推算日、月蚀的士大夫屡屡出错，令崇祯十分不满，于是又准许传教士进中国，天主教在中国又再活跃起来了。

1644 年，满清入主中国建立了清朝。先谈谈天主教在华的情况，清朝时的康熙皇帝是中国历史上一名出色的君主。他起初对在中国工作的耶稣会士怀有好感。直至 17 世纪末，耶稣会士已带领不少中国人皈依天主教。其中一个在天主教会内引起宗教上的争论的，就是有关于"中国礼仪"的问题。当时的耶稣会士在朝廷任职，并因着他们对天文学和动力学上丰富的知识，使中国人民对他们留下深刻的印象。他们任职于皇家气象部门，并在皇宫内担任画师。而同时间，这些耶稣会士亦被当时的中国儒家学者所吸引，并渐渐顺应儒家的生活方式。对这些耶稣会士来说，他们首要的目标，就是传扬天主教的信仰。但他们却遇到了一个难题，就是当时中国的精英份子都需要学习儒家学说，而儒家学说亦为当时的中国的家庭提供了生活的框架。在儒家的礼仪中，包括了"敬礼祖先"的礼节。当时耶稣会士在罗马，就为这些礼节提出辩护，强调这些"中国礼仪"只是社会性的仪式，不是西方的宗教仪式。因此，认为入了天主教的中国人都应容许继续参与"祭祖"等传统仪式。但当时在罗马的教宗却认为儒家的礼节与基督宗教的教义有冲突[13]。所以，他

---

13 1715 年，教宗格来孟发表通谕，发表通谕，向全球人民传达了以下数点议决：首先，西洋称呼天地万物之主，用"斗斯"二字，此二字在中国用不成语，所以在

的见解带来康熙的反感，并使当时中国大部份的精英份子未能皈依天主教的信仰。最后，他下旨禁止传教士在中国的传教。其后的雍正皇帝由始至终都压迫天主教，严格执行禁教令。接棒的乾隆对天主教和西教士没有很大的厌恶感，例如他刚登上帝位后，就颁发了一道上谕："国家任用西洋人治历，以其勤劳可嘉，故从宽容留。"[14]北京的四大教堂可完全保留，神父们可自由举行教会礼仪，教友可瞻礼。但后来，乾隆还是屈从廷臣们的压力，勒紧传教士传教。例如在 1784 至 1785 年便发生了一次大教难，乾隆出谕："西洋人传教惑众，易为风俗人心之害。除已获解京之外……西洋教士永远监禁，中国教士永远充军。"[15]不过，乾隆好像有点优柔寡断，时有回心转意。

十九世纪初，基督教开始在中国再度活跃起来。头四十年，到中国去的传教士分别来自不同的差会，包括英国伦敦会、英国圣公会、荷兰传教会、美国的浸礼会、长老会和中华圣公会等。而马礼逊是更正教在中国的开路先锋。

马礼逊在 1807 年来到中国，至 1834 年去世，共逗留了二十七年。他为基督教（更正教）在中国传播的工作，奠下了一定的基础。十九世初来中国的传教士，正逢中国满清政府采取闭关主义的国策。当时来中国的外国人和传教士，很多都只能居住在澳门，只有部份与中国通商的，才准许在中国广州逗留。当时传教士要在中国传教实在不可能。所以，马礼逊抵达中国后，只好先加入东印度公司当翻译员。这时他翻译圣经和写布道性的文字。在 1810 年至 1811 年，马礼逊已经把《新约圣经》中的两卷翻译成中文。至 1814 年更完成整部《新约圣经》的翻译工作。五年后，他在另一位英国伦敦会传教士

中国之西洋人，及进天主教之人，方用"天主"」二字，已经日久。但从今以后，总不许用"天"字，亦不许用"上帝"字眼，只可称呼"斗斯"为天地万物之主。第二，有关"敬天"二字之牌匾，如未悬挂，则不应悬挂，若已悬挂在天主堂内，则应取下，不许悬挂。第三，春秋二季祭孔子并祭祖宗之大礼，凡进教之人，不得参与；亦不应作为旁观者，因为此举与参与异端礼仪相同。第四，凡进天主教之官员或进士、举人、生员等，于每月初一及十五日不得入孔子庙内行礼。或有新上任之官员，或新得进士、新得举人生员者，亦俱不得入孔子庙内行礼。第五，凡入天主教之人，不得入祠堂行一切之礼。第六，凡入天主教之人，或在家中或在坟上，或逢吊丧之事，俱不得行敬祖之礼。进教者就算只是陪同外教者，亦不得行这些礼节，因为这些都是异端之事。

14 张泽. 清代禁教期的天主教〔M〕. 台北：光启出版社，1992，62.

15 张泽. 清代禁教期的天主教〔M〕. 台北：光启出版社，1992，114.

——米怜（William Milne）的帮助下，终完成了整部《圣经》（新约及旧约）的翻译工作。

马礼逊在中国共享了十二年把整本《圣经》翻译成中文，是中国教会历史上第一本完整的中文圣经。这是传播基督教思想和发展基督教教育的一个重要的里程碑。

除了马礼逊对传播基督教思想和发展基督教教育有贡献之外，传教士米怜更开办学校，例如于 1820 年成立的"英华书院"（Anglo-Chinese School）。这所书院由马礼逊及英国伦敦会和其它信徒捐献金钱，把西方的科学教导给中国人。可惜它只办了十五年。但有一点要提及的，就是它教育出"中国第一位牧师——梁发"。在鸦片战争后，英华书院搬到香港来。

鸦片战争对基督教有许多的影响。从积极方面来说，外国人在中国的活动自由了，可以在五个港口活动，当时的传教士也利用了这机会纷纷在五个港口活跃起来；惟从消极方面来说，基督教的传教士是靠南京条约入中国的。而南京条约是中国人在英国的武力威胁下所签定的不平等条约，因而引起中国人对基督教反感。

至于由洪秀全发动的反清起义运动，即太平天国运动，皆因他只是借基督教[16]之名进行运动，根本不是"西方来华的基督教"，史书都定此为异端邪说，故不在此论及。

洋务运动在 1860 年至 1900 年间，是一件很重要的事。培养洋务运动人才方面，在北京设立"同文馆"，使中国人学习外文，另还有英文馆、法文馆、俄文馆等，当时的教师大多是传教士。十九、二十世纪康有为和梁启超领导的戊戌维新运动和立宪运动，就是洋务运动的改良和拓展。洋务运动时，大量起用了外国人，对传教士的态度也作出了良好的改善。

---

16 洪秀全创立"拜上帝会"。1843 年第四次考试又落第。后偶然再读《劝世良言》，"恍悟"六年前梦境乃天父授命他代天行道。即向家人、乡人、冯云山及洪仁玕传教，并着有政治宗教性的书籍，计有《百正歌》、《原道救世歌》、《原道醒世训》和《原道觉世训》。也广收会员，著名的有萧朝贵、韦昌辉、杨秀清、石达开等入会。其实"拜上帝会"是很军事化的。洪秀全在生活方面，与圣经的教训，相距甚远，他要求军队起义成功后，才可与妻子团聚，可是他自己却有八十八个妻妾。他的战友杨秀清，也有三十六个妻妾。这使中国人对基督教误解更深，更使当时反对太平天国的政府官员和国民，对基督教更反感。他们认为基督教迟早会带来混乱，更理直气壮去逼迫基督教。

2. 近代

十年的改建使教会声望提高了，中国人对基督教的看法也开放了。因此，1911 年民国成立后，教会历史进入新的阶段，民国政府接纳基督教为合法的宗教。布道鼎盛，使基督教思想和教育的情况进入高潮。基督教教会受到前所未有的尊重，可以到处布道。当时慕道者非常多，查经班，基督教刊物，如雨后春笋般发展开去。革命领袖——孙中山先生[17]也公开讲道。除了教会，教会属下的学校、医院、文化和社会服务，在当时也有显著的影响。

当时，在国内巡回布道的中国布道家有丁立美，余日章，饶伯森等，他们都是大有能力的布道家。具体来说，民国成立对教会布道工作的帮助有：基督教被承认为合法宗教，也是民国国家的改变和进步的象征。

可是，好景不常，基督教其后遭到"反基督教人士"的猛烈攻击。那时，教会虽然仍蓬勃地发展，但在实际环境中，是饱受考验的。因那时军阀割据，使教会在战火蹂躏中损失很大。山东大学的颜炳罡教授便说："20 世纪，这种教会史上的'黄金时代'就传教事业在华的整个进程言，可谓'夕阳无限好，只是近黄昏'，它只是外国教会在华传教事业行将终结前的回光返照而已。"[18]更致命的是文化界和学术界均兴起一股反教的势力。在五四运动时期，中国知识分子的国家主义高涨。而反帝国主义就是等于爱国。知识分子的思想越来越政治化，他们要求政府有激烈的行动，许多国家与外国的关系问题都被两极化，结果把外来的基督教当是帝国主义或文化侵略，又开始抗拒基督教。当时无神论思想流播，人民提出许多宗教问题，1917 年，蔡元培出版《以美育代宗教》。1920 年，少年中国学会出版《人是否宗教的动物》、《新旧宗教是否还有存在的价值》、《新中国是否还要宗教》。那时，藉欧美正在大力提倡科学研究的时候，中国社会中的知识分子高举科学主义，要求采用自然科学的方法与价值观来重新组织他们对社会人生的态度。一些反对基督教的知识分子借着这机会在上海成立"非基督教学生同盟"，在北京成立"非宗教大同盟"，

---

17 孙中山先生少年时期在美国檀香山念书。因此他不但接触了西方的思想，也有机会接触到基督教。当他回家乡后，看到乡民信奉北帝，便把神像手臂扭断，对乡民说"它"只是"偶像"，连自己的手也不能保护，是不藉得崇拜的。由于当时乡民兴师问罪，只有十八岁的孙中山惟有到香港求学。至 1883 年，孙中山在香港受洗成为"基督徒"。

18 颜炳罡. 心归何处——儒家与基督教在近代中国〔M〕. 济南：山东人民出版社，2005，160-161.

其后再成立"非基督教同盟会"。据华中师范大学前校长章开沅教授说:"然而,由'五四'引发的非基督教运动,却没有发展成为义和团运动那样的悲剧。在经历这场严重的考验以后,基督教在一定程度上顺应历史潮流,作了多方面的自我调适,并且逐步与国民政府建立比较友好的关系,从而在中国继续有所发展。"[19]

从 1927 年至 1949 年之间,我国经历漫长的内战和抗日战争。因此,教会在这二十多年中的许多工作都被迫停止下来,信徒增长缓慢。此时,基督教在中国(大陆)的传播滞了下来,反而,成就了基督教在香港的传播。

(三)基督教进入香港的历史概述

鸦片战争后,外国人可在香港居留和活动,因此香港成为传教士在华传教的后勤基地,不需再借助洋商顾佣的身份作掩饰。近代学者夏泉博士便曾在其《明清基督教教会教育与粤港澳社会》一书中说到:"鸦片战争后,清政府由'禁教'到'弛教',直至签订系列不平等条约被迫'护教',这标志着执行了百余年的'禁教'政策的解冻,也是晚清基督教政策的根本性转变和近代中西关系史上的一件大事。"[20]夏泉也提到:"就香港而言,开埠后,香港成为基督教在华传教的后勤基地。"[21]

香港是在 1842 年由中英签订南京条约后割让给英国管治的,而英国的皇室是基督教教徒,故顺理成章,基督教可在香港植苗。而基督教教会初到香港即以"教育"为义打根基。1842 年 11 月勃朗牧师在香港建立了"马礼逊学校"(可以说是由澳门迁香港)。香港的港督十分支持。马礼逊之子马儒翰更被委任为"香港第一位中文秘书",专责香港华人事务。香港基督教史学者李志刚博士说:"因为马儒翰出任政府译官,被认为在鸦片战争立有汗马功劳,而且亦是香港第一任华民秘书(即其后的华民政务司),官阶甚高⋯⋯"[22]

---

19 章开沅. 传播与植根——基督教与中西文化交流论集〔M〕. 广州:广东人民出版社,2005,83.

20 夏泉. 明清基督教教会教育与粤港澳社会〔M〕. 广州:广东人民出版社,2007,247.

21 夏泉. 明清基督教教会教育与粤港澳社会〔M〕. 广州:广东人民出版社,2007,241.

22 李志刚. 香港教会掌故〔M〕. 香港:三联书店(香港)有限公司,2006,15.

可以这么说，基督教在香港的传播除了建设教会外，便是"兴办学校办教育"了。此外，还有办报刊，例如，香港第一份中文报刊《遐迩贯珍》[23]便在 1853 年出版，它的第一任主编便是一位牧师来的。

（四）基督教的价值哲学

总括而言，基督教价值哲学的核心是"基督"和"与上帝复和"。

本人在上一章论及"儒家的价值哲学"时已曾以哲学家麦金泰尔认为不同的传统有逻辑上的不可比性[24]来指明，要"比较"不同的传统定要找出一些双方都能可比的概念，因此本人只会集中阐释"基督教价值哲学"中的四个概念：爱、礼仪、复和及神人二性与"人的成神（成圣）"。因这四个概念可与上面的章节与"儒家价值哲学"的概念作比较：

1. 爱

"爱"，在基督教占了不可缺少的地位，因基督教虽源于犹太教，但它与犹太教不同的就是强调"神的爱"，不像犹太教中是强调神的律法的。而且基督教中的耶稣也对人充满爱的表现。宗教学家姚新中在其《儒教与基督教——仁与爱的比较研究》一书中说到："就像仁是儒家学说的灵魂与中心主题一样，神爱，或者流行的译法——爱，也是基督教学说的灵魂。基督教神学与哲学就是围绕爱的观念建立起来的，许多著作都是以探索爱及其意义为内容的。就像约翰·麦奎利（John Macquarrie）在其《人性研究》中所说的那样：'基督教学者对于爱的探索与解释所达到的深度远远超过了任何其它宗教或世俗哲学'。"[25]

不过，基督教的"神的爱"（Agape）与"人的爱"（Love）在概念上是有点分别的。也有一些神学家把"欲爱"（Eros）与"神爱"作比较。"神的爱"

---

23 当时，《遐迩贯珍》每期出版三千份，前后出版了三十二期，每期约有十二页至二十四页不等。主要的内容为"专论"和"新闻"两类。专论多介绍西方社会、人文、地理、科学、医学和比喻；而新闻则报导香港本地、中国内地、世界各地的消息。

24 麦金泰尔在其《After Virtue：A study in Moral Theory》说到："不同的传统之间存在着'逻辑上的不可比性（logical incompatibility），因为在不同的传统中，关于理性、正义等概念的意义是不同的'。"（转引自：高莘. 约翰·亨利·纽曼的大学理念与其宗教思想之关系〔M〕. 香港：中文大学天主教研究中心，2010，258-259.）

25 姚新中. 儒教与基督教——仁与爱的比较研究〔M〕. 北京：中国社会科学出版社，2002，101.

是一种"自我主动给予的爱"，这可以是是神对人的爱，也可以是人对神的爱，再推而广之，可以是基督徒对基督徒的爱，是有一种宗教框架的，是不望回报的。Agape 有多种译法，如"大爱"、"挚爱"、"诚爱"和"圣爱"等。当中以"神爱"和"圣爱"最为人当谈及基督教的爱时所采用。神学家更认为"圣爱"这译法最能表达爱的神圣维度，且能同时保留了在现实的人文世界中实践的可能性。

有多位基督教神学家皆以研究和演绎"神爱"闻名，例如虞格仁（Anders Nygren）、蒂利希/田立克（Paul Tillich）和巴特（Karl Barth）等。

虞格仁在其经典著作《圣爱和欲爱：历代基督教爱观的研究》中便认为基督教的神爱（圣爱）是上帝中心的爱，是为他者奉献的和牺牲的，是没有动机和目的的，而上帝给人恩典也可称为"神爱"；而他认为"欲爱"是自我中心的爱，是自我实现的和利己的，还有是自我拯救的灵魂上达至真善美终极本体的爱。研究神学的王涛博士说："虞格仁认为，作为分属两个精神世界的精神气质或生活态度，圣爱和欲爱处于完全对立的关系中，两者在本质上不存在相通之处，因此没有实现综合的可能。但虞格仁在处理基督教爱观念的演进时发现，在基督教爱观念的理论层面上，欲爱之爱不可避免地与圣爱之爱发生相遇，其结果是欲爱因素侵入到圣爱内涵当中，因而在他看来，整个基督教思想史便是一部在圣爱向欲爱妥协之下所形成的混合形态的爱观的历史。"[26]但最终，虞格仁都是主张"神爱"和"欲爱"是分离的。

另一位神学家巴特的观点雷同虞格仁，都是坚持"神爱"与"欲爱"是对立的，王涛博士说："同虞格仁相似的是，巴特认为，圣爱是爱者自由地、为了他者（das andere）本身的缘故，放弃对自身的支配而倾注于他者、对他者的奉献，这爱是与信仰不可分割的基督教的生活行为。欲爱从本质上讲则是一种征服性、索取性、占有性的爱，即自爱（Selbstliebe）。它源自于自我主张（self-assertion）并指向自我实现。欲爱之爱的运动，形成由自我发出，在即使是牺牲自我的情况下，最终仍然是回归自我的封闭循环。欲爱正是作为自爱而直接成为基督教之爱圣爱的对立面。"[27]

最后一位必定要提及的是神学家蒂利希，因他那"爱的理论"，在基督教学界中是有点争议的，因他试图统合"神爱"和"欲爱"。他阐释的"爱"，

26 王涛. 圣爱与欲爱—保罗·蒂利希的爱观〔M〕. 北京：宗教文化出版社，2009，3.
27 王涛. 圣爱与欲爱—保罗·蒂利希的爱观〔M〕. 北京：宗教文化出版社，2009，3.

颇像我们儒家思想中的"仁",但本人不在此详论,留待下面"儒耶比较"那章节时再论。关于他对爱的梳理:"爱构成了人之存在本身,他对爱的经典表述就是将爱描述为疏离者(estranged)的复合(reunion)而不是陌生者(strange)的结合(union)。复合便预设着分离,人本质上与存有联合(essentially united),而实存上与存有相分离(existentially separated)的存在者,爱驱使人向往复合,在实现复合当中体验福佑。"[28]总的而言,蒂利希认为"爱"是万物的力量,能带动凡人自身的"超越",通往"他者",与"他者",及与同自身相分离的"神"复合。

2. 礼仪

谈"礼仪"要先谈"仪式",不只中国的某些宗教会着重仪式,甚至在西方的宗教中,仪式是渐有重要的部分,周作人曾在〈希腊神话一〉一文中引了:"各种宗教都有两种份子,仪式与神话。第一是关于他的宗教上一个人之所作为,即他的仪式。其次是一个人之所思索及想象,即他的神话,或者如我们愿意这样叫,即他的神学。"[29]这番见解。上述这番话虽出自《神话》一书的引言中,是论及希腊宗教的,但放诸于其它宗教上也皆准的。

基督宗教的仪式据"圣公宗"所分共有五大仪式,惟德国宗教学家费尔巴哈在其《基督教的本质》说:"宗教之主观的本质关键,一方面是信仰与爱,另一方面,就宗教外在地表现于礼拜仪式中而言,则是洗礼与圣餐礼这两种圣礼。信仰之圣礼是洗礼,而爱之圣礼则是圣餐礼。严格地说,只存在有这么两种圣礼……"[30]虽然费尔巴哈并不是基督教徒,但本人甚认同他在这方面的分析,故本节本人会取基督教仪式中的两大部份论述: "崇拜"(含圣餐礼)与"洗礼"。

对于"崇拜"这种礼仪,基督宗教是重视的,当中以天主教和东正教更甚,而更正教(新教)则比较简洁。崇拜的英文为 Worship。而 Worship 是由 Worthy 衍生出来,解作"值得",包括"有价值"、"重要"和"尊贵"等含意。可以这样说,是指对那值得尊敬者所表现的一种尊敬的行动。因基督教是以神为中心的宗教,所以那位值得尊敬者,等同是值得崇拜者,就是神。基督

---

28 王涛. 圣爱与欲爱—保罗·蒂利希的爱观〔M〕. 北京:宗教文化出版社,2009,75.

29 简·艾伦·哈里森. 古代艺术与仪式〔M〕. 北京:三联书店,2008,166.

30 费尔巴哈. 基督教的本质〔M〕. 北京:商务印书馆,2007,308.

教学者萧克谐博士认为："崇拜是信徒生活中最基本的一环，因为它是每一个信徒不可缺少的；但它也代表灵性经验最高的境界，因为它是神与人的直接交往。"[31]

因基督教教会被视为"基督的头"，而教友则被称为教会的其余肢体，故"教会"在基督教来说，是必须的圣洁之所，是一众基督徒进行聚会团契的地方，亦因此，所做的仪式也会在此举行。以研究基督教仪式闻名的郭立特（T.S.Garrett）便说："对于新约的学者希腊字 Koinonia（团契或分享）乃是他们了解教会及教会共同聚集的意义十分基本的要字。再者，保罗论圣餐说：'人吃喝若不分辨是主的身体，就是吃喝自己的罪了。'当他说这话时，在这一段话里面是他对那即使在教会聚会崇拜时也分门结党的人最后的责备。在圣礼中分享基督的身体乃是承认属祂身体教会的肢体，因为此二者原为一。"[32]

基督宗教可大分为新教（复原教）、天主教和东正教。他们的仪式会有点分别，本人不在此详加比较，而当论到"崇拜"和"洗礼"时会以新教为主干，或会旁征天主教和东正教的仪式略作比较。信徒在进行崇拜时，相信圣灵会在崇拜中自由运行，而崇拜的方式会以圣经为基础，且同时宣扬神的道，当中会读圣经、牧师讲道、唱圣诗[33]。新教进行崇拜时态度认真但气氛不及天主教肃穆。由于崇拜是一种"礼仪"，故有规可依，例如《公祷书》和《圣餐规程》便是佼佼者，不过，以"圣公会"最为采用。因"圣公会"是较为着重礼仪一环的非天主教教会。

至于"洗礼"，更是基督徒加入基督教会必经的仪式，因作为一个基督徒决不只是一种"内心的信念"，或只是"报名"加入教会而已。故此，"洗礼"是一种"圣礼"，当然包括浸水或洒水，这都是现代的方式，而初期的教会更会按手和敷油。这种"入教的礼仪"能使"罪得赦免"和"受圣灵的恩赐"。据《圣经》使徒行传第二章 38 节记载，耶稣的门徒彼得便曾吩咐听道的人："你们各人要悔改，奉耶稣基督的名受洗，叫你们的罪得赦，就必领受所赐的圣灵。"[34]

31 萧克谐. 基督教宗教教育概论〔M〕. 香港：道声出版社，2007，182.

32 郭立特. 基督教的崇拜〔M〕. 香港：道声出版社，1988，15-16.

33 加尔文等宗教改革家认为，只有圣经是至高无上的权威，所以崇拜中会读经，也会唱圣经内的"诗篇"。而现代已有很多作曲家和填词家创作不同的"诗歌"在崇拜中献给神。

34 郭立特. 基督教的崇拜〔M〕. 香港：道声出版社，1988，27.

3. 复和

基督教的核心是"复和",即"与上帝复和",如要与上帝复和,在地上的"人与人之间和谐"也是非常重要的。

《圣经》中认为人类堕落前,"人界"、"自然界"和"天使界"本与"神"是和好的,而且彼此关系完美,后因罪恶的侵扰而使关系破裂,直到"耶稣"(圣子)在十架上流血舍身才成就和平,使人与神和好,人于人祸睦,人与自然的和谐。而"复和"是个过程,人类现在仍在继续与神复和(信耶稣),如现代神学家温以诺博士认为"人以基督(耶稣)为复和的中保"[35]。人除了要信神与耶稣外,也要"认罪"(原罪),这样才能上"天国"迈向美好,此乃"复和神学"。这与中国儒家思想中的"中和"是有相像之处的。"圣经说,因为我们抗拒上帝和有罪,使我们在关系上疏远上帝:'我们都如羊走迷,各人偏行己路'(赛五十三 6)。解决我们与上帝隔绝的方法,是恢复与上帝的关系,我们需要这种和好,再次显出只有一个方法解决我们疏远上帝的问题。"[36]

4. 神人二性(耶稣基督)与"人的成神(成圣)"

耶稣在未成肉身降世前是"太初有道,道与神同在,道就是神"(约 1:1-11)。即是耶稣是圣子,自有永有,早与神(圣父)同在,后却受圣父差派"道成肉身",降临人间(人界),所以耶稣是"神人二性"的,若借用中国的语言或概念来说,可算是"天人合一"。基督教信耶稣是由童贞女马利亚从神感孕所生,故耶稣含有神性,且具人性,但没有罪性,是纯洁的,不过,但有人性对罪的软弱。这种"神人二性"的概念,是不容易解释清楚的,因耶稣具两性,但只有一个位格,这在常人的逻辑中好像说不通,有矛盾[37],但基督教却是认同的。

古代时的教会就此都有不同的争议,例如有教派只承认耶稣只具人性,也有教派只承认耶稣只具有神性,还有一些教派强调耶稣神人二性分离或二性融合。惟最终都一致地承认基督是神人二性的,且是一个位格。例如生于欧洲路德宗教改革时代的马丁·开姆尼茨便在其《基督的二性》中写到:"古代教会在经过重大的斗争后,最终确定在道成肉身的基督里,基督的二性、

---

35 温以诺. 中色神学纲要〔M〕. 加拿大:加拿大恩福协会, 1999, 122.

36 翟浩泉. 简明世界宗教指南(上册)〔M〕. 香港:迎欣出版社, 2002, 180.

37 "矛盾"(contradiction)一词是指两件不能同时存在的"东西"却存在着。有神学家说神学概念没有"矛盾",但承认有"吊诡性"(paradoxical)。神学家称因人的智慧有限,故不应以"人的智慧"来解释"来自神的奥秘"。

神性和人性合而为一直到永远。圣父、圣子、圣灵所共有的神性，只与圣子位格中的人性相结合。在道成肉身的基督位格中，不仅存在着一性——人性，也存在着以一种独特方式与人性相结合的神性。"[38]

若撇开"神人二性"的耶稣这特殊境况，究竟基督教思想中的"人"是甚么来的？而"人"又有没有可能如儒家思想中的"天人合一"那样，与"神合一"？下面试略述一下。

就基督教来说，"人"受造于"神"。而基督教共有三种不同的"人观"：一元论、二元论与三元论。

我们先说"一元论"。提倡一元论的学者认为"人是指整体的人"，无法分割，是存在的自我。例如 Bruce Milne 在其著作《Know the Truth》中说："今天二元论三元论之争，已大体被人性整体论代替，根据此理论，人不是由不同部分组成的，而是一个'魂体'（psychosomatic）合成的整体。"[39]不过，这也有一个难题，因基督教相信人死后的肉体是死去，但仍有自我的存在。那岂不是不符合一元论的阐释？因此，有另外一派一元论倾向"绝对唯心主义一元论"，认为人不是分成"魂"与"体"两部分，而是一个"精神存在的整体"。神学学者于忠纶认为："一元论之最大弱点是不能解释圣经多处灵或魂与身体的对比。例如旧约但以理书七章十五节原文：'我的灵在我的体中愁烦。'最明显者为马太福音十章廿八节主耶稣说：'那杀身体，不能杀灵魂的，不要怕他们……'并且人死后之去向也是一个大问题，故此，德理慈[40]说：'任何认为魂与体无分别之结论，皆为与圣经相背之结论。圣经从头至尾所启示之世界观是两极的（即物质与非物质的）。故此，它启示的人观也是两极的，灵质与物质基本上是两种不同本质的东西，人乃是由两种基本上不同的元素组成的。'由以上观之，整体一元论之说法并不合真理，人是清楚分为不同部分的。"[41]

---

38 马丁·开姆尼茨.基督的二性〔M〕.南京：译林出版社，2003，14.

39 于忠纶.人算甚么——二元论与三元论的人观探讨〔M〕.香港：香港真理书房有限公司，2008，8-9.

40 德理慈（Fran Delitzsch）是十九世纪德国著名的解读圣经权威，且受近代学者的尊崇。他的巨著为《A System of Biblical Psychology》。

41 于忠纶.人算甚么——二元论与三元论的人观探讨〔M〕.香港：香港真理书房有限公司，2008，11.

　　"二元论"是指人是由两种不同的元素所组成，分别是"属物质的"和"不属物质的"。十九世纪至二十世纪数名神学家皆支持二元论，例如 A. H. Strong 便说过："人有二重本性，一方面他是属物质的，一方面是属非物质的，他是由体与魂（魂又称灵）所组成，人由二元素组成的思想，是出自人之知觉，此知觉与圣经所见证的不谋而合。"[42]

　　至于"三元论"则相信人是分为三部分的——身、灵与魂。但这并不是说分为三个人格或独立的人性，例如学者 C. I. Scofield 便称："人是一个三合体，灵与魂不是一样东西，来四 12 证明二者可以分开，林前十五 44 亦证明在死亡与复活的真理上，灵与魂是清楚分开的。"[43]

　　若接受人观的"二元论"或"三元论"的话，即认定人是有"灵"的，那么，站在基督教立场，人能否"与神合一"，尤如我国的"天人合一"呢？当然，我相信任何神学家都会赞同"人不能成为神"，因神是自有永有的，只有"三位一体的真神"（圣父、圣子、圣灵）；但神学概念中确实有"成神"（deification / theosis）这概念，特别是基督宗教中的"东正教"在其传统里是有"成神"[44]的概念。惟我们先不要把这与我们中国文化中的"成仙"或"成佛"对应。关于这方面的阐释，本人会留待下面"儒耶价值教育比较"的章节时与儒家"天人合一"作一个比较时再详述。

二、基督教信仰（宗教）与基督教思想（神学）的异同

（一）基督教信仰

　　基督教本身是一种"信仰"，这个在东西方也是一致同意的，不像我国的"儒家"受争议。但"信仰"是不是属于"人的感性"所推动出来，这个很难说，例如，站在基督教徒来说，他们觉得自己是理性的。费尔巴哈便曾这样说过："仅仅对不信者来说，信仰对象才是与理性相违背的，只要一旦信仰

---

42 于忠纶. 人算甚么——二元论与三元论的人观探讨〔M〕. 香港：香港真理书房有限公司，2008，12.

43 于忠纶. 人算甚么——二元论与三元论的人观探讨〔M〕. 香港：香港真理书房有限公司，2008，17.

44 因为东正教认为基督教所表征的，不独是对某一种教条的信奉，也不独是道德上的努力，只是外在地仿效耶稣，而是与"活神"（living God）直接联结（direct union），是全人被神圣恩典和荣耀所全然变化（total transformation），这即是希腊教父所说的"成神"。人可说是奉神之名"成神"的受造物。

了这个信仰对象，那就将确信它们的真理性，承认它们是至高的理性。"[45]不过，如"很理性地看待理性的意谓"，就会知道"信仰"始终是与"理性"不能一致。例如费尔巴哈进一步言明："信仰之本质，并不在于与普遍理性相一致，而是在于与普遍理性不同。特殊性是信仰之根源。"[46]尼采曾认为基督教的神指向"超感性世界"，按此，存在者的整体可分为"感性"和"超感性"二域。神作为超感性域为万事物奠定根基，并支配一切理念和理型。当"思辨"进入"基督教信仰"，"神学"便产生。不过要先说明白一点，就是"神学"不是要藉思辨拖垮"信仰"，反而，基督教学者是希望藉神学，把"基督教信仰"愈辨愈明。于英国剑桥大学取得博士学位的香港神学家林子淳说："信仰作为一种生存模式固然不需要哲学，正如人在其它的在世界中存在时也不见得需要哲学。神学作为一种信仰的科学也不需要哲学。它只需对其设定对象作出探究便可。但神学在一定情况下是需要哲学的，不过这仅仅在它要论证自己的科学性（wissenschaftlichkeit）时才需要哲学。"[47]亦因此，已假设研究神学的人是信奉基督教的，或至少是倾向于基督教的。例如以香港为例，如要在神学院修读神学，是要受洗才能入读。若要修读香港中文大学神学学位，也要是受洗教徒才可，若不是教徒，但渴望研究基督教思想的话，只可修读"宗教学"，切入点是不同的。在香港中文大学任教的赖品超教授便说："宗教研究与基督教神学表面上是截然不同的，就研究内容来说，基督教神学只与一个宗教有关，而大学内的宗教研究则是多元化的，包括多种不同的宗教。"[48]

（二）广义与狭义的神学

英文"神学"一词是源自希腊文"theos"（神）和"logos"（理性思想或系统研究）的复合词。按字源来说，"神学"就是"人对神作出深思熟虑及系统研究"。[49]有学者这样下定义："神学是人系统而科学地，对一切有关神及人的本性，与受造一切的关系，所作系统式的研究。神学的对象是神，而研究

45 费尔巴哈. 基督教的本质〔M〕. 北京：商务印书馆，2007，2.

46 费尔巴哈. 基督教的本质〔M〕. 北京：商务印书馆，2007，3.

47 林子淳. 多元性汉语神学诠释——对"汉语神学"的诠释及汉语的"神学诠释"〔M〕. 香港：道风书社，2006，238.

48 赖品超. 边缘上的神学反思〔M〕. 香港：基督教文艺出版社，2001，54.

49 温以诺. 中色神学纲要〔M〕. 加拿大：加拿大恩福协会，1999，24.

的主体为人。"[50]

本人认为广义的神学可算是一门"探讨基督宗教"的学问。而"神学"可因不同的研究方法或内容而分为林林种种的神学。因本论文不是以研究神学为主，故本人不会在此逐一细致论及。但用"二分法"这大方向来论，使之狭义一些的话，当中可切分为"教会性（教义性）的神学"和"学术性的神学"。让本人再加说明，就是从研究神学的人士的立场或背景来分，信奉基督教的学者研究的神学可称之为"教会性（教义性）的神学"；相反，若研究神学的学者并不是基督徒，真的是从"思辨的方向"来研究的神学，则可称之为"学术性的神学"[51]。特别一提的就是"教会性（教义性）的神学"和"学术性的神学"都含有"基督教的思想"，但"教会性（教义性）的神学"总不免有很重的信仰味道，而"学术性的神学"则是比较是"纯粹一点的神学思想"。而最近二十年，内地都多了很多非基督教徒的学者研究基督教神学，我们也可称他们的研究为"学术性神学"或"文化神学"。

我们中国人所提倡的神学，是对西方输进的神学思想作出调和的产物，总括而言，是好让基督教思想更接近中华民族的文化，使中国人更易接受。这样的神学，有不同的名称，例如"中色神学"、"华人神学"、"本色神学"、"汉语神学"[52]、"处境神学"和"中华基督融贯神学"等。例如吴雷川已在二十至三十年代致力以我国的儒家思想调和基督教思想，是早期倡导本色神学的其中一位人物。据于华中师范大学取得博士学位的香港神学家陈广培博士解释："本色化（indigenization）的概念源自美国宣教士亨利·云（Heny Venn 1796-1873）和鲁弗思·安德逊（Rufus Anderson 1796-1880），他们提出了宣教士应在宣教地推行'本色化'工作，就是达到'自治'、'自养'、'自传'的'三自'，以便宣教士能更快和有效使新教会成长，并可继续往别处宣教。"[53]

若我们从"整全性"去看基督教思想，它是含有宗教性、精神性和道德性的。这三种性质都可与我们的儒家思想相比（留待"比较"的章节再讨论）。

---

50 温以诺. 中色神学纲要〔M〕. 加拿大：加拿大恩福协会，1999，56.

51 学术界还会名之为"文化神学"。

52 "汉语神学"也可分广狭两义，广义来说：泛指一切以汉语表述基督教思想的论著；狭义来说：专指自八十年代以来，源自内地人文学术界研究基督教思想的学术论著（他们是非教徒）。

53 陈广培. 立己立人——吴雷川本色神学重构想〔M〕. 香港：中国宣道神学院，2008，10-11.

第二节　基督教在香港进行的价值教育

一、背景（历史、现况）

（一）香港"基督教根苗"的追溯

在香港，基督宗教中的天主教与新教的传教活动和参与社会的其它活动，例如教育或福利服务已有悠久的历史，而东正教则起步相对慢很多，要到 20 世纪 90 年代才较为活跃。

本节所论的"基督教"在香港的情况，会以当中的"新教"为主线。

由于鸦片战争战争和南京条约这历史因素，使香港成为了基督教在华的后勤基地。基督宗教的"传教视野"更慢慢由澳门转向香港："尽管澳门在其坎坷的历史上经历了无数危机，但 1849 年才是它真正衰落下去的日子。香港开埠后，其港口立即成为澳门的对手，因为鉴于其地理和水文条件，是一个可以进出大船的大型良港，这是处于西江下游、淤泥如涌的澳门港无法比拟相争的。因此，澳门逐失去其重要性，沦为新生港城的从属和附属。" [54] 新教教会和天主教会便因此而植下教会，更办学、翻译和出版。基督宗教来港的影响不容忽视，就连很多地名、街道名称和建筑物的名称都与基督宗教有关的。

有历史资料显视早于南京条约签定之前已有外国传道人到港传教，他们分别是叔未士牧师（Rev. Jehu Lewis Shuck）和罗孝全牧师（Rev. Issachar Jacox Roberts），据香港研究基督教史的权威李志刚博士在其《香港教会掌故》中述："他们两人是在 1842 年 3 月 29 日 [55] 乘船离澳，30 日抵达香港的。当日随叔牧师来港的亦有叔师母何显理女士（Henrietta Hall），子女三人和数位女生。由于叔牧师在《华友西报》（The Friend of China）任主笔，所以叔牧师和家人是住在中环《华友西报》的一栋房子里。" [56]

（二）清代时期基督教在香港进行的价值教育概述

1. 马礼逊学校及其它基督教学校

香港开埠时，据广东布政使黄恩彤抵港后写的《抚远纪略》记载，基督

---

54 夏泉. 明清基督教教会教育与粤港澳社会〔M〕. 广州：广东人民出版社，2007，241.

55 据历史文献记载，香港是在 1842 年 8 月 29 日中英签订南京条约后才割让给英国的，故按两位牧师的抵港日期来看，早在南京条约前已有人在香港传教。

56 李志刚. 香港教会掌故〔M〕. 香港：三联书店（香港）有限公司，2006，3-4.

教会已在香港办学，设有"马礼逊学校"："有二炮台，俱在平地，开一直路约二十余里，可以驰马行车。有天主教一、书院一、规制狭隘。书院称马公书院，盖马礼逊[57]之老父马礼逊，颇通汉文，在粤最久，曾充副使，进贡入京，英人推为文学士，故书院乃假其名也。"[58]上述的"马公书院"即"马礼逊学校"（Morrison School）。香港的马礼逊学校是由澳门迁香港开办的，位于香港马礼逊山[59]。

除了"马礼逊学校"之外，陆续有教会兴办学校，例如"英华书院"、"圣保罗书院"、"皇仁书院"、"圣公会拔萃书室"[60]等等教会学校。除"马礼逊学校"已在早年停办之外，很多仍在香港继续办学，且已成为名校，是各子弟争相入读的目标。

英华书院先由马礼逊和米怜牧师于 1818 年在马六甲创办，于 1843 年迁至香港，但初时是一所为了培养本地传教士的神学院，后再转为办中学教育。其实，还有天主教会举办的学校，现不在此赘述。

当年，以上的书院不只传授基督教教义（宗教教育/心灵教育），更兼起"教育各项知识"的责任，例如从"香港最早一则学校招生广告"[61]中可窥见："俗学之误人甚矣！尝见有从师七八年、或十余年，所说者讲章，所课者文艺，平日聆其诵读，琅琅不绝于耳，所对东家称说，亦有云学有进益，月异而岁不同。一旦改业，而或为贾客，或为远商，或为农工操作，则算学不明，物情不晓，地理不熟。即握管而欲作一信札、书一契券，亦执笔望字，茫然而莫得其所从来，十余年用功，徒劳无益。若此，可慨也夫！谚语云，读书笨人，良有以也。我香港圣保罗书院，设立久矣，有唐人先生，教读四书五经。有英国先生，兼及英文，而尤重者，在于天文地理算学，一一皆切要之务。其视俗学之无实误人，孰得孰失？何去何从？必有能辨之者矣。况旦夕之间，谈经讲道，又有以启善心，修善果，而种福田于无穷哉。向例来学，不须修脯，并供饭食。今则信徒者众，有自携资斧而来者。"[62]1859 年的〈香港华人

---

57 这位马礼逊即是马礼逊的儿子—马儒翰。马儒翰曾任首任香港总督砵典乍的华民秘书。

58 李志刚. 香港教会掌故〔M〕. 香港：三联书店（香港）有限公司，2006，6.

59 现称为"摩理臣山"。

60 孙中山先生年青时抵香港是先在此就读，后才转入皇仁书院继续学业。

61 它于 1854 年在《遐迩贯珍》内刊登。

62 李志刚. 香港教会掌故〔M〕. 香港：三联书店（香港）有限公司，2006，44-45.

教育与官立学校笔记〉一文，对教会的教育课程有记载，现抽出有关"基督教价值教育"那部份列出，以作了解："其二是外国人编写的中文课本，主要有新约、慕维廉地理、慕维廉英国史、《圣经》中记载的历史、基督教三字经、十诫等；最后是英文课本，主要有日课（指早晚祈祷时的《圣经》选读）、马礼逊汉英语法、常识（由理雅各布讲授）、地理等。"[63]从以上所列的"基督教课程"，可看到那时的基督教会希望所授的"基督教价值教育"与中国人的"价值教育"接近，尤其是"儒家的价值教育"。这可从他仿"中国三字经"而编撰的"基督教三字经"；与中国人所守的诫律雷同的"基督教十诫"；处处充满"爱"，能与我国孔子行谊相比的"新约"（耶稣出世后及其门徒的事迹）中感受到。

由于当时的香港人只是刚刚接触西方文化或西方宗教而已，故也有香港人不愿入读"教会学校"，惟那时的教会却不介意，更称在学者只要书面申明，便可免修"耶稣之义"的课。这政策能增强香港人对"教会办教育"的好感，可见当初教会并不是在香港"硬销"基督教的价值教育，手法可算是"软性"的。现以一段在《遐迩贯珍》内刊登的〈港内义学广益唐人论〉作引证："大英自开港以来，皇家每于该处村场，设立义学，以启童蒙，无非胞与为怀，不忍困蒙之吝。近闻香港赤柱等处，竟多有不在义馆就学者，诸其所由，乃因其父母不喜其子侄诵读耶稣经书，且嫌馆内不安文昌帝君云云。夫耶稣之书，始终教人为善去恶，其有益人身心者更大，且为英国所信奉。唐人居住本港，即属英宪治下，诵习此书，有何不可。至若父母者，坚意不欲其子弟诵习此书，则修书达知该学先生，使其读唐书亦可，英断不以归信耶稣强人。"[64]对教会教育史素有研究的夏泉博士为"香港教会学校在香港的价值教育"作出总结："香港教会学校在本土化、世俗化的过程中，传授了西方文化与科学知识。即便是其所提供的宗教教育，主要以讲授圣经、宣扬基督真理，务使学生信教或加入教会为目的，但在客观上，宗教教育仍具有一些积极因素，可引导其为教育发展服务，譬如宗教教育可以让学生认识及明了宗教对人类与社会所作的贡献，促进学生的品德与人格教育，帮助学生在一个中西文化荟萃的多元社会中，与其它不同信仰、民族的人士互相尊重，坦诚沟通，共同

63 夏泉. 明清基督教教会教育与粤港澳社会〔M〕. 广州：广东人民出版社，2007，283.

64 李志刚. 香港教会掌故〔M〕. 香港：三联书店（香港）有限公司，2006，46.

建设一个中西兼汇、和谐共融的社会。"[65]

2. 基督教兴办的报刊

香港第一份中文报纸是一份月刊，它的主编是基督教伦敦会的麦都思牧师，名为《遐迩贯珍》[66]，在 1853 年 8 月 1 日出版。

每期《遐迩贯珍》的篇幅约有十二至二十四页，而内容可二分为专论和新闻。专论的内容是介绍西方社会，包括人文与科学；新闻则会报道香港、内地和世界各地的消息。这份报纸影响了很多香港人，因它是了解西方世界和新闻的其中一条主要渠道。

除此之外，陆续有一些香港教会或信徒所办的报刊出版，例如：《中外新闻》、《华字日报》、《循环日报》、《世界公益报》和《德华朔望报》等。而民国之后也有一份名为《大光报》[67]的创立，甚至孙中山先生也有认股。不过，这少不了含有政治成份，但仍然是受到社会重视的。

因此，以上这些"基督教背景的报刊"的风行，也是传播基督教价值教育的一种不可看轻的途径。

（三）1940 年代以后基督教在香港进行的价值教育概述

1. 教会与基督教教育在香港的关系

由于推翻满清的孙中山为基督教徒，故民国成立后，香港的教会、教会办的学校都没有受打压。后来，即 1949 年是一条历史性的时间线。那时香港适逢第二次世界大战光复不久，而内地又有很多"移民"涌入。故 1949 年后，教会转而全程投入香港这个"事奉的场所"。而教会本身的目的当然是以传颂"基督的福音"为主，正因为这样，它本身等如在进行"基督教的价值教育"，即"宗教教育"（心灵教育）。虽然教会本身并不是一所学校，惟当信徒在教会中聚会时是会接触所需的"文本"（《圣经》），也会聆听牧师讲道，更会参加主日学，这无疑是在"学习"，因此，教会本身根本是在教育着教徒，不过，在教会内最着重的是价值教育是教授"宗教教育"（心灵教育）罢了。例如，

---

65 夏泉. 明清基督教教会教育与粤港澳社会〔M〕. 广州：广东人民出版社，2007，293.

66 《遐迩贯珍》由明代天主教耶稣会南怀仁教士所作的《坤舆图说》而得名，可见这份报纸的"内涵"和"传讯目的"是以"传基督教福音"为依归。

67 《大光报》的定名是根据圣经的"彼将为大光照异邦"（路加福音第二章三十二节）和"处暗之民已见大光居必死地阴翳者有光射之"（马太福音第四章十六节）而来的。

香港基督教兴学证基协会的刘志良牧师便言及："在今天传统教会的聚会里，教育占的比重较大，例如查经约占团契或小组聚会时间的四分一至一半，讲道约占主日崇拜聚会时间的三分之一至一半，教导又占主日学聚会时间的二分之一至三分之二，而培训更占门徒训练聚会时间的三分之二以上。再者，教会通常都设有主日学部和教育部，以管理及推动圣经真理的教育，甚至那些目标导向的教会更把教育跟崇拜、传道、相交和关顾并列为教会发展五大基本目标。"[68]

2. 神学院与基督教教育在香港的关系

由于本论文所论述的"基督宗教"均以"新教"为主，故本节所论的"神学院与基督教教育在香港的关系"都以"新教"为主。

神学教育最先可追溯到"耶稣的年代"，因按《圣经》所载，耶稣已用"师徒式"这方法为门徒提供神学训练。神学教育专家萧克谐认为："神学教育的重要可从主耶稣培训门徒中看出来。虽然祂在世工作的时间只有三年，却将大部份的时间和精力放在培训门徒上。"[69]香港中文大学宗教系的赖品超教授都认为："在《导师基督》中，革利免[70]提出，教导虽然只是耶稣基督其中一种工作，但却可以代表祂工作的全部。"[71]

顾名思义，各基督教会或宗派办"神学院"的第一宗旨，肯定与教会办中小学不同。神学院的教育方向是"神学教育"（基督教教育），它的"价值教育"是以"宗教教育"（心灵教育）为主，而开始时明确的目的是训练传道人，入读的人的先决条件是已"受洗礼信耶稣"，不同中小学，入读的学生并不需要是基督教徒。

"梁发"是一名受"神学训练的华人传道人，他是由马礼逊以师徒式训练和按立的。另外，德国的宣教师郭士立（Karl F. Gutzlaff）于1844年在香港设立"福汉会"，虽然不算是神学院，但算是以团体式的训练，灌输基督教价值教育中的宗教教育（心灵教育）给全职事奉基督教的香港基督徒。

---

68 刘志良. 教会教育的革新——教会与教育〔A〕. 彭孝廉编. 教育改革基督化——兴学证基协会三十周年纪念出版〔C〕. 香港：兴学证基协会，2005，43.

69 萧克谐. 中文神学教育简史〔M〕. 香港：道声出版社，2006，1.

70 革利免（Clement of Alexandria）是公元150-215年亚历山大学派的人，著有《导师基督》一书。

71 赖品超. 边缘上的神学反思〔M〕. 香港：基督教文艺出版社，2001，209.

上文已曾提及清末时移迁香港的"英华书院",开始时是希望以训练基督教传道人为目的,接着才双轨并行,到最后只提供中学教育。故此,按它成立的雏型,它可算是"香港第一所神学院"。还有,于 1850 年在香港设立的圣保罗书院都有提供神学教育。话虽如此,但英华书院最终却未能培训出一位传道人。不过,这让英华书院始料未及的结果,却从此衍生出"中学教育"与"神学院"分家的意念。

不过,1949 年以前,神学院在香港的发展较晚,因香港始终只是一弹丸之地,反而内地的神学院或大学附属的神学院却颇多;直至1949 年以后,香港的神学院的数目才骤升起来。据知,于 1947 至 1952 年,香港共有五间神学院,五间当中,有四间都是由内地迁进,只有一间是在香港设立的:"香港当时有神学院五间,包括一九四七年即已由上海迁港的伯特利神学院,一九四八年由湖北滠口迁港的信义神学院,一九四九年由广州迁港的神召神学院(原为圣经学院),由广西迁港的建道神学院(原名广西圣经学院),以及在一九五二年在港成立的浸会神学院。"[72]直到 1970 年代,香港已有十八间神学院。这时期的神学教育均是很着重基督教教义的"宗教教育"(心灵教育),但 1975 年在香港成立的"香港中国神学研究院"对此有些微改变,因它的特点是只招收大专毕业的学生,故"学术性"会显得较为浓厚,思辨性也会教强,但要强调的就是这并不代表它轻视基督教教义。因这神学院的学生已先从其它大专的学系毕业,学问应有一个基础,思考力应是具备的。故假设他们虽然已是受洗礼的基督徒,但应该是以思辨的进路去诠释神学。而神学院的课程内容,本人就不详加述说,现略分为八大类:圣经神学、系统神学、实用神学、历史神学、宗教教育和宗教与文化等。不能不提的就是神学院或多或少都有一些课程是论及其它宗教和文化的,例如儒、释、道的文化,好让神学生认识面广一点之外,也好让神学生知己知彼,懂得如何融合或理解这些文化以传扬福音。

据萧克谐博士于 2006 年出版的《中文神学教育简史》一书所列,那时(2006)香港共有 28 间神学院。而香港在 1974 年,终有第一间"大学"举办"神学硕士课程",它就是香港中文大学,从此,神学教育的学术性就更加浓厚。到了 90 年代及以后,很多神学院都举办博士学位课程,使"神学教育"的价值性相对提高了,好使它能在社会中提供"高素质的基督教价值教育"。

72 萧克谐. 中文神学教育简史〔M〕. 香港:道声出版社,2006,60.

而这与基督教的传播起相辅相成的作用，尤其使在香港社会中那群高学历的人民，感到信奉基督教未必是迷信的，皆因也有一批高学术水平的传道人。

3. 大、中、小学与基督教教育在香港的关系

教会办的学校在香港直至目前为止都占去全香港学校的大多数。据曾在香港中文大学任教宗教科的吴梓明教授在八十年代作的调查[73]所知，香港的教会学校是排"全人教育"（83.2%）这目标在办学的第一位，"传福音"（11.9%）只是排在次要的位置。虽然现在已是 2011 年，但由始至今，教会在香港办大、中、小学的目标都没甚改变，故这指数是值得参考的。可见"全人教育"这个"基督教的价值教育"概念有多重要。吴梓明教授在 2004 年撰的《从宗教教育到生命教育》一书中，有这样的描述："众所周知，传统的教会学校是以宣教及训练传道工人为主要目的，学校的宗教教育便是以教导圣经知识为主。现在面对世俗化的社会，教会学校已不能单纯是教授圣经，圣经的教导也不能再是直接宣教为教学目的了。以前有所谓'以圣经为中心的教学方法'（Bible-centred Approach），后来在教育界曾引起了不少的讨论，认为学校宗教教育不应是纯圣经的教导，更应该是'以学生为中心'（Pupil-centred Approach），配合学生的需要，帮助学生的成长；也应是'以生活为中心'（Life-centred Approach），旨在帮助学生面对其生活的处境，直接解答学生生活上所遇到的问题等等。"[74]由于 1940 年代有大量人民从内地移进香港，且适逢是战后光复不久，元气开始回复，所以急切办学成了政府甚至民间团体的任务之一。而教会亦捉紧这个大展拳脚的机会积极办学。在 1960 年代后，香港的华人教会主动地作政府的伙伴，配合政府的各种发展政策，推动香港的教育事业。香港中华基督教会的汪彼得牧师说："教会办学应视为教会的一种社会服务工作，亦是一种传道的机会，以主耶稣的教训栽培青少年，从在学期间开始，懂得爱家庭、孝敬父母；爱学校、尊师重道；爱邻舍、和睦共处；爱社会、热心服务，将来在社会里为良好的公民……"[75]

---

73 吴梓明教授于 1987 年 4 月以不记名的方式，向全港的基督教教会学校的校监、校长、宗教科主任/宗教科老师发出 299 份问卷（收回 164 份）所得的统计。（参考自：吴梓明. 香港教会办学初探〔M〕. 香港：香港中文大学崇基学院，1988，8.）

74 吴梓明. 从宗教教育到生命教育〔M〕. 香港：基督教文艺出版社，2004，序第四版.

75 吴梓明. 从宗教教育到生命教育〔M〕. 香港：基督教文艺出版社，2004，12.

据香港政府在 1998 年统计[76]，基督宗教（新教与天主教）办的中学占了 49.09%，而其它宗教和非宗教团体则占 50.91%；基督宗教（新教与天主教）办的小学占了 38.96%，而其它宗教和非宗教团体则占 61.04%。可见基督宗教在港办中小学的占有率是非常大的。

与新亚书院（新儒家）齐名的崇基书院（基督教）在当时为大专教育出了一分力，后期的浸会学院亦有为大专教育献出不少。这些大专都是以学术性的科目为主，传福音的意味很淡。本人不在此赘述了。约在 1960 中业，香港中文大学崇基学院宗教系开设宗教研究的文学士学位课程，当中可选"基督教研究"这专业。至 1970 年中，中大教育学院更开设为宗教科学位教师办教育文凭课程。其后香港浸会大学也开办宗教教育文学士课程。

4. 基督教的社会福利服务与基督教教育在香港的关系

基督教的社会福利服务虽然不是明显的"教育课程"，但它实际是一种"隐匿的课程"，间接地作出了一种"公民教育"的模范。

由于 40 年代内地的变更，致很多人移进香港，使香港人口于 1946 至 1951 年短短五年间，便由六十万急升至二百万。正因为此，有很多移民急需食物、教育、医疗、居住和工作等服务，香港政府与基督教机构都有提供协助或救济。基督教机构顺道宣扬福音之外，也提倡了一种"公民教育"的信息，让香港人民知道要关怀社会，四海是一家的道理。现试举出吴梓明博士怎样"从现代宗教教育的角度"看"公民的责任"，他说："如何从宗教超越性的角度去看公民的责任？就以基督教为例，基督徒相信他们在地上是拥有双重的身份；一方面他们是地上的公民，同时他们也是属于天国的子民。这'天国的子民'的观念正好提供了一个超越地上公民责任的可能性。"[77]

直至现在，教会或基督教机构仍有参与社会福利服务。

5. 谢扶雅、何世明与徐松石等基督教学者与基督教教育在香港的关系

本人为何拣选谢扶雅、何世明与徐松石等基督教学者论述？首先，因为他们在香港推广基督教（或基督教思想）是不遗余力的，故也可称他们等同为推广"基督教的价值教育"的佼佼者；另一个原因，就是他们皆是中西学养丰富之人，拥有高学历，故常藉"儒耶的比较或融通"来推广基督教，这与

---

76 参自：吴梓明. 从宗教教育到生命教育〔M〕. 香港：基督教文艺出版社，2004，16.

77 吴梓明. 学校宗教教育的新路向〔M〕. 香港：基督教文艺出版社，1996，65.

本论文的"儒耶价值教育比较"的论点相同；最后，就是他们在"香港基督教学术界"的地位高尚，能与"香港新儒学家"钱穆、唐君毅和牟宗三相比。

谢扶雅生于 1892 年，卒于 1991 年，是中国（香港）著名的基督教思想家。他幼年时熟读中国经籍，深受中国文化和佛学思想的影响。曾留学日本的高等师范学校、立教大学、美国的芝加哥大学和哈佛大学。他是在日本受洗成为基督徒。1949 年移居香港，曾任教于崇基学院、香港浸会学院，教授的科目很广，计有哲学、教育学、伦理学和宗教学等。著作等身，例如有《基督教与中国思想》等。华中师范大学前校长章开沅教授便曾与谢扶雅见过面[78]，他更这样称赞谢扶雅："对神学与哲学都有很高造诣，在中国文学、语言方面也有很好的修养。无论在汉语基督教神学的建树还是在基督教名著汉译方面，都有很大贡献。"[79]章开沅教授更从"贝德士[80]文献"中发现贝德士与谢扶雅从五十年代至七十年代来往的信札。例如谢扶雅在 1952 年 3 月寄给贝德士的信中便提到"我在这方面已有多年的研究：中国文化与基督教的关系，深信中国哲学能对基督教义作出贡献，并有助于今日世界建立新的社会秩序。"[81]谢更在 1972 年 10 月八十高龄时寄给贝德士的信中说到："但我相信，我的性灵的'小花'仍将永远伴随中国思想与文化基督化的进程。"[82]这些都证明谢扶雅在推广基督教思想，特别是具中国化特征的基督教思想的志高道远。虽然他在 1958 年便移民美国，但他在香港时在基督教价值教育上的影响力是不可遗忘的。而谢扶雅的神学思想是"不偏不倚，执两用中的'中和神学'"，是一种本色化的神学，当然这种"含中和观的基督教价值教育思想"，除了对在美国生活的华人起作用之外，对香港的基督教徒或研究基督教学者，也感兴趣的。

78 章教授道："我有幸与谢老见过面，那大概是在 80 年代中期岭南大学某次校庆之日，我们都住在中山大学校内招待所，而每餐都在一张桌子吃饭。"（引自：章开沅. 传播与植根——基督教与中西文化交流论集〔M〕. 广州：广东人民出版社，2005，289.）

79 章开沅. 传播与植根——基督教与中西文化交流论集〔M〕. 广州：广东人民出版社，2005，288.

80 贝德士教授（Miner searle Bates） 是章开沅教授在金陵大学读书时的历史老师。他是耶鲁大学博士毕业的，且是一位牧师。

81 章开沅. 传播与植根——基督教与中西文化交流论集〔M〕. 广州：广东人民出版社，2005，289-290.

82 章开沅. 传播与植根——基督教与中西文化交流论集〔M〕. 广州：广东人民出版社，2005，299.

因为谢扶雅心系祖国，故在 1986 年便返回广州定居养老，五年后过身。

在谢扶雅的基督教价值教育体系当中，他并不拘泥于制度、仪式和教义，因此，他曾谦厚地感慨自己并不是名副其实的基督徒，中国社会科学院世界宗教研究所基督教研究室的唐晓峰教授说："回眸一生，谢扶雅感慨自己不是一个名副其实的基督徒，至多只能称为一个'有思之士'。事实上，名不副'实'的'实'在谢老的话中恰恰指的只是基督教的制度、仪式、教仪等外在形式，而在某种意义上说这只能作基督徒的'名'。相反，建基于对至高者的尊崇和虔敬而引发的对于自由与真理的追寻、对于人生意义的积极反省，出于上帝之名对于他人的'爱'却是基督教的实，与这个实比起来，前面的'实'不过反而成为'名'罢了。因为有了真正的实，谢扶雅当之无愧是一名即知即行、言行一致的'基督徒君子'。"[83] 谢扶雅觉得基督教教会是强调教化的，但主要是把集中力放在神的身上，而中国的儒家则把集中力放在人的身上。而他认为中国的儒学就是一种"宣道学"，犹如基督教的"宣扬福音"。由于他很欣赏儒家式的宣道学，故他认为这对构建中华基督教神学是有意义的。所以："谢扶雅的宗教教育思想就是在这种宣道学主张的基础上建立起来的。"[84] 由于他曾在不同的教育机构任教，例如岭南大学、中山大学、金陵大学、东吴大学、湖南国立师范学院、华侨大学、香港崇基学院和香港浸会学院等，这对他的"教育思想"是有启迪的。也使他把"基督教思想"与"教育思想"作出联想，并生感悟："比如他颇具新意地认为中国的文字里，'宗教'的'教'与'教育'的'教'是同一的。"[85]这可证明他的神学思想就是一种"基督教价值教育思想"。谢扶雅很着重基督教教育能否陶铸人格及关注社会："谢扶雅认为中国的基督教教育不应该直接或间接地引诱学生读圣经、做礼拜、入教会、受洗礼，它的惟一宗旨在陶铸基督化人格。而所谓"

二、对象（公众、大、中、小学生）

"潜而默化"是基督教在香港流传的"策略"，因除了教会、神学院和各大中小学之外，基督教团体还兴办了很多福利处所，例如医院、小区中心……对象不但"覆盖的面积广阔"，而且"钻进的阶层纵深"。可谓上流、中产与低下层的群众也有。

---

83 唐晓峰. 谢扶雅的宗教思想〔M〕. 北京：宗教文化出版社，2007，15.

84 唐晓峰. 谢扶雅的宗教思想〔M〕. 北京：宗教文化出版社，2007，141.

85 唐晓峰. 谢扶雅的宗教思想〔M〕. 北京：宗教文化出版社，2007，141.

还有，在香港，圣诞节与复活节是政府的法定假期，故节日气氛浓厚，姑且这些节日已有点沦为"娱乐性的节日"，但不能否认它仍含有宗教意味的。香港市民大众可能已在不知不觉中，心理上已把"基督教与欢乐平安"这叙事结构嵌进心灵中。

三、范畴（道德教育、心灵教育、生命教育、公民教育）

按本人划分，基督教的价值教育可涉及四大范畴，就是道德教育、心灵教育、生命教育和公民教育。现不在此详论，留待在"儒耶价值教育比较"那章再论。

第五章　儒耶的价值教育异同比较、对话与和合

第一节　"比较"的定义、原则、模式与方法

"比较"是"对话"的前奏。因此，本人要先用正确的方法论进行比较，这才能为下一节的"对话"开方便之门。

本人会用公正、客观、可比和效用这四个原则为儒耶价值教育进行异同比较。

本人先声明并没有偏爱耶教或儒家思想任何一方面，纯是为学术作异同比较，并不存在"判教"的色彩或意旨，故保证会在比较的过程中，思路合乎逻辑，例子只举事实，紧守公正的原则。

无可否认，儒耶两个系统总有一些"不可共量性"（incommensurability），这不是本人希望在比较中强调的；反而，本人希望藉着比较来强调儒耶的"可共量性"（commensurability）。因此，本人同意士伟克（William Schweiker）的假设，并作为本文儒耶价值教育比较的信念："不同文化与宗教虽然演绎（enact）出各种形塑不同特质及行为模式的"世界"，并不能否定人是存在于一个藉着相互行动（reciprocal action）呈现（present）的世界（在一个共有的，以语言及符号为中介体的时空）这事实。这人所共知的事实，正正令人相信道德相对主义是错谬的。宗教之间的歧异并不是不可共量的，这是因为……比较式的疏解（comparative interpretation）本身正演绎据有共同意义的

世界。这当然不是说现有一个先存、普世的道德宇宙（moral universe），而是藉着疏解那个共有的意义世界，谁叫我们彼此了解我们之间仍存在着甚么歧异，叫我们尊重彼此之间的歧异。"[1]

作为比较对象的哲学思想，都有自己产生的历史和社会背景。比较对象的每个人物或派别，都有自己思想发展的脉络。因此"比较对象的可呈现数据"已有很多和很复杂，故本人会尽量搜集和举出，以免出现片面性，希望能加强客观性。

还有，选"儒耶的价值教育"作比较，就是因为它俩都具可比性，首先，它们同属"价值中心"（Value-centric）的"思想体系"。还有，它们可以是同时空，同时代相比；也可是跨时空，跨时代的相比。而儒耶相比时会尽量以"同类"与"同类"相比；"同位"与"同位"相比。

最后一个原则就是效用原则。儒耶比较是儒耶迈向对话的首要动作，先比较，再对话，终和合，希望最后能让社会受益。

完全相同的东西或思想或文化作比较是没有必要的，可说是多此一举。但相似的东西或思想或文化作比较却是值得的。我们可以有三种比较的模式，就是"鞭挞排斥对方"、"完全吸纳对方"和"双方调和共存"。而作为对话的前设，本人会选取"双方调和共存"这模式进行"儒耶比较"。亦可以这么说，比较异同的目的是"求同存异"。"求同"[2]是为双方对话筑建了一个平台，使对话得以可能，并且让儒耶有彼此认可的出发点，能携手起步，可想而知求同的重要性。接着，在求同之中，必然会发觉双方的"异"，"存异"便会因此而起，这也是双方进行对话的"必然条件"。

至于比较时所用的方法会是"哲学思辩法"为主，并辅以"经典文本解释法"与"历史事件诠释法"，三轨并行，以求眉目清晰。

---

1 郑顺佳. 郭伟联译. 唐君毅与巴特——一个伦理学的比较〔M〕. 香港：三联书店（香港）有限公司，2002，219.

2 在一般的儒耶比较中，"求同"的内容会有：儒家"五经"（《周易》、《尚书》、《诗经》、《礼记》和《春秋》）与《圣经·旧约》相比；儒家"四书"（《论语》、《大学》、《中庸》、《孟子》）与《圣经·新约》相比；"天人关系"与"神人关系"相比；"祭祀天"与"崇拜神"相比；"仁"与"爱"相比……这些求同，实同时在"发现异处"。

第二节 儒耶价值教育之异同

一、儒耶道德教育

　　道德教育本质上不是知识性的，而是启发性的。它不同于自然科学对客观世界求真的探索，而是在价值世界中求善的探求。有西方学者认为儒家思想，特别是先秦的儒家思想，就是一套"道德教育的思想"。惟本人觉得只要把先秦儒家与新儒家连在一起研究的话，除道德教育外，仍可抽丝剥茧地解构出它的心灵教育、生命教育与公民教育的。

　　"德性"在儒家的层面来说，可以是很容易理解，也可以是不易理解的，因儒家很重视"德性之知"，"德性之知"就是"智知"，且认为人是有这一种知，例如王阳明所言的良知，而行仁是践德性之路。而在基督教的《圣经》中，"德性"这观念好像不太明显。虽然德性一词在《圣经》中很少出现，但德性的观念和实践在教父时代是受关注的。神学家阿奎那论到基督教时，称基督教有三种超性（supernatural）的德性：信、望和爱。而当中的爱可与儒家的仁作比较。

　　在儒家的道德教育理念中是非常着重"人格"的。理想的人格佼佼者主要是"士"、"君子"与"圣人"。虽然，受教于儒家道德教育的人和遵行儒家思想的人不能成为"神"，但只要能成圣，已是儒家思想中终极的人了。这与基督教中"神以自己的形象"造人是带点相同之处的。因在基督教中，人要以神的儿子作楷模来处事待人，虽然最终人不会"成神"，但基督徒相信这是神所喜悦的。因此基督教也很着重道德教育，而当中则包括《圣经》中的"十诫"和"耶稣的言行"等。就如北京师范大学哲学与社会学学院教授刘清平教授所说："一般来说，基督宗教总是在指向上帝的灵性信仰的终极基础上，确立起各种处理人际关系的道德规范，也就是从宗教走向道德——这一点可以从'摩西十诫'和耶稣颁布的'爱的诫命'中看得很清楚。相比之下，儒家则主要是从人际道德关系出发，阐发'仁'在'天人合一'中所具有的终极性精神意蕴，也就是从道德走向宗教。"[3] 惟儒耶双方对"道德教育"所投放的比重是不同的：儒家会比基督教重。因儒家的中心思想，特别是先秦儒家

3　刘清平. 论仁的精神性与道德性——当代背景下的后儒家反思〔A〕. 香港浸会大学宗教及哲学系编. 当代儒学与精神性〔C〕. 桂林：广西师范大学出版社，2009，334-335.

那套观念，道德教育的目的是"作为一个人，就是去成为一个人"，例如杜维明便认为人格的完善乃儒家的终极关切；反之，基督教不止要人成为一个人，而是要"怎样爱神"、"感受到神是爱"和"与神复和"。就如神学家休斯顿·史密士（Huston Smith）说过："唯一能造转化我们所描述状态的力量就是爱。一直要到二十世纪才发现，封锁在原子之内乃太阳自身的力量。但是，要解放这股力量，必须从外面将原子爆破。因此，封锁在每一个人里面的是那分享了爱的贮藏——有时候称之为 imago dei，神的形象。"[4]可知儒家是"人是仁"[5]，本性是善的，人能彰显仁出来，以仁待人；而基督教则认为"神是爱"，亦因"人是按照神的形象受造"，故"人应学习神彰显爱心"以此待人待神。如要各选一个人物来代表其有履行儒耶道德教育的，要算是孔子与耶稣了。

　　儒耶道德教育中，最值得选取出来的概念作比较的，可算是"仁"[6]与"爱"[7]。这也是儒耶道德教育中最基本的要素，但也是最重要的要素。因此，本人会为儒耶道德教育中的"仁"与"爱"作一个异同比较。

　　以下所述的"仁"乃儒家的德目；而"爱"乃基督教的德目，特此告之。

　　"仁"的含义可指向世界的宏观原则，也可以是个人心中的微观原则。基督教关于"爱"（agape）的理论有很多，但这些理论无论作为人之爱或神之爱，大都含有爱的本性、功能与用法。香港神学家罗秉祥认为："神的爱既是基督教神学的核心内容，也是基督教伦理学的基本原则。用瑞典神学家虞格仁（Anders Nygren）的说法，神爱是基督教的基本题旨（fundamental motif）。信徒爱的伦理，必须以基督的爱为典范；爱他人与效法基督这两个主题，相互关联，几乎是一体两面。"[8]不过，如将虞格仁与蒂利希相比，蒂利希更加强

4　郑宗义. 批判与会通：论当代新儒家与基督教的对话〔A〕. 赖品超，李景雄编. 儒耶对话新里程〔C〕. 香港：香港中文大学崇基学院宗教与中国社会研究中心，2001，98-99.

5　有两名儒家对仁作了以下诠释：朱熹的仁既是人道，也是天道；而董仲舒则认为"天，仁也。"惟这节的重点就暂且不提。

6　"仁"是我国独有的德目，很难准确地翻译给英语世界，例如它已有的译词包括：altruism，benevolence，charity，compassion，humaneness，kindness，love，magnanimity，perfect virtue 等等。

7　基督教的"爱"不全是我们汉语世界中的"爱"，它本身是翻译自希腊词汇 Agapa，不是 Love。因此，它不只是人间的爱，是一种"神爱"或称为"圣爱"。牟宗三先生在其著作中谈到基督教的爱时，则以 universal love 和"博爱"称之。

8　罗秉祥. 爱与效法——对话及诠释性的神学伦理学〔J〕. 中国神学研究院期刊，2003，（35）.

调"爱构成了人之存在的本身",他不如虞格仁般把爱划分为"圣爱"与"欲爱"。而虞格仁是十分强调"圣爱"的部分,反之,蒂利希则没有此意图,蒂利希很重视人在世界上与他人互为关系的爱,例如:"在蒂利希看来,生命是存在的实现,而存在的实现是通过统一生命进程中疏离和复合两个趋向而达到的,而这两种趋向统一体便构成了爱的本体论本性。因此,爱是人实现生命的推动力量,是生命渴望由分离趋向复合的内在力量。爱是万物根基当中的力量,它驱使人超越自身,与他者、及最终与自身相分离的根基本身复合。"[9]虽然蒂利希的爱观最终"人都是以爱与神连合",但此爱观的前提都是与善有关的,因此,蒂利希的爱观与儒家的仁是颇为接近的了,从此证明仁与爱都与善紧密相关,这都为"形式的善"提供基础。不同的是儒家的仁是人本主义的产物,而基督教的爱则是神本主义的产物。孔子认为仁不独是最高的美德,且是人在这实在世界中不可少的本质。再理想一点的话,更希望所有人都行仁,故此,发挥仁的本色是儒家道德教育的目的。儒家认为这种道德教育是可透过自我修养来发掘的,只要发掘到最深的层次,就能完满实现自己本性中的仁,不过要强调的就是这种挖掘不只是内心寻找,是要在社会中实践出来的。基本上,基督教的爱与此相同。因基督教认为爱不但高与所有好的态度与行为,要向别人实践,更要在感受到神给与的爱后,同样用爱去对待神,是其中一个条件使人可走向永生。信奉基督教的使徒保罗在《圣经》的〈哥林多前书〉中曾经说过:"我若能说万人的方言,能说天使的话语,却没有爱,那么我也只是个鸣的锣,响的钹一般。我若有先知的讲道之能,也明白各样的奥秘,具有各样的知识;而且有全备的信,所以能够移山填海,但若没有爱,我就甚么都不是。我若把我所有的一切都给与穷人,又舍己而置身与火焰之中,若没有爱,仍然与我豪无益处。"(〈哥林多前书〉13:1-3)本人从保罗这番论及爱的话,感悟到基督教的爱有三个特点:首先,爱不是消极的回应,是由神植在人的心中的。而道成肉身的耶稣通过在世时的生与死及其间所行的爱,再一次将爱植在人的心中。第二,按基督教的立场来说,是神先给人爱,正因人是有神的爱,故再运用自由意志去选择是否信,可以这么说,人是先有爱,再受到感动而信基督教。因此,基督教的道德教育亦是以爱作为基础,渴望最终人藉着感到爱而自自然然地上升,达到心灵教育的目的。第三,爱并不等于形式和行为上的利他,要从心出发的,这点与儒家甚为相似。

---

9 王涛. 圣爱与欲爱—保罗·蒂利希的爱观〔M〕. 北京:宗教文化出版社,2009,75.

在推行儒耶道德教育的时候，总会以各自的典范人物来解说仁与爱，例如孔子与耶稣。首先，中国历史和希伯来历史已证实孔子和耶稣确有其人，正因为有历史和人性的耶稣，使基督教添加人本主义的色彩，令儒耶的道德教育比较有一个出发点，而他们所提倡和履行的道德教育（仁与爱）便可拿来作比较了。众所周知，孔子在儒家和耶稣在基督教中的地位旗鼓相当，他们同是在各自系统中受追随者尊崇的人。至于孔子后期被神化和耶稣的神性在此暂不论及。他们的言行既然能经历这么长的年期仍能流传下去，没被历史的洪流淹没，肯定是有其价值的。因此，他们是同具份量作比较的。虽然孔子不以圣人自居，但孔子的高足子贡曾称赞孔子是天纵之圣而且多能，可见孔子实乃是不可多得之"高人"，甚得他人尊崇。而耶稣在基督教教义中是"神人二性"的。当香港的基督教学校用《圣经》，特别是〈新约〉来为学童传输道德教育时，则多以耶稣的德行作例子，希望学童学习。因而将耶稣那人性的一面尽量彰显出来，继而再举出耶稣神性的一面，例如他行的神迹，藉此让学生笃信基督教。所以，耶稣的人性或其道德教育，可算是基督教让学童接触福音的起点。例如中国神学家赵紫宸便非常高举耶稣的人性，他说："耶稣之所以吸引我，不是他是上帝或上帝的儿子；倒不如说，他支配了人的注意力和兴趣，乃是因为他是一个彻头彻尾的人……我一听到耶稣宣称自己是人子，我就不管这个名词是否有别的意义，我是高兴的，因为在这里我获得了保证，有理由相信他所教导的是真的，因为他有人性。"[10]赵紫宸更把耶稣比作君子。当耶稣有君子的身份时，基督教便能顺利地推行道德教育，当基督教的道德教育能推到受众的身上时，基督教的心灵教育才能发展起来。赵且认为："耶稣对人之为人所作最大的贡献，是他彻底成全了自己的品格。"[11]站在赵紫宸的观点来看，耶稣的独特和伟大，是因为他在生时能把宗教经验的整个深度总结起来，并将之转化为道德的力量。以香港的语境来看，教会学校特别喜欢先以此方法（基督教的道德教育/耶稣的善行）来向学童传播基督教思想，因在香港入读教会学校的学生并不需要先成为基督教，而是在就读时才慢慢认识基督教，故先宣扬基督教的道德教育会较易接近学童。惟教会的在会堂中传福音是则不屑采此进路，因聚会中的群众绝大部分已是信徒，故反而为信徒进行心灵教育才是首要目的。

---

10 肖安平. 赵紫宸的宗教人格论〔J〕. 南京神学志，2006，（10）.
11 肖安平. 赵紫宸的宗教人格论〔J〕. 南京神学志，2006，（10）.

还有，孔子与耶稣在世上都同具有一个"老师"的身份，他们同有一批学生。孔子的教育以道德教育为主，是排在第一位的，例如他在向弟子进行道德教育时提到："入则孝，出则悌，谨而信，泛爱众，而亲仁。"（《论语·学而》）；但耶稣推行道德教育时是以人类对于神的天国的响应为基础，不只是说教，所以道德教育在耶稣来说只排在第二位，《圣经》中有甚么例子可看到呢？例如耶稣告诉人们要服从摩西的诫命去爱父母，但又曾说过："那爱父母胜过爱我的，不配跟从我；那爱子女胜过爱我的，不配跟从我。"（《马太福音》10：37）牟宗三先生便曾把儒家的道德与基督教的道德作出区分，就是"伦理的道德性"（Ethical morality）与"宗教的道德性"（Religious morality）。孔子那仁的教育是热爱他人，为他人带来利益和尊敬他人，例如他认为仁就是要在社会上实践恭、宽、信、敏和惠；而耶稣那爱的教育，首要的是爱上帝，再从中实践爱，去爱社会上的其它人。耶稣曾说："你要尽心，尽性，尽意，尽力爱主你的神。其次，就是说，要爱人如己。再没有比这两条诫命更大的了。"（《马可福音》12：29-31）最后，儒耶道德教育中的仁与爱，在表现上的极致都与"牺牲"有关，例如孔子所言的"杀身成仁"和耶稣"被钉死在十架上来'半完成'救赎"[12]便是最佳的例子。综观以上的比较，可参看表5-1：

表5-1　儒家的仁与基督教的爱对比

项　目	仁	爱
基础	始于人，家族血缘，陶冶	始于神，神就是爱，神赐
性质	人本伦理主义/伦理的道德性	神本真理主义/宗教的道德性
人际	五伦：亲亲仁民而爱物	爱神、邻舍及仇敌
动力	自省慎独，克己复礼	重生再造，神爱激励
实践	推己及人	爱人如己
终极	圣君治世，大同世界	天国降临，与神相遇

二、儒耶心灵教育

心灵（spirit）一词源自拉丁文的"spiritus"，原意为"气息"，它的动

---

12 因在基督教的教义中，耶稣要死而复活才算是为人类完成救赎。故"被钉死在十架上"只是完成救赎的前奏。

词"spirare"意为"呼吸"，其字根与吹气或呼吸的声响有关，引申为或"心灵"之意。在罗马帝国初期，此字逐渐取代"anima"而成为"灵魂"的主要用语。

对比道德教育，心灵教育含有形而上的维度，具备宗教性的。为甚么本人不直接命之为宗教教育呢？因正如前文所说，始终儒家是否宗教是有争议性的，但如儒家这体系是包涵新儒家的话，其宗教性是肯定存在的了，故用"心灵教育"这词汇让儒耶作比较就显得较为恰当。例如对儒学具研究心得的香港学者梁瑞明教授便认为儒家是有超越的心灵的："儒者说天德、天命、天理、天心都以人德、人心、人理、人道为根，故一切说及'天'的语言仍离不开当前生命及当前世界，故易使人误以为儒家只叫人关注当前的生命与世界，缺乏超越的心灵。"[13]而当本章节论到儒家的心灵教育时，会以新儒家那套理念来作根据。心理学家荣格又怎样看"心灵"这抽象的概念："荣格对心灵的描述既考虑到东方的也照顾到西方的宗教观念，尽管他确实认为，从心理学方面看来，亚洲宗教与圣经系宗教的侧重点具有意味深长的区别。荣格把前者视为具有内向性，即东方宗教把最高价值置于作为内在现实的自身上；而把后者视为具有外向性，即圣经系宗教凭直觉认识到，一个人唯有与一股外在力量联系起来才能得到拯救，同时通过拯救自我而贬低自我的角色。"[14]若把荣格所言的亚洲宗教套在含宗教性的儒家身上，可证明儒家思想是与心灵有关的，也是一种心灵教育来的。据此，亦可明白到无论儒家的"内向性"与基督教的"外向性"都与心灵相关的。本人先肯定心理学家对心灵的阐释，是希望以中立的角度来为论述儒耶心灵教育打开门扉。

从孔子儒学的理路来看，他的学说在价值教育的系统中是一种道德教育，一定是无容置疑的，但孔子的儒学是有伏笔可衔接心灵教育的。孔子由践仁至遥知天命的过程中，所体现的道德创生可树立人道的尊严和价值，至最终必融至形而上实体处。当然，先秦后的儒学，加上近代新儒学，更接近心灵教育。例如宋代朱熹所说的"仁"便不只是"道德教育中的仁"，而是"心灵教育中的仁"："仁既是人道，也是天道；既是人心，也是天心。在〈仁说〉一文，朱熹开宗明义便说：'天地以生物为心者也，而人物之生，又各得夫天

---

13 梁瑞明. 心灵九境与宗教的人生哲学〔M〕. 香港：志莲净苑，2007，278.

14 W.E.佩顿. 许泽民译. 阐释神圣——多视角的宗教研究〔M〕. 贵阳：贵州人民出版社，2006，61-62.

地之心以为心者也，故语心之德，虽其惚摄贯通，无所不备，然一言以蔽之，则曰仁而已矣.' 在语录中，这样论仁的语句甚多，如 '仁者，天地生物之心，而人物之所得以为心'。因此钱穆说：'自孔孟以下，儒家言仁，皆指人生界，言人心、人事；朱子乃以言宇宙界'；于是透过仁可见 '天人两界之诚为一体'。"[15] 还有，中国神学家吴雷川[16]更把 "理学家朱熹的仁" 与 "基督教的圣灵" 划上等号，他称至于基督教，它的天启说和道成肉身，人可藉着祈祷与神沟通，这都与心灵教育接得上的。强调人与神或耶稣的感通就是一种心灵教育，神学家赵紫宸说："人与耶稣的灵相感通，他必要成一个清洁、诚实、谦卑、喜乐、忘却了自己，遗弃了恐怖、勇敢地服侍人服侍社会的人。"[17]

为儒耶的心灵教育作异同比较，不得不提儒（特别是新儒家）的 "心" 与 "天" 和基督教的 "圣灵"。

儒耶的心灵教育可算是以 "人天/天人感应" 和 "人神相遇" 为核心。为此，"内在"、"外在" 与 "超越" 这三个概念必须论及。先说儒家的心灵教育，在香港的语境中，这未必能在普通的中、小学生或小市民的身上发挥到作用，但对香港的文科学者或儒学同道则是有一股潜力的，因香港的儒学者对儒家的学问发生兴趣，可能是先受业儒家的道德教育，继而再研究宋明理学甚至于近代的新儒家思想，故渐渐就会接受了儒家的心灵教育。"超越" 与 "内在" 是新儒家思想或儒家心灵教育的重点概念。若再加上 "外在" 这概念，便可用于与基督教的心灵教育作异同比较。例如在牟宗三的眼中，儒家与基督教同样有 "超越性" 的，按本人理解这就是 "人向天" 和 "人向神" 的接触，是一种心灵的超越。不过，牟宗三认为儒家是一种 "内在的超越"，而基督教是一种 "外在超越"，不过，本人得以补充，在基督教的上帝论中，同具有 "超越" 与 "内在"，可见 "内在" 不只儒家独有。因本章节并不是辩论儒耶双方究竟谁真的有 "内在的超越"，故不会纠缠在这问题上。但可肯定的是儒（新儒）耶同具 "超越性"，这就可认定儒耶心灵教育的地位。"超越" 的意思是指某种先验的东西，不由经验而来，却又不能离开经验而又回来驾驭经验，

15　罗秉祥. 爱与效法——对话及诠释性的神学伦理学〔J〕. 中国神学研究院期刊，2003，（35）.

16　吴雷川生于 1870 年，卒于 1944 年。他曾在教育部任高官，当过燕京大学校长，与冯友兰同时期，是民国初年的学问家。

17　肖安平. 赵紫宸的宗教人格论〔J〕. 南京神学志，2006，（10）.

此往来便是"超越"，英文为 transcendental。因此，本人觉得儒耶的心灵教育都是"超越"的，可与"天"或"神"感通。还有，我们先不要为"超越"在空间性的理解，应该感觉一下"心灵的无限大"，便会更易理解和比较儒耶的心灵教育。

儒家的心灵教育之路的终极是希望人可与天合一，即"天人合一"；而基督教的心灵教育之路的终极则是与神复和，惟站在基督教的立场来说，人神始终是有别的，人是受造物，神是造物者，所以没有"神人合一"这回事。因此，比较儒耶心灵教育的终极理想时，双方是不完全对等的。要了解儒家的"天人合一"，便要先了解董仲舒的"天人之际，合而为一"的命题。虽说董仲舒的思想不是儒家思想，但也不妨借用以解释何谓天人合一，就是天人于相会合一之处同理，故天理与人理相通，以致天人相益相受。天人通理，相益相受，可称之为"德道"（同"得道"）。若我们再看看周濂溪、张载、二程和朱熹的向外求证天道人性，都可明白何谓天人合一。而从另一进路去了解"天人合一"，则可从孟子的"内在体验，以契天道"入手。当这两种进路结合后，更成为第三种进路——"天人之道，内外贯通"，它是自《易传》和《中庸》的生生之易或诚而说的仁体天道，贯接于向内尽心而体证的天道。哲学家冯友兰曾在其《新原人》中言及的"天地境界"[18]也可算是天人合一的境界。另外，唐君毅先生其中一个具份量的哲学理论就是"心灵九境说"[19]，他这学说实是一种儒家的心灵教育。如果以唐君毅的"心灵九境"来说明儒家心灵教育的终极理想的话，就是达至"天德流行境"，尤如天人合一的状态。"天德流行境"的意思是人德之成就，同时是天德之流行，即是人只要知天的思想，当下就是，不得外求，人只要对境相感通之知之明直下观之，便能达至。唐君毅先生的"心灵九境说"是很宏大的，因它统摄了所有的高级宗教，例如基督教和佛教，并认为基督教的"归向一神境"与佛教的"我法二

---

18 天地境界的实现程序如下：自同于大全。"体与物冥"。"我"与"非我"的分别，对于他已不存在。就所谓"我"的"有私"之义说，他是无"我"底。但自同于大全者，可以说是"体与物冥"，亦可以说是"万物皆备于我"。由此方面说，自同于大全，并不是"我"的完全消灭，而是"我"的无限扩大。（转引自：郭清香. 儒耶伦理比较研究——民国时期基督教与儒教伦理思想的冲突与融合〔M〕. 北京：中国社会科学出版社，2006，76.）

19 唐先生的心灵九境如下：万物散殊境、依类化成境、功能序运境、感觉互摄境、观照凌虚境、道德实践境、归向一神境、我法二空境和天德流行境。

空境"只要再进一步，皆可进入儒家的"天德流行境"，例如唐君毅的弟子梁瑞明教授阐释这学说时便述到："心灵九境之最后三境为绝对境，是心灵生命的宗教境界，这是人心灵向上向往追索而成的境界。"[20]梁瑞明教授亦述到："唐先生说，一神教、佛教、儒教都在引导世人的心灵生命上通'天德'，都叫人由'人德'以体现'天德'，以人德体现天德的过程，其实就是尽性立命过程，是以都在尽性立命之上。"[21]那么，普通基督徒心灵上能否感受到神人合一这概念呢？答案是可以的，因基督教中的耶稣被描述成"神人二性"的例子，即是"神人合一"。故基督教向信徒推展心灵教育时，信徒是可从耶稣身上"间接地"感受到甚么是"神人合一"。神学家蒂利希认为圣灵是在人类精神中神魂超拔（ecstasy）[22]的上帝样态，故可知现实的属灵生命必须将自身投向圣灵寻求关联，而圣灵可选择是否进入人的心灵，这与儒家从修养，从自力去与天感应是不同的。这可以神学家蒂利希的论述引证："若神圣的灵闯进人的灵，这不是意味着它停在那里，而是它将人的灵引领出来。神圣的灵的'入'是人的灵的'出'。作为有限生命的一个维度，人的灵被驱使进入成功的自我超越；它被某些终极的和无条件的抓住（grasped）。它仍是那人的灵；仍是它自己（remains what it is），但同时它在神圣的灵的影响下离开自己。'出神'（Ecstasy）是描述此被圣灵临在抓住的状态的经典性用语。它准确地形容了人在属灵临在（Spiritual Presence）下的状况。"[23]

三、儒耶生命教育

这里所论述的"生命教育"的生命，不只是人类个体的生命，而是一种"人与自然"的生命，或可称之为"生态系统"。若用西方的概念来解释，本人觉得内斯（Arne Naess）的深层生态学与本人在这儿所论的"生命教育"颇相似，因深层生态学所关注的问题，不只是一个自然科学的问题，更是一个人的心灵与价值取向的问题，而且认为人以外的生物或环境也具有本身的内在价值。内斯的概念好比近代儒学家方东美的概念："对我们来说，自然是一

---

20 梁瑞明. 心灵九境与宗教的人生哲学〔M〕. 香港：志莲净苑，2007，432.

21 梁瑞明. 心灵九境与宗教的人生哲学〔M〕. 香港：志莲净苑，2007，431.

22 "神魂超拔"也可译为"出神"，是指被圣灵临在时的状态，代表一种与神相遇的狂喜出神、浑然忘我的境界。这状态并不破坏人灵本质的理性结构，而是作出人灵单靠自身所无法做到的事。它使人灵自我超越。

23 赖品超，林宏星. 儒耶对话与生态关怀〔M〕. 北京：宗教文化出版社，2006，24-25.

无限之境域，在其内在生命的大化流行彰显出自己，并且成全每一事物的内在价值。"[24]。哲学家卡西尔曾认为所有生命形式到有亲族关系，个别生命形式之间是沟通的一体，而人并非享有自然界中的特权地位。究竟建基于此的儒耶生命教育有甚么异同呢？现会详论之。

虽然过往谈起中国哲学系统中的"自然观"便先以道家思想为切入点，但不可忽略儒家也是有此类价值教育思想的。其实早期的新儒家便有此类思想，例如理学家周敦颐从不剪短住所窗前的长草，当有人问他时，他便答"与自家意思一般"，这表现出他觉得人的生命（个体）与其它自然界的生命是相通的，实是一种儒家的生命教育思想来的。例如张载（张横渠）在《西铭》中说到："干为父，坤为母；予兹藐焉，仍浑然中处。故天地之塞，吾其体；天地之帅，吾其性。民吾同胞，物吾与也。"[25]说明因儒者能扩展其心以包含万物。对此，王阳明的见解有异曲同功之妙："大人者，以天地万物为一体也，其视天下犹一家，中国犹一人焉；若夫间形骸而分尔我者，小人矣。"[26]儒家的生命教育更希望把"生生"这概念教育开去，例如张载在《横渠易说·上经·复》中说到的哲学理念正是儒家生命教育中"生生"的概念："天地之大德曰生，则以生物为本者，乃天地之心也……天地之心惟是生物，天地之大德曰生也。"[27]可以这么说，张载的生命教育是从万物同一的宇宙本源论出发，并认为人与自然是共亲一体的，而人的道德修养只是用以完成作为与万物同样的一份子所要尽的责任，并引领万物达至和谐之境。还有，王明道在《遗书》根据《易传》所言，也道出了其所谓"生生"的儒家生命教育概念："'生生之谓易'，是天之所以为道也。天只是以生为道，继此生理者，即是善也。善便有一个元的意思。'元者善之长'，万物皆有春意，便是'继之者善也'。'成之者性也'，成却待它万物自成其性须得。"[28]可见人是有责任使万物充满生机的。王明道以儒者仁之情，以"天只是以生为道"立论，来领悟生命世界（人与万物）的生生不息，健运不止的。以上俱能引证儒家生命教育的特性。

24 赖品超，林宏星. 儒耶对话与生态关怀〔M〕. 北京：宗教文化出版社，2006，177.
25 赖品超，林宏星. 儒耶对话与生态关怀〔M〕. 北京：宗教文化出版社，2006，290.
26 赖品超，林宏星. 儒耶对话与生态关怀〔M〕. 北京：宗教文化出版社，2006，293.
27 赖品超，林宏星. 儒耶对话与生态关怀〔M〕. 北京：宗教文化出版社，2006，191.
28 赖品超，林宏星. 儒耶对话与生态关怀〔M〕. 北京：宗教文化出版社，2006，212.

至于基督教的生命教育与儒家有甚么分别呢？在基督教经典--《圣经》的开首便如是说："起初，神创造天地。"（〈创世记〉1：1）从中可以得悉基督教的生命教育中，神始终是置于中心位置，而天地万物是由神所创造的，而自然物（天地）是先于人被创造的，而人是在第六天才被神创造出来。因此可以诠释出自然物的先存，是可为人类创生带来支持和承托。因此，自然界的万物皆是重要的，人与万物一定是有其密切的关系。根据神学家蒂利希的观点，人身处的自然，并不是杂物的总和，环境不是抽离于人而独立存在的，是一种"人的环境"，人身处其中才能产生有意义的活动。《圣经》中记载："我们要照着我们的形象，按着我们的样式造人，使他们管理海里的鱼，空中的鸟，地上的牲畜和全地，并地上所爬的一切昆虫。"（〈创世记〉1：26）神学家马丁路德（Martin Luther）也据此深切地明白到，人类对非人类（其它被造物）的管辖是有重大意义的，他说："于是，统治者被分给最美的造物，他知晓上帝，并且就是上帝的形象。在他之中，透过他清明的理性、他的公义和智慧，神性的相似物光芒四射。亚当和夏娃成为大地、海洋和天空的统治者。但这种管辖权不仅是以建议的方式给予他们的，也是以明确的命令方式给予他们的。在此，我们应当首先仔细思量其中的排他性：没有任何兽类得到指令去实施管辖；而上帝下达一个明确的、涵盖整个动物界的口头命令，所有动物、乃至全地以及地上出的一切就轻易地落到亚当的统治之下。"[29]当我们再回头看儒家的生命教育理念，便会发觉与基督教的生命教育理念是相似的，就是人都有责任去保护和管理万物，如以现今的词汇或文化来说，就是"环保"。不过，要重申的就是基督教的生命教育的价值在于以神为下旨者，人在管理和保护万物时，神是在场为人类"加力"[30]的，例如《圣经》中说到："如果你听从耶和华你的神的话，以下这一切的福气必临到你身上，必把你追上。你在城里必蒙福，在田间也必蒙福。你身所生的、田地所产的、牲畜所出的、牛所生殖的和羊所产下的，都必蒙福。你的篮子和你的砖面盆，都必蒙福。你出必蒙福，你入也必蒙福。"（〈申命记〉28：2-6）若找一个非儒家和基督教追随者，以中肯的见解来佐证儒家的生命教育与基督教的生命教育有甚么最关键的异处的话，则非马克思·韦伯（Max Weber）莫属了，他认为："儒

---

29 锺志邦. 生态关切的基础——圣经对于造物救赎的希望〔A〕. 赖品超编. 基督宗教及儒家对谈生命与伦理〔C〕. 香港：香港中文大学崇基学院宗教与中国社会研究中心，2009，3.

30 "加力"是基督教术语，意思如"神赐人力量"。

教的理性主义意指理性地适应于世界；清教的理性主义意指理性地主宰世界。"[31]最后，儒家生命教育的宗旨是从仁心开始从个人推至他人，继而动物，再而植物，及至非生物，是有亲疏和层次之别，例如王阳明在《传习录》下便曰："禽兽与草木同是爱的，把草木去养禽兽，又忍得。人与禽兽同是爱的，宰禽兽以养亲，与供祭祀宴宾客，心又忍得。至亲与路人同是爱的，如箪食豆羹，得则生，不得则死，不能两全，宁救至亲，不救路人，心又忍得。这是道理合该如此。"[32]；但基督教的生命教育是继承了"博爱"的宗旨，层级之别没有儒家那么明显。

四、儒耶公民教育

鲁索在《社会契约论》里强调："国家体制良好，则在公民的精神里，公共的事情也就愈重于私人的事情。私人的事情甚至于会大大减少的，因为整个的公共幸福就构成了很大一部分个人幸福……而在一个坏的国家里，人们只注意家务私事而对公共事业很少兴趣。只要有人谈到国家大事时说：这和我有甚么相干？这样的国家就算完了。"[33]鲁索这番话可证实公民教育是对社会起稳定作用的。

当谈到公民教育，便要以"现实社会"为背景，儒家与基督教同是着重现实社会的。作为一个现实社会上的公民，便会与其它人有关联，亦因此，儒耶的公民教育都与"群己相处"、"义务和权利"系上关系。这必须从儒耶的最根本核心——"仁"和"爱"开衍出去。因仁与爱都不只是道德教育的终极准则，也是克服群己之间疏离的力量，故此，儒耶的公民教育是需要仁与爱来奠基的。若先从儒耶双方各找一名代表来佐证仁与爱对公民教育的重要性的话，朱熹与蒂利希的论调均可取的。例如朱熹认为仁不只是德性的全部，更是能生作所有其它德性的强大力量，犹如一个爆发点，而这强大的力量是为了克服人的疏离；蒂利希则认为："爱是真实只在作为存有的完美力

---

31 锺志邦. 生态关切的基础——圣经对于造物救赎的希望〔A〕. 赖品超编. 基督宗教及儒家对谈生命与伦理〔C〕. 香港：香港中文大学崇基学院宗教与中国社会研究中心，2009，9.

32 郑家栋. 中国传统思想中的父子关系及诠释的面向〔A〕. 赖品超编. 基督宗教及儒家对谈生命与伦理〔C〕. 香港：香港中文大学崇基学院宗教与中国社会研究中心，2009，217.

33 鲁索. 社会契约论〔M〕. 香港：商务印书馆，2003，73.

量。"[34] 即是他觉得在社会上越多爱去重新联合人与人的分离，便会越多力量去克服分离。

从宏观的角度来看中国文化，它是有一种"秩序情意结"的。如只在儒家的眼中来看，秩序是立足在社会上的。本人很欣赏价值教育权威王坤庆教授在〈从社会发展观看教育价值观——新世纪中国教育价值观探讨〉一文中所言："我总认为，一个民族的精神殿堂如果缺少神圣与崇高，不仅意味着大众生活秩序的混乱和扭曲，更表明民族素质水平的低下和平庸。"[35]儒家的"复礼"，便是恢复社会秩序的方法。而在先秦，如每人能以仁来对待其它人，即"克己复礼为仁"，社会便能恢复秩序，若放在现代的场境来说，这就是一种公民教育，推崇礼治秩序。

不过，儒家的公民教育，并不如现代西方公民教育中般着重制度的灌输。只是希望接受儒家公民教育的一群是"礼生社群"[36]。因此，香港的儒学爱好者，如关心社会政治的话，绝不会动辄用"公民抗争"的手法来争取议论的机会，只会发乎情，止乎礼。

儒家公民教育概念下的社会结构是五伦的大家庭关系。因儒家概念下的社会组织是一个大家庭下有无数的小家庭，例如君就是一国之父，臣就是国君之子等等概念。在儒家的公民教育下成长的人，多会先为人，再为己，这乃一种"社会取向"（social orientation），意谓"符合别人的期望，关切群体的和谐"。因此，"重礼"即是"重让"，可以看到儒家的公民教育是着重"义务"多于"权利"。因"权利"不一定和广泛接受的社会公正观一致，甚至有可能破坏社会整合，幸"争取权利"中的"争取心态和行为"并不是儒耶公民教育所灌输的概念，反而"尊重他人的权利"才是儒耶公民教育所强调的。

"公民"的概念是产自古希腊的，那时古希腊实行城邦制度，城邦是公民的自治共同体，而公民是可分享城邦统治权的，与如中国儒家社会中的"民"明显不同，因民必须服膺于君的，何来分享统治权的权利。因此，若按"公民"

---

34 区建铭. 爱与仁——田立克与朱熹宗教伦理原则的研究〔A〕. 赖品超编. 基督宗教及儒家对谈生命与伦理〔C〕. 香港：香港中文大学崇基学院宗教与中国社会研究中心，2009，9.

35 王坤庆. 从社会发展观看教育价值观——新世纪中国教育价值观探讨〔A〕. 刘国强，谢均才编. 变革中的两岸德育与公民教育〔C〕. 香港：香港中文大学出版社，2004，72.

36 "礼生社群"这词汇是来自香港中文大学哲学系荣休教授劳思光先生的。

的原本词义来说，儒家的公民教育是与西方标准的公民教育理念有差异的，例如学者邵龙宝和李晓菲便认为："在传统的中国社会，家国一体的封建宗法制国家根本没有'公民'概念，有的是'家臣观念'、重民思想。尽管孔子有'三军可夺帅，匹夫不可夺志也'的独立人格节操，荀子有'从道不从君'，孟子有'保民而王'、'民贵君轻'和大丈夫气概，以及君主'乐民之乐，民亦乐其乐；忧民之忧者，民也忧其忧'（《孟子·梁惠王下》）等思想，却从未产生过古希腊罗马和中世纪末期以后西方人的公民、公共权利、公共精神等观念，也没有演化成由一部份公民执掌政事的具体操作程序和方式。"[37]还有，虽然在儒家的典籍中都能找到"公"的描述，例如研究儒家群己观的王齐彦教授说："二程群己观中，公理与私欲同忠恕密切相联，他们认为行忠恕之道须依'公理'……二程认为'公者仁之理'（《伊川先生语一》），'公最近仁'（《外书四》）又以公释'仁'，'仁者，公也，人此者也。'（《二先生语九》）'仁之道，要之只语一公字……'（《伊川先生语一》）。"[38]可从二程之例子中看到儒家的公仍是与仁系上的，故儒家的思想是没有"公我"（public self）这种概念的，所以可以推出它对"公民"的概念也是较为模糊的。若再与基督教的公民教育作比较，"个人"的概念是非常不同的，例如儒家是一种"包容式的个人主义"（ensembled individualism），而基督教则是一种"自足式个人主义（self-contained individualism）"。儒家公民教育中的"包容"是"情"多于"公"，故可能会灌输了"不公"的概念。不过，站在儒家的角度来看，在社会推广这种重礼且强调和谐的公民教育是认为可创造出社会资本的，也可使社会的经济发展起来的。

另外，儒家的公民教育的对象，不只是教育平民百姓，它的对象更可以是当官者，因儒家对心目中理想的国君是"内圣外王"[39]，例如孟子曰："三代之得天下也，以仁；其失天下也，以不仁；国之所以废兴存亡者亦然。天子不仁，不保四海；诸侯不仁，不保社稷；卿大夫不仁，不保宗庙；士庶人不仁，不保四体。"（《孟子·离娄篇》[40]和"纣桀之失天下也，失其民也；失

---

37 邵龙宝，李晓菲. 儒家伦理与公民道德教育体系的构建〔M〕. 上海：同济大学出版社，2005，11.

38 王齐彦. 儒家群己观研究〔M〕. 北京：中国社会科学出版社，2006，75.

39 "内圣外王"一词最早出现于《庄子·天下篇》，是道家术语，直到宋代才见于宋明理学的典籍。从此成为儒家理想国君的人格模样。

40 黄光国. 儒家关系主义：文化反思与典范重建〔M〕. 北京：北京大学出版社，2006，53.

其民者，失其心也。得天下有道，得其民，斯得天下矣！得其民有道，得其心，斯得民矣！得其心有道，所欲，与之聚之；所恶，勿施尔也。"[41]

公共管理者即是公民管理者，而他本身都是一名公民，故他可算是"份属公民的公民管理者"，他也是儒家公民教育的受教者。故在现今香港的语境中，儒家也希望政府的行政管理者能行儒家的政治秩序，来运作一个德治的政府。如以儒家的术语来说，儒家推行的公民教育，是希望受教者能成为一个"大我"，本人或尝试称这种公民教育为"儒家大我之民教育"[42]。

基督教的公民教育又是怎样的呢？首先，基督教中的"人"是有两重属性的，就是同时是"属灵的人"和"社会的人"。例如《圣经》里记载了耶稣离世前曾为门徒向神祈求："我不求你从地上把他们大走，但我求你使他们脱离那恶者，正如我不属于这世界，他们也不属于这世界……"（〈约翰福音〉17：15-16）这里便显示出一种"在世而不属世"（in the world but not of the world）的神学观点。虽然，基督教的终极境地是"天国"，但"现实的地"是神所创的，故基督教同样重视在地上生活时的所作的一切，这实际上是一种"超越但不否定这个世界"的观念。香港宗教教育家吴梓明曾诠释基督教公民教育的模型是一种"动态的教育"[43]，现以表 5-2（改编自吴教授）列出：

表 5-2　基督教的公民教育模型

项　　目	基督教的公民教育（动态的教育）
教学内容	侧重技能的训练，观念的澄清，及态度的培养。
教学方式	注重一同讨论，交换意见，分析不同的见解及共同寻求解决问题的方法。
老师角色	在教学的过程中，老师和学生可同为主体；注重学生的参与及意见的输入。
权威地位	互相尊重和彼此接纳的态度较权威重要；强调理性的反省及自我批判的重要。
教学目的	培养学生有高度的醒觉，独立思考的能力，及对真理批判的能力，并获得寻求真理的途径。

---

41 黄光国. 儒家关系主义：文化反思与典范重建〔M〕. 北京：北京大学出版社，2006，53.

42 "儒家大我之民教育"这称谓为本人所拟，因感觉"公民"这概念放在儒家对民之诠释上好像不太贴切，故不妨以"大我之民"代之。

43 吴梓明. 从宗教教育到生命教育〔M〕. 香港：基督教文艺出版社，2004，113.

例如宗教历史学者特尔慈（Ernst Troeltsch）便指出，基督教会在其实况中的"参与"或"涉入"将无可避免带来某程度的"妥协"或"调适"，这即是指一种在基督教的发展及其社会现实之间必然的相互作用关系（mutually reciprocal relationship）。因此，基督教对周遭社会应该是在无可避免地参与和妥协，并把握机会采取"深思熟虑后的主动作为"（deliberate initiative）。[44]因此，基督教亦有一套公民教育的理念。

首先，基督教概念中的"社会的人"不只是生活在现实社会中的人那么简单，"社会的人"的先决条件仍是"由神创造出来的社会的人"，即不纯粹是"唯物的人"。例如神学家赵紫宸曾说过："信徒是耶稣基督的弟子，同时又是国家的国民，对于父母是子女，对于子女是父母，在社会里是公民，是主是宾，是上司，是下僚。一切是一个关系之网，在关系网里，不能不受关系的经纬的牵制；不在关系网里，不能有人的存在，人的生活。"[45]从中可知道基督教徒是确实明白到要在一个互有关系的公民社会中生活的。

基于基督教徒的世界观和社会观是建筑于神之下的，所以它的公民社会范围是先内而向外推的，惟它与儒家不同的是不先以五伦层层外推，而是以基督教圈子外推至整个社会，例如从"团契人格"[46]出发。基督教组织的特征是信徒间常常以团契的形式来表示支持，是一种群体的归属感。而韦伯述到的"祛魅"和"理性化"，就如基督教公民教育先通过团契形式而得以合理地扩展到社会去一样。

基督教的公民教育可算是边广传福音，边从不同的政治渠道发出诉求，冀望重整社会，回复至神心中那理想的模式。站在基督教公民教育的概念来说，"福音"不是"个人的"，因"个人的福音"是属于"基督教的心灵教育"的范畴，而"社会的福音"才是属于"基督教公民教育"的范畴。自由主义

---

44 参见台湾神学家郑仰恩教授〈从基督教的发展谈宗教心灵与社会文化的关系——兼论其对台湾社会的启示〉一文。

45 郭清香. 儒耶伦理比较研究：民国时期基督教与儒教伦理思想的冲突与融合〔M〕. 北京：中国社会科学出版社，2006，97.

46 在希伯来人团契中有彻底的个人主义和彻底的社会主义（不是我国的社会主义）相混合。"团契人格"（corporate personality）的其中一个特点是个人和团体间的关系有极端的流动性关系，团体里面有个人的存在，个人里面有团体的存在。这是基督教公民教育所重视的理念。即是人要主动地寻求共同体，参与社会，最后塑造出一个统一的社会。

神学家认为基督教需要传播"社会的福音"，且认该把《圣经》所教导的爱和公义落实到社会中，多提倡教育、社会服务和政治改革，目的是让社会秩序基督教化。美国社会福音运动的主要发言人饶申布士（Walter Rauschenbusch）在其著作《社会福音的神学》中便认为，当教会面对社会的众多问题时，便不应仅以解决个人的信仰生活为重点，或仅以实践清教徒式的个人私德为满足，而应追求"公共利益"（common good）或"公义"（justice）的实现，这样才能让基督教在公共领域中的实践出来。

以香港的语境来看，基督教所办的学校、社会服务和福利机构真的很多这些处所未必是进行"基督教心灵教育"的最佳地方（教会才是推广基督教心灵教育的理想地方）[47]，但肯定是进行"基督教公民教育"的好地方。对比起儒家公民教育的核心是"仁"和"礼"（让）；基督教公民教育的核心则是"爱"（神爱）和"公义"（公正）。对此，加尔文（John Calvin）主张以"共同正义"（common justice）的原则来建立一个在基督里的人类社群，这包括以公平对待所有的人，并特别关照困苦与需要的人。据此观之，基督教公民教育中的"公正"，好像如西方希腊人所说的"公义"，实则却不全等同，因基督教所言的"公义"是必须以神为旨的，例如《圣经》中的〈弥迦书〉第六章第8节所记述的便可证明："世人哪，耶和华已指示你何为善，他向你所要的是甚么呢？只要你行公义，好怜悯，存谦卑的心，与你的上帝同行。"这正如加尔文著名的"神治"（theocratic）论中所说到的追求上帝在神圣与世俗两领域中的至高主权。

第三节　儒耶的价值教育对话

一、儒耶的主体间性

（一）何谓主体、关系与主体间性

无可否认，儒家与基督教双方，各自都是一个主体[48]，即儒家是一个主体，而基督教又是另一个主体。他们都各有个性或思想，或可说是各有主体性，

---

47 例如神学家加尔文认为只有教会才能藉上帝的恩典来重建人类的心灵。

48 本人在这里所论的"儒家"和"基督教"，不是"一个人"或"一个特定的组织"，而是"一个系统"，虽然不是一个实体，只是一个系统，但仍可称之为"主体"。

而他们的"接触"[49]都可算是主体与主体的接触，但如只坚持是一种主体与主体的接触，即各自有主体性作为接触前的定位，那双方接触时的气氛会平和吗？延续交往的可能性大吗？因此，"双方主体间性"的肯定或突出是必要和呈正面意义的必然条件。

要谈主体间性，便要先论述一下"主体"的概念是甚么来的。西方的笛卡儿是首先开启了以人的主体性做源头，认为自己能找到"真"、"善"和"美"，他这提倡尤如高举自我。对此，哲学家德理达（Jacques Derrida）曾认为主体的问题是有争议的。康德也觉得人自己是无法理解物自体的，此即代表要检讨一下主体的限制性。由于"主体"概念本身的排他性，与及对于自身正当性的强调，致"这个主体"未必会接受"那个主体"。虽然后结构主义宣告"主体已死"（the death of the subject），但主体已死即表示没有个性，"你我他"已完全没有分别，那"个人"与"他人"已"完全同一"，这个语境下生存的人有意义吗？所以本人认为主体是存在的，不过主体间性则是非常重要的概念，更可以驱使社会迈向和平与繁荣。

至于哲学家傅科（Foucault）于他的哲学生涯前期[50]对主体的界定，本人就不以为然了，他认为："权力使得个人变成主体。'主体'（subject）这个字以两个涵义：因控制及依赖而屈服于某人，与因良心或自我的知识而坚守自己的认同。"[51]因此，傅科与哈贝马斯是持相反意见的[52]，而本人则支持哈贝马斯的"非权力说"。

因本文是论证儒耶双方的对话尤如双方在互相进行价值教育，故会把"主体"这概念代入教育情境中来阐述。按台湾的教育哲学家苏永明教授所述："在教育议题上，'主体'的概念也是无可回避的，冯朝霖从教育人类学的观点指出'人的未确定性'、'人（主体）的自我完成性'、'人自我完成性的依他起

---

49 本人在这儿所述的"接触"是对话的始点，而接触、对话的方式或场景可以有很多，例如文本互涉或学习，互相在自己的文本或讲演场合翻译对方的理念，甚至是双方在各场合的现场对话。而儒耶双方构成的是一种教育情境，这教育情境可以是一种"中间距离（in-between space）"。甚么是"中间距离"？就是一种"虚拟"的情境。

50 傅科后期用生存美学等名目来恢复主体的地位。

51 苏永明. 主体的争议与教育：以现代和后现代哲学〔M〕. 台北：心理出版社股份有限公司，2006，177.

52 曾有人当中间人安排他俩当面辩论，但最后两人却在议程的内容上已未能妥协，致这世纪辩论流产了。

性'都是和教育有密切的关系。'自我完成性'是自己主导的部分，'依他起性'是与社会、文化互动并吸收其内容的部份，对于自我的不同定位将会影响这两者的比率。"[53]本人据此坚信，儒耶双方"依他起性"的比率占大比率的话，对话才有意义，才有建设性。我们并可以哲学家阿奎那的观点发挥一下，就是他认为真实的存在中有"两极"，就是"自身的"（in-itself）和"向他的"（toward others）；"自我占有的"（self-possessive）和"自我传达的"（self-communicative）。而本人认为"向他的"比率要大于"自身的"，同一道理，"自我传达的"的比率要大于"自我占有的"，这样，人的关系性才能放大，以促成儒耶对话的成功。阿奎那认同自我传达是基于两个理由："一是归因于存在自身的贫乏，即缺乏实存的圆满性，试图从周围的丰富性中去努力丰富自己。其二是存在自身的丰富趋于与周围的他者交流分享。"[54]还有，"人的自我完成性的依他起性"就像"义务"，只要儒耶双方都把"义务"放在对话的核心中，对话才有正面的意义，此"义务"可谓是双方的"主体间性"。就"义务"的诠释，本人倾向赞成康德的一套观念："康德虽然谈权利，但他也谈义务（duty），并且把它细分，先是'对自己的义务'和'对他人的义务'，再分成'完整'（perfect）和'不完整'（imperfect）的义务。所谓'完整义务'是指某些该做或不该做的行为，完全不能让形而下的欲望主导，只能从'应然'的角度出发，是绝对该做或是不该做的。所谓'不完整义务'则没有那么严格，可以允许某些以个人利益为考虑的行为，也就是可以量力而为。"[55]至于康德提到的"对他人的义务"，其中"义务地给别人爱"和"不能自私"实是儒耶对话的双方义务，这能减低双方坚持自我主体性的欲望。

至于主体间性是甚么来的？某些学者就认为，主体间性是作为主体间关系的规定，是指主体与主体之间的相关性和统一性。而教育哲学专家王坤庆教授对此却有精辟的见解，他认为："主体间性是主体间的'互识'与'共识'。'互识'是指主体之间是相互认识和相互理解；'共识'是指不同主体对

53 苏永明. 主体的争议与教育：以现代和后现代哲学〔M〕. 台北：心理出版社股份有限公司，2006，5.

54 许志伟. 儒家与基督教的人格观中关系的中心地位〔A〕. 赖品超，李景雄编. 儒耶对话新里程〔C〕. 香港：香港中文大学崇基学院宗教与中国社会研究中心，2001，246.

55 苏永明. 主体的争议与教育：以现代和后现代哲学〔M〕. 台北：心理出版社股份有限公司，2006，51.

同一事物所达成的相互理解，所形成的主体间的共同性和共通性。通过对共同事物达成的共识，主体才能达到深层的互识。因此，主体间的互识和共识是相互作用的。"[56]这说得很准确和使人易于明白，就如"你"与"我"的所建立的"共识"，这共识的内容可繁可简，但绝对是"心连心"所建立出来的。西方现象学大师又怎样去阐释主体间性呢？王坤庆教授这样说："胡塞尔认为，为了使先验现象学摆脱'为我论'或'自我论'的危机，现象学必须从'自我'走向'他人'，从单数的'我'走向复数的'我们'，即从'主体性'走向'主体间性'；另外，他认为主体间性是一种在各个主体之间存在的'共同性'或'共通性'，即'交互主体的可涉性'。主体间性是通过主体的'模拟统觉'、'同感'、'移情'等'视域互换'来实现的。海德格尔所谈的主体间性是我与他人之间生存上的联系，是我与他人的共同存在以及我与他人对同一客观对象的认同。伽达默尔所讲的主体间性是主体的'视域交融'。马丁·布伯所探讨的主体间性是主体通过'对话'所形成的'我－你'关系。哈贝马斯认为主体间性是人与人在语言交往中形成的精神沟通、道德同情、主体的相互'理解'和'共识'。"[57]

而这批西方学者所言的"主体间性"，即如王坤庆教授所言和采纳的"共识"。据此，王教授再作进一步解释："'互识'是指主体之间是相互认识和相互理解；'共识'是指不同主体对同一事物所达成的相互理解，所形成的主体间的共同性和共通性。通过对共同事物达成的共识，主体才能达到深层的互识。因此，主体间的互识和共识是相互作用的。"[58]

发掘和倡导儒耶之间的主体间性，不只是好让双方和平共存那么简单，更可得出"互相教育后的共识"和证明"双方都能在现实的社会上推行他们的共识"。而这"共识"确实可在生活世界上实践的，因在胡塞尔的当代解释学中，生活世界是一个很重要的概念，指的是作为唯一实在的，通过知觉实际地被给予的、被经验到并能被经验到的世界。根据胡赛尔的看法，真实的世界就是我们的「生活世界」（life world）。而生活世界不是一个平面和只有静

---

56 王坤庆，岳伟. 主体间性：当代主体教育的价值追求〔J〕. 华东师范大学学报（教育科学版），2004，（2）.

57 王坤庆，岳伟. 主体间性：当代主体教育的价值追求〔J〕. 华东师范大学学报（教育科学版），2004，（2）.

58 王坤庆，岳伟. 主体间性：当代主体教育的价值追求〔J〕. 华东师范大学学报（教育科学版），2004，（2）.

态的世界；却是一个立体的动态过程。可以这么说，生活世界是一个公共的世界，是一个由不同经验共同存在的世界，即人是在不同的关系中存在着，而这些不同经验之间或不同关系之间都有一个主体间性存在着。

若从教育的视角来解释的话，主体（人类、思想或文献）与主体（人类、思想或文献）的接触、交往、对话等，都是在互相进行教育，主体间性是互相进行教育而得出来的。而这儒耶双方得出的"教育后的共识"（主体间性）是双方都应关心的，并能像哈贝马斯所言的"共享生活情境的完整性"。邓友超教授说到："在教育主体间一致的生成过程中，最重要的事情就是，师生真正应该把对方当作他我（alter ego）去经验，去倾听对方在对我说什么。换言之，教育主体间一致的生成，不应是一个主体支配另一个主体，也不应是一个主体对另一个主体盲目地投其所好，而应是相互言说，相互倾听，使被理解对象从意义指向的不确定提升到一种新的确定性，这种确定性能使自己发现被人理解了或被人误解了。这就是谈话中所真正发生的：被意指的内容清楚地表达出来，因为它变成一种共同的东西。在这个'解释学循环'不断扩展下生成'更高的客观性。"[59]

（二）儒耶主体间性的必须元素

基于儒耶双方的共同特点是"同是受过教育的人"[60]（the morally educated person）。故二者对话是有同等必须条件的，亦可算是一种基本的共有元素。龚斯（Coombs, J.R.）认为一个受过教育的人的人应达到十个标准[61]，本人按此标准以表 5-3 列出：

表 5-3 儒耶俱有受过道德教育的人（系统）的标准

受过道德教育的人（系统）的标准	儒 家	基督教
明白道德判断的两大原则：易地而处、普遍后果。	具备	具备
对于事情的道德向度有敏锐的触觉。	具备	具备

59　邓友超. 论当代解释学观照下教育情境的特征〔J〕. 华东师范大学学报（教育科学版），2005，（1）.

60　正如前文所述，本章节所提到的"儒耶对话"，主体是以"系统"为主，不是以"个人"为主，特此再云。

61　"标准"参考自：吴梓明. 从宗教教育到生命教育〔M〕. 香港：基督教文艺出版社，2004，143-144.

懂得找出作道德判断所需的有关资料与事实。	具备	具备
进行任何可能涉及道德问题的行为时，懂得考虑其普遍后果。	具备	具备
懂得易地而处，设想他人的处境，明白某些道德行为对他人带来可能的影响。	具备	具备
懂得就道德抉择寻求他人的意见。	具备	具备
懂得批判道德论证，指出谬误。	具备	具备
懂得要求他人就其道德行为提出支持的理据。	具备	具备
对于是非观念能坚持以行动实践之。	具备	具备
重视自我的价值及尊严。	具备	具备

由于儒耶双方都是"受过道德教育的人"，而双方的德目："仁"与"爱"，同是在双方的哲学思想或价值教育方面占一个基本但高层次的地位，故"仁"与"爱"同是双方主体间性的重要元素，况且，仁与爱真的有很多共通点。

二、儒耶对话是互相在进行价值教育

（一）何谓对话与交往行动理论

马丁布伯（Martin Buber）的名著《我和你》中所论证的"我—你"关系，就是儒耶对话时的理想关系。"我"是不能孤立地存在的，而是相对于"你"或"它"才能存在。即是"我"只有在"我—你"和"我—它"的关系中才会存在。马丁布伯并不认同笛卡儿的"我思故我在"，因"我思故我在"的"我"是一个没意义的我，只是一个 "孤立的我"罢了。而"我—你"的关系是最好的，是一种相遇（encounter）的交互关系。马丁布伯所指的"你"并不一定是"生理上的人"，也可以是"一种思想"、"文献"、"自然"、"艺术"等等。这是一种尊重平等的观念，切忌膨胀自我的主体，看扁其它主体。这让本人想起我国其中一种中国文学的修辞法，是诗人颇为乐于采用的，就是"借代法"，即哲学上所称的"主体"（我），就是文学上所称的"本体"（我）；哲学上所称的"主体"（他），就是文学上所称的"借体"（他）。因在"借代法"中，本体与借体之间有相关性（这正如主体间性），关系是密不可分的和固有的。"我—你"中的破折号，是有"之间"（The Between）或"临在"（Presence）的意义。他说过："人类生存的基本事实既不是个体，也不是集体……人的生存的基本事实是人与人……我称这一域为'之间'。尽管存在在各种不同的程度上实现，但人的现实是首要范畴。"[62]按马丁布伯的思路，我—你进行关系和互联，"真正的我"才能得以体现。因此，并不代表没有了自己。儒耶对话时不是没有了自己，而是更能清楚自己。所以儒耶双方都以"我—你"关系出发来对话，绝不需要担心迷失自己。如让本人重新诠释和补充马丁布伯这"我—你"的短语，我认为"我—你—我—你……"这含有不断对话和循环诠释感觉的短语会更切合儒耶对话的意境。

用社会学家/哲学家哈贝马斯（Habermas）的"交往行动理论（沟通行动理论）"（theory of communicative action）来说，则认为个人的生活世界（life world）是由文化、社会和个体[63]三要素构成。当主体之间进行沟通行动，首先，在文化方面：人们便可共同享有一定的文化遗产，也可共同诠释此文化的方式，更可一同享有更新该诠释的方式。另外，在社会方面：沟通可让人们建立双方都能接受的行动规范，这样可形成对群体的认同感，能加强社会的整合程度。最后，在个体方面：由于不断地沟通，尤如互相学习，致加快双方的成长，加强个人的行动能力，建立完整的人格。哈贝马斯把"主体与主体的关系"放在中心，希望以分享理解（shared understanding）达致关键元素的知识论。例如哈贝马斯曾在《沟通与社会的演变》一书中写到："这种沟通理论所要解决的比较是哲学性的问题——关于社会科学之基础的问题——但是我认为它密切地关联着的社会进化理论有关的问题。"[64]除此之外，哈贝马斯也非常强调两方要用理性来进行对话与沟通，就如他曾在其巨着《沟通行动理论（卷一）》中提到："研究的焦点因此由认知工具理性转移至沟通性。以及对于后者甚么是典范的，不是一个单独的主体对于某些客观世界里能够被代表和操纵的关系，而是互为主体性的关系，就是言说和行动的主体从事当他们成为一个关于某些事情的互相理解。"[65]

---

62 许志伟. 儒家与基督教的人格观中关系的中心地位〔A〕. 赖品超, 李景雄编. 儒耶对话新里程〔C〕. 香港：香港中文大学崇基学院宗教与中国社会研究中心, 2001, 250.

63 这儿的"个体"（personality）有另外一些译名：例如"人格"或"位格"。

64 李骏康. 从沟通行动理论到宗教对话〔A〕. 张庆熊, 林子淳编. 哈贝马斯与汉语神学〔C〕. 香港：香港中文大学崇基学院宗教与中国社会研究中心, 2001, 180.

65 李骏康. 从沟通行动理论到宗教对话〔A〕. 张庆熊, 林子淳编. 哈贝马斯与汉语神学〔C〕. 香港：香港中文大学崇基学院宗教与中国社会研究中心, 2001, 182.

　　因此哈贝马斯（Habermas）的"交往行动理论"也能套用于儒耶对话的架构中来证明儒耶对话是有良好结果的。

　　儒耶双方对话时必须是在理性的情况下进行。此"理性"[66]也可以哈贝马斯的"理想言说情境"（Ideal speech situation）来说明之，就是理性并没有固定的内容，而是在自由的互动中形成。还有，"理性"反对任何外来的权威，而它自己完成的内容是有正当性的，是双方共同完成的，不是其中一方的权威。进深一步地说，儒耶双方一定要抛低"自己的身份"，抛低"自己的权威"，例如儒家要丢掉"圣人的冠冕"，而基督教则要丢掉"神职人员的光环"，这才是平等的对话，理性才能"公开的使用"（public use of reason）。例如基督教学者布格曼（Walter Bruggemann）教授便认为基督教教育要有一种新的教学模式，就是"宗派诠释式的教学法（Sectarian Hermeneutic Approach）"，他的意旨是希望不再强调基督教真理的权威性，香港的宗教教育学家吴梓明便说："我们须留意：布氏不再强调基督教真理是有绝对的权威性，也没有要求基督教信仰必须成为社会的主流文化，而只是将它视为现代社会中主流文化之外的另一把声音。"[67]这样，基督教便不会是一种极权主义式的独白。

　　而儒耶对话应建基于"人文主义"之上，但本人所说的"人文主义"不全是儒家牟宗三先生所言的人文主义，高举"儒家式的人文主义"，也不是在基督教中与神本主义的人文主义；而是较现代性的说法，且必须要与教育沾上边，就像是一种博雅教育（liberal education），且能够促进学术上或文化上的正向发展，当文化上有所发展的话，最后，对社会的发展也有好的和实质的影响。例如香港中文大学文化及宗教研究系助理教授学愚先生便说："宗教暴力的根源产生于宗教的'我见'和'我执'。宗教和平的实现有待于宗教徒正确理解自己宗教和正确对待其它宗教。在对待自己宗教时，每一位宗教徒可以而且应该以虔敬之心，赞美自己宗教的'神本主义'的优越性和至善性。但是，当与其它宗教徒相遇时，他则应从'人本主义'出发，消除宗教我见、'搁置'对自己宗教的执着，把爱护自己宗教、或不愿自己宗教受到伤害的

66　本人并不认同笛卡儿理论中对"理性"的诠释。因笛卡儿这样做就忽略了人作为一个"存在"，其实既是"实体"，也是一"成就"（achievement）；既是"存在"，也是"生成"（becoming）。而"成就"与"生成"是人的关系维度，是不可缺少的，因人是有关系性的个体来的。

67　吴梓明. 从宗教教育到生命教育〔M〕. 香港：基督教文艺出版社，2004，36.

感情和行为'移置'至其它宗教徒，生起同体相怜之心，做到尊重和不伤害其它宗教和宗教徒的信仰。"[68]

（二）儒耶对话的主动性、态度、方向和方法

儒耶双方如要对话，首先双方都需要走出自我中心，把对方视为一个完全的他者。儒耶两方相对较难展开主动对话是基督教那方，因为基督教的思想是一套排他的神学，认为普世的人类除了通过基督作为中保之外，是没有方法可以和神复和的，即不能得救。况且在历史上，基督宗教系统仍未能调解好亚伯拉罕传统内的犹太教、伊斯兰教、天主教、东正教和新教之间的关系，这可能与基督宗教系统缺乏他者意识有重要的关系。

从古至今，基督教只把儒家视为一个道德的宗教，更甚者只认为儒家思想只是一种古老的道德学说，缺乏形而上的观念，不能与基督教相比。还有，基督教界普遍认为代表儒家的人不是很多，对话是存在着不对等的。所以，对话的主动权应落在儒家的身上。因为儒家本身的排他性较低，而"学"和"格物致知"都是儒家的精神所在，这正好符合对话的精神。综括而言，儒家应加强主动性以"学"和"格物致知"的精神首先与基督教展开对话。亦由于儒家先以"学"和"格物致知"[69]的精神与基督教展开对话，这种"对话"就是一种"教育性的对话"，是一种"互相进行价值教育的对话"。

"格物致知"是《大学》中的一个道德修养命题，经二程（程颢、程颐）格物穷理的诠释，转为一中道德的形而上学命题。但无可否认，各派理学者都是围绕"道问学"与"尊德性"，知识与道德的问题来展开探讨。而"格物致知"与"为学"很有关系。"为学"的目的是"为己"（成人），这好像只是一种自我圆善，但为学的对象包括"与主体相关的事物"，而这"与主体相关的事物"用马丁布伯"我—你"的态度来演绎的话，就是"与我相关的你"，是与我平等且互有关系的主体。另外，主体展开格物时的态度是怀有敬意的，不可蔑视其它主体，要用"敬"来格物致知，例如朱熹说到："涵养是合下在先。古人从小以敬涵养，父兄渐渐教之读书，识义理。今若说待

---

68 学愚. 宗教暴力根源初探：佛教对宗教和平建设的启示〔A〕. 黎志添主编. 宗教的和平与冲突：香港中文大学与北京大学宗教研究学术论文集〔C〕. 香港：中华书局（香港）有限公司，2008，111.

69 朱熹在《大学注经》中所阐释的"格物致知"为："格、至也。物、犹事也。穷至事物之理，欲其极处，无不知也。"

涵养了方去理会致知，也无期限。须是两下用工，也着涵养，也着致知。伊川多说敬，敬则此心不放，事事皆从此做去。"[70]故当儒家以"格物致知"的"为学"和"涵敬"的精神来与基督教对话，不尽是"为己"的，更是"为他"的。因此，本人认为儒家先作对话的主动者，并以"格物致知"的态度展开儒耶对话，不只是为己，也是为他人（基督教），双方的对话过程必能如鱼得水。

基督教那方一定要抛开成见来对话，要把关注点从天上转向现世，从未来转向当下。尽量将人类的生活世界移近基督教的核心，因要明白"生活世界"是"所有宗教的第一临在点，而且是"所有宗教存在和发展之地方"。例如可借用"解放神学"的思想，把"人与生活世界"放在当前的位置，好让与儒家平等对话。站在解放神学的立场，"解放"共有三个层次，包括社会经济政治的解放；人在历史中成为自己命运的主人和人神合一（如儒家的天人合一，达到超越内在），从中可证明这种神学思想较重视"社会"，此乃与着重现世的儒家有共通的基础。

在对话的进程中，基督教应提醒自己要放低固有的"超越性"（优越感），要尽可能发辉基督教文化中的"谦卑精神"，就如耶稣当年降生在地上所作的一样，因耶稣降世并没有君临天下拯救世界之感，反之却只以"屈尊"、"谦卑"、"为仆"的"人子角色"为众生赎罪。如基督教能以"非以役人，乃役于人"的态度进行对话，相信儒耶对话的顺畅度定能加强。况且，耶稣的拯救精神并不是解读成一种强悍的姿态，而是意味着一种"牺牲"和"受苦"，含有自我牺牲的精神，好比儒家的"杀身成仁"。耶稣这举动，是一种实实在在的"他者精神"（为他者而存在；为他者而死）。这很切合"我—他"这种交互方式。当然，本人并不是表示儒耶两方都要"屈就"来进行对话，而是希望双方先自行调较对话的态度和内容，好使对话是在欢愉的气氛下进行。因此，儒耶双方强化"平等"[71]的观念，对话的气氛也会是良好的："不同宗教平等观之间的差异和分歧依然存在……但是各种宗教平等观之间的共同点

---

70 冷天吉. 知识与道德：对儒家格物致知思想的考察〔M〕.北京：中国社会科学出版社，2009，104.

71 哲学家鲁索对人类"不平等"的起源有特别的见解，例如他认为每一个人都有与生俱来的"平等"是一种上天赋与的权利。在自然的状态下，每个人有一些先天的不平等，比如生理和智力；但不存在道德或社会的不平等。

未来将得到更多的发掘和理解，并对各种宗教间的关系产生实际影响，各宗教及各教派之间有可能进一步加强对话和交流。"[72]

哈贝马斯提出的"四项有效性宣称"也可作为儒耶对话时"语言应有的条件"。这四项有效性宣称分别是"可理解性"、"真实性"、"正确性"和"真诚性"。若要本人排序，则认为"真诚性"为先，接着便是"真实性"，继而是"正确性"，最后便是"可理解性"。为甚么本人会排列"真诚性"为首要的有效性宣称？因当儒耶双方都能以"真心和诚恳"的态度开展对话，即愿意将心比心去打开对话的话匣子，对话才能有持续下去的希望，应酬式的交流是没有生命力的。"真诚性"是指对话双方要真诚地表露意向，好让互相信任；"真实性"是指对话双方的言辞及其指涉的对象是真确的；"正确性"是指对话双方的言辞都能符合双方所遵守的言语交流背后的规范系统，好让双方都接纳；"可理解性"是指对话双方的言辞都要合乎文法，好让双方均能理解，尤其是一些自己思想系统内的用词或指称，例如儒家的"仁"与基督教的"爱"等。

至于儒耶对话的类型，本人将之分为"内向型对话"和"外向型对话"。"内向型对话"的焦点为"神与天道"或"性善与原罪"；而"外向型对话"的焦点则为"仁与爱"（普世伦理）或"人与自然"。如要二选其一的话，儒耶双方应着力于"外向型对话"之上，因它对话的焦点（"仁与爱"或"人与自然"）较能普及社会的整体，使形而下的世界受实际的得益。不过，本人觉得儒家对"内向型对话"和"外向型对话"都乐于接受，惟基督教界中绝大部分的宗派都基于未能放下教义的包袱，偏向接纳"内向型对话"，试看看研究基督教的徐龙飞博士如何述说："宗教通常都关注人的起源、人是甚么、人的生命何处去、人的救赎等等。基督宗教亦不例外。换言之，基督宗教亦有其核心之教义，诸如人有从上帝（天主）而来的受造性、人对内在超越的追求、人对以道成肉身等为内涵的救赎的渴望，诸如此类，这些是不能被要求放弃的。因而在基督宗教看来，宗教间的对话可能性启程于如下的出发点：人（共同）的起源——（是否）作为上帝（天主）的肖像而受造，人（共同）的目的——（是否）在上帝（天主）之中生命达于圆满，（是否）上帝（天主）在耶稣基督中的独一无二的救赎计划——道成肉身，以及（是否）圣神（圣

---

72 王利耀,余秉颐. 宗教平等思想及其社会功能研究〔M〕. 合肥:安徽大学出版社, 2006，205.

灵）在当下的有效运作。总之，基督宗教出于其不能被要求放弃的教义的核心内涵而有其宗教对话的可能性基点。"[73]

近代宗教学家保罗·尼特（Paul Knitter）曾在其《宗教交互方式》一书中提及宗教关系可分为四种模式，它们就是："置换模式"、"成全模式"、"互益模式"和"接受模式"。首先，置换模式就认为上帝的意志是要所有人成为基督徒，除了基督教外，其它宗教都不能得到拯救，所以最终基督教会置换其它宗教；另外，成全模式就认为神有可能临在其它宗教，故承认其它宗教都是一条道路以获得拯救，其它宗教的信徒能通过非基督教的信仰来获得救赎，但只有基督徒才能知道神那救赎的意义；还有，接受模式就接受所有宗教都能根据自己的传统而得救赎，且不同的宗教都有不同的救赎方法，例如基督教能上天国，佛教则可涅盘等等；最后，互益模式觉得所有宗教都指向"同一个终极实在"（不是基督教的神），殊途同归，故不同宗教之间应平等地彼此学习，互相得益，互相成全。

从这四种关系模式中不难可出，只有一种是适合"宗教对话"的，就是"互益模式"[74]了，还有，由于本文所鼓励的儒耶对话，并不是"宗教的教义对话"，进路不是宗教学研究，而是从教育学的视角来论证"儒耶的价值教育思想对话"，因此，本人认为儒耶的价值教育对话应采取这种"互益模式"，对话的进行才有可能。

（三）儒耶对话与互相进行价值教育的关系

当儒耶双方对话的时候，实际上是在"互相进行对话教育"。本人可借用杜时忠教授所言来阐释这关系，杜教授说："总之，可以这么说，价值是指主客体之间的关系状态。"[75]首先，儒家与基督教是两个主体，它们对话时就是一种关系，而"价值"就是它们之间的关系状态，而这种价值，实是一种"教育的价值"，含有"学的价值"。

---

73 徐龙飞.宗教对话与和平：倡导对话的基督宗教〔A〕.黎志添主编.宗教的和平与冲突：香港中文大学与北京大学宗教研究学术论文集〔C〕.香港：中华书局（香港）有限公司，2008，173-174.

74 有三名支持宗教对话的近代西方宗教学者，包括约翰·希克（John Hick）、雷蒙·潘尼卡（Raimon Panikkar）与保罗·尼特（Paul Knitter）都是赞同宗教间应采用互益模式来进行对话。

75 杜时忠.科学教育与人文教育〔M〕.武汉：华中师范大学出版社，2005，139.

本人相信如儒耶双方均以"学习者"的身份和以"教育场境"作平台，双方的对话是可欢愉地和畅顺地进行的。

对于儒耶双方对话时的如要呈现出"教育情境"，是在进行价值教育的话，双方的身份应以"学习者"为主，但学习者的身份并不是纯粹的，应适当地包含"教学者"的身份。因于教学比学习困难，且"权威性"较重，所以运用教学者身份时的对话要显得很小心。本人现试以海德格对教学的说法以证明之："教学比学习更困难。我们知道这件事；但我们很少去想它。为甚么教学会比学习困难呢？并不是教师必须拥有大量知识，而且随时要备妥。教比学更困难的原因是教学要达成的效果：有学习产生。确实，一个胜任的老师要学生学到的就是如何学习。如果我们把'学习'界定为获得有用的知识，那么，他的教学经常给学生的印象是没有从他那里学到甚么。教师必须走在学生之前，他比学生要学得更多——他必须学会如何让他们学习。教师对于他所该教的内容是否适宜比学生还没有信心。如果教师与学生的关系是真诚的（genuine），那么那些只拥有丰富知识和耍官方权威的教师将永远没有容身之地。"[76]据此，就算儒耶双方都有少许成份的"教育者身份"，但都应从"教育者要学习如可让学习者学习更多"的角度出发，这才能使对话有价值。

当儒耶双方对话的时候，实际上是在"互相进行对话教学"，"互相教授对方自己那方的价值教育概念"。按马丁布伯的对话教育哲学所述，对话教学进行时的角色虽然包括教师与学生，但马丁布伯心目中的"教师"与"学生"都应秉持"我—你"这种关系，是有互动的，有一种隐密的平等观念，而他言及的对话教学有以下的特点："教师是使世界塑造学生的选择者：正是作为自然和社会的世界教育了个体，个体在与世界的对话中被酿成独特的人。正是通过教师，教育对世界的有效选择塑造了学生。教师在教育中享有自由的同时，必须为学生确立观点和指明方向，教师应该成为批判性的导师和学生灵魂的向导。教师是学生灵魂再生的向导——布伯习惯于用母亲初生婴儿来比喻教师对学生的作用。布伯认为，教师担负着提升生命，使其灵魂得以再生的重任。'教育者，要在他的学生的灵魂中找到珍贵之质，并从劣质中启发和释放它，给予他再生，使他成为一个高贵的生命。'教师以自身的整体存在成为学生的模范——教师必须在班级中作为统一的存在和完整的人，成为学

---

76 苏永明. 主体的争议与教育：以现代和后现代哲学〔M〕. 台北： 心理出版社股
   份有限公司，2006，160.

生的模范教育者。布伯对话教学中的师生关系是'我—你'关系。其中，信任是师生对话关系得以存在的前提，包含是师生对话关系的本质，而教师对学生的态度应是'肯定'。"[77]据以上所论，可从中推出儒耶对话实是在互相进行对话教学。放在儒耶对话的场景来看，即是儒耶双方对话前都应先抛下成见，信任对方，尽量理解对方的经典或理念。

因为儒耶双方对话的时候，实际上是在"互相进行对话教学"，"互相教导对方有关自己那方的价值教育思想"。香港的吴梓明教授认为："但是现在大家都承认过往宗教间的对话未能成功地进行，是因为受着各自宗教所关注的传统和使命的障碍，所以一个真正坦诚的、教育性的对话最适当的地方还是在教育的场所中进行，而香港的宗教学校就是最适宜的地方，去尝试这种新的信仰间的对话。"[78]对于吴教授的建议，本人尚算赞同，但认为故若要有一个场所[79]让儒耶两方进行这活动的话，本人相信"有宗教和教义象征性强的地方"都是不合适的，例如教会、教堂、基督教团体活动之地、孔庙、儒学团体活动之地等等。而最佳的地点就是"不是宗教团体辖下的学校"。因"不是宗教团体辖下的学校"除了这类学校是"宗教中立"之外，更因为它是进行教育的地方，更是讨论和交流价值教育思想的好地方。

哈佛大学的杜维明教授曾扬言："通过对话，我们可以欣赏他者的价值。这种价值是我们本着相互尊重的意识从他者学来的。"[80]因此，社会是在不断地发展中，要进步，就必须从"教的文明"（teaching civilization），转为"学的文明"（learning civilization）。杜维明教授作为一个儒学者便认为："'向西方学习'的一般实践，对东亚的知识分子和政治领袖来说注定是绝对必要的，这一方面也一定会继续进行。但是，需要拓展各种文化参照方的多种视野，也是显而易见的。作为'相互参照'的各种进展，东亚可以从与拉美、南亚、伊斯兰世界以及非洲的文明对话中得益。"[81]虽然杜教授的理想很大，希望儒

---

77 靳玉乐编. 对话教学〔M〕. 成都：四川教育出版社，2006，11-12.

78 吴梓明. 从宗教教育到生命教育〔M〕. 香港：基督教文艺出版社，2004，95.

79 本人在上文已曾说过，儒耶进行价值教育对话的"场地"未必真是"实地"，是可超越时空的和跨媒介的，例如"思想上"；"文本上"或"人与文本"等"空间"。

80 杜维明. 彭国翔译. 儒家传统与文明对话〔M〕. 石家庄：河北人民出版社，2006，103.

81 杜维明. 彭国翔译. 儒家传统与文明对话〔M〕. 石家庄：河北人民出版社，2006，75.

家能与世界不同的文明系统进行对话，但我们可先缩小聚焦的范围，把他这番话理解为我国的儒家要先有决心向西方的基督教学习，敞开心胸，先要之对话，寻求得益以贡献社会。儒家与基督教虽然是两种不同的文化系统，但地球是圆的，就算它俩未曾相会，始终有一天是会相遇的，何况儒耶早已相遇，惟它俩的相遇和对话可能只是从宗教的身份作代表，或甚的可能是为了辩论谁优谁劣，这都使进展有限，甚至有伤和气。所以，若儒耶两个系统能在学的文明下以学习者的心态来对谈，更能呈现正面的效能。因"学"含有积极但谦逊的态度，当儒耶对话时持此相互学习的心态，进入对方心灵时是进取但谦让的，假以时日，对话的成果便会慢慢地彰显出来。而哈贝马斯在其《世俗化的辩证法》中所提到的"互补学习的过程"（complementary learning process），能作为相互对话即是相互学习的佐证。这尤如张天宝博士有关教育对话的见解："在教育活动中，教育主体之间的对话作为一种平等的精神性交流和沟通，实质上是一种'共享'关系，是教育主体之间共享知识、共享经验、共享智慧、共享精神、共享人生的意义与价值的过程。"[82]因此，儒耶的价值教育对话是平等的精神性交流和沟通，而且双方都能从互相学习中获得"共享"。

还有，儒耶的价值教育对话是在互相在进行"协商式学习"（negotiated learning）。"协商式学习"即是儒耶双方要放弃"话语霸权"，平等地通过商讨来决定"共同学甚么"、"怎样共同学"和"共同要学得如何"，这等如共享学习的权利。

先秦的孔子已把"好学"看成是一种非常重要的态度，例如孔子在《雍也》中曰："有颜回者好学，不迁怒，不贰过，不幸短命死矣。今也则亡，未闻好学者也。"[83]假设儒耶双方能以"为学"的心态来对话，这对话的过程能使双方"变化气质"，正如理学家张载在《张子全书》曾说："为学大益，在自能变化气质。不尔卒无所发明，不得见圣人之奥。故学者先须变化气质。变化气质，与虚心相表里。"[84]而陆象山也曾在《象山全集》中曰："学能变化气质。"[85]而"变化气质"的意旨是使气质变得愈来愈佳。例如程子在《二

---

82 张天宝. 走向交往实践的主体性教育〔M〕. 北京：教育科学出版社，2005，206.
83 陈来. 孔夫子与现代世界〔M〕. 北京：北京大学出版社，2011，181.
84 蒋维乔，杨大膺. 宋明理学纲要〔M〕. 长沙：岳麓书社，2010，57.
85 蒋维乔，杨大膺. 宋明理学纲要〔M〕. 长沙：岳麓书社，2010，57.

程粹言》中明言："惟积学明理既久，而气质变焉。则暗者必明，弱者必立矣。"[86] "变化气质"这观念虽出自儒家，但对基督教来说也是适用的。神学家哥伯（John Cobb）便认为宗教对话能带来"彼此的蜕变"（Mutual Transformation），而代表基督教的哥伯口中的"彼此的蜕变"与儒家的"变化气质"实如出一辙。故从此可简接地看出在某些神学家的眼中，基督教也应好学，并可透过与其它宗教或文化的对话，以达到互相蜕变，而这蜕变都与儒家一样，同有"愈变愈好"的意思。

本人认为儒耶对话是双方在互相进行价值教育，可说是"儒耶价值教育的对话"，是一种价值主体"（儒家）与"另一个价值主体"（基督教）进行的"创价活动"。所谓"创价活动"是指在创造价值的过程中人的各种活动。它包括创价实践活动、创价认识活动和创价情感活动。其中，创价实践活动是最基本、最主要的活动。而创价情感活动则是最深入的，所谓互相交心，并能触动对方。而经过"儒耶双方价值教育的对话"这创价活动后所互创出来的"共同价值"（共识/主体间性）是非常宝贵并具价值的。

第四节 儒耶的价值教育和合

一、儒耶价值教育和合的意义

"和合"一词最早见于《国语·郑语》："夏禹能单平水土，以品处庶类者也；商契能和合五教，以保百姓者也。"《国语》中的和合是一种"正面的态度和行动"，且有把伦理关系协调好的旨向。用现代的措辞来界定"和合"的意思就是："和合是指诸多元素（较本原性的要素）相互冲突、融合，与在冲突、融合的动态过程中各元素的成分和合为新事物。"[87]

不过，本人首先要辨明的是"和合"不同于"绝对同一"。这与黑格尔的正、反、合辩证法类似："我们首先必须特别注意，不要把同一单纯认作抽象的同一，认作排斥了一切差别的同一。这是使得一切坏的哲学有别于那惟一值得称为哲学的哲学的关键。"[88]从此可知真实的同一，能包含的差别不是一

---

86 蒋维乔，杨大膺. 宋明理学纲要〔M〕. 长沙：岳麓书社，2010，57.

87 张立文. 和合与东亚意识——21世纪东亚和合哲学的价值共享〔M〕. 上海：华东师范大学出版社，2001，122.

88 左亚文. 和合思想的当代阐释——唯物辩证法与东方智能的对话〔M〕. 武汉：湖北教育出版社，2002，45.

般的差别，而是"本质的差别"。故此，"和合"是"包含差异"的，意即儒耶比较与对话是一种逐渐和不断"求同存异"的过程。还有，本文所谈及的"儒耶和合"实不止类似黑格尔的正、反、合辩证法，并且要与我国的"阴阳调和"观念般，有平衡、互补、互依和互动才行。这样，才能准确地诠释本文中那"和合"的意旨。

基于不同的文化有其"理想的价值概念"，就算是东方思想内部的各种哲学体系都有各自"理想的价值概念"，如不好好处理和调适，"价值理想的冲突"便会顺应而生。而这"价值理想的冲突"不只对上层没有益处，更对社会的民生有影响，譬如在我国的文化史进程中，儒、释和道都需要互相融和与包涵，以维系社会的安定。研究和合学的张立文教授便指出文明之间的冲突为害人间："人类文明自古至今影响最大、最深远的是儒教文明、佛教文明、伊斯兰文明和基督教文明。由于各教的经典、教义、教规、仪式的差异以及风俗习惯、生活方式、价值观念、伦理道德、行为方式的不同，就会发生冲突，各教内部各派别之间也有冲突，以至战争。"[89]因此，中西方的文化冲突，例如儒耶思想，若不走向和合，便只有"不断冲突"，"不断增生负面价值"。

因此，当东方思想中的儒家遇上西方的基督教时，对话的过程（本人认为不应有一刀切的对谈结论）便应生生不息"和合"起来。这"生生不息"是"易"的表现，尤如《易传》中的"生生之谓易"。经过这过程，希望能从中诞生出"儒耶互认的价值哲学和价值教育概念"。因为，价值是一种关系的概念，本指"主体"与"客体"（本人主张采"主体"代替"客体"这概念）需要之间的一种特定的关系，故此，儒耶双方的比较和对话应该存有一种"主体"与"主体"需要之间的一种特定的关系，而他们这"主体与主体需要之间的一种特定的关系"不只对他俩具有"价值"，当他俩在比较和对话的过程中衍生出的"共同价值概念"，对社会大众来说也是有意义的。进一步来说，儒耶这"比较和对话的过程"就是一种"和合的过程"，而衍生出的"共同价值概念"，就是"和合的价值概念"。例如儒耶中那最高的善：仁与爱的互通之处就是儒耶和合的价值概念，这对现世是有正向价值的影响。为甚么会说"仁"与"爱"的互通之处就是儒耶和合的价值概念呢？因"仁"与"爱"都含有高度近似性（thick resemblances），且时能在形而下的社会中实践的。

---

89 张立文. 和合与东亚意识——21世纪东亚和合哲学的价值共享〔M〕. 上海:华东师范大学出版社，2001，35.

　　本人还有一点要道明的就是，儒耶的价值教育和合并不是希望产生出一种"新的宗教"，例如甚么"道德教"、"儒耶教"等，这并非本人的祈望，相信也不是世人愿意目睹的结果。

二、儒耶价值教育和合的困难与契机

　　由于"和合"这概念较贴合儒家思想的一贯语境，故当儒耶的价值教育进行和合时，基督教可能仍会不忘较贴合西方神学语境的"理智的同一性"。例如托马斯·阿奎那曾说："严格讲，真理只在理智中。"[90]和"上帝在理智中的真理是不变的。"[91]假如真的是这样的话，对儒耶价值教育和合一定会造成干扰，加强了和合的难度。因基督教或许会在思想深处仍坚持"万物的同一性都是来自神"，所以认为"儒家必须要迈向与基督教同一"，不赞同携手与儒家步向"和合"这带包容性的目标。因此，儒耶价值教育的和合是潜藏着困难的。

　　还有，近代神学家潘霍华（D. Bonhoeffer）并不认同"互为主体"这概念，因此，如本人希望像上文第二节所言，主体（儒家）与主体（基督教）以互为主体的角色平等对话并生和合的话，持潘霍华见解的一方（基督教）定不赞成，因为："潘霍华清楚表明要提出一基督宗教的哲学以取代内在化的唯心哲学，这是因为德国唯心论把'以我为指涉'（in reference to the I）的主体意识活动，转换成存有论的'透过我'（through the I），赋于'我'以创造的力量，以反思的方式把客体全然置于其概念之内而掌握及决定之，这就把客体的客体性吞没了。如此，'我'就是与天同流，在存有论的层面上跟上帝这创造者扮演相同的角色，决定万物之本性。"[92]也因此，如同上一段托马斯·阿奎那所言的"上帝在理智中的真理是不变的。"一样，会窒碍儒耶价值教育的和合。

　　幸好，托马斯·阿奎那的某些以神学为根的人学概念仍是有助儒耶对话与和合的。例与他重视"自身与向他"的关系，并认为"在关系中的实体"才是存在，关系且能平衡两极。"即在真实的存在中有两极：'自身的'（in-itself）

90　王永祥. 西方同一思想史〔M〕. 上海：上海社会科学出版社，2001，57.

91　王永祥. 西方同一思想史〔M〕. 上海：上海社会科学出版社，2001，57.

92　邓绍光. 孔、孟、荀与潘霍华的群己观：从成人之道着眼〔A〕. 赖品超，李景雄编. 儒耶对话新里程〔C〕. 香港：香港中文大学崇基学院宗教与中国社会研究中心，2001，233.

和'向他的'（toward others），'自我占有的'（self-possessive）和'自我传达的'（self-communicative）。这两极相互区分但却是真实存在中不可分离相互补充的两方面。'自身'一极是'向他'的必要基点。因此认识到这是真实存在的两个方面是必要的：实体性是存在的自身向度，关系性是存在的向他向度。其本质上是相互补充的，在存在的秩序上是同等重要的。它们共同建构存在与位格。偏坦一方面而牺牲另一方面就会'推翻了存在两极的平衡'。正如克拉克的总结所言：'成为真实的就是成为实体和关系的二元一位综合，也就是在关系中的实体。'（substance-in-relation）"[93] 从此诠释，如代表基督教那方能参详此有建设性的理论的话，即看重和盼望与儒家建立关系，愿意作出平衡，和合仍然是有希望的。

三、儒耶价值教育和合的未完整性与延续性

本人认为"和合"一词除了是一个动词，蕴含动态之外，若将之转换成一语句：儒耶价值教育在和合，从文法上来说明，更是一种"进行式"。如套用英语文法来述之，就是一种"现在进行式"是"当下的行动"，且与"当下的社会"关联着。"和合"可以说是"主体"与"主体"的"循环诠释"，是一种"扩大主体间性"和"视域交融"的"过程"。以此概念延伸出儒耶和合实是一个"当下的行动"，是一种"过程哲学"，不是一场处于空中楼阁的玄谈，且"过程是备受重视"的。由于和合的主旨是"生生"，有"不息"和"运转和不断磨合"的意思，所以，儒耶价值教育的和合是有延续性的，亦因此，他俩那"和合的完整性"是"不确定的时间性和空间性"的。儒耶对话的"生生"会不断呈现、张合、砥砺……实有延续不断之势。至于儒耶双方的价值教育概念能否"合"就是一个"互相期待的结果"，并不是一种完成式来的。

怀特海[94]（Alfred North Whitehead）是一名过程哲学家，他的过程哲学（Process Philosophy）可作为西方的代表来解说儒耶价值教育和合的未完整性与延续性是合乎情理的，且有不断"创造价值"的作用。怀特海坚持"过程（process）就是实在（reality）"；实在（reality）就是过程（process）"。

93　许志伟. 儒家与基督教的人格观中关系的中心地位〔A〕. 赖品超，李景雄编. 儒耶对话新里程〔C〕. 香港：香港中文大学崇基学院宗教与中国社会研究中心，2001，244.

94　另一译名为"怀德海"。

他称宇宙是由各种事件，各种实际存在物相互联结和相互包涵而形成的有机系统，可说是整个宇宙都是有生命的机体，是在不断创造和进化的过程中，生生不息。怀特海这种实在论可称作"有机实在论"。至于这个"过程"与"价值"又有何关系呢？现试试说明，怀特海觉得"价值的产生"，其实就是"摄受/摄入的历程"。每一种"实际体如何摄受"，就等同"价值如何产生"，因此，"价值是主客合一"，不是纯主观或纯客观的，也不是纯属心或纯属物的。若把怀特海这理论来解释儒耶的价值教育比较、对话与和合的活动的话是十分贴切的。即是证明儒耶这活动是一种创价的活动，且是实际和富价值的。甚至香港神学家谢扶雅先生也采用怀德海的"过程哲学"与配合中国的"易学"和"中庸"、邵康节的"先天学"与王阳明的"心学"为方法来发展他的"过程神学"。谢扶雅以含"过程神学理论"的哲学方法来成功调和基督教与中国文化思想体系。谢扶雅先生早年在美国芝加哥大学攻读神学与宗教哲学，后前往哈佛大学拜为当代过程哲学大师怀德海门下。故他虽然称他自己的哲学体系"唯中论"（Chung-ism）或"交依说"（Interdependentism），但无可否认，他的中西思想调和说是含有相当程度的"过程哲学"理念的，由于他是"学术性的基督徒"，故他的理论系统是含"过程神学"成份的。谢扶雅先生的"过程神学"哲学体系就认识论来说是多元的，就本体论来说是一元的，就价值论来说是一在多中，多在一中，即一多互摄的交依学说（theory of interdependence）。虽然谢扶雅先生并不只是调和"儒耶"的思想体系，而是希望调和更宏大的"基督教与中国文化（儒、释和道）"思想体系，但他这哲学方法也是适合儒耶对话的，亦证明了儒耶对话是具持续性的。

潘尼卡的对话哲学理论也认为宗教对话时，"学习"、"过程"、"临时性"与"接续性"是宗教对话具备的特质："这通向的不是比较哲学，而是对话哲学（Dialogical Philosophy）。在其中，所谓的'比较'不是一种哲学或一个哲学家的观点进行，而是一种过程性的、有多种声音的哲学，不同问题都允许它们根据自己的范畴、语境和自我理解表达自己……潘尼卡造了一个新词，称之为'内比哲学'（Imperative Philosophy）。他说，我们只能进行'内比'，也即愿意经历其它民族、哲学和宗教的不同经验，以此向它们学习。这种学习是反思性的、批判性的和临时性的。"[95]

---

95 思竹. 从比较哲学到对话哲学：寻求跨宗教对话的内在平台〔A〕. 赵林，杨熙楠 编. 比较神学与对话理论〔C〕. 桂林：广西师范大学出版社，2008，45.

　　涂艳国教授曾在其《走向自由——教育与人的发展问题研究》一书中说到："在教育过程中，学生的学习过程实际上是学生将外在的学习（教育）要求和内容转化为自身质素的过程。对学生来讲，这一转化过程既是一个认知过程，又是一个发展过程。"[96]本人觉得借涂教授这论述来证明儒耶的价值教育对话是双方的学习和转化的过程也是洽当的。若把儒家这主体与基督教这主体比作"学生"（因双方皆要在对话时"以学为旨"），他们都要"过程不断"地相互学习，并边学习边转化（变化气质），而这过程一定是一个"不断发展的过程"。

　　儒耶从比较到对话，再到和合，两方都应尽量"秉持中道"，此态度即如孔子所言的"执中"。这"执中"并不是"立定不动"，而是准则的调节，能把握界綫，不会导致偏执、不及、过或极端的情形，是"中庸之道"。例如在《中庸》的第六章中，孔子曾说："舜其大知也与？舜好问而好察迩言。隐恶而扬善，执其两端，用中于民。其斯为舜乎？"孔子所言的"执中"本是一项治国的原则，但本人相信这和合时"执中"的态度，不只在儒耶和合时儒家那方可持守，甚至另一方的基督教也应持守，这才不会有东歪西倒或互相角力的情况出现。

　　当"中"与"和"同守的时候，任何东西或事物都能处于其位，且万物就可育成下去，就如《中庸》所言："致中和，天地位焉，万物育焉。"[97]这就彷如《国语·郑语》中提及的"和则生物"与"同则不继"："夫和实生物，同则不继，以它平它谓之和，故能丰长而物生之，若以同裨同，尽乃弃矣。故先王以土与金木水火杂以成百物。是以和五味以调口……和乐如一，夫如是和之至也。"[98]

　　总括而言，儒耶和合是可持续发展的（Sustainable Development）。例如怀特海便曾在《过程与实在》一书中指出："仍然存在最终的反省，无论多么的浅薄、软弱无力和不够完善，都是探测事物性质深度的种种努力。在哲学性

96　涂艳国. 走向自由——教育与人的发展问题研究〔M〕. 武汉：华中师范大学出版社，2005，235

97　何建宗. 对比儒家和基督教的可持续发展视野〔A〕. 赖品超编. 基督宗教及儒家对谈生命与伦理〔C〕. 香港：香港中文大学崇基学院宗教与中国社会研究中心，2002，131.

98　张立文. 和合与东亚意识——21世纪东亚和合哲学的价值共享〔M〕. 上海：华东师范大学出版社，2001，152.

的讨论中，那种有关声称的最终性（finality of statement）的教条式的确定性（dogmatic certainty），不过是一种愚蠢的表现。"[99]可见讨论（对话）的"过程"比"结终"更重要。因此，基于儒耶思想始终是两大文化系统中的思想，和合时注重过程，使之"具可持续发展性"和"存在未完整性"是较 "有完美的合而为一"合乎情理的。

99 白诗朗，彭国翔译. 普之天下：儒耶对话中的典范转化〔M〕. 石家庄：河北人民出版社，2006，220.

第六章　儒耶价值教育和合的价值分析

第一节　香港本土直接受惠

一、中西和平共处

从宏观的角度来看，儒耶的价值教育，尤其是通过比较、对话与和合的过程所产生的共同价值，譬如"仁与爱"的共同部份，必定能丰盈社会的正向价值，而这些价值都是一些教育的价值，本人试从研究"价值教育哲学"学者王坤庆教授在《教育哲学——一种哲学价值论视角的研究》的论述来佐证："对教育价值的宏观层次分析中，我们可以看出，作为人类活动领域之一的教育，它所要达到的目的，首先是促进人自身的发展，并通过人的发展去促进社会进步，而社会的进步也无非是人愈来愈全面地占有自己的本质。因此，无论是从起点还是从终点上看，教育价值的实现、社会历史的进步，都离不开对人的价值的提升。"[1]可见，当儒耶双方通过比较、对话与和合，双方本身已是一种"人的发展"，或再准确点来说，是"主体的发展"。而双方的价值教育和和合后的共同价值教育更可让香港社会得到发展。还有，由于儒耶双方均能经对话和合，故它们相互间必能和平共处，且更能推广至香港社会之中的中西社群和平共处。

虽然香港曾是英国的殖民地，本身也是国际公认的多元文化社会，应早有中西文化共处和交流的经验，但香港那时（一九九七年以前）的"民族地

1　王坤庆. 教育哲学——一种哲学价值论视角的研究〔M〕. 武汉：华中师范大学出版社，2006，211.

位"可说是很尴尬的，可以说是"自身地位被架空了"，只是一片被英国管辖之地，又未能回归祖国，尤如"无处可归"。可以这么说，那时香港是在空虚的情况下进行中西文化交流，相信这些中西交流并不是最扎实的。但当在一九九七年回归祖国（中国）后就显得不同了，因终能取回那失去了的"民族地位"，复归祖国。因此，这时或往后所进行的中西文化交流可能比较从前来得更充实，有更大的机会落地开花，提高香港社会各方面的正面价值，特别是在教育、文化或经济等方面的价值，能真正体现多元文化的社会价值。例如研究比较教育与多元文化的王学风教授便说："多元文化不仅指一种事实的存在，世界、国家及至一个地区存在多种文化，更指多元价值的存在，其核心原则是所有文化都应受到尊重，承认文化的多样性和差异性并其持一种宽容的态度。"[2]可以这么说，香港回归祖国后才有"扎实的地位"去"承托多元文化价值"。

究竟应由儒耶双方哪类人士来进行对话呢？本人认为以对儒耶价值教育有广博认识和热诚的学者来进行便可。惟这些学者必须要放下私心，衷心把香港建立成一个和谐社会作为首要目标。

现今的香港在祖国全面支持下，以儒家作为主动与基督教进行价值教育对话，不只能营造一种中西宗教间的和平气氛，更能由此扩大广度，让中西思想或不同肤色的人种在香港和平共处。

若要儒耶双方"都能对话"，双方少不免都要有一些能达到的理想，形而上学那些姑且不谈，但形而下的就是起码的了。例如儒耶双方对"地上"都有"和平的盼望"。 例如儒家早有"平天下"的理念；而基督教也爱传颂"和平的福音"，通过他俩的对话，应能强化"中西和平共处"这意识和氛围。

先说儒家，在曾子所撰的《大学》[3]中便有："古之欲明明德于天下者，先治其国；欲治其国者，先齐其家；欲齐其家者，先修其身；欲修其身者，

---

2 王学风. 多元文化社会的学校德育研究：以新加坡为个案〔M〕. 广州：广东人民出版社，2005，24.

3 有说《大学》为孔子所撰，特别是宋代的程颢便强调此乃孔子之着；也有说为子思（孔子的孙儿孔伋）所撰；更有另一个说法：朱熹把全书分为"经"与"传"，"经"是孔子之言，但由曾子（曾参）讲述；"传"全是曾子自己之说话；到清人与近人时，就考证出《大学》应成书于汉武第时代，或由一群儒者的笔记汇编而成。

先正其心；欲正其心者，先诚其意；欲诚其意者，先致其知。致知立格物。"[4]这就是儒家所谓的"修身、齐家、治国和平天下"。而"平天下"是过程中的目标。《大学》那语境中的历史背景是春秋时代，是一个乱世时代，天下和平是一个社会上下阶层的理想。正如《大学》的〈传〉最后一章所言："所谓平天下在治其国者，上老老而民兴孝，上长长而民兴弟，上恤孤而民不倍，是以君子有絜矩之道也。"[5]而要平天下，一个地方（香港）的在上者一定要先对民好，立下榜样，例如鼓励中西文化交流，例如儒耶的价值教育交流，好使儒耶两方的学者代表或广大市民乐于参与，肩负一个共同的目的——就是增加社会的正面价值。虽然出于《中庸》的"天下和平"不是"中西文化的和平共处"，但概念是完全贴合香港当下语境的。

另外，基督教都有"和平神学"（theology of peace）。例如神学家马桂理（John Macquarrie）便着有《和平的理念》（The Concept of Peace）一书，书中论述了基督教重视和平的概念。读者能按此明白到基督教是一个重视和平的宗教。马桂理首先分辨和平的手段及理念。述出和平的手段是达成和平的专业知识、技术与工具。按此，本人觉得实可与儒耶对话接上，因儒耶对话可算是"和平的手段"，而通过这"和平的手段"便能达成"和平"。和平的理念就是透过理智去了解和平的内容，而和平的理念不是玄思，是可实现的。按此，儒耶对话是一种"理智地渴望和平的对话"。接着，马桂理从人性方面来分析和平，他理性地说如"人性是善的"，和平这理念是一个乐观的美景；相反，如认为人性是恶的话，和平这理念只不过是减低罪恶的后果罢了。按此，特别是马桂理的性善观确可与儒家的性善论对口，不只对话有前瞻性，更可使对话带来双方和平共处的结果。虽然马桂理不是一名基督教的性善论者，他只认为人性没有纯善或纯恶，是善与恶混合一起的，但由于人有恶，所以人性有更新和社会有革新的可能，和平就是一个动力的过程。马桂理又认为"和平与冲突"这关系能促进和平，是一种动力，而在社会（现世）中的和平不能有一个静止的终点。按此，这与儒家的"和合"能贯通一起，因

4　李景雄. 暴力时代下论"平天下"、"和平的福音"复有何用？〔A〕. 赖品超编. 基督宗教及儒家对谈生命与伦理〔C〕. 香港：香港中文大学崇基学院宗教与中国社会研究中心，2009，262.

5　李景雄. 暴力时代下论"平天下"、"和平的福音"复有何用？〔A〕. 赖品超编. 基督宗教及儒家对谈生命与伦理〔C〕. 香港：香港中文大学崇基学院宗教与中国社会研究中心，2009，262.

儒耶对话时必会出现一些火花与摩合，这就如马桂理所说的"和平与冲突"，而这过程是不断继续和向前的。总括而言，马桂理觉得《圣经》中的《新约》（耶稣的出现）可成为有动力和富人性的和平基础。因此，基督教的《新约》就是"和平的福音"，撇下形而上的诠释，"和平的福音"是关乎人与人；国与国；文化与文化之间的，是一种涵育存在（existential）意义的终极关怀（ultimate concern）[6]。其实，不单外国的神学家如是说，甚至我国的基督教三自爱国运动委员会主席季剑虹长老，也曾在"中国宗教界和平委员会第二届委员会第一次会议"上说过："和平事业也是基督教事业之一，因为十字架上成就的救恩，核心是拆毁人与上帝之间、人与人之间、人与自然之间隔断的墙，恢复人与上帝、人与人、人与自然之间和谐、友爱、和平、团结的关系，基督教作为福音的传播者应该责无旁贷地推动和促进各国之间的和平共处和友好交往。"[7]还有，过程神学家怀特海在其《观念的探险》一书中都认为，基督教作为一种精神道路的宗教，应当体现"安宁"[8]（peace）的品质。[9]可见，基督教是传颂和平的宗教。

既然儒耶双方都有"和平的盼望"，双方的确能通过对话，先让双方和平共处，继而使"和平"这目标扩展至"中西和平共处"（不只是儒耶两方，甚至是整个中西文化系统和人种）。亦由于儒耶对话是以"儒耶的价值教育思想"为对话基础，所以绝对不会是以自己那方的"教义"为对话基础，因此，"教育性"、"人文性"和"价值性"会与"社会的和平"这信息有更坚韧的关联。神学家汉思·昆（Hans Kung）便曾说了一句精警之言："没有宗教和平就没有世界和平。"[10]而宗教立场较为中立的雷蒙·潘尼卡（Ramon Panikka）也很尊重多元宗教的共处，并赞同宗教对话能使世界步向和平，能以文化裁军。

---

6 当然，若以形而上的角度来看，基督教的"终极关怀"之地是"天国"；"终极关怀"之事是"神人复和"。这形而上的终极关怀是纵向的。但若是儒耶要平等地展开对谈，着力在形而下的概念上是较为好办的。因此，本人选择基督教可选取"横向的终极关怀"（现世和平）来与儒家对谈会更实际。

7 王利耀，余秉颐. 宗教平等思想及其社会功能研究〔M〕. 合肥：安徽大学出版社，2006，10.

8 本人认为这儿的"安宁"可译作"和平"。

9 白诗朗，彭国翔译. 普之天下：儒耶对话中的典范转化〔M〕. 石家庄：河北人民出版社，2006，231.

10 汉斯·昆. 世界伦理新探——为世界政治和世界经济的世界伦理〔M〕. 香港：道风书社，2001，189.

研究宗教伦理学的王晓朝教授便论及[11]潘尼卡的"文化裁军论"："他早在 90 年代中期就明确地提出要从人生本质的深度、从宇宙本体的高度思考和平的真义，要以文化裁军的手段，解决宗教纷争与宗教战争。"因此，本人相信香港处境中的儒耶对话或许会成为其它国家作宗教对话时的模版，起世界和平的先导作用。

二、广泛教化社会

《左传·襄》曰："八年之中，九合诸侯，如乐之和，无所不谐。"[12]可见我国的先民早已追求社会的和谐。至于现今的社会有何尝不是呢？而香港这个位列世界四大之一的金融市场，使香港公民大都爱以金钱挂帅，"文化"或"道德"往往变得居于金钱之下。太着重金钱的社会，更需要教化，反而"士穷乃见节义"。因此，儒耶价值教育对话所进行的过程或所产生的"共同价值教育概念"，例如本人曾在论文开首已论及的"共德"，着实对扶正香港的社会风气是有帮助的。

还有，香港人口愈来愈多，地方又少，虽然已回归祖国，但由于人太多，贫富悬殊愈趋明显，生活节奏又急促，致使"香港的社会矛盾日渐严重"。一直以来，香港的宗教政策是自由开放的，故在此时此刻好好创造多些机会，并成熟和细心地策划一下，让中西文化，特别是一些具代表性的中西宗教思想进行"对话"是特别具建设性的。所以，本人认为有诚意和有心让香港社会迈进一大步的儒耶价值教育对话是值得鼓励的。例如香港的宗教教育学家吴梓明便认为宗教教育课程[13]必须关注的要目[14]有（本人觉得这些要目并可以达到教化社会的目的，例如人与人的"尊重"和"互相学习"之心）："培养及发展对现存于所处社会中的不同宗教与文化的了解；从个人特殊的宗教群体中构思出可行的人生观，以便能应付面前有关文化分歧的切身问题，并懂得如何与其它文化及其它宗教信仰的人和谐共处；尊重及欣赏来自其它文化

---

11 王晓朝. 传统道德向现代道德的转型〔M〕. 哈尔滨：黑龙江人民出版社，2003，443.

12 邓伟志. 和谐社会笔记〔M〕. 上海：上海三联书店，2005，7.

13 本人觉得"儒耶的价值教育对话"是儒耶双方在互相进行教育，而儒耶俩的对话过程或结果，都是在向社会大众进行教育，是一种"隐匿性质的课程"或"隐匿性质的宗教教育课程"，就如吴教授所言的"宗教教育课程"。

14 本人抽选一些与"儒耶对话"有关的要目列举。

及宗教信仰的人；愿意视与不同文化及宗教信仰者的交往为学习的机会，藉此互相学习、互补长短；有能力去尝试透过与其它文化及信仰系统的人对话，达致彼此均获裨益及成长。"[15]现代哲学家韦政通认为"现代中国人应有的道德规范"[16]有：尊重个性；宽忍异见；尊重心智活动与心智的创造；学习由衷地发自内心地去欣赏别人的优点，而不要去任意地对别人做道德判断；立身处世要有基本原则；做人要有礼，也要坦率；热心服务社会。[17]本人觉得儒耶的价值教育和合对香港社会大众对能达到他所言的教化作用。

三、储备文化资本

本人在此文所论的儒耶的价值教育对话，实际上是两种文化之间的对话，故它的过程就是一种文化互动的过程，这过程（或结果）是会渗透到社会上，成为一种从对话产生出来的文化资本。准确点来说，可称之为"多元文化资本"（可广义地说成是"社会的多元文化资源"）。除了进行对话的学者能获得"多元文化资本"外，社会平民也能同样得到这些多元文化资本，因儒耶对话的过程或结果是要落实到社会上的，是要普及化的，所以推而论之，定能帮助香港储备丰硕和具增值性的多元文化资本。当具备了多元文化资本后，就会从好的一面影响教育发展。以下能证明若从广义定义（文化资源）来看，储备文化资本对教育成就是有好的影响："文化资本是如何影响教育成就？这个问题一直是社会学者想要解开的谜，不过这方面的研究结果差异性颇大……持狭义文化资本的定义所得的研究结果'不一定'与教育成就有密切关系，所以这方面的研究尚未有定论，但若是采用广义定义（如文化资源、教育资源）所得的结果则是支持布尔迪厄的理论。"[18]当香港储备了丰厚的文化资本后，当迎接"全球化"的来临时，也不会空无一物。而本人在论文的第一章中已曾说过，全球化未必是指政治上或经济上的全球化，也有可能是"文化全球化"，例如美国匹兹堡大学社会学教授罗伯森（Robertson·R）便是从社会学中的文化视角来理解"全球化"，他更提出了"全球化文化系统论"。

---

15 吴梓明. 从宗教教育到生命教育〔M〕. 香港：基督教文艺出版社，2004，108.

16 本人只选择其中能与儒耶的价值教育和合的社会功能有关的列出，其余从缺。

17 蔡德麟，景海峰编. 全球化时代的儒家伦理〔M〕. 北京：清华大学出版社，2007，79-84.

18 周新富. 布尔迪厄论学校教育与文化再制〔M〕. 台北：心理出版社股份有限公司，20054，175.

罗伯森教授认为全球化不单是政治上、经济上和社会上的问题，更是一个文化上的问题。他认为文化多元是构成当代全球状况的特征，一种文化独大的机会是微乎其微的。

四、接近大同社会

儒耶的价值教育比较、对话与和合能使香港社会接近[19]"大同社会"的模样。本人采儒家系统中的"大同社会"作模型，因比切合中国人的社会运作模式。"大同"一词在我国古代的典籍中时有出现，例如《吕氏春秋·有始》便有："天地万物一人之身也，此谓之大同。"[20]在《列子·黄帝》也有："子夏曰：'以商所闻夫子之言，和者大同于物，物无得伤阂者。'"[21]虽然，在《吕氏春秋·有始》和《列子·黄帝》中所言的"大同"仍不是"社会的大同"这个意思，但已是"大同构想的雏型"。至于把"大同社会"解作为"理想的社会"的则有成书于战国末期或秦汉之初的《礼记·礼运》："大道之行也，天下为公，选贤与能，讲信修睦。故人不独亲其亲，不独子其子，使老有所终，壮有所用，幼有所长，矜寡孤独废疾者皆有所养。男有分，女有归。货恶其弃于地也，不必藏于己；力恶其不出于身也，不必为己。是故谋闭而不兴，盗窃乱贼而不作，故外户不闭。是谓大同。"而儒家所言的"大同社会"是有"时代楷模"的，这就是尧舜时代。孔子很向往三代时的大同社会，例如近代新儒家熊十力便认为孔子憧憬大同再度在社会上呈现出来："孔子的理想在太平大同。"[22]而康有为便曾据《论语·公冶长》中所曰[23]发挥其对"孔

19　本人不用"成为"一词而以"接近"替代，因"成为"是一种"完成式"，但正如本人在前文所述："儒耶的价值教育是有持续性"的，故用"接近大同社会"会显得更恰当。况且，香港只是一个弹丸之地，只是中国其中一个特区，故成为一个大同社会实有不匹配之感，倒不如说藉着香港在这方面的经验，希望国家也能成为一个大同社会，这样或许更恰如其份。

20　郭清香. 儒耶伦理比较研究：民国时期基督教与儒教伦理思想的冲突与融合〔M〕. 北京：中国社会科学出版社，2006，202.

21　郭清香. 儒耶伦理比较研究：民国时期基督教与儒教伦理思想的冲突与融合〔M〕. 北京：中国社会科学出版社，2006，202.

22　郭清香. 儒耶伦理比较研究：民国时期基督教与儒教伦理思想的冲突与融合〔M〕. 北京：中国社会科学出版社，2006，205.

23　子曰："盍各言尔志？"子路曰："愿车马衣裘与朋友共敝之而无憾。"颜渊曰："愿无伐善，无施劳。"子路曰："愿闻子之志。"子曰："老者安之，朋友信之，少者怀之。"

子之志在大同"的见解："老者养之以安，朋友与之所以信，少者怀之以恩，此明大同之道，乃孔门微言也……盖孔子之志在大同之道，不能行于时，欲与二三子行之。子路愿与人同其财物，故以车马衣裘与人共，'货恶异地，不必藏于己'也。颜子愿与人同其劳苦，所谓'力恶其不出于身，不必为己'也。孔子与人如同体、同胞、同气，所谓'天下为公，不独亲其亲，子其子，老有所终，壮有所用，幼有所长'也，使普天下人，各得其欲，各得其所。三者虽有精粗小大，而其志在大同则一也。大同者，孔门之归宿。"[24]我们不难在康有为的解读中看到"大同社会"的样子怎样。若再解读"康有为所解读的大同社会"是怎样的话，可以得出以下五个特点，而这五个特点，就是儒耶经过对话与和合后，在香港体现出来的情景：第一，人民的精神生活与物质生活[25]都是非常富足和无忧的；第二，公有制的实现；第三，人人平等；第四，人民的道德水平高，故只需以道德来维持社会各关系的稳定，惩治已显得不需要；第五，重视智力和知识的开发，鼓励创意和发明。

第二节　香港受惠能简接贡献国家

一、强化西方对我国的政治信心

建构和谐社会是近年中国大陆十分热门的"宏图"。例如在 2004 年举行的"第十六届四中全会"便第一次提出了和谐社会的施政目标。还有，在 2005 年时，国家主席胡锦涛便曾在中央举办的"提高构建社会主义和谐社会能力"的专题研讨班上说过："民主法治、公平正义、诚信友爱、充满活力、安定有序、人与自然和谐相处。"[26]从中可见，国家对"社会和谐"的重视。

而香港作为中国的其中一个特别行政区，双方是有密切的关系，而互动也是必然的。故此，当香港有社会矛盾和冲突酝酿或发生的话，例如"香港的多元文化之间的矛盾"[27]，相信对大陆来说也是担心和会显出关怀之心的。

---

24 郭清香. 儒耶伦理比较研究：民国时期基督教与儒教伦理思想的冲突与融合〔M〕. 北京：中国社会科学出版社，2006，203-204.

25 这儿所言的"物质生活"并不是"含负面解释的物质生活"，即不是"奢侈的生活"。

26 王卓祺、王家英、林洁着. 建设和谐社会的理论与实践——香港市民的观点与相关政策启示. 香港：香港中文大学香港亚太研究所，2006，1.

27 这多元文化可能包括不同人种的生活习惯；不同宗教信仰；不同的哲学思想体系等等。

相反，当香港的多元文化能融洽和谐的话，国家除了老怀安慰之外，也可简接受益，希望多元文化和谐能推广至全国，使全国的老百姓也能安居乐业。好使西方世界不止以我们中国为学习对象，学习怎样去让多元文化之间能和谐相处，更对我国的政治充满信心。故此，香港前特首董建华先生便在 2005 年 1 月发表的香港施政报告便以"合力发展经济、共建和谐社会"[28]为题，与国家的方向一致，同是追求社会的和谐性。接着，当现任特首曾荫权先生在 2005 年底所发表的施政报告，也用了近四成篇幅来探讨如可建构和谐社会。由于香港一直以来都是中西文化或宗教的汇聚处，故香港的社会和谐，必然包括"多元文化的和谐"。况且，香港已回归祖国，故香港的"多元文化和谐"理所当然地对祖国会有正向价值的影响。前国家副主席曾庆红便在 2006 年的博鳌亚洲论坛开幕式上指出祖国是重视"多元共在的和谐社会"的："我们所倡导的和谐世界，是和而不同的世界；我们承认亚洲和整个世界的多元性，承认人类文明的多样性和利益的差异性，主张在多样性中和谐共处、在差异性中求同存异。"[29]另外，针对"多元宗教文化与社会和谐"的关系来看，国家宗教事务局宗教研究中心主任张训谋先生便道出了国家主席胡锦涛的见解："胡锦涛总书记充分肯定了宗教在构建和谐社会中的地位和作用，并明确提出了宗教方面为构建和谐社会服务的目标和任务，就是要正确认识和处理宗教与社会之间，各宗教之间，信教群众和不信教群众以及信仰不同宗教群众之间的关系问题，促进宗教与社会和谐相处，各宗教和谐相处，信教群众和不信教群众、信仰不同宗教群众和谐相处，以促进全社会的和谐。"[30]本人相信，藉着香港早身为多元文化社会的特征，并以通过儒耶的价值教育对话[31]，再丰富宗教多元和谐社会构建的经验来简接贡献国家，好让国家更容易走"宗教多元之路"。

　　例如香港中文大学的亚太研究所曾做了一项调查研究，证实了社会和谐的优点："从概念上说，在日趋多元化的现代社会，社会和谐是在认同矛盾冲

---

28 王卓祺，王家英，林洁着. 建设和谐社会的理论与实践——香港市民的观点与相关政策启示. 香港：香港中文大学香港亚太研究所，2006，1.

29 王卓祺，王家英，林洁着. 建设和谐社会的理论与实践——香港市民的观点与相关政策启示. 香港：香港中文大学香港亚太研究所，2006，3-4.

30 张训谋. 适应与超越——探讨宗教与社会的关系〔A〕. 李志刚编. 构建和谐社会：宗教的作用研讨会论文集〔C〕. 香港：基督教文艺出版社，2008，81.

31 当然，要整个社会有多元文化或所有宗教间的和谐，只有"儒耶的价值教育对话"是不足够的，但以此为先锋也未尝不可，并希望其它不同文化思想之间的对话（以学习为目的）也愈趋普及。

突的基础上追求共识。它同时包含着传统及现代两方面的内涵。从中国传统来考虑，现代意义的社会和谐概念承继了包括儒家在内对良好社会秩序及人际关系的向往，以及为政者责任的承担……具体地说，社会和谐既肯定合作及共识等'关系价值'，又致力于经济、政治及社会制度的公正及公平性"[32]可见当"多元化的社会能和谐"，社会便会出现正向的关系价值，接着，政经制度的公正性与公平性便会更显现，强化了西方其它国家对我国的政治信心。

二、驱动西方对我国的经济投资

社会发展与经济发展是互动的："中共十六届三中全会提出了'五个统筹'、'五个坚持'，归纳起来是要我们处理好经济与社会的关系。"[33]

一个社会的经济发展良好并不代表它是一个有文化的社会，例如章开沅教授便说过："古人说：'仓廪实而礼义足。'礼义足固然需要仓廪实作为前提，但仓廪实并非必然会导致礼义足。如个缺少良好的制度，特别是缺少足够的教育，则有可能出现饱暖思淫欲乃至物欲横流的严重社会病态。"[34]；但当我国是一个有文化的社会，尤其是多元文化能和谐共处，而且追求各思想文化经对话后得出的"共同的正向价值"的社会，必定具备"文化资本"或广义地说的"文化资源"。因此，本人觉得再据此推论出去，这个社会是具备了发展经济的良好条件，内涵经济飞跃的素质。而这种经济飞跃或增长，是不会使社会中的人民失去"最高的善"而造成因财失义的，反而是"义""利"俱全的。可想而知，这个社会模型对西方世界来说是多么具投资的吸引力，因西方世界首先不用害怕我们会排斥西方文化与思想，皆因我国容得下多元文化，是一个和平之都，另外，也因社会人民均追求各思想文化经对话后而得出的"共同的正向价值"，所以西方世界的投资者都不会担心我国的社会治安，放心地在我国经商，藉此带动我国的经济收益。可以这么说，香港能以儒耶的价值教育对话作多元文化和谐的先行部队，并以这些经验贡献国家，使全国成为西方社会安心投资的首选之地。

---

32 王卓祺，王家英，林洁着. 建设和谐社会的理论与实践——香港市民的观点与相关政策启示. 香港：香港中文大学香港亚太研究所，2006，33.

33 邓伟志. 和谐社会笔记〔M〕. 上海：上海三联书店，2005，80.

34 章开沅. 文化危机与人性复苏浅议〔A〕. 赖品超，李景雄编. 儒耶对话新里程〔C〕. 香港：香港中文大学崇基学院宗教与中国社会研究中心，2001，35.

第七章 结 论

儒家与基督教同属一个博大精深的思想系统，而从教育哲学的角度来俯瞰，双方都具有一个"全人教育"[1]的教育系统。故在比较上真的是"可大可小"。惟从价值教育方面来比较的话，或能让读者感到眉目更为清晰。况且，循"价值教育"这方向来作比较，除了可突出双方的价值之外，更能说明和证实，儒耶双方经比较、对话与和合双方的价值教育之后，儒耶双方本身能增加正向价值之外，也能让社会上的个体或社会都获得正向的价值，而非只是"个人的全人教育"那么简单。因"全人教育"会让人联想到"让个人获得全人教育"，有点"修己身"，且只是"个人有得益"的感觉。故本文研究和比较"儒耶的价值教育"，不单对"个体"有益，更是惠及社会的，是一篇"有价值的论文"。

由于过往国内外的学者都只是从"宗教学"[2]的角度来比较儒家与基督教的思想，而只从"教育学"，特别是教育哲学中的"价值教育"方面来作比较儒耶是缺乏的，故本论文起了前瞻性与开创性。亦由于是一项首创，故参考文献要特别多，希望藉此得到更多启发和获得更多佐证。过程是艰辛和漫长的。

1　若从台湾的教育哲学家黄俊杰教授来看，儒家是一个全人教育的系统，共可分为三个面向："身心一如"、"成己成物不二"和"天人合一"；而基督教界一贯认为的全人教育系统，则可三分为：身、心和灵。

2　从"宗教学"的角度作比较是一个较为"立场中立"的角度去看待儒耶这两个主体。其实除此之外，也有一些学者是从个别的立场去研究儒耶对话，例如本身是儒学者的便会从"儒学的立场"来作研究；相反，本身是神学家的学者或会从"基督教的立场"来研究儒耶对话。

　　本文的第一章以交代本文是以"哲学思辩法"为主，并辅以"经典文本解释法"与"历史事件诠释法"作研究，而研究的主要问题共有三个，分别是：儒耶价值教育之异同、对话与和合；儒耶价值教育对稳定香港社会之作用；儒耶价值教育稳定香港社会后对国家的贡献。本人在研究中发觉这三个问题是互相紧扣和层层递进的，而研究时的思路是非常富思辨性的。还有，由于本文是一篇富跨学科性的研究，故在进行研究时用上了众多广而深的理论支持，例如有属教育学范畴的；有属神学范畴的；有属宗教学范畴的；有属儒学范畴的；有属社会学范畴的；也有属伦理学范畴的。需要征引的学者和理论作为佐证，以支持本文的论点也多。这种种都能使本文的研究再完成时得出预期的结论：儒耶的价值教育比较、对话与和合除了是在互相进行价值教育之外，也在香港产生了一种共同的价值，而这共同的价值是正向的，能起教化作用，更能惠及国家。

　　至于第二章则厘清了教育、哲学、价值这三者的关系和它们在不同组合时的不同概念。若从宽广处收窄下去，可以这么说，这论文是一篇教育哲学论文，主要是与价值哲学中的价值教育有关的，而这篇论文所研究的内容（儒耶价值教育比较——以香港为语境）是有教育价值的。

　　而第三章及第四章是论文重心的开始，本人是从历史与哲学的角度，分别论述了儒家与基督教两方面的价值哲学和价值教育概况，由于语境是设在香港，研究时才发现原来儒家（包括一般学校所提倡的孔孟之学或新儒家所办的书院）与基督教（教会学校或神学院）所推行的"儒家价值教育"与"基督教价值教育"是根基深厚的，而且两主体所推行的教育纵使是含有宗教性，但人文性与教育性也是不容忽视的，受众除了是"儒家学问探求者"与"基督教学问探求者"之外，社会上各阶层也是有支持者的。

　　至于第五章就是本论文的重点所在，即"儒耶的价值教育比较"、"儒耶的价值教育对话"与"儒耶的价值教育和合"。本人在研究时用了公正、客观、可比和效用这四个原则，并已经以儒耶的"可共量性"（commensurability）来作比较，并证明了儒耶都是同属"价值中心"（Value-centric）的"思想体系"。能比较、能对话、且能和合。本人在这一章把儒耶的价值教育分为四大类：道德教育、心灵教育、生命教育和公民教育。研究时亦证实了儒耶是具可比性的，例如道德教育中的"仁与爱"；心灵教育中的"心（天）与圣灵"；生命教育中的"生态系统"；公民教育中的"群己关系与社会的人"。而比较时，儒耶双方具代表性的孔子与耶稣都显得很重要。当然，这种双方具可比性的"概念"是有同构型，也有差异性的，因儒耶始终是两大文化下的产物。

由于本人除了比较儒耶双方的价值教育概念外，也要研究双方的对话，故本章都证实了如儒耶双方先自我设定或承认双方是"主体"与"主体"这"互为主体性"的关系，对话才可能有平等与愉快的开始。本人证明了儒耶双方"向他的"比率要大于"自身的"；"自我传达的"的比率要大于"自我占有的"例如康德提到的"义务地给别人爱"和"不能自私"等都能减低儒耶双方坚持自我主体性的欲望。证明只有一种"宗教对话的模式"是最适合儒耶进行对话是跟随的，这就是"互益模式"了。本人觉得儒耶对话的主动权应落在儒家的身上，因为儒家本身的排他性较低，而"学"和"格物致知"都是儒家的精神所在，这正好符合对话的精神；另外，基督教那方都要先抛开成见来对话，本人不反对基督教仍把终极关怀定在"神人复和"这概念上，但必须要将更实际的关注点从天上转向现世，从未来转向当下。还有一点在这章中所强调的就是儒耶双方对话时必须是在理性的情况下进行，"宗于自己思想体系的情感或教义"应暂时丢下，一切说之以理，证之以据。

本人此章述明主体是存在的，不过主体间性却是非常重要的概念，更可以驱使社会迈向和平与繁荣。本人认为教育哲学专家王坤庆教授的"主体间性是主体间的互识与共识"的理论是一个很有力的佐证。这章更证明了发掘和倡导儒耶之间的主体间性（"仁"与"爱"同是双方主体间性的重要元素），不只是好让双方和平共存那么简单，更可证明儒家这主体（人类、思想或文献）与基督教那主体（人类、思想或文献）的接触、交往、对话等，都是在互相进行教育，主体间性是互相进行教育而得出来的，并得出"互相教育后的共识"，还有一点是非常重要的就是"双方都能在现实的社会上推行他们的共识"。

在第五章，还有一点很重要的，就是证明了当儒耶双方对话的时候，实际上是在"互相进行对话教育"。是一种价值主体"（儒家）与"另一个价值主体"（基督教）进行的"创价活动"。它们之间互创出来的"共同价值"（共识/主体间性）是非常宝贵并具价值的。当儒耶"和合"时是"包含差异"的，并不代表"合一"，成为一个"新宗教"或"新思想体系"。可以这么说，儒耶比较与对话是逐渐的，是不断的，这时间性的空间接触实在是一个"求同存异"的过程。并且是"主体"与"主体"的"循环诠释"，是一种"扩大主体间性"和"视域交融"的"过程",是一种在不断呈现、张合、砥砺和延续不断的"'生生'的'过程哲学'"。

本文的第六章论证了由于儒耶双方均能经对话和合,故它们相互间必能和平共处,且更能推广至香港社会之中的中西社群和平共处。本人并发觉我国的儒家思想早有"平天下"的理念,而基督教也爱传颂"和平的福音",故通过儒耶对话,应能制造"中西和平共处"这氛围。当香港的儒耶对话,或会成为国内外作宗教对话时的模版,起世界和平的先导作用。

此章并述明当代的社会生活非常复杂,特别是在"香港"这个社会中生活,地小人多,生活节奏又十分急促,这都会造成人与人之间的磨擦,损害了群体共处一地时应有的良好关系,故实有需要共同努力沟通、建立与维系一些"共同的价值"。而建立共同价值的方法和方向是可有不同的形式的,儒耶的价值教育对话便是其一。正如杜维明教授所言:"共同价值的视野将为文明对话提供和保持一种伦理基础。"[3]这种"共同价值"就是"儒家的仁"与"基督教的爱"所共同备有的价值。"儒耶的共同价值"就是一种"最高的善",尤如"共德"。希望香港社会中的所有人都能有这种"共同的善的意志"[4],继而践行最高的善,,实在对扶正香港的社会风气是有帮助的。本人觉得这些要目并可以达到教化社会的目的,例如人与人的"尊重"和"互相学习"之心,以接近大同社会的景象。

因儒耶对话的过程或结果是要落实到社会上的,是要普及化的,所以推而论之,定能帮助香港储备丰硕和具增值性的多元文化资本。而当香港的多元文化能融洽相处,组国除了老怀安慰之外,也可简接受益,让多元文化和谐这景况推广至全国,使全国的老百姓也能安居乐业。那时,西方世界便会以我国为学习对象,学习怎样在西方社会中使多元文化之间能和谐相处,除此之外,西方世界也因此而对我国的政治充满信心。亦因为我国社会中的人民均追求各思想文化经对话后而得出的"共同的正向价值",中国的人民都"自律地实行共德",所以那时候,西方世界的投资者绝不会担心我国的社会治安,放心地在我国投资经商了。

---

3 杜维明,彭国翔译. 儒家传统与文明对话〔M〕. 石家庄:河北人民出版社,2006,108.

4 "善的意志"就是"利他的意志"(other-regarding will)。

　　我们千万不可再被先入为主的宗教概念蒙蔽，例如仍认为儒家思想系统中所提及的道德是一种"自律道德"；而基督教系统中的道德就是"他律道德"。因本文所论及的儒耶是从教育哲学的层面去作比较和对话，并不是从宗教的层面去谈，所以一切皆以人与人的关系或形而下的社会为本。故此，当对话后的儒耶双方本身均可以"自律"这动机来践行他们的"最高的善"，即"仁"或"爱"。本人很赞同学者孙效智对"自律动机"和"他律动机"的阐释："甚么是自律的动机？甚么又是与之相对的他律动机？简单的说，当一个人做好事的时候，如果真是为了好事本身的价值而做好事，那么他的行为动机就是'自律'（autonomous）的，也就是受道德理由本身所驱使的。这样的动机是真正的道德动机，也是真正的善意志。反之，如果是为了虚荣或其它目的，那么，行为动机就是'他律'（heteronomous）的，也就是受道德以外其它因素所推动的。"[5]

　　总括来说，这种从"儒耶价值教育对话"而来的"共同价值"（共同的善/共德）要求社会中的人要追求社会整体的成全，追求因践行善的意志而产生的幸福感，切记人我关系的重要性。因此，当践行"共同价值"时便是体验幸福。那时候，不但个体感到幸福，体验到幸福的生活，更让社会成为一个"幸福的社会"。不要以为"共同价值"（共同的善/共德）与"幸福"存在着吊诡的关系，例如早在希腊时期的苏格拉底便已认同"追求幸福"[6]是人生的基本方向和目标，虽然后期的康德反对幸福主义，但无可否认，康德都赞成"追求幸福"是人生的理想。或许"幸福"在个别的人来说，未必是"践行共同价值"的结果，也或许在个别的人来说，是从其它方法（非践行共同价值）来追求幸福；但毕竟这不是社会的共识和祈望，例如某些犯罪份子"并不是以践行共同价值"[7]来"追求幸福"，但这却是社会大众并不认同的。所以，以"践行共同价值"（共同的善/共德）来"追求幸福"才是一条社会大众所走的"正路"。虽然，"践行共同价值"未必是社会通向"幸福"的"惟一条件"；

5　孙效智. 宗教、道德与幸福的吊诡〔M〕. 台北：立绪文化事业有限公司，2006，4.

6　因此，有称希腊的伦理学为"幸福理论"（theories of eudaimonia）。

7　例如从事非法勾当这些非道德（non-moral）的行为，而这些"非法勾当"只是犯罪份子的"主观价值"根本并不是"客观价值"，更谈不上是"共同价值"，所以，犯罪份子的"幸福"只是"他自己觉得幸福"，相对来说，社会大众一定会因"犯罪份子的幸福"而影响社会安宁，使社会大众"未能感到幸福"。

但起码，"践行共同价值"是社会通向"幸福"的"途径"和"其中一项重要条件"。还有，本人要再次申明的就是社会各主体必须要背弃"他律的驱使去践行共同的价值"[8]；坚持"自律地践行共同价值"，这样，才能让社会"迈向幸福之路"。

8　"他律的道德"与"幸福"存在着一种吊诡的关系，因他律的行善动机是被动的，开心的快感是不全的；但"自律的道德"则不同，行善的动机是主动的，是从心出发的，故此，并不会出现"幸福与吊诡"这关系。

参考文献

1. 王坤庆. 教育哲学——一种哲学价值论视角的研究. 武汉：华中师范大学出版社，2006.

2. 姚纪纲. 交往的世界——当代交往理论探索. 北京：人民出版社，2002.

3. 陈欣白. 对话与沟通. 台北：扬智文化事业股份有限公司，2003.

4. 王志成. 和平的渴望——当代宗教对话理论. 北京：宗教文化出版社，2003.

5. 罗明嘉，黄保罗主编. 基督宗教与中国文化——关于中国处境神学的中国——北欧会议论文集. 北京：中国社会科学出版社，2004.

6. 陈建明，何除主编. 基督教与中国伦理道德. 成都：四川大学出版社，2002.

7. 陈建洪. 思绪现代——文本阅读与问题理解. 上海：上海三联书店，2003.

8. 王文东. 宗教伦理学（上册）（下册）. 北京：中央民族大学出版社，2006.

9. 徐文俊. 近代西欧哲学及其宗教背景. 广州：中山大学出版社，2004.

10. 李冬君. 孔子圣化与儒者革命. 北京：中国人民大学出版社，2004.

11. 东方朔. 从横渠、明道到阳明——儒家生态伦理的一个侧面. 香港：中文大学崇基学院宗教与中国社会研究中心，2005.

12. 范丽珠. 当代中国人宗教信仰的变迁——深圳特区研究报告. 香港：中文大学崇基学院宗教与中国社会研究中心，2003.

13. 赖品超，李景雄编. 儒耶对话新里程. 香港：中文大学崇基学院宗教与中国社会研究中心，2001.

14. 欧大年，赖品超. 中国宗教·基督教·拯救——中国宗教学家与基督教神学家的对话. 香港：中文大学崇基学院宗教与中国社会研究中心，2000.

15. 龚群. 道德乌托邦的重构——哈贝马斯交往伦理思想研究. 北京：商务印书馆，2003.

16. 赖品超编. 基督宗教及儒家对谈生命与伦理. 香港：中文大学崇基学院宗教与中国社会研究中心，2002.

17. 南乐山. 辛岩，李然，译. 在上帝面具的背后——儒道与基督教. 北京：社会科学出版社，1999.

18. 高瑞泉，颜海平主编. 全球化与人文学术的发展. 上海：上海古籍出版社，2006.

19. 特雷西. 冯川，译. 诠释学·宗教·希望——多元性与含混性. 上海：上海三联书店，1998.

20. 卓新平主编. 宗教比较与对话（第一辑）. 北京：社会科学文献出版社，2000.

21. 卓新平主编. 宗教比较与对话（第二辑）. 北京：社会科学文献出版社，2000.

22. 尼古拉·别尔嘉耶夫. 张源，等译. 精神与实在. 北京：中国城市出版社，2002.

23. 任建东. 道德信仰论. 北京：宗教文化出版社，2004.

24. 杨慧林，余达心主编. 基督教文化学刊. 北京：宗教文化出版社，2001.

25. 顾忠华. 韦伯《新教伦理与资本主义精神》导读. 桂林：广西师范大学出版社，2005.

26. 爱弥尔·涂尔干. 李康，译. 教育思想的演进. 上海：上海人民出版社，2003.

27. 莱茵霍尔德·尼布尔. 蒋庆，等译. 贵州：贵州人民出版社，1998.

28. 刘家峰编. 离异与融会——中国基督徒与本色教会的兴起. 上海：上海人民出版社，2005.

29. 李志刚编. 宗教的社会功能. 香港：基督教文艺出版社，2004.

30. 杨煌. 解放神学——当代拉美基督教社会主义社会主义思潮. 北京：中国社会科学出版社，2006.

31. 黄继豪. 中西哲学关系论. 上海：上海辞书出版社，2005.

32. C.W.沃特森. 叶兴艺，译. 长春：吉林人民出版社，2005.

33. 徐以骅，张庆熊主编. 基督教学术（第二辑）——宗教、道德与社会关怀. 上海：上海古籍出版社，2004.

34. 黄顺亮主编. 教育学原理. 北京：新世界出版社，2003.

35. 乔建中主编. 中外教育经典名著速读. 南京：南京师范大学出版社，2004.

36. 渠敬东. 现代社会中的人性及教育——以涂尔干社会理论为视角. 上海：上海三联书店，2006.

37. 徐继存. 教学论导论. 兰州：甘肃教育出版社，2001.

38. 任平. 交往实践的哲学——全球化语境中的哲学视域. 昆明：云南人民出版社，2003.

39. 王晓东. 西方哲学主体间性理论批判——一种形态学视野. 北京：中国社会科学出版社，2004.

40. 黎志添. 宗教研究与诠释学——宗教学建立的思考. 香港：中文大学出版社，2003.

41. 王升主编. 研究性学习的理论与实践. 北京：教育科学出版社，2002.

42. 胡斌武. 教学伦理探究. 成都：四川教育出版社，2005.

43. 李长吉. 教学价值观念论. 兰州：甘肃教育出版社，2004.

44. 韩庆祥，张洪春. 论以人为本——从物到人. 南京：江苏人民出版社，2006.

45. 刘耘华. 诠释的圆环——明末清初传教士对儒家经典的解释及其本土回应. 北京：北京大学出版社，2005.

46. 苏振芳. 道德教育论. 北京：社会科学文献出版社，2006.

47. 舒志定. 人的存在与教育——马克思教育思想的当代价值. 上海：学林出版社，2004.

48. 史静寰，王立新. 基督教教育与中国知识分子. 福州：福建教育出版社，1998.

49. 朱永新主编. 中外教育思想史. 南京：南京大学出版社，2000.

50. 胡金平主编. 中外教育史纲. 南京：南京师范大学出版社，2001.

51. 苏永明. 主体的争议与教育——以现代和后现代哲学为范围. 台北：心理出版社，2006.

52. 杨慧林. 基督教的底色与文化延伸. 哈尔滨：黑龙江人民出版社，2002.

53. 胡斌武. 社会转型时期学校德育的现代化. 北京：中央编译出版社，2006.

54. 汉语基督教文化研究所编. 文化基督徒现象与论争. 香港：汉语基督教文化研究所，1997.

55. 董小川. 儒家文化与美国基督新教文化. 北京：商务印书馆，1999.

56. 杨清荣. 经济全球化下的儒家伦理. 北京：中国社会科学出版社，2004.

57. 王齐彦. 儒家群己观研究. 北京：中国社会科学出版社，2006.

58. 朱步楼. 政府德性论. 南京：江苏人民出版社，2005.

59. 杜时忠. 科学教育与人文教育. 武汉：华中师范大学出版社，1998.

60. 周新富. 布尔迪厄论学校教育与文化再制. 台北：心理出版社，2005.

61. 陈弱水. 公共意识与中国文化. 北京：新星出版社，2006.

62. 卓新平，萨耶尔主编. 基督宗教与当代社会. 北京：宗教文化出版社，2003.

63. 关启文主编. 基督教价值与人文精神——历史、对话与前瞻. 香港：香港浸会大学中华基督宗教研究中心，2006.

64. 颜炳罡. 心归何处——儒家与基督教在近代中国. 济南：山东人民出版社，2005.

65. 丹瑞欧·康波斯塔. 李磊，刘玮，译. 道德哲学与社会伦理. 哈尔滨：黑龙江人民出版社，2004.

66. 李晨阳. 道与西方的相遇——中西比较哲学重要问题研究. 北京：中国人民大学出版社，2005.

67. 魏英敏. 当代中国伦理与道德. 北京：昆仑出版社，2001.

68. 王学风. 多元文化社会的学校德育研究——以新加坡为个案. 广州：广东人民出版社，2005.

69. 王晓朝，杨熙楠主编. 沟通中西文化. 桂林：广西师范大学出版社，2006.

70. 吕大吉，牟锺鉴. 中国宗教与中国文化（卷一）概说中国宗教与传统文化. 北京：中国社会科学出版社，2005.

71. 周少来. 人性、政治与制度——应然政治逻辑及其问题研究. 北京：中国社会科学出版社，2004.

72. 尤尔根·哈贝马斯. 沈清楷，译. 对话伦理学与真理的问题. 北京：中国人民大学出版社，2005.

73. 王崇尧. 解放神学与马克思主义. 台北：永望文化事业有限公司，1992.

74. 保罗·尼特. 王志成，译. 宗教交互方式. 北京：中国人民大学出版社，2003.

75. 杜维明. 对话与创新. 桂林：广西师范大学出版社，2005.

76. 约翰·杜威. 傅统先，译. 确定性的寻求——关于知行关系的研究. 上海：上海人民出版社，2004.

77. 陆敬忠. 哲学诠释学——历史、义理与对话之"生化"辩证. 台北：五南图书出版股份有限公司，2004.

78. 刘国强，谢均才编. 变革中的两岸德育与公民教育. 香港：中文大学出版社，2004.

79. 尤西林. 人文精神与现代性. 西安：陕西人民出版社，2006.

80. W.E.佩顿. 阐释神性——多视角的宗教研究. 贵阳：贵州人民出版社，2006.

81. 王柯平. 走向跨文化美学. 北京：中华书局，2002.

82. 朱仁夫，魏维贤，王立礼. 儒学国际传播. 北京：中国社会科学出版社，2004.

83. 戴晖. 从人道主义世界观到现代对世界的省思——费尔巴哈、马克思与尼采. 南京：南京大学出版社，2006.

84. 林子淳. 多元性汉语神学诠释——对"汉语神学"的诠释及汉语的"神学诠释". 香港：道风书社，2006.

85. 姚兴富. 耶儒对话与融合--《教会新报》（1868-18740 研究. 北京：宗教文化出版社，2005.

86. 罗贻荣. 走向对话. 北京：中国社会科学出版社，2006.

87. 秦家懿，孔汉思. 吴华，译. 中国宗教与基督教. 北京：三联书店，2003.

88. 汉斯·昆. 张庆熊，主译. 世界伦理新探——为世界政治和世界经济的世界伦理. 香港：道风书社，2001.

89. 高德胜. 知性德育及其超越——现代德育困境研究. 北京：教育科学出版社，2003,

90. 张天宝. 走向交往实践的主体性教育. 北京：教育科学出版社，2005.

91. 王升. 主体参与型教学探索. 北京：教育科学出版社，2003.

92. 余文森，吴刚平，刘良华主编. 解读教与学的意义. 上海：华东师范大学出版社，2005.

93. 靳玉乐主编. 合作学习. 成都：四川教育出版社，2005.

94. 潘慧玲主编. 教育研究的取径概念与应用. 上海：华东师范大学出版社，2005.

95. 拉蒙·弗莱夏. 温建平，译. 分享语言——对话学习的理论与实践. 上海：华东师范大学出版社，2005.

96. 辅大宗教学系主编. 宗教交谈理论与实践. 台北：五南图书出版公司，2000.

97. 锺启泉，安桂清编. 研究性学习理论基础. 上海：上海教育出版社，2003.

98. 刘复兴，刘长城. 传统教育哲学问题新译. 武汉：湖北教育出版社，1999.

99. 高师宁. 当代北京的基督教与基督徒. 香港：道风书社，2005.

100. 乔尔·斯普林格. 贾晨阳，译. 脑中之轮——教育哲学导论. 北京：北京大学出版社，2005.

101. 区应毓，张士充，施淑如，邹永恒. 教育理念与基督教教育观. 成都：四川大学出版社，2005.

102. 林安悟. 儒学与中国传统社会之哲学省察——以"血缘性纵贯轴"为核心的理解与诠释. 上海：学林出版社，1998.

103. 张再林. 中西哲学的歧异与会通. 北京：人民出版社，2004.

104. 颜普元. 教育以人为本. 广州：中山大学出版社，2005.

105. 龙佳解. 中国人文主义——评当代新儒家的传统文化诠释. 长沙：湖南大学出版社，2001.

106. 刘铁芳. 生命与教化——现代性道德教化问题审理. 长沙：湖南大学出版社，2004.

107. 成中英主编. 本体与诠释——中西比较（第三辑）. 上海：上海社会科学出版社，2003.

108. 徐清泉. 中国传统人文精神论要——从隐逸文化、文艺实践及封建政治的互动分析入手. 上海：上海社会科学出版社，2003.

109. 保罗·尼特. 王志成，思竹，王红梅，译. 一个地球多种宗教——多信仰对话与全球责任. 北京：宗教文化出版社，2003.

110. 哈贝马斯. 郭官义，李黎，译. 认识与兴趣. 上海：学林出版社，1999.

111. 伊曼努尔·康德. 苗力田，译. 道德形而上学原理. 上海：上海人民出版社，2005.

112. 周宁. 独白的心理学与对话的心理学——心理学的两种话语形态. 昆明：云南大学出版社，2005.

113. R·赫斯利普. 王邦虎，译. 美国人的道德教育. 北京：人民教育出版社，2002.

114. 汪行福. 通向话语民主之路——与哈贝马斯之路. 成都：四川人民出版社，2002.

115. 田正平，萧朗主编. 中国教育经典解读. 上海：上海教育出版社，2005.

116. 姜国钧. 中国教育周期论. 北京：北京大学出版社，2005.

117. 赵同森. 解读人本主义教育思想. 广州：广东教育出版社，2006.

118. 杜丽燕. 爱的福音——中世纪基督教人道主义. 北京：华夏出版社，2005.

119. 郭大为. 费希特伦理学思想研究. 北京：中国社会科学出版社，2003.

120. 费尔巴哈. 王太庆，译. 宗教的本质. 北京：人民出版社，1999.

121. 舒永生. 重读费尔巴哈——论费尔巴哈的感性人学及其意义. 武汉：华中师范大学出版社，2003.

122. 汉斯·昆. 周艺，译. 世界伦理构想. 香港：三联书店（香港）有限公司，1996.

123. 黑格尔. 韦卓民，译. 精神哲学. 武汉：武汉：华中师范大学出版社，2006.

124. 李江凌. 价值与兴趣——培里价值本质论研究. 北京：中国社会科学出版社，2004.

125. 陶飞亚. 边缘的历史——基督教与近代中国. 上海：上海古籍出版社，2005.

126. 刘述先. 全球伦理与宗教对话. 台北：立绪文化事业有限公司，2001.

127. 理查德德·麦尔文·黑尔. 万俊人，译. 北京：商务印书馆，1999.

128. 韩红. 交往的合理化与现代性的重建——哈贝马斯交往行动理论的深层解读. 北京：人民出版社，2005.

129. 胡治洪. 全球语境中的儒家学说——杜维明新儒学思想研究. 北京：三联书店，2004.

130. 胡卫清. 普遍主义的挑战——近代中国基督教教育研究（1877-1927）. 上海：上海人民出版社，2000.

131. 赖品超. 开放与委身——田立克的神学与宗教对话. 香港：基督教中国宗教文化研究社，2000.

132. 马克斯·韦伯. 于晓，陈维纲，等译. 北京：三联书店，1996.

133. 朱小蔓，金生鈜主编. 道德教育评论2006. 北京：教育科学出版社，2007.

134. 李佑新. 走出现代性道德困境. 北京：人民出版社，2006.

135. 詹世友. 公义与公器——正义论视域中的公共伦理学. 北京：人民出版社，2006.

136. 爱弥尔·涂尔干. 渠东，付德根，译. 职业伦理与公民道德. 上海：上海人民出版社，2006.

137. 吴灿. 辩证道德论——道德流变的立体图式. 北京：中国社会科学出版社，2004.

138. 余涌. 道德权利研究. 北京：中央编译出版社，2001.

139. 倪梁康编. 中国现象学与哲学评论（第七辑）——现象学与伦理. 上海：上海译文出版社，2005.

140. 强昌文. 契约伦理与权利——一种理想性的诠释. 济南：山东人民出版社，2007.

141. 刘福森. 西方文明的危机与发展伦理学——发展的合理性研究. 南昌：江西教育出版社，2005.

142. 孙效智. 宗教、道德与幸福的吊诡. 台北：立绪文化事业有限公司，2002.

143. 张德胜. 儒家伦理与秩序情结——中国思想的社会学诠释. 台北：巨流图书公司，1998.

144. 关启文. 基督教伦理与自由世俗社会. 香港：天道书楼有限公司，2007.

145. 吴孟庆，罗伟虹主编. 宗教问题探索 2005 年文集. 上海：上海辞书出版社，2006.

146. 富勒. 郑戈，译. 法律的道德性. 北京：商务印书馆，2005.

147. 何除，林庆华主编. 基督教与道教伦理思想研究. 成都：四川人民出版社，2006.

148. 鲁索. 李平沤，译. 论人与人之间不平等的起因和基础. 北京：商务印书馆，2007.

149. 纳麒，吕怀玉. 哲学视野——法治与德治新论. 北京：社会科学文献出版社，2006.

150. 卓新平. 基督教与中国文化的相遇、求同与存异. 香港：中文大学出版社，2007.

151. 王国银. 德性伦理研究. 长春：吉林人民出版社，2006.

152. 卢斌. 当代中国社会各利益群体分析. 北京：中国经济出版社，2006.

153. 刘小枫，林立伟编. 中国近现代经济伦理的变迁. 香港：中文大学出版社，1998.

154. 阮宗泽. 中国崛起与东亚国际秩序的转型——共有利益的塑造与拓展. 北京：北京大学出版社，2007.

155. 王利耀，余秉颐主编. 宗教平等思想及其社会功能研究. 合肥：安徽大学出版社，2006.

156. 黄光国. 儒家关系主义——文化反思与典范重建. 北京：北京大学出版社，2006.

157. 万俊人. 寻求普世伦理. 北京：商务印书馆，2001.

158. 宁新昌. 境界形而上学及其限制——由先秦儒学谈起. 济南：齐鲁书社，2004.

159. 李毓章，陈宇清编. 人·自然·宗教——中国学者论费尔巴哈. 北京：商务印书馆，2005.

160. 陈家富编. 蒂利希与汉语神学. 香港：道风书社，2006.

161. 杨适. 人伦与自由——中西人论的冲突和前途. 香港：商务印书馆，1991.

162. 钟启泉编. 对话教育——国际视野与本土行动. 上海：华东师范大学出版社，2006.

163. 苏国勋主编. 社会理论（第2辑）. 北京：社会科学出版社，2006.

164. 戴维·伯姆. 王松涛，译. 论对话. 北京：教育科学出版社，2004.

165. 莱斯利·A.豪. 陈志刚，译. 哈贝马斯. 北京：中华书局，2002.

166. 维克多·维拉德·梅欧. 杨富斌，译. 胡塞尔. 北京：中华书局，2003.

167. 邵龙宝，李晓菲. 儒家伦理与公民道德教育体系的构建. 上海：同济大学出版社，2005.

168. 郭清香. 耶儒伦理比较研究——民国时期基督教与儒教伦理思想的冲突与融合. 北京：社会科学出版社，2006.

169. 金生鈜. 德性与教化——从苏格拉底到尼采：西方道德教育哲学思想研究. 长沙：湖南大学出版社，2003.

170. 熊川武，江玲. 理解教育论. 北京：社会科学出版社，2005.

171. 章开沅. 传播与植根——基督教与中西文化交流论集. 广州：广东人民出版社，2005.

172. 崔平. 道德经验批判. 上海：上海文化出版社，2005.

173. 张天宝. 主体性教育. 北京：社会科学出版社，2001.

174. 黄富峰. 德育思维论. 北京：人民出版社，2006.

175. 涂艳国. 走向自由——教育与人的发展问题研究. 武汉：华中师范大学出版社，1999.

176. 王道俊，王汉澜主编. 教育学. 北京：人民教育出版社，1999.

177. 彼得·毕尔格. 陈良梅，夏清，译. 南京：南京大学出版社，2004.

178. 钟鸣旦. 香港圣神研究中心，译. 北京：社会科学文献出版社，2002.

179. 赖贤宗. 康德、费希特和青年黑格尔论伦理神学. 台北：桂冠图书公司，1998.

180. 卓新平，许志伟主编. 基督宗教研究（第九辑）. 北京：宗教文化出版社，2006.

181. H.L.A.哈特. 支振锋，译. 法律、自由与道德. 北京：法律出版社，2006.

182. 胡庚申. 国际交流语用学——从实践到理论. 北京：清华大学出版社，2004.

183. 李天纲. 关于儒家的宗教性——从"中国礼仪之争"两个文本看儒耶对话的可能性. 香港：中文大学崇基学院宗教与中国社会研究中心，2002.

184. 哈贝马斯. 张博树，译. 交往与社会进化. 重庆：重庆出版社，1993.

185. 万俊人. 比照与透析——中西伦理学的现代视野. 广州：广东人民出版社，1998.

186. 龚群. 道德乌托邦的重构——哈伯玛斯交往伦理思想研究. 台北：洪叶文化事业有限公司，2001.

187. 郑伟杰. 和谐社会笔记. 上海：上海三联书店，2005.

188. 曾盛聪. 伦理变迁与道德教育——市场化、全球化、网络化际遇中的现代性追寻. 广州：广东人民出版社，2006.

189. 唐晓峰. 赵紫宸神学思想研究. 北京：宗教文化出版社，2006.

190. 陈玉琨. 教育评价学. 北京：人民教育出版社，1998.

191. 赖品超，林宏星. 儒耶对话与生态关怀. 北京：宗教文化出版社，2006.

192. 陈村富. 转型期的中国基督教——浙江基督教个案研究. 北京：东方出版社，2005.

193. 李炽昌. 文本实践与身份辨识——中国基督徒知识分子的中文著述1583-1949. 上海：上海古籍出版社，2005.

194. 曹伟彤. 人性与德性——由重现真人性到重寻德性伦理. 香港：香港浸信会神学院，2004.

195. 王志成. 解释与拯救——宗教多元哲学论. 上海：学林出版社，1996.

196. 于文杰. 现代化进程中的人文主义. 重庆：重庆出版社，2006.

197. 崔永东. 道德与中西法治. 北京：人民出版社，2002.

198. 龙柏林. 个人交往主体性研究. 广州：广东人民出版社，2005.

199. 杨伯峻译注. 论语译注. 香港：中华书局，2004.

200. 滕守尧. 对话理论. 台北：扬智文化事业股份有限公司，1997.

201. 伽达默尔等. 孙周兴，孙善春，译. 德法之争——伽达默尔与德里达的对话. 上海：同济大学出版社，2004.

202. 梁工等. 圣经视阈中的东西方文学. 北京：中华书局，2007.

203. 胡林英. 道德内化论. 北京：社会科学文献出版社，2007.

204. 斯特赖克，索尔蒂斯. 洪成文，张娜，黄欣，译. 教学伦理. 北京：教育科学出版社，2007.

205. 金生鈜. 理解与教育——走向哲学解释学的教育哲学导论. 北京：教育科学出版社，1997.

206. L·斯维德勒. 刘利华，译. 全球对话的时代. 北京：中国社会科学出版社，2006.

207. 靳玉乐主编. 对话教学. 成都：四川教育出版社，2006.

208. 左亚文. 和合思想的当代阐释——唯物辩证法与东方智能的对话. 武汉：湖北教育出版社，2002.

209. 张德麟. 儒家人观与基督教人观之比较研究. 台北：橄榄文化事业基金会，1990.

210. 徐松石. 圣经与中国考道. 香港：浸信会出版社，1991.

211. 何荫泉. 漫步诸天——试汇通中国文化与基督教信仰. 台北：校园书房出版社，1987.

212. 何世明. 中华基督教融贯神学刍议. 香港：基督教文艺出版社，1987.

213. 何世明. 基督教与中国伦理. 香港：基督教文艺出版社，1987.

214. 何世明. 中国文化中之有神论与无神论. 香港：基督教文艺出版社，1986.

215. 何世明. 基督敎儒学四讲. 香港：基督教文艺出版社，1987.

216. 何世明. 基督教与儒学对谈. 香港：基督教文艺出版社，1986.

217. 杨建华. 中华早期和合文化. 杭州：浙江人民出版社，1999.

218. 杨挺. 宋代心性中和诗学研究. 成都：巴蜀书社，2008.

219. 池田大作，杜维明. 卞立强，张彩虹，译. 成都：四川人民出版社，2007.

220. 郑志明主编. 儒学与基督宗教对谈. 台北：南华大学宗教文化研究中心，2000.

221. 杨树达. 论语疏证. 上海：上海古籍出版社，2006.

222. 庞朴. 一分为三论. 上海：上海古籍出版社，2003.

223. 王晓朝. 传统道德向现代道德的转型. 哈尔滨：黑龙江人民出版社，2004.

224. 方以智. 庞朴注释. 东西均注释. 北京：中华书局，2001.

225. 吴汝钧. 儒家哲学. 台北：台北商务印书馆，1998.

226. 祝远德. 他者的呼唤——康拉德小说他者建构研究. 北京：人民出版社，2007.

227. 李连科. 中国哲学百年论争. 北京：商务印书馆，2004.

228. 罗嘉昌，宋继杰主编. 场与有——中外哲学的比较与融通〔六〕. 北京：中国社会科学出版社，2002.

229. 杨献珍. 合二而一. 重庆：重庆出版社，2001.

230. 聂暾. 两极论与中介论. 南昌：江西人民出版社，2001.

231. 赖品超编. 近代中国佛教与基督宗教的相遇. 香港：道风书社，2003.

232. 韩华. 民初孔教会与国教运动研究. 北京：北京图书馆出版社，2007.

233. 刘济昆. 毛泽东辩证法. 香港：香港昆仑制作公司，1994.

234. 张敏. 多元智能视野下的学校德育及管理. 上海：上海教育出版社，2005.

235. 王兆璟. 教学理论问题的知识学研究. 兰州：甘肃教育出版社，2004.

236. 巴索·伯恩斯坦. 王瑞贤，译. 阶级、符码与控制——教育传递理论之建构. 台北：联经出版事业股份有限公司，2007.

237. 肯尼思·W. 汤普森. 梅仁，王羽，译. 国际关系中的思想流派. 北京：北京大学出版社，2003.

238. 保罗·尼特. 王志成，译. 全球责任与基督信仰. 北京：宗教文化出版社，2007.

239. 丁大同. 国家与道德. 济南：山东人民出版社，2007.

240. 李天纲. 跨文化的诠释——经学与神学的相遇. 北京：新星出版社，2007.

241. 王志成. 解释、理解与宗教对话. 北京：宗教文化出版社，2007.

242. 刘梁剑. 天·人·际——对王船山的形而上学阐明. 上海：上海人民出版社，2007.

243. 管健. 马丁·布伯对话哲学对心理学的理论与实践影响. 哈尔滨：黑龙江人民出版社，2006.

244. 汪怀君. 人伦传统与交往伦理. 济南：山东大学出版社，2007.

245. 季乃礼. 哈贝马斯政治思想研究. 天津：天津人民出版社，2007.

246. 张庆熊，林子淳主编. 哈贝马斯与汉语神学. 香港：道风书社，2007.

247. 张汝伦. 良知与理论. 桂林：广西师范大学出版社，2003.

248. 朱国华. 权力的文化逻辑. 上海：上海三联书店，2004.

249. 宋海庆. 论中国小康社会. 南宁：广西人民出版社，2003.

250. 欧阳康. 对话与反思——当代英美哲学、文化及其它. 北京：人民出版社，2005.

251. 高宣扬. 鲁曼社会系统理论与现代性. 北京：中国人民大学出版社，2005.

252. 杨小松. 学术研究方法与论文写作. 香港：宣道出版社，2005.

253. 金惠敏. 后儒学转向. 开封：河南大学出版社，2008.

254. 陈广培编. 传承与使命——艾香德博士逝世四十五周年学术纪念文集. 香港：道风山基督教丛林，1998.

255. 牟宗三. 中西哲学之会通十四讲. 台北：学生书局，1990.

256. 翟浩泉. 简明世界宗教指南（上、下册）. 香港：迎欣出版社，2002.

257. 陈特. 宗教、上帝与人性. 香港：香港中文大学崇基学院宗教与中国社会研究中心，1998.

258. 王赐生. 中国历史文化与圣经综合研究. 美国：腓利门出版社，1997.

259. 章力生. 人文主义批判. 香港：基道书楼，1986.

260. 高宣扬. 利科的反思诠释学. 上海：同济大学出版社，2004.

261. 马丁·开姆尼茨. 段琦，译. 基督的二性. 南京：译林出版社，2003.

262. 王美秀. 当代基督宗教社会关怀. 上海：上海三联书店，2006.

263. 卓新平. 神圣与世俗之间. 哈尔滨：黑龙江人民出版社，2003.

264. 姚新中. 赵艳霞，译. 儒教与基督教——仁与爱的比较研究. 北京：中国社会科学出版社，2002.

265. 何光沪，许志伟主编. 对话二——儒释道与基督教. 北京：社会科学文献出版社，2001.

266. 李志刚，冯达文主编. 思想文化的传承与开拓. 成都：巴蜀书社，2002.

267. 何建明. 以当代台湾为例看近代中国佛教与基督宗教的对话——现代禅与中华信义神学院的对话初探. 香港：香港中文大学崇基学院宗教与中国社会研究中心，2004.

268. 温以诺. 中色神学纲要. 加拿大：加拿大恩福协会，1999.

269. 杨剑龙. 基督教文化与中国现代知识分子——对"五四"时期一个角度的回溯与思潮. 香港：香港中文大学崇基学院宗教与中国社会研究中心，2004.

270. 温伟耀. 基督教与中国的现代化——超越经验与神性的寻索. 香港：基督教卓越使团，2001.

271. 高凌霞. 马里旦论存有直观. 台北：台湾商务印书馆，2008.

272. 徐以骅主编. 宗教与美国社会——宗教与国际关系（第四辑上、下）. 北京：时报出版社，2007.

273. 郑顺佳. 郭伟联，译. 唐君毅与巴特——一个伦理学的比较. 香港：三联书店，2002.

274. 赵林，杨熙楠主编. 比较神学与对话理论. 桂林：广西师范大学出版社，2008.

275. A.N.怀特海. 周邦宪，译. 宗教的形成符号的意义及效果. 贵阳：贵州人民出版社，2007.

276. 刘述先. 全球伦理与宗教对话. 石家庄：河北人民出版社，2006.

277. 白诗朗. 彭国翔，译. 普天之下——儒耶对话中的典范转化. 石家庄：河北人民出版社，2006.

278. 宋荣培. 朴光海，吕钼译. 东西哲学的交汇与思维方式的差异. 石家庄：河北人民出版社，2006.

279. 杜维明. 彭国翔，译. 儒家传统与文明对话. 石家庄：河北人民出版社，2006.

280. 路易·迪蒙. 谷方，译. 论个体主义——对现代意识形态的人类学观点. 上海：上海人民出版社，2003.

281. 胡成广. 网络德育研究. 哈尔滨：黑龙江人民出版社，2007.

282. 陆自荣. 儒学和谐合理性——兼与工具合理性、交往合理性比较. 北京：中国社会科学出版社，2007.

283. 哈佛燕京学社主编. 儒家传统与启蒙心态. 南京：江苏教育出版社，2007.

284. 赵宝煦主编. 知识分子与社会发展. 北京：华夏出版社，2003.

285. 蔡德麟，景海峰主编. 全球化时代的儒家伦理. 北京：清华大学出版社，2007.

286. 凌建侯. 巴赫金哲学思想与文本分析法. 北京：北京大学出版社，2007.

287. 袁本新，王丽荣. 人本德育论——大学生思想政治教育的人文关怀与人才资源开发研究. 北京：人民出版社，2007.

288. 靳玉乐主编. 理解教学. 成都：四川教育出版社，2006.

289. 维柯. 王楠，译. 论人文教育. 上海：上海三联书店，2007.

290. 安桂清. 整体课程论. 上海：华东师范大学出版社，2007.

291. 孙杰远，徐莉. 人类学视野下的教育自觉，桂林：广西师范大学出版社，2007.

292. 金惠敏. 媒介的后果——文学终点上的批评理论. 台北：台湾商务印书馆，2005.

293. 吕大吉. 宗教学理论卷. 北京：民族出版社，2007.

294. 彭时代. 宗教信仰与民族信仰的政治价值研究. 北京：民族出版社，2007.

295. 严泽胜. 穿越"我思"的幻象——拉康主体性理论及其当代效应. 北京：东方出版社，2007.

296. 马丁·布伯. 许碧端，译. 我与你. 香港：基督教文艺出版社，1993.

297. 何荣汉. 陶行知——一位基督徒教育家的再发现. 香港：基督教文艺出版社，2004.

298. 罗伯特·施佩曼. 沈国琴，杜幸之，励洁丹，译. 道德的基本概念. 上海：上海译文出版社，2007.

299. 成中英，麻桑. 新新儒学启思录——成中英先生的本体世界. 北京：商务印书馆，2008.

300. 伯纳德·威廉斯. 徐向东，译. 道德运气. 上海：上海译文出版社，2007.

301. 希拉里·普特南. 孙小龙，译. 无本体论的伦理学. 上海：上海译文出版社，2008.

302. 李恒威. "生活世界"复杂性及其认知动力模式. 北京：中国社会科学出版社，2007.

303. 彭国翔. 儒家传统——宗教与人文主义之间. 北京：北京大学出版社，2007.

304. 范玉秋. 清末民初孔教运动研究. 青岛：中国海洋大学出版社，2006.

305. 任杰，梁凌. 中国的宗教政策——从古代到当代. 北京：民族出版社，2006.

306. 张树骅，宋焕新主编. 儒学与实学及其现代价值. 济南：齐鲁书社，2007.

307. 卓新平，许志伟主编. 基督宗教研究（第十辑）. 北京：宗教文化出版社，2007.

308. 李俊文. 社会存在本体论——卢卡奇晚年哲学思想研究. 北京：中国社会科学出版社，2007.

309. 张立文. 和合与东亚意识——21世纪东亚和合哲学的价值共享. 上海：华东师范大学出版社，2001.

310. 沈清松. 对他者的慷慨——从外推精神看中华文化与基督宗教. 香港：香港中文大学崇基学院，2004.

311. 哈佛燕京学社主编. 全球化与文明对话. 南京：江苏教育出版社，2004.

312. 王治心. 中国基督教史纲. 上海：上海古籍出版社，2004.

313. 梁漱溟. 东西文化及其哲学. 香港：汉文出版事业公司，1991.

314. 王永祥. 西方同一思想史. 上海：上海社会科学院出版社，2001.

315. 托多罗夫. 蒋子华，张萍，译. 巴赫金、对话理论及其它. 天津：百花文艺出版社，2008.

316. 陈启智，张树骅. 儒家传统与人权·民主思想. 济南：齐鲁书社，2004.

317. 文军. 传承与创新——现代性、全球化与社会学理论的变革，上海：华东师范大学出版社，2003.

318. 查常平. 历史与逻辑——作为逻辑历史学的宗教哲学. 成都：巴属书社，2007.

319. Wesley C. Salmon. 何秀煌，译. 逻辑. 台北：三民书局，1991.

320. 徐松石. 基督教与中国文化. 香港：浸信会出版社，1991.

321. 杜保瑞主编. 哲学与文化（第三百九十五期）. 台北：五南出版图书有限公司，2007.

322. 希拉里·普特南. 应奇，译. 事实与价值二分法的崩溃. 北京：东方出版社，2006.

323. 杜威. 王承绪，译. 民主主义与教育. 北京：人民教育出版社，1990.

324. 岳伟，王坤庆. 主体间性——当代主体教育的价值追求. 华东师范大学学报（教育科学版），2004，（2）.

325. 钱穆. 中国历史研究法. 香港：新民书局，出版年份不详.

326. 任平. 教育社会价值与个体价值的哲学思考〔J〕. 广东民族学院学报（社会科学版），1997，（3）.

327. 林治平主编. 全人教育国际学术研讨会论文集. 台北：宇宙光出版社，1996.

328. 熊晓红，王国银等着. 价值自觉与人的价值. 北京：人民出版社，2007.

329. 夏泉. 明清基督教教会教育与粤港澳社会. 广州：广东人民出版社，2007

330. 王坤庆. 论价值、教育价值与价值教育. 华中师范大学学报（人文社会科学版），2003，（4）.

331. 王坤庆. 西方精神教育思想的历史考察. 华中师范大学学报（人文社会科学版），2001，（4）.

332. 王坤庆. 西方精神教育研究述评. 教育研究，2002，（9）.

333. 王坤庆. 关于精神教育内涵的再思考. 培训与研究——湖北教育学院学报，2002，（1）.

334. 王坤庆. 追求崇高、完善人格——解读精神教育的两个基本信念. 海军院校教育，2004，（2）.

335. 王坤庆. 论精神与精神教育——一种教育哲学视角的当代教育反思. 华中师范大学学报（人文社会科学版），2002，（3）.

336. 王坤庆. 精神教育内涵初探. 教育研究与实验，2000，（6）.

337. 李志刚主编. 构建和谐社会：宗教的作用研讨会论文集. 香港：基督教文艺出版社，2008.

338. 王卓祺，王家英，林洁着. 建设和谐社会的理论与实践——香港市民的观点与相关政策启示. 香港：香港中文大学香港亚太研究所，2006.

339. 王晓朝，杨熙楠主编. 经济与伦理. 桂林：广西师范大学出版社，2006.

340. 陈慎庆主编. 诸神嘉年华：香港宗教研究. 香港：牛津大学出版社，2002.

341. 彭孝廉主编. 教育改革基督化——兴学证基协会三十周年纪念出版. 香港：兴学证基协会，2005.

342. 刘国强等编. 诚明古道照颜色——新亚书院 55 周年纪念文集. 香港：香港中文大学新亚书院，2006.

343. 陈锐. 马一浮与现代中国. 北京：中国社会科学出版社，2007.

344. 牟宗三. 中国哲学的特质. 台北：学生书局，1987.

345. 梁元生. 边缘与之间. 香港：三联书店（香港）有限公司，2008.

346. 霍韬晦主编. 唐君毅思想国际会议论文集二. 香港：法住出版社，1991.

347. 潘萱蔚. 论语论教育——道德理性的人文教育. 香港：香港教育图书公司，2005.

348. 郑家栋. 当代新儒学论衡. 台北：桂冠图书股份有限公司，1995.

349. 赵祥禄. 正义理论的方法论基础. 北京：中央编译出版社，2007.

350. 李荣安，庄璟珉，萧伟乐编. 国民身份认同与世界公民教育——专题研习、综合人文科与常识科的延伸. 香港：香港教育学院公民教育中心，2006.

351. 马敏编. 韦卓民基督教文集. 香港：汉语基督教文化研究所，2000.

352. 雷蒙·潘尼卡. 王志成，译. 对话经——诸宗教的相遇. 成都：四川人民出版社，2008.

353. 简·艾伦·哈里森. 刘宗迪，译. 古代艺术与仪式. 北京：生活·读书·新知三联书店，2008.

354. 李荣安，古人伏主编. 世界公民教育——香港及上海中学状况调查研究. 香港：乐施会，2004.

355. 何光沪. 百川归海：走向全球宗教哲学. 北京：中国社会科学出版社，2008.

356. 谢均才编. 我们的地方，我们的时间：香港社会新编. 香港：牛津大学出版社，2002.

357. 周伟驰. 彼此内外——宗教哲学的新齐物论. 北京：宗教文化出版社，2008.

358. 谭元亨. 断裂与重构——中西思维方式演进比较. 广州：广东高等教育出版社，2007.

359. 中山大学西学东渐文献馆主编. 西学东渐研究第一辑. 北京：商务印书馆，2008.

360. 李志刚. 香港教会掌故. 香港：三联书店（香港）有限公司，2006.

361. 萧克谐. 基督教宗教教育概论. 香港：道声出版社，2007.

362. 刘国强. 全球化发展与儒家价值教育的资源. 全球华人教育学报，2004，（2）.

363. 霍韬晦主编. 唐君毅思想国际会议论文集三. 香港：法住出版社，1991.

364. 鲁道夫·奥伊肯. 万以，译. 生活的意义与价值. 上海：上海译文出版社，2005.

365. 夏乐维. 马鸿述，译. 宗教教育的兴起. 香港：基督教文艺出版社，1987.

366. 马有藻. 先贤伟论——简易神学思想史. 香港：种籽出版社，2006.

367. 陈少兰编. 中文圣经翻译简史. 香港：环球圣经公会，2005.

368. 李炽昌主编. 圣号论衡——晚清《万国公报》基督教"圣号论争"文献汇编. 上海：上海古籍出版社，2008.

369. 梁瑞明. 道德体验与道德哲学——康德《道德形上学探本》《实践理性批判》导读. 香港：志莲净苑，2009.

370. Veli-Matti Karkkaninen. 翟兆平，译. 与神合一. 香港：香港真理书房有限公司，2007.

371. 于忠纶. 人算甚么——二元论与三元论的人观探讨. 香港：香港真理书房有限公司，2008.

372. 香港浸会大学宗教及哲学系编. 当代儒学与精神性. 桂林：广西师范大学出版社，2009.

373. 吴梓明. 学校宗教教育的新路向. 香港：基督教文艺出版社，1996.

374. 任强. 知识、信仰与超越：儒家礼法思想解读. 北京：北京大学出版社，2007.

375. 谢淑熙. 道贯古今——孔子礼乐观所蕴含之教育思想. 台北：秀威信息科技股份有限公司，2005.

376. 夏光. 东亚现代性与西方现代性. 北京：三联书店，2005.

377. 赖品超. 边缘上的神学反思——徘徊在大学、教会与社会之间. 香港：基督教文艺出版社，2001.

378. 高长江. 天使的和弦：全球化时代的宗教冲突与对话. 北京：中国社会科学出版社，2008.

379. 温伟耀. 生命的转化与超越——我的基督宗教汉语神学思考〔M〕. 北京：宗教文化出版社，2009.

380. 许慎. 说文解字〔M〕. 香港：中华书局，2006.

381. 左玉河. 从四部之学到七科之学——学术分科与近代中国知识系统之创建. 上海：上海书店出版社，2004.

382. 田向阳. 对教育价值的哲学思考. 内蒙古社会科学（汉文版），2004，（2）.

383. 杜维运. 中西古代史学比较. 台北：东大图书股份有限公司，1988.

384. 许慎作，段玉裁注. 说文解字注. 台北：天工书局，1987.

385. 罗海玲，杨彬彬编. 中华传统美德格言. 香港：商务印书馆（香港）有限公司，2003.

386. 劳思光. 哲学浅说. 香港：友联出版社，1988.

387. 鲁索. 社会契约论. 香港：商务印书馆，2003.

388. 迪特·托美. 这世界，这世界，你们这些傻蛋！哲学的问题就是这世界. 尤沃金·舒尔特，吴威·尤斯图斯·文哲编. 何谓哲学问题. 台北：群学出版社有限公司，2007.

389. 程钢. 中国思想学术史与人文教育. 张岂之编. 中国思想史论集. 桂林：广西师范大学出版社，2003.

390. 黄首晶. 教育改革的认识论基础反思. 武汉：华中师范大学出版社，2007.

391. 罗素. 张素容，简晶晶译. 哲学问题. 台北：业强出版社，1987.

392. 马通伯校注. 韩昌黎文集校注. 香港：中华书局（香港）有限公司，1991.

393. 汪学群. 钱穆学术思想评传. 北京：北京图书馆出版社，1998.

394. 王涛. 圣爱与欲爱——保罗·蒂利希的爱观. 北京：宗教文化出版社，2009.

395. 袁德润. 颜元教育哲学管窥. 河北师范大学学报（教育科学版），2004，（6）.

396. 刘述先. 跨文化研究与诠释问题举隅：儒家传统对于知识与价值的理解. 台湾东亚文明学刊，2004，（6月号）.

397. 杨伯峻译注. 孟子译注. 香港：中华书局，2008.

398. 马通伯校注. 韩昌黎文集校注. 香港：中华书局，1991.

399. 唐君毅. 论价值之存在地位. 新亚书院学术年刊，1955，（1）.

400. 胡志伟，霍安琪编. 转变中的成长——香港教会研究 2006. 香港：香港教会更新运动，2006.

401. 顾兆骏. 儒家论理思想. 台北：正中书局，1981.

402. 张跃. 唐代后期儒学. 上海：上海人民出版社，1997.

403. 张惠芬. 中国古代教化史. 太原：山西教育出版社，2009.

404. 刘述先. 现代新儒学之省察论集. 台北：中央研究院中国文哲研究所，2005.

405. 景志明，宋春宏主编. 中外学校德育综合比较. 重庆：西南师范大学出版社，2001.

406. 吴梓明. 从宗教教育到生命教育. 香港：基督教文艺出版社，2004.

407. 黄祖植. 桂林街的新亚书院. 香港：容膝斋，2005.

408. 谢扶雅. 自辫子至电子. 香港：基督教文艺出版社，1992.

409. 马里奥·佩尔尼奥拉. 吕捷，译. 仪式思维——性、死亡和世界. 北京：商务印书馆，2006.

410. 朱华忠. 清代论语学. 成都：巴蜀书社，2007.

411. 郭立特. 陈锡辉译. 基督教的崇拜. 香港：道声出版社，1988.

412. 李安宅. 《仪礼》与《礼记》之社会学的研究. 上海：上海人民出版社，2005.

413. 霍韬晦主编. 唐君毅思想国际会议论文集二. 香港：法住出版社，1991.

414. 费尔巴哈. 荣震华译. 基督教的本质. 北京：商务印书馆，2007.

415. 陆建华. 先秦诸子礼学研究. 北京：人民出版社，2008.

416. 黄式三. 张涅，韩岚，点校. 论语后案. 南京：凤凰出版社，2008.

417. 郭齐勇. 中国儒学之精神. 上海：复旦大学出版社，2009.

418. 王祥龄. 中国古代崇祖敬天思想. 台湾：学生书局，1992.

419. 刘述先. 大陆与海外－－传统的反省与转化. 台北：允晨文化，1989.

420. 江心力. 20 世纪前期的荀学研究. 北京：中国社会科学出版社，2005.

421. 黄怀信，李景明主编. 儒家文献研究. 济南：齐鲁书社，2004.

422. 唐端正. 先秦诸子论丛. 台北：东大图书公司，1995.

423. 唐君毅. 中国哲学原论——导论篇. 台湾：学生书局，1986.

424. 蔡仁厚. 孔孟荀哲学. 台湾：学生书局，1990.

425. 梁瑞明. 心灵九境与宗教的人生哲学. 香港：志莲净苑，2007.

426. 李忠谦. 图解哲学. 台北：易博士出版社，2004.

427. 高莘. 约翰·亨利·纽曼的大学理念与其宗教思想之关系. 香港：中文大学天主教研究中心，2010.

428. 洪明. 现代新儒家教育流派研究. 广州：广东教育出版社，2009.

429. 钱穆. 有关穆个人在新亚书院之辞职. 钱穆主编. 新亚遗铎. 北京：三联书店，2004.

430. 新亚研究所编. 新亚研究所概况. 香港：新亚研究所，1989.

431. 唐君毅. 致廷光书. 台北：学生书局，1980.

432. 萧国健. 香港古代史. 香港：中华书局（香港）有限公司，1997.

433. 霍韬晦. 孔子知命之旅体验行. 香港：法住出版社，2010.

434. 冷天吉. 知识与道德：对儒家格物致知思想的考察. 北京：中国社会科学出版社，2009.

435. 蒋维乔，杨大膺. 宋明理学纲要. 长沙：岳麓书社，2010.

436. 黎志添主编. 宗教的和平与冲突：香港中文大学与北京大学宗教研究学术论文集. 香港：中华书局（香港）有限公司，2008.

437. 蒋维乔，杨大膺. 宋明理学纲要. 长沙：岳麓书社，2010.

438. 祝薇. 论早期现代新儒家的宗教观. 上海：上海古籍出版社，2011.

439. 林子淳. 叙事·传统·信仰——对汉语神学社群性身份之寻索. 香港：道风书社，2010.

440. 陈来. 孔夫子与现代世界. 北京：北京大学出版社，2011.

后　记

　　首先感谢华中师范大学给与本人修读博士学位课程的机会，也感谢王坤庆教授首肯担任本人的博导，此乃本人之荣幸！

　　本博士论文无论从选题、研究方向到完成，都有赖本人的博导王坤庆教授那耐心的指导和充满睿智的批改。因为王教授学识渊博，做人处事皆严谨、务实和认真，而且在教育哲学研究范畴方面早已享负盛名，致使本人在撰写博士论文期间不敢怠慢，务必要倍加专注，希望以王教授那治学态度作为榜样，力求论文中的每个词汇；每个概念；每条论据，以及每段结论都是经过详细研究和反复推敲后才下笔的。

　　回想起本人开始撰写论文时真是困难重重，因本论文是具开创性的，故根本未能搜集这方面的文献作为参考，惟有改为搜集可作为旁证的文献，而文献多达数百项，把家中的书斋堆个满满的。数年来，本人焚膏继晷地参阅文献、思考、撰写、修改……这些过程看似劳累，实则是快乐的，借用哲学上的一个概念来说，是"幸福的"。尤其是当王教授看过论文的部份稿子后所说的一些话，例如："小郭，你书看得不少，论文也写得很认真，不过仍有些地方需要改善。"王教授这番批语不只是一服强力的心理补充剂，更是实则的指引。还有，王教授对本人说过的另一句具鼓励性的说话，至今仍常常在本人的脑海中萦回，王教授说："小郭，你要对自己有信心！"这句话让本人每次撰写本论文时的腰板都实时挺直起来，精神抖擞地做下去！不过，碍于本人的学力所限，相信论文仍有至臻完善的空间。

　　其实，除了王坤庆教授之外，博士论文开题报告会上的涂艳国教授、杜时忠教授和陈佑清教授等学者也是本人衷心感谢的。开题报告会中各学者都对本论文的建构与成功甚为关心，这些一矢中的提点与情之关怀，使本人有更多线索在开题报告会后修改本论文的框架。

还有，本人也十分感激博士学位论文答辩委员会各教授在答辩会上精辟的提问和宝贵的建议，他们包括：郭文安教授、涂艳国教授、杜时忠教授、李晓燕教授及高德胜教授。

由于本人个性较为文静和腼腆，尤如一名书呆子，所以从不敢在以上各才高八斗的师长面前表述本人感激之情，而这篇后记正好替本人表白。

另外，追本溯源，本人有幸能叩门踏上博士研究之路，爱上"道问学与尊德性"，这全与本人在修读中学课程、学士学位与硕士学位期间遇到的良师有莫大的关系，他们就是郑佩华老师、梁瑞明教授与刘国强教授。郑佩华老师首先让本人知道何谓"学问"；梁瑞明教授使本人亲身体会何谓大专院校校长的"风骨"，除此之外，他也很乐意提携本人；刘国强教授则令本人感受到何谓君子的"儒雅"。还有，本人想不到世事竟那么奇妙，王坤庆教授与刘国强教授竟是旧雨，因王教授早年在香港中文大学当访问教授时曾与刘国强教授相交。这惊喜好比一股助力，务使本人必须要努力完成博士课程与博士论文，取得一纸包涵着他们对本人的情意和寄望的博士学位证书，知恩图报。

本人深信取得博士学位只是"代表有基本能力来做学问"而已。故此，本人承诺会在学问途上不断探求和开发，传承恩师王坤庆教授所授之教育哲学这门学问。

最后，我要把我的博士研究成果献给我的父母与妻子，因为他们让我学会怎样去平衡研究学问与交流情感这两种世间美事。

郭世聪于香港谨致

二零一二年

《基督教文化研究丛书》

主编：何光沪、高师宁

（1-5 编书目）

初 编 （2015 年 3 月出版）

ISBN：978-986-404-209-8　　　　　　　定价（台币）$28,000 元

册 次	作 者	书 名	学科别（／表示跨学科）
第 1 册	刘 平	灵殇：基督教与中国现代性危机	社会学／神学
第 2 册	刘 平	道在瓦器：裸露的公共广场上的呼告——书评自选集	综合
第 3 册	吕绍勋	查尔斯　泰勒与世俗化理论	历史／宗教学
第 4 册	陈 果	黑格尔"辩证法"的真正起点和秘密——青年时期黑格尔哲学思想的发展（1785 年至 1800 年）	哲学
第 5 册	冷 欣	启示与历史——潘能伯格系统神学的哲理根基	哲学／神学
第 6 册	徐 凯	信仰下的生活与认知——伊洛地区农村基督教信徒的文化社会心理研究（上）	社会学
第 7 册	徐 凯	信仰下的生活与认知——伊洛地区农村基督教信徒的文化社会心理研究（下）	
第 8 册	孙晨荟	谷中百合——傈僳族与大花苗基督教音乐文化研究（上）	基督教音乐
第 9 册	孙晨荟	谷中百合——傈僳族与大花苗基督教音乐文化研究（下）	
第 10 册	王 媛	附魔、驱魔与皈信——乡村天主教与民间信仰关系研究	社会学
	蔡圣晗	神谕的再造，一个城市天主教群体中的个体信仰和实践	社会学
	孙晓舒 王修晓	基督徒的内群分化：分类主客体的互动	社会学
第 11 册	秦和平	20 世纪 50－90 年代川滇黔民族地区基督教调适与发展研究（上）	历史
第 12 册	秦和平	20 世纪 50－90 年代川滇黔民族地区基督教调适与发展研究（下）	
第 13 册	侯朝阳	论陀思妥耶夫斯基小说的罪与救赎思想	基督教文学
第 14 册	余 亮	《传道书》的时间观研究	圣经研究
第 15 册	汪正飞	圣约传统与美国宪政的宗教起源	历史／法学

二　编　　（2016 年 3 月出版）

ISBN：978-986-404-521-1　　　　　定价（台币）$20,000 元

册　次	作　者	书　名	学科别（／表示跨学科）
第 1 册	方　耀	灵魂与自然——汤玛斯·阿奎那自然法思想新探	神学／法学
第 2 册	劉光順	趋向至善——汤玛斯·阿奎那的伦理思想初探	神学／伦理学
第 3 册	潘明德	索洛维约夫宗教哲学思想研究	宗教哲学
第 4 册	孫　毅	转向：走在成圣的路上——加尔文《基督教要义》解读	神学
第 5 册	柏斯丁	追随论证：有神信念的知识辩护	宗教哲学
第 6 册	張文舉	基督教文化论略	综合
第 7 册	李向平	宗教交往与公共秩序——中国当代耶佛交往关系的社会学研究	社会学
第 8 册	趙文娟	侯活士品格伦理与赵紫宸人格伦理的批判性比较	神学伦理学
第 9 册	孫晨薈	雪域圣咏——滇藏川交界地区天主教仪式与音乐研究（增订版）（上）	基督教音乐
第 10 册	孫晨薈	雪域圣咏——滇藏川交界地区天主教仪式与音乐研究（增订版）（下）	
第 11 册	張　欣	天地之间一出戏——20 世纪英国天主教小说	基督教文学

三 编 （2017 年 9 月出版）

ISBN：978-986-485-132-4　　　　　　　　定价（台币）$11,000 元

册　次	作　者	书　名	学科别（／表示跨学科）
第 1 册	赵　琦	回归本真的交往方式——托马斯·阿奎那论友谊	神学／哲学
第 2 册	周兰兰	论维护人性尊严——教宗若望保禄二世的神学人类学研究	神学人类学
第 3 册	熊径知	黑格尔神学思想研究	神学／哲学
第 4 册	邢　梅	《圣经》官话和合本句法研究	圣经研究
第 5 册	肖　超	早期基督教史学探析（西元 1~4 世纪初期）	史学史
第 6 册	段知壮	宗教自由的界定性研究	宗教学／法学

四 编 （2018 年 9 月出版）

ISBN：978-986-485-490-5　　　　　　　　定价（台币）$18,000 元

册　次	作　者	书　名	学科别（／表示跨学科）
第 1 册	陈卫真高　山	基督、圣灵、人——加尔文神学中的思辨与修辞	神学
第 2 册	林庆华	当代西方天主教相称主义伦理学研究	神学／伦理学
第 3 册	田燕妮	同为异国传教人：近代在华新教传教士与天主教传教士关系研究（1807~1941）	历史
第 4 册	张德明	基督教与华北社会研究（1927~1937）（上）	社会学
第 5 册	张德明	基督教与华北社会研究（1927~1937）（下）	社会学
第 6 册	孙晨荟	天音北韵——华北地区天主教音乐研究（上）	基督教音乐
第 7 册	孙晨荟	天音北韵——华北地区天主教音乐研究（下）	基督教音乐
第 8 册	董丽慧	西洋图像的中式转译：十六十七世纪中国基督教图像研究	基督教艺术
第 9 册	张　欣	耶稣作为明镜——20 世纪欧美耶稣小说	基督教文学

五 编 （2019 年 9 月出版）

ISBN：978-986-485-809-5　　　　　　　定价（台币）$20,000 元

册　次	作　者	书　名	学科别（／表示跨学科）
第 1 册	王玉鹏	纽曼的启示理解（上）	神学
第 2 册	王玉鹏	纽曼的启示理解（下）	神学
第 3 册	原海成	历史、理性与信仰——克尔凯郭尔的绝对悖论思想研究	哲学
第 4 册	郭世聪	儒耶价值教育比较研究——以香港为语境	宗教比较
第 5 册	刘念业	近代在华新教传教士早期的圣经汉译活动研究（1807～1862）	历史
第 6 册	鲁静如 王宜强 编著	溺女、育婴与晚清教案研究资料汇编（上）	资料汇编
第 7 册	鲁静如 王宜强 编著	溺女、育婴与晚清教案研究资料汇编（下）	资料汇编
第 8 册	翟风俭	中国基督宗教音乐史（1949 年前）（上）	基督教音乐
第 9 册	翟风俭	中国基督宗教音乐史（1949 年前）（下）	基督教音乐